祝勇故宫系列

故宫文物南迁

Journey to the
South: How
Palace Museum
Saved China's
Most Precious
Artifacts

祝勇

——

著

人民文学出版社

献给所有将被遗忘

却不该被遗忘的故宫前辈。

目　录

第一章

抬着棺材找坟地：烽烟南渡

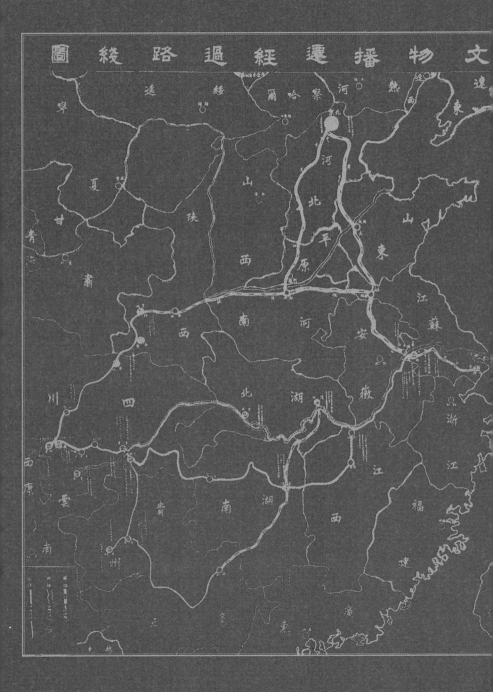

文物播運經過路綫圖

一 从皇宫到博物院

1931年8月25日，"末代皇妃"文绣在妹妹文珊的陪伴下，以散心为由，悄然离开了居住多年的天津静园，几天后向法院起诉，与溥仪离婚。这一天，距离"九一八事变"爆发，只有二十四天。

文绣是满洲额尔德特氏端恭的女儿，1922年和婉容一起嫁给溥仪，从此开始了"孤灯伴泪夜难眠"的"皇妃"生涯，那一年，她只有十三岁。她在大婚时穿用过的两件礼服至今保存在故宫博物院织绣藏品中。九年后，她在给妹妹文珊的信中这样评述她的婚姻生活："姊受专制家庭非人类待遇已九载矣！无日不以泪洗面，薄命如斯，夫复何言！惟逆来顺受、苟延残喘而已……世界之大，姊之所受压迫、虐待可为第一。"[1]

10月22日，文绣与溥仪宣告离婚，溥仪因此成为秦始皇以来两千年帝制史上第一位离婚的皇帝（逊帝）。当时媒体称之为：

"皇妃革命"。

十九天后，溥仪在郑孝胥、郑垂父子以及上角利一、工藤铁三郎（后为溥仪的警卫官工藤忠）等十几个日本人的陪伴下，乘汽艇偷渡白河，又登上停泊在大沽口外的日本商船"淡路丸"，奔赴已经沦陷的东北，在那里，他将开启他的第三次"皇帝"生涯。在此之前，他的"宠臣"郑孝胥已经为他描述了他未来"帝国"的宏伟图景："帝国的版图，将超越圣祖仁皇帝一朝的规模，那时京都将有三座，一在北京，一在南京，一在帕米尔高原之上……"[2] 直到几个月后，日本关东军参谋部板垣征四郎把事先拟好的《满蒙人民宣言书》放到他的面前，他才如梦初醒：郑孝胥描述的，只是一个不切实际的虚拟图景，这个在日本人"帮助"下建立的"新国家"，只不过是殖民地的一种好听叫法而已，连他自己，也是日本人羽翼下的傀儡皇帝，连起码的行动自由都没有。离他而去的文绣，却从此过上了平民的生活，成为北平府右街私立四存中小学的国文和图画老师，不仅没有跟随溥仪走上背叛祖国的命运，更避免了婉容的悲惨结局。

溥仪的第一次皇帝生涯是在1912年结束的，那一年，中华民国建立，中国自秦始皇以来延续了两千多年的帝制历史宣告终结。根据民国临时政府颁布的《关于大清皇帝辞位后优待条件》，皇室曾经暂居在紫禁城的北半部［图1-1］，紫禁城外，则

［图 1-1］ 溥仪在天一门前，1917 年

已是民国的天下。第二次是在民国建立五年之后的1917年，前清遗老张勋以调解"府院之争"（段祺瑞代表的国务院与黎元洪代表的总统府之间的矛盾）为名，率定武军4000人入京，把黎元洪赶下台，把年仅十二岁的溥仪推上龙椅，宣告复辟帝制，然而没过几天，这个复辟的"朝廷"就在段祺瑞的讨伐下土崩瓦解了。1924年，第二次直奉战争爆发，直军第三军总司令冯玉祥突然倒戈回京，不仅软禁了贿选总统曹锟，逼走了吴佩孚，而且为使封建帝制永无复辟的机会，索性将"末代皇帝"溥仪赶出紫禁城。

溥仪出宫时，敬懿皇贵太妃（同治皇帝的瑜妃，1913年被宣统帝尊为敬懿皇贵太妃）将乾隆皇帝最爱的"三希"中的"两希"——王献之《中秋帖》（宋摹本）和王珣《伯远帖》携带出宫，后来通过娘家侄孙，以低价卖给后门桥外的古玩店——品古斋。

而"三希"的另外"一希"——王羲之《快雪时晴帖》（唐代精摹本），也只差一步就被溥仪带出紫禁城。溥仪仓皇辞庙，来不及带上衣物，第二天，他派宝熙回养心殿取衣物，把《快雪时晴帖》塞进衣物中，出神武门时，警官白桂亮见宝熙神色有异，上去检查，在衣物包袱里赫然看见《快雪时晴帖》，当场扣下，交给李石曾先生。李石曾先生为确保安全，将《快雪时晴帖》存入保险柜中。

被乾隆皇帝时时把玩、昼夕观览的三件晋人法书，从此开启了各自飘零的旅程。

在溥仪离去的身影之后，清室善后委员会宣告成立（1924年11月20日—1926年4月5日），委员有：汪精卫（易培基代）、蔡元培（蒋梦麟代）、鹿钟麟、张璧、范源濂、俞同奎、陈垣、沈兼士、葛文浚、绍英、载润、耆龄、宝熙、罗振玉，委员长为李石曾［图1-2］［图1-3］。庄蕴宽、吴稚晖、张继等6人为监察员，各院部派助理员会同行事。

这14名委员中，汪精卫为挂名，蔡元培、范源濂为教育界官员代表，警卫司令鹿钟麟、北京警察总监张璧为军警界代表，监察员庄蕴宽、吴稚晖、张继等为国民党元老，这些政军界代表担当了政治、军事保障作用。清室善后委员会后五人为清室代表，没有参加具体清点工作。[3]

具体的文物点查，主要由清室善后委员会聘任的43名顾问进行。这43名顾问中，蒋梦麟、胡适、钱玄同、王星拱、马裕藻、沈尹默、马衡、皮宗石、朱希祖、单不奄、顾颉刚、黄文弼、徐炳昶、李宗侗、胡鸣盛、欧阳道达、杨树达、叶瀚、陈万里等20余人来自北京大学。此前的1922年1月，北京大学成立研究所国学门，将西方考古学、文献学带入到国故整理中，在"五四"以来全新的知识体系下，重新梳理和审视中国传统文化，

［图1-2］ 清室善后委员会封条，照片上封条日期为民国十四年（1925）一月三日

［图1-3］ 清室善后委员会同人进入交泰殿点查前合影，1925年1月3日

不仅为后来故宫博物院的建立奠定了人才基础（比如北京大学校长、研究所所长蔡元培，1933年以后任故宫博物院理事长；国学门委员、考古学会主席马衡，1925年任故宫博物院古物馆副馆长，1933年以后任故宫博物院代理院长、院长；国学门委员李宗侗，1925年为故宫博物院秘书长；国学门主任沈兼士、袁同礼，1925年任故宫博物院图书馆副馆长，其中沈兼士1933年任文献馆馆长，袁同礼1933年任图书馆馆长），为"故宫学"的起步和发展奠定了坚实的学术基础，也把"独立不倚"的品格和"兼容并包"的学术精神带入故宫，在后来的故宫文物南迁中，马衡、欧阳道达、庄尚严等，也都成为中流砥柱。

庄尚严先生回忆，"因点查工作繁重，故聘请了北京大学文史系的许多学者为专家顾问……（他们——引者注）几乎天天到会人组，从事点查。"[4]后来又增加了一些北大学生，其中有傅振伦、单士元、庄尚严等。

庄尚严先生回忆说："清室善后委员会成立以后，由于社会间的瞩望，同时也是会中全体人员认为最重要应即刻进行的事：就是把既经封闭了的宫殿的门，再重新打开，看看究竟内部有些什么？要想弄清楚此一问题，并不简单，第一步，非先从事清点一次不可。而且大家都认为清点的范围，应不限于所谓'文物'，或有金钱价值之什物。换言之，凡是宫中一切物品，不论有无任何价值，都要一一清点而登记之，清室既无帐册移交，会中点编清册之后，才能对社会、对政府，有所交代。"[5]

单士元先生加入清室善后委员会只有十八岁，参加了清室善后委员会对清宫物品进行的点查工作。单士元先生回忆："1925年1、2月份，点查清理工作开始不久，正值隆冬季节，似乎当年也比现在冬季冷得多，有时到零下18度。一进神武门洞，西北风打得你身不由己地往宫门洞两壁撞，几乎无法行走。可以说常常是打着转儿进故宫。"[6]

"隆冬时节，北风凛冽，出气如霜，唇际浮冰。进入冷宫更是寒气袭人。在冷宫点查，两足站地，一站就是三四个小时，脚时常冻得痛若刀刺。我为缮写书记员，实为编号粘贴之役，双手常常冰冷僵直木然。身着无口袋的特制工作服，还以白带系紧袖口，使得双手无处可藏，此举为预防发生偷盗之事。点查中各部助理员虽着宽袍大袖之服，亦受登高站立之军警监视。"[7]

庄尚严先生在点查时，常在一些偏僻的宫室里见到一幅"九九消寒图"，人去室空，依然悬挂在墙上。那是一块纸板，上面横书"九九消寒图"五个大字，下边有九个字，分成三行，每行三字。这九个字是：庭前垂柳珍重待春风，每字刚好九画，九个字共八十一画，一律以双钩字体书写，后宫的嫔妃们，在

"入九"之后，每日填上一画，第一个字填完，"一九"就过去了，再填第二个字，如此日复一日，等九个字全部填完，就"出九"了，冬天过去，春天来临。嫔妃们用这样的方法，打发她们漫长的时日。

刚刚发现"庭前垂柳珍重待春风"的九字牌时，故宫博物院的工作人员不解其意，这个事传到胡适先生那，胡适先生在厕上读江阴金武祥的《粟香四笔》卷六，恰好看到这样的记载：

> 道光朝，宫中作九九消寒图，成庙书"庭前垂柳珍重待春风"九字，各字九画，每日书一笔，至八十一始毕，宫人皆效为之。

这个哑谜，被胡适先生在无意中解开了。

胡适先生将此事记在 1932 年 1 月 21 日日记中。[8]

自溥仪出宫后，清室善后委员会就开始逐宫点查文物。点查文物用《千字文》的顺序编号，即：天、地、玄、黄、宇、宙、洪、荒……点查沿故宫乾清门以北至顺贞门间的"中路"进行，第一个点查地点，就是乾清宫，所以乾清宫的文物都被列为"天"字号。点查组打开宫门，从入门顺序开始，首先看见的是一个"二层木踏凳"，于是把这件木踏凳编为"天字第一号"，可见他们点查文物的标准，不一定看它是否尊贵、"值钱"，紫禁城里的一切物品都有历史文化价值，都是"平等"的，都可算作"古物"。

清室善后委员会的清点工作历时年余，共清点出紫禁城物品达117万件之多[图1-4][图1-5]，完成《故宫物品点查报告》[图1-6]。清室善后委员会是故宫博物院的前身，其骨干后来成为博物院的中坚力量。

其实，在溥仪出宫以前，已将一些清宫旧藏书画文物通过"赏赐"方式，由弟弟溥杰等人带出紫禁城。清室善后委员会在清点文物时发现了溥仪的"赏赐"清单，并据此编印了一本《故宫已佚书籍书画目录四种》，但《目录》所载的书籍书画，却追不回来了。

1925年9月29日，清室善后委员会决议，成立故宫博物院，通过《故宫博物院临时组织大纲》《故宫博物院临时董事会章程》，故宫博物院设临时董事会、临时理事会，理事会下分古物馆、图书馆（下设图书和文献两部）、总务处三部门，还规定遇有必要时设专门委员会。

故宫博物院第一任临时董事会（1925年9月29日—1927年10月21日）董事为：严修、卢永祥、蔡元培、熊希龄、张学良、张璧、庄蕴宽、鹿钟麟、许世英、梁士诒、薛笃弼、黄郛、范源

［图1-4］ 内阁大库档案未整理时情形，1931年

［图1-5］ 清室善后委员会清点文物

濂、胡若愚、吴稚晖、李祖绅、李仲三、汪大燮、王正廷、于右任、李石曾。

故宫博物院第一任临时理事会（1925年9月29日—1927年10月21日）理事为：李石曾、黄郛、鹿钟麟、易培基、陈垣、张继、马衡、沈兼士、袁同礼。

1925年10月10日，辛亥革命武昌起义十四周年纪念日，故宫博物院开院典礼在乾清宫广场举行［图1-7］［图1-8］，李石曾先生写下"故宫博物院"五字榜书，悬挂在神武门上［图1-9］，中国最大的博物馆就此诞生［图1-10］，由教育部管辖。

那时的故宫博物院，空间上只限于紫禁城的北半区，也就是内廷部分。

故宫开院那一年，朱家溍先生还是一个十二岁少年，随着父母参观了故宫。当时的票价为银圆一元，是根据颐和园的票价定的。他回忆当时在故宫看到的景象："寝宫里，桌上有咬过一口的苹果和掀着盖子的饼干匣子；墙上的月份牌（日历），仍然翻到屋主人走的那一天；床上的被褥枕头也像随手抓乱还没整理的样子；条案两头陈设的瓷果盘里满满地堆着干皱的木瓜、佛手；瓶花和盆花仍摆在原处，都已枯萎……"［9］

紫禁城南半区的太和殿、文华殿和武英殿，早在1914年就成立了古物陈列所，主要保管陈列清廷辽宁、热河两行宫文物，

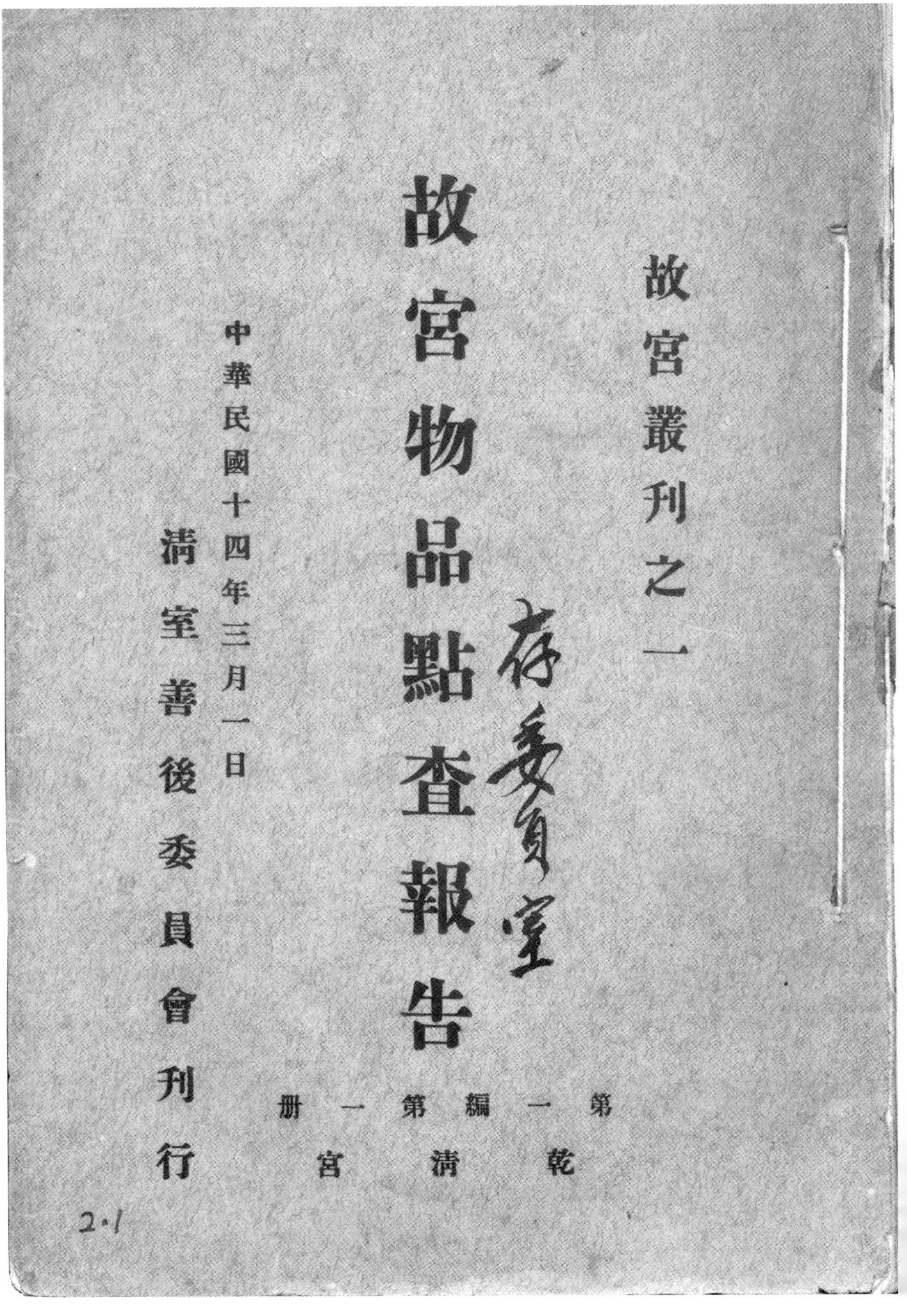

故宮叢刊之一

故宮物品點查報告

中華民國十四年三月一日　清室善後委員會刊行

第一編　第一冊

乾　清　宮

存委員堂

2·1

［图 1-6］《故宫物品点查报告》第一编第一册，1925 年 3 月 1 日

由内政部管辖，还在武英殿西侧修建了宝蕴楼，作为文物库房。古物陈列所是我国第一个以皇家藏品为主的博物馆，首开了皇宫社会化的先河，也是我国第一座国家博物馆。

还有一部分，就是午门庑殿，1912年，教育部在国子监旧址筹建国立历史博物馆，旨在"搜集历代文物，增进社会教育"，1917年移至端门、午门，"将修葺后的午门城楼及两翼亭楼作为陈列室，门下东西两朝房作为办公室，两廊朝房作为储藏室，端门楼上储粗重物品"。[10]1926年10月，历史博物馆正式开馆，是系古物陈列所、故宫博物院之后的第三座国家博物馆。

这样，天安门之内，从端门、午门、三大殿、后三宫乃至神武门，同时存在着历史博物馆、古物陈列所、故宫博物院三个博物馆。[11]"这三座博物馆奠定了新中国博物馆事业发展的物质基础。"[12]

在南方，1925年成立了国民革命军，1926年蒋介石当选为中央执行委员、中央常务委员及国民革命军总司令。7月9日，国民政府成立国民革命军从广东起兵，开始了北伐战争，连克长沙、武汉、南京、上海之后，于1928年攻克北京城，代表中华民国（北洋政府）行使政权的"奉系"军阀张作霖（时任中华民国海陆空大元帅）匆匆撤出北京中南海，在返回沈阳的途中在皇姑屯被日本关东军预埋的炸药炸死，中国取得形式上的统一。

［图 1-7］ 故宫博物院建院时乾清宫门前情形，1925 年 10 月 10 日

［图 1-8］ 故宫博物院成立纪念摄影，鹿钟麟理事演说，1925 年 10 月 10 日

1927年，国民革命军打到长江，在南京成立南京国民政府，1928年，南京国民政府改"北京"为"北平特别市"，简称"平"，首都南京简称"京"。因此，本书中的"京"，一律指南京。

国民革命军北伐成功后，南京国民政府就派时任国民政府农矿部部长的易培基先生为"接收北平故宫博物院委员"，负责接收故宫博物院。悬挂在神武门外的北洋政府的"五色旗"，换成了南京国民政府的"青天白日满地红"。用"城头变幻大王旗"形容当时的故宫，再恰切不过。

当时，易培基先生身罹病患，于是电请沈兼士、马衡、俞同奎、吴瀛、萧瑜代为办理接收事宜［图1-11］。这份电报的原件至今仍然收藏在故宫博物院档案科，电文说：

> 故宫博物院马叔平、沈兼士、俞星枢、萧子升、吴景州诸兄，鉴弟因事，冗病亦未愈，稍迟方能北来，诸事偏劳，心感无量。易培基文

1928年6月21日，接收方只用一天，就与奉方管理委员会办清了交接手续。

10月，南京国民政府宣布蒋介石为国民政府主席兼陆海空军总司令。国民政府任命故宫博物院理事27人，分别是：

［图 1-9］ 李煜瀛题“故宫博物院”牌匾，20 世纪初

［图 1-10］ 维持治安的军警列队进入神武门，20 世纪初

李石曾［图1-12］、易培基［图1-13］、黄郛、鹿钟麟、于右任、蔡元培、汪精卫、江瀚、薛笃弼、庄蕴宽、吴稚晖、谭延闿、李烈钧、张静江、蒋介石、宋子文、冯玉祥、阎锡山、柯劭忞、何应钦、戴季陶、张继、马福祥、胡汉民、班禅额尔德尼（九世）、恩克巴图、赵戴文。

复由理事会推举理事10人：马衡、沈兼士、俞同奎、陈垣、李宗侗、张学良、胡若愚、熊希龄、张璧、王宠惠。

至此，出任故宫博物院理事者，共37人。

1929年，易培基任故宫博物院第一任院长兼古物馆馆长［图1-14］，副馆长马衡；庄蕴宽兼图书馆馆长，副馆长袁同礼；文献馆馆长为张继，副馆长沈兼士。故宫博物院古、图、文的业务框架此时形成。俞同奎任总务处处长。

这一年6月27日，中央政治委员会主席、军事委员会主席、海陆军总司令蒋介石偕夫人宋美龄参观了故宫博物院，故宫博物院总务处处长、著名化学家俞同奎就故宫建筑残破、苦无经费整修的状况提出简报，蒋介石立即要求故宫博物院拟具整修及工程预算一并呈报，后批交北平行营，拨款6万元作紧急修缮之用。[13]

1930年，故宫博物院理事会以蒋介石理事领衔，12位理事签名，向行政院提送了一份《完整故宫保管计划》［图1-15］。据

[图 1-11] 太和门北望太和殿，20 世纪初

［图 1-12］ 李石曾　　　　　　　　　［图 1-13］ 易培基

介绍，"《计划》将乾清门以外的古物陈列所和乾清门以内的故宫博物院合并，将中华门（即大清门，在天安门外，今已拆除）以北各宫殿，直至景山，以及大高殿、太庙、皇史宬、堂子一并归入故宫博物院[图1-16]。这是一个宏伟的规划，对统一管理、保护故宫等历史文物有重大意义。"[14]

故宫博物院第五任院长郑欣淼先生曾说："故宫的空间是完整的，它不能只有后廷而没有前朝，也不能只有孤立的一个故宫而没有与其关系极为重要的其他一些皇家建筑物；故宫的文物也是一体的，需要完整地保护。这种完整性是其价值的整体性所决定的。因此，争取故宫的完整并不是出于扩大自身地盘的狭隘意识，而是故宫价值自身的要求。'完整故宫'体现了故宫人守护民族文化遗产的责任感，也成了故宫保护工作的一个理念。"[15]

1930年11月3日，俞同奎、吴瀛以故宫博物院接收及点验委员的身份，与古物陈列所及北平绥靖公署主任张学良[16]指派的代表，会同办理古物陈列所并入故宫博物院事宜。可惜的是，这一计划因1931年"九一八事变"的爆发，而被迫中断。[17]

二　山河已然破碎，故宫何谈完整

1931年，对每一个中国人来说，都注定是一个刻骨铭心的

［图 1-14］ 故宫博物院同人欢迎易培基到院就职，摄于正阳门火车站，1925 年

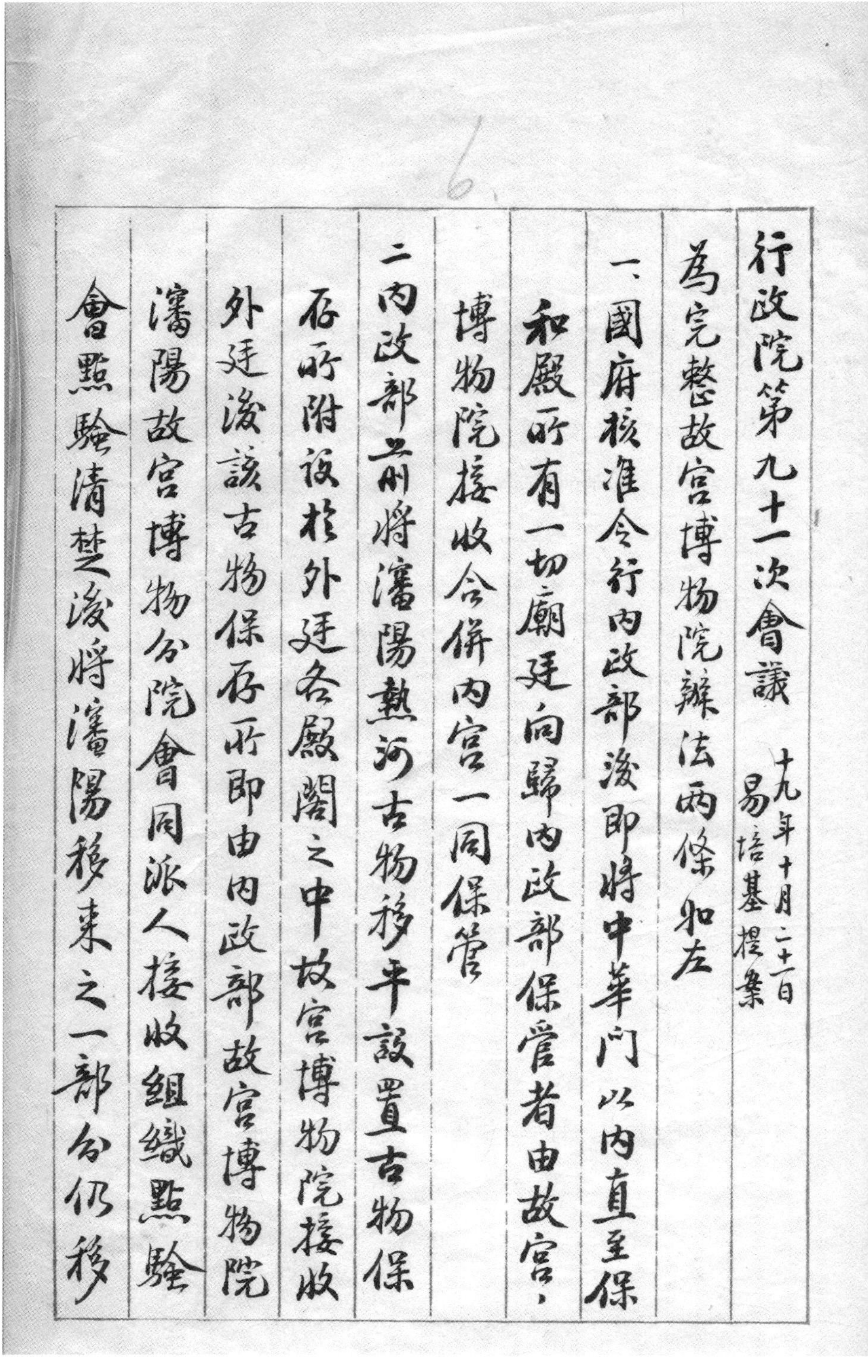

行政院第九十一次會議　十九年十月二十一日　易培基提案

為完整故宮博物院辦法兩條如左

一、國府核准令行內政部後即將中華門以內直至保和殿所有一切廟廷向歸內政部保管者由故宮博物院接收合併內宮一同保管

二、內政部前將瀋陽熱河古物移平設置古物保存所附設於外廷各殿閣之中故宮博物院接收外廷該該古物保存所即由內政部故宮博物院瀋陽故宮博物分院會同派人接收組織點驗會點驗清楚後將瀋陽移來之一部分仍移

[图 1-15]《完整故宫保管计划》，1930 年 10 月 21 日

年份。

9月19日，正当文绣和溥仪的律师就离婚事宜紧张谈判之日，溥仪从日本《每日新闻》号外上看到一则惊人的消息："（昨——引者注）夜三时二十三分奉天电云：中日交战。"这一天，郑孝胥之子郑垂前往日本驻天津领事馆，得到的消息是："昨日军已占奉天，华军自退，长春亦有战事。"[18]

真实的情况是：9月18日夜，日本关东军虎石台驻屯独立守备步兵第二大队第三中队的队长川岛正大尉、河本末守中尉等，借夜间演习的名义，在距离柳条湖约三公里处制造了铁路爆破事件，之后布置了一个假现场，摆上了三具身穿中国士兵服的尸体，反诬是中国军队破坏铁路，向沈阳的中国军队营地北大营发起进攻，史称："九一八事变"。

9月19日早上9点，在北平，时任故宫博物院秘书长的李宗侗先生像往常一样走出北京南城丞相胡同的家门，乘一辆洋车前往故宫博物院上班，过顺直门[19]，听到路边叫卖号外的声音，他让车夫停车，买了一张报纸，上面的大字标题，让他怵然一惊[20]。那时的他，不会想到，一场长达十四年的抗日战争，在这一天拉开了序幕。每一个中国人——包括他自己的命运，就此发生了改变。

也是在9月19日，张学良在协和医院对天津《大公报》记者

［图 1-16］　午门，1912—1927 年

说:"吾早已令我部士兵,对日兵挑衅,不得抵抗。故北大营我军,早令收缴军械,存于库房。"[21]

由于未接到抵抗命令又无战争准备,拥有当时中国最先进飞机和武器装备的东北军略作抵抗即撤退或溃败,沈阳的兵工厂中260架飞机、250门大炮、10万发炮弹、600门迫击炮、40万发迫击炮弹、15万支步枪、300万发子弹无一遗漏地成了日本关东军的战利品。日本关东军仅用半天时间,就占领了沈阳、丹东、营口、抚顺、海城、辽阳、本溪、四平等铁路沿线的十八座城市。

其后两个月内,日本军队迅速占领了东北三省,面积相当于日本本土的三倍。但日本的野心还不止于此,据战后东京裁判资料,1931年,日本关东军司令本庄繁曾给陆军大臣南次郎发去一份密函,劝其于1931年成立两个新国,一个是"满蒙王国",一个是"远东独立国",前者包括中国的满洲与东蒙;后者包括东西伯利亚、上乌丁斯克、后贝加尔湖、阿穆尔州,抵达白令海峡。这一疯狂的目标一旦实现,"不但鄂霍次克海、日本海成了日本的内湖,中国之东三省,大逾日本内地三倍,后贝加尔湖大逾日本七倍,加以松花江平原、嫩江平原、黑龙江沿岸,都是膏腴之地,矿藏之富,取之不竭,十年之内,日本国力将超美国。"[22]

李宗侗赶到故宫博物院时，同事们都在议论东北的局势。然而，再有想象力的人也不会想到，三个多月后，随着张学良最后一支部队从锦州撤退，日军兵不血刃占领锦州，奉天、吉林、黑龙江三省的辽阔土地就被日军完全占领了。东北四省，唯有热河一省，孤悬在关外。中原大战之后实力和声望都达到了人生的顶点的张学良，一夜之间坠落神坛。"不抵抗将军"的绰号，从此跟随他一生。张学良晚年在接受日本 NHK 电视台记者采访时说："我当时没想到日本军队会那么做，我想绝对不会的，我认为日本是利用军事行动向我们挑衅，所以我下了不抵抗的命令。"他还说，"我不能把九一八事变中不抵抗的责任推卸给国民政府。是我自己不想扩大事件，采取了不抵抗的政策。"[23]

9月19日，胡适在日记中写下这样的话：

> 中日战后(指中日甲午战争——引者注)，至今快四十年了，依然是这一个国家，事事落在人后，怎得不受人侵略！[24]

第二天，蒋介石则在日记中写下这样的话：

> 闻沈阳、长春、营口被倭寇强占以后，心神哀痛，如丧考妣，苟为我祖我宗之子孙，则不收回东省永无人格矣。

小子勉之。内乱平定不遑，故对外交太不注意，卧薪尝胆，教养生聚，忍辱负重，是我们今日之事也。

这一年12月，梦想着"尽雪前耻"的国民政府主席、海陆军总司令蒋介石宣布下野，在南京召开的国民党四届一中全会上，林森当选国民政府主席。1932年"一·二八事变"，又给了蒋"重出江湖"的机会。

山河已然破碎，故宫何谈其完整？易培基院长回到北平，感到故宫博物院所藏文物时时处于危险中。1931年12月3日，就在顾维钧给张学良发去电报，苦口婆心地劝说东北军不要撤出锦州的那一天，易培基给行政院发去了电文，表示拟在故宫内部设立临时警卫处，统一管理和调度故宫博物院、古物陈列所和历史博物馆的警卫力量，以保护文物安全。

易培基，1880年生，湖南省善化[25]人，早年在日本加入孙中山领导的同盟会，参加过武昌起义，曾任中华民国副总统黎元洪的秘书，湖南高等师范学堂、长沙师范以及湖南省立第一师范教员，后任湖南省立第一师范学校校长，曾教过毛泽东三年国文，被毛泽东视为恩师。1919年"五四运动"爆发后，湖南军阀张敬尧下令查封了毛泽东主编的《湘江评论》，二十六岁的毛泽东发动了驱逐张敬尧的"驱张运动"，得到校长易培基的支持。毛泽东和一批新民学会会员曾经在长沙白沙井枫树亭易培基的家里开会，易培基还向大家分析了湖南的形势，告诉他们"驱张运动"有群众基础。[26]

1924年，孙中山与段祺瑞、张作霖联合反对"直系"，孙中山任命的驻北京全权代表就是易培基。这一年，易培基还担任了北洋政府（黄郛内阁）教育总长、清室善后委员会委员，1926年任北京女子师范大学校长，时值"女师大风潮"（女师大开展以驱逐校长杨荫榆为中心的斗争风潮）之后，杨荫榆的校长职务被段祺瑞政府撤销，易培基这个新校长人选，令时在女师大兼任国文系讲师、并在杨荫榆离校后担任维持会成员的鲁迅十分赞同，为迎接易培基这个新校长，鲁迅发表了著名的《在北京女子师范大学欢迎新校长会上的讲演》：

易先生的学问，道德，尤其是主持公道，同恶势力奋斗的勇气，是本会同人素来所钦佩的。当恢复之初，即曾公推为校长，而易先生过于谦退，没有就。但维持仍然不遗余力。同人又二次敦请，且用公文请政府任命，这才将向来的希望完全达到。同人认为自己的责任已尽，将来的希望也已经有所归属，这是非常之欢喜的。[27]

易培基是中国现代史上为数不多的与毛泽东和鲁迅都有交情的人。三人有一个共同点，就是都爱古书。他一生酷爱古籍和文物，金石书画鉴别极为精审，三十余年经手古籍无数，家藏有宋元刊本10余种，明本近500种，殿本50余种，碑帖1300种。1932年"一·二八事变"中，有207箱藏书被毁于日寇战火。

将文物迁出北平的念头在易培基的心里盘桓了许久。但这个事情太过敏感，牵动着太多人的心。"既为遗老们所反对，又为亲日者所不赞成，其实两者常接近合作。"[28]

此外，还有许多文化界人士反对将文物迁出故宫博物院，担心这些文物会出现损坏与流散。

易培基先生把南迁的念头暂时隐匿起来，下令故宫博物院员工，将文物集中在库房里[图1-17][图1-18][图1-19][图1-20]。显然，这是一个非常智慧的折中办法。

1932年1月28日，一个寒冷的冬日早晨，一千多名日本海军陆战队队员在20辆装甲车的引导下，分五路向上海闸北发起突然袭击，"一·二八事变"（即第一次淞沪抗战）爆发。第二天，中央政治会议（下简称"中政会"）重新任命蒋介石为军事委员会常委（3月又复推蒋介石为军事委员会委员长，蒋以"委员长"名义重掌军权，直至抗战结束）。驻守上海的国民革命军第十九

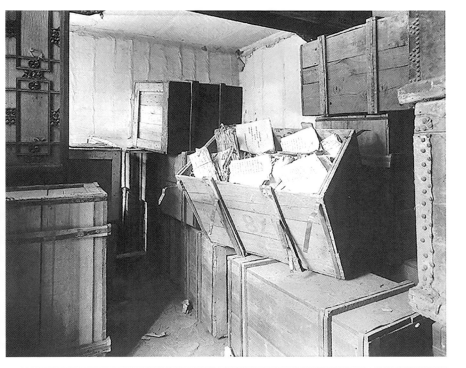

[图 1-17] [图 1-18]　文献馆库房内文献、档案堆积情形，20 世纪初

[图 1-19] 文献馆同人整理内阁大库档案，20 世纪初

［图1-20］ 延禧宫库房外景

路军（粤军）在总指挥蒋光鼐、军长蔡廷锴指挥下奋起抵抗，日军先后三次增兵、四次更换主帅也没有拿下上海，最终以死伤10254人的结果结束了这次战争（据中方战报，十九路军和第五军合计总伤亡14104人，其中阵亡4274人、受伤9830人）。第一次淞沪抗战的胜利，使得全国上下弥漫的亡国灭种低落情绪一扫而光，中国军民英勇抗战的过程，如十九路军总指挥蒋光鼐后来所说："我军得民众莫大之帮助，近者箪食壶浆，远者输财捐助""此同仇敌忾之心，使吾人感奋欲涕"，但战场毕竟是在上海，上海闸北华界的商号被毁达4204家，房屋被毁1.97万户，规模较大的文化机关，如商务印书馆及其附设的东方图书馆，以及各公私大学，均遭到轰炸焚毁，古籍损失难以计数。

29日早上8点多，日军十余架飞机从"能登号"航空母舰上起飞，在日军指挥官盐泽幸一"四小时占领上海"的狂妄预言下，在千米之下低空投弹，对上海进行狂轰滥炸。在上海档案馆现存的一本影像资料中，记录了商务印书馆总厂及附属的东方图书馆被毁后的景象［图1-21］。第一枚炸弹就落在油墨仓库里边，瞬间燃烧起来，那些被熔解了的铅字像水一样在地上流淌。"位于宝山路的总管理处、编译所、四个印刷厂、仓库、尚公小学等皆中弹起火，全部焚毁。""2月1日，日本浪人又潜入未被殃及的商务印书馆所属的东方图书馆纵火，全部藏书化为灰烬"，浓

［图1-21］ 上海商务印书馆被炸，1932年

烟遮蔽上海半空，纸灰飘飞十里之外，火熄灭后，纸灰没膝，"五层大楼成了空壳"。[29]

"据统计，商务印书馆80％以上资产被毁，资产损失1630万元以上。最令人痛惜的是东方图书馆的全部藏书46万册，包括善本古籍3700多种，共35000多册；中国最为齐备的各地方志2600多种，共25000册，悉数烧毁，当时号称东亚第一的图书馆一夜之间突然消失，价值连城的善本孤本图书从此于人世间绝迹，这不能不说是中国文化史上的一大劫难。有学者认为：火烧圆明园和商务印书馆被炸，是中国近代史上最令人痛心的文明悲剧。"[30]

望着漫天飘舞的纸灰，一生爱书如命的商务印书馆董事长张元济先生涕泗横流。他痛心疾首地对夫人说："这是我的罪过！如果我不将这些书搜罗起来，不是集中保存，仍然让它散存在全国各地，岂不可以逃过这场浩劫！"

他后来在诗中写：

廿年心血成铢寸，
一霎书林换劫灰。

日军之所以要炸毁商务印书馆，时日军海军陆战队司令盐泽幸一讲得很明白："烧毁闸北几条街，一年半年，中国人马上可以恢复。只有把商务印书馆总厂及东方图书馆即中国最重要的文化机关焚毁了，中国人可永久不能恢复。"[31]

1933年，商务曾收到过一封日本浪人的恐吓信，更直白地说出了日军轰炸商务印书馆的原委：

> 尔中国败孔道，立学堂，读些国语三民主义与立共和，打倒帝国主义，恶劣之道行天下，……尔馆独销学校之书，印些腐败之物。上海毁尔书馆，尔书馆还是恶习不改，仍印三民之书、党部之语。中国不忍傍观，所以毁尔书馆，今若不速改恶习，我军到处，是商务印书馆尽烧毁。

商务印书馆恢复营业之后，把一部分被日军炸毁的印刷机残骸、遭焚烧的古籍余烬陈列在发行所的大橱窗里，并在大门上悬挂起大幅标语，上写：

> 为国难而牺牲
> 为文化而奋斗

上海激战之时，故宫博物院的各殿皆已堆满文物，比如著名的毛公鼎，就放在养心殿的宝座前。王莽的嘉量，则放在坤宁宫东暖阁里。他们在故宫博物院里寻找空旷的地方，最后选定了延禧宫。

易培基请来汪申做工程顾问，专管修理库房的工作。汪申曾在巴黎学习建筑，当时是北平特别市政府工务局局长。汪申决定在东筒子南边开一个门，以便运送建筑材料。

1932年2月起，故宫博物院各馆处着手撤收各殿内所陈列的重要文物，集中人手从事文物包扎、编号造册及装箱工作，并送入新建的延禧宫防火险库房保存。

5月20日，故宫博物院函复北平市政府，已增设临时警卫处联合保卫，且各陈列品亦悉数运存延禧宫库房保存。

故宫博物院古物馆馆长徐森玉先生说："易院长修库房的办法是成功的，不然既不能将文物集中，等到中央通过南迁时，亦无法做得如此的快速了。"[32]

三　日人不可不防，文物不可不迁

3月，在日本策划下伪满洲国宣布成立，溥仪担任伪满洲国的执政。沈阳故宫藏文溯阁本《四库全书》被划归伪奉天图书馆。

8月，日军进犯热河，山海关告警，平津形势日益危险，一如蒋介石后来在日记中所写：

倭寇攻热，必不能免，恐不出三个月之内，甚或进占河北，捧溥仪入关；或另觅汉奸作为傀儡，以伪造华北之独立，使我中华分块离立，不得统一，而统属于倭寇卵翼之下。其狂枉之欲，且得陇望蜀，不征服我全中国必不休也……[33]

如此急迫的形势下，易培基院长终于下了决心。故宫博物院呈文行政院［图1-22］，拟议将故宫文物精品迁移至北平东交民巷及天津、上海租界区域保存，并提议在南京设立故宫分院以存文物。

1932年8月，河北石门市（今石家庄市）市民多奇云等致信故宫博物院，信中说："辽东变起，沈阳四库全失。申沪烽烟，南地图书尽丧。千年古物，毁于须臾，凡属国人畴不痛惜？"日本军队如果继续南下，北平就可能成为战场，"夫故宫博物院，古物陈列所，所藏古物，咸为希（稀——引者注）世之珍。为本国之文化计，为世界文化计，均宜早为之所，妥为保存"。[34]

据我的同事、故宫文物南迁研究所所长徐婉玲介绍："古物陈列所主任钱桐亦急电内政部，呈递《古物陈列所拟具国难期内应付非常事变计画》，拟议择选部分文物精品，送东交民巷六国饭店地窖保存，并计划在院内空地挖掘地窖，以备存藏金属陶瓷等文物珍品。"[35]"该项计划包括'防内乱'和'防外寇'两项内容，前者主要针对兵变或盗匪的劫掠"[36]。办法具体有：停止售票；东西华门、午门昼夜关闭，用实土麻袋堵塞；各殿陈列室，及库房严密封锁，分别加岗防守；警察全体出勤，荷枪实弹，分布东西华门城楼，及东南、西南角楼，并与故宫博物院、历史博物馆前后联防，守望相助。"防外寇"办法具体有两项：

一、"防飞机抛掷炸弹计画"；

二、"防外寇入城掠夺物品计画"。

故宫博物院方面，则形成了一个在异地建立分院的想法。经理事会讨论，达成了这样一个共识："故宫先有一个分院到另一区域，一则先多一个机关，二则将来万一北平沦陷，博物院仍在，院务不致落空。"[37]

对于设立上海、郑州、西安三个分院的主张，理事会没有最终决定，但在时局的逼迫下，还是做出了先选择一些精品文物进行南迁的统一意见呈报国民政府，行政院和军事委员会很快核准了这一意见，易培基立刻召开理事会，研究决定，将故宫文物先行迁移至上海。李宗侗奉命，前往上海寻找储存文物的合适地点。

他们没有想到，故宫文物想走，并不是那么容易的，将文物迁出北平的决策消息不胫而走，竟然在北平知识界和广大市

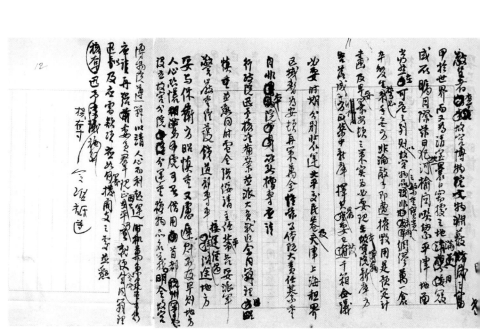

[图 1-22] 易培基为故宫文物南迁一事呈送行政院及宋子文的密函，1932 年

民中引发了一个巨大的旋涡。

大敌当前，民众心理脆弱，而故宫文物要迁出北平的消息，让北平市民心里涌起了一种普遍的被遗弃感。委屈转化为焦虑，焦虑又转化为强大的愤怒。他们知道，在这大是大非的问题上不能沉默，因为不在沉默中爆发，就在沉默中灭亡。终于，他们爆发了，北平市自治区各公所及商会共同发出了怒吼，异口同声地表明："故宫古物为北平生命所系"，"与繁荣北平市面亦有极大关系"，如果故宫文物决议迁地保存，无异于遗弃北平民众。他们声明"无论何种会议，倘有议决将故宫文物运往他处，或继续变卖，及种种损害故宫文物，违背上三项原则者，本市人民绝对不能承认，并尽力阻止其实施"。[38]

更有甚者，8月30日，中央政务会议讨论处理故宫文物办法，其决议之一竟然是呈请中央拍卖故宫文物，用于购买500架飞机。曾任清室善后委员会委员之一，时任故宫博物院总务处长的俞同奎听到这样的奇谈怪论，不等会议结束便匆匆退席，立即拍电报给在南京坐镇的易培基，筹商对策。此电文现存故宫博物院档案科，电曰："今早政会召集讨论保存故宫古物办法……议决，各委员签字，呈请中央拍卖故宫古物购飞机。"[39]

易培基闻之，脸色骤变，急电张学良、蒋伯诚和张群，称："闻政务会议有人主张拍卖文物，不胜骇异。故宫所藏关系全国文化，中外观瞻所系，乞公设法劝阻，始终保全，感盼无既。"[40]

1932至1933年间，古物馆副馆长马衡先生之子马彦祥在其主持的天津《益世报》"语林"专栏上发表数篇文章，批评北平故宫博物院当局迁移文物一事。

1932年9月，马彦祥发表《旧事重提说古物》，指出："因古物之值钱，结果弄得举国上下，人心惶惶，束手无策，这种现象，想起来实在有点好笑。…… 要抵抗么？ 先从具有牺牲古物的决心做起！"[41]

在故宫博物院内部，反对文物南迁的声音也不绝于耳。吴瀛先生为此曾和易培基发生过激烈的争执。

吴瀛，出身世代书香家庭，祖父吴殿英曾受张之洞委派，于光绪二十四年（公元1898年）赴日考察，是甲午战争后大清帝国派赴日本考察的首批军事代表团成员，同行者还有姚锡光、黎元洪等。吴瀛之父吴稚英，曾任职清朝著名洋务派领袖张之洞幕府。吴瀛先生早年在湖北方言学堂学习，与易培基先生是同班同学。《毛泽东传》里写："1919年12月，毛泽东率领赴京的驱张代表团到达北京，住在北长街一个叫福佑寺的喇嘛庙里。"[42]那一次，同行者还有易培基。易培基找到时任北洋政府京都市政督办公署坐办（相当于今市政府秘书长）的吴瀛，是吴瀛先生把他们安排在北长街福佑寺住下的。[43]曾经在湖南第一师范担任教师、被毛泽东视为恩师、当时在教育部工作的黎锦熙先生（后成为著名语言文字学家、文字改革家、教育家，九三学社创始人之一）还专门到福佑寺看过毛泽东，他后来回忆说："当我去看他（毛泽东——引者注）时，他正坐在大殿中香案后，香案很长，左边摆着平民通信社的油印机和通信稿件，可是有些稿子可能是他自编自刻自印的。右边是一大堆关于社会主义的新书刊，我在这里第一次见到《共产党宣言》。"[44]

吴瀛找到他的舅舅、时任北洋政府审计院长的庄蕴宽先生接见了易培基与毛泽东。[45]后来在庄蕴宽的干预下，"驱张运动"取得了成功，张敬尧灰溜溜地逃出了湖南，吴瀛先生也间接地助了一把力。

不可思议的是，毛泽东在"驱张运动"中接触的三位民国官员庄蕴宽、易培基、吴瀛，后来都与故宫博物院发生了深刻的联系。庄蕴宽先生1924年任清室善后委员会监察员（李石曾为委员长），1925年故宫博物院成立，庄蕴宽被公推为主席，主持开幕仪式，并在故宫博物院开创时期任临时董事和临时理事。1926年"三一八惨案"后，段祺瑞执政府以"假借共产学说，啸聚群众、闯袭国务院"之罪通缉李石曾、易培基，二人躲进了东交民巷，危难之际，庄蕴宽与卢永祥一起被推举为故宫博物院和清室善后委员会维持员，共同主持故宫博物院和清室善后委员会，带领故宫博物院全体同人渡过了动荡之期。1926年12月，故宫博物院维持会正式成立，江瀚为会长，王宠惠、庄蕴宽为副会长。1928年，北伐成功后，南京国民政府接收故宫博物院，国民政府任命27名故宫博物院理事会理事中就有庄蕴宽（后故宫理事会又推举了10人，共37人）。

关于易培基，前面已经谈到，他曾任清室善后委员会委员（代理汪精卫）、故宫博物院临时理事，"三一八惨案"后畏"罪"潜逃，1928年，南京国民政府派易培基为"接收北平故宫博物院委员"，易培基因病不克北上，电嘱代理接收故宫博物院的五人中就有吴瀛。[46]1929年，易培基被正式批准为故宫博物院第一任院长，吴瀛先生因其丰富的学识，被任命为"古物审查会专门委员"，并担任《故宫书画集》《故宫周刊》第一位主编。

在吴瀛看来，文物南迁之事不应该操之过急，而是应该再观望一下。他对易培基说："古物一出神武门的圈子，问题非常多，责任既重，闲话也多，内外的敌人，都等待着！我们最好不做此事！"

吴瀛先生似乎已经预见了后来的风波。

易培基却反驳说："大敌当前，国家到了这样的地步，我们都不应考虑这些问题，推卸责任！"

吴瀛先生后来回忆说："我自来还没有碰过这样的钉子，而况当众。他词严义正，我还说什么呢？我只觉得面上火辣辣地在发烧，不说话了。"[47]

相比之下，周肇祥做出的举动更加激烈，他发起了"北平市保护文物协会"，自任主席，坚决反对将文物迁走的计划。周肇祥为我国的文物事业做出过卓越贡献，他曾经在1926年9月至1928年2月担任过古物陈列所第四任所长，在此期间，他曾成立鉴定委员会，对古物逐一鉴别，改变了所内文物好坏混杂的状况。1927年3月，周肇祥和北京大学地质系教授李四光、北京大学考古学会袁复礼、清华国学研究院李济等为代表，与准备到中国西北做全面的科学考察斯文赫定（Sven Hedin）进行谈判，由中国学术团体协会主办西北科考活动，从而抵制了西方的文化侵略。对于故宫文物南迁，周肇祥亮出了决然的态度："古物与地方繁荣有关，而历代文化之品，一散不可复合"，甚至扬言，一旦故宫文物运出北平，就要在铁路上安放炸药，实施爆炸。

1932年9月21日，古物保管委员会举行会议，江瀚、刘复、徐炳昶、马衡、朱启钤等三十余人参加，商议北平文物保管办法。

会议讨论指出，"孔庙的石鼓，中央研究院的殷商甲骨，西北科学考察团的汉代木简，北京大学的元代壁画，北平图书馆的《四库全书》、敦煌经卷及其他善本书籍，天坛皇穹宇的乐器，都是中国文化史上具有无上价值的珍品,当得上国宝的称号。至于故宫和古物陈列所的建筑及其宝物,尤其是全世界各国博物院所仰望不到的。"这些文化物品"足以表扬国光","是国家命脉、国民精神寄托之所在……是断断不可以牺牲的"。[48]

会议决议拟一份意见书,以北平保存有"寄付着国家命脉,国民精神的文化品物",并且,"全国各种学问的专门学者,大多荟萃在北平"为由,建议国民政府从北平撤出军备,使其成为一个不设防的"文化城",用不设防来求得北平免遭日军炮火。意见书对日本作出这样的判断:"世界上还未必有这样一个胆大而野蛮的民族,敢在众目昭彰之下,向没有抵抗的文化设备加以破坏。"[49]

1932年11月23日,"中政会"举行第333次会议(居正任主席),今天我们仍然能从当时的媒体报道中了解会议的内容——其中一项会议决议是:"北京故宫古物,着即移洛保管,饬行政院、铁道部负责运输。"[50]

"一·二八事变"的当天晚上,国民党召开临时中央政治会议,对政府进行改组,任命汪精卫为行政院院长,宋子文复任行政院副院长兼财政部长(宋子文此前曾于1930年1月至1931年12月任行政院副院长兼中央银行总裁)。蒋介石、汪精卫、宋子文都主张迁都,避免日军从上海进逼南京,迫使南京国民政府缔结城下之盟。蒋介石在1月29日的日记中写道：

> 余决心迁移政府于洛阳，与之决战。将来迁移结果不良时，必归罪余一人，然两害相权实较其轻，否则随时受其危胁，必作城下之盟也。

对于一个国家来讲，迁都是非常之事，此时把首都迁往洛阳，表明国民政府已经开始做"长期作战"的准备。洛阳坐拥中原，拥有优越的地理位置、便利的交通条件、十五朝古都的历史底蕴，特别是经过吴佩孚、冯玉祥等人统治时期的大力开发，通有铁路，建有机场，市容也大有改观。3月5日，国民党四届二中全会决定"以长安为陪都，定名西京"，并委派张继等专员组成"西京筹备委员会"，并于当年4月17日开始办公，为期十三年之久的陪都西京筹建工作拉开。5月，国民政府与日本签订《淞沪停战协定》，日军对南京的威胁也暂时解除。5月30日，蒋介石率党、政、军大员返回首都南京，12月1日，中央党部、国民政府及各院部会正式迁回南京，并举行了隆重的还都典礼。

洛阳就这样，在1932年短暂地成为中华民国的首都。2月1日，国民政府将所有印信及卷宗输送到了洛阳。主导迁都的蒋介石、汪精卫、宋子文三人皆为故宫博物院理事，但政府这项将故宫文物迁往洛阳的决议依然引起强烈反对，就在决议通过的第二天，北平市各自治区公所致电国民政府主席及各部委，坚决反对故宫文物迁移洛阳。电文中说：

> 文物关系世界文化、学术，北平友邦使节所驻，万目睽睽，敌虽蛮横，当不出此，且亦未尝无法保存。如虑北平易为敌乘，先图避免，则洛阳距平亦非极远。倘军事毫无准备，节节退让，则我能往，敌亦能往。土地、人民瞬将不保，亡国灭种，即在目前，何况文物？舍本逐末，是诚何心继之？[51]

26日，北平市商会等八个团体连致二电与国民政府主席、中央党部、中央政务会、行政院等政府要员、机关团体，反对故宫文物迁洛。

据郭述祖先生介绍：1933年1月1日，日军第八师团第4旅团3000多人，野炮、重炮40余门，飞机8架，铁甲车3列，坦克20多辆，兵舰2艘，陆海空齐驱，于元旦之夜向山海关发起攻击，中国东北军第九旅第六二六团只有1346人驻守，他们与敌军血战，"伤亡十分严重，六二六团三连连长关景泉、二连连长刘虞宸、四连连长王宏元、第五连连长谢振藩、一营营长安德馨相继阵亡，终因敌众我寡，弹尽援绝而突围"。[52]日军占领山海关，全面入侵热河省。

郭述祖先生写道："日军入城后，大肆搜捕，凡着中山装者杀，着军服者杀，写反日标语者杀，就是便服内穿灰色裤者也杀。……死于非命者不可胜数，青年妇女备受蹂躏，居民财物劫掠一空。北宁铁路3名警察不肯投降，日军强在其背上插上'欢迎大日本'旗帜，游街绕全城，然后押往南关枪决。"[53]

山海关古迹亦遭破坏，原本收藏在魁星楼的"天下第一关"匾，也被日军运回东京，作为"战利品"，存入靖国神社的游就馆。

得知山海关沦陷的消息，画家丰子恺画了一幅漫画，名为《关山月》。画中的山海关，插着一面日本国旗，夜空中的明月，在暗自哭泣。

山海关距离北平只有280公里，一入山海关失陷，前方尽是平原大道，日军机械化部队可以高歌猛进，华北局势岌岌可危。

1月8日，因汪精卫出国而代理行政院院长的宋子文[54]签署行政院训令，决议将故宫文物运送上海租界保存。

13日下午4时，故宫博物院协助会召开临时会议，会长司徒雷登、常务委员铎尔孟、朱启钤、周诒春、周作民、任叔永、傅泾波等出席，司徒雷登任主席，吴瀛、李麟玉、袁同礼任秘书，院长易培基列席，商议故宫文物南迁上海。

17日，张继在致蒋介石的电文中，表示不反对文物南迁，但反对把文物迁至上海租界，主张将文物迁往洛阳。他在电文中说："故宫宝物迁移，此弟素志，惟全部运沪有二大不可，国人将怀疑政府以中国之大竟无一安全地方可置国宝，政府威信扫地一也，世界讥笑中国只有租界安全，更使倭人得一狂吠材料二也，弟坚主张迁移地点以洛阳为宜，非仅消极的避难，更积极的另建文化中心，尊意如以为善，望向子文先生解说。"[55]

马衡原本也是反对南迁的，他当时认为，东北三省虽被敌占，但在东三省与北平之间，尚有山海关这道屏障，"我方尚可扼险以守，平津一时尚无问题"，"且古物转移，长途运输，难免途中不生损失"，这给了他反对南迁的理由。但山海关失守，给他心理的震动是巨大的，此时，他的立场也发生了反转，认为"门户已失，平津时时有发生危险之可能，故现在余亦主张迁出为良"[56]。

但社会上的反对声浪，并没有像马衡那样发生转变。10日，北平各大报发表言论，猛烈抨击故宫文物南迁计划，认为这是"政府弃我北平，而绝其生机也"，"对于土地人民，不加顾虑，而惟古物是视，是诚何心？"

与此同时，反对之声一天比一天高涨。15日，上海《中华周报》刊文称："亡国亡种就在眼前，区区古物就完好如故，有何意义？"南京《社会新闻》说："我古物之可至也，日人之飞机大炮也能至也。"16日，河北第一博物院院长严智怡致函故宫博物院，认为在国家危难之际将故宫文物运出北平，将会"寒国人之喁望，逞强敌之觊觎，危累世之蓄积，散仅存之文物"。[57]

鲁迅撰文《学生和玉佛》，引1月28日《申报》号外报道云："故宫古物即起运，北宁平汉两路已奉令备车，团城白玉佛亦将南运"，又作五言诗，讽刺政府迁移古物、撇下北平人民的举动：

> 寂寞空城在，
>
> 仓皇古董迁。
>
> 头儿夸大口，
>
> 面子靠中坚。
>
> 惊扰讵言妄？
>
> 奔逃只自怜。
>
> 所嗟非玉佛，
>
> 不值一文钱。[58]

意思是：寂寞冷落的北京城依然还在，大批文物仓皇中被盗运出城。老大夸下抗日海口已成泡影，用大学生掩饰他们卖国罪行。青年学生为抗日救亡奔走呼号，怎能责怪他们妄自惊扰逃奔。学生该自叹不如一尊白玉佛，竟贱到不值一文钱遭人看轻。

2月6日，就在第一批文物运离北平那一天，鲁迅又在《申报》发表文章，更加直白地指出："倘说，因为古物古得很，有一无二，所以是宝贝，应该赶快搬走的罢。这诚然也说得通的。但我们也没有两个北平，而且那地面也比一切现存的古物还要古。……为什么倒撇下不管，单搬古物呢？说一句老实话，那就是并非因为古物的'古'，倒是为了它'未抵抗'之后，还可以随身带着，随时卖出铜钱来。"

鲁迅又赋诗一首：

> 阔人已骑文化去，
> 此地空余文化城。
> 文化一去不复返，
> 古城千载冷清清。[59]

而鲁迅的同乡、时任故宫博物院理事、中央研究院院长的蔡元培，则在这个关键时刻，力挺故宫文物南迁。他认为，日人不可不防，文物不可不迁，未雨绸缪，以防措手不及，苟有损坏，不可全局被夺。

故宫博物院理事、时任代理行政院长的宋子文对文物南迁的态度也十分坚决。[60] 行政院致函社会各界，表示等北平时局稳定后，故宫文物就会"原封运回"。

1月25日，北平故宫博物院理事会召开临时会议，出席者有江瀚、易培基、马衡、高鲁、李书华、吴瀛、沈兼士、袁同礼、俞同奎、李宗侗、程星龄，会议决议：首批文物定于1月30日起运，"密缄张（学良）副委员长、北平市政府，告起运日期，请派军警押运，并电行政院报告起运日期，请分饬沿途地方官吏保护。"[61]

26日，易培基致函当时拥兵华北的张学良：

> 此次运沪之件，至多不过三千箱，档案居其大半，拟于本月三十一日起运，除密函北平军事分会暨市政府选派得力军警沿途保护及随车押运外，尚乞我公指麾若定，严令所属，特别警戒，以策万全。[62]

蒋介石在28日的工作日记中写下这样的话：

> 宋副院长子文电告北平故宫博物院在上海设立分院已

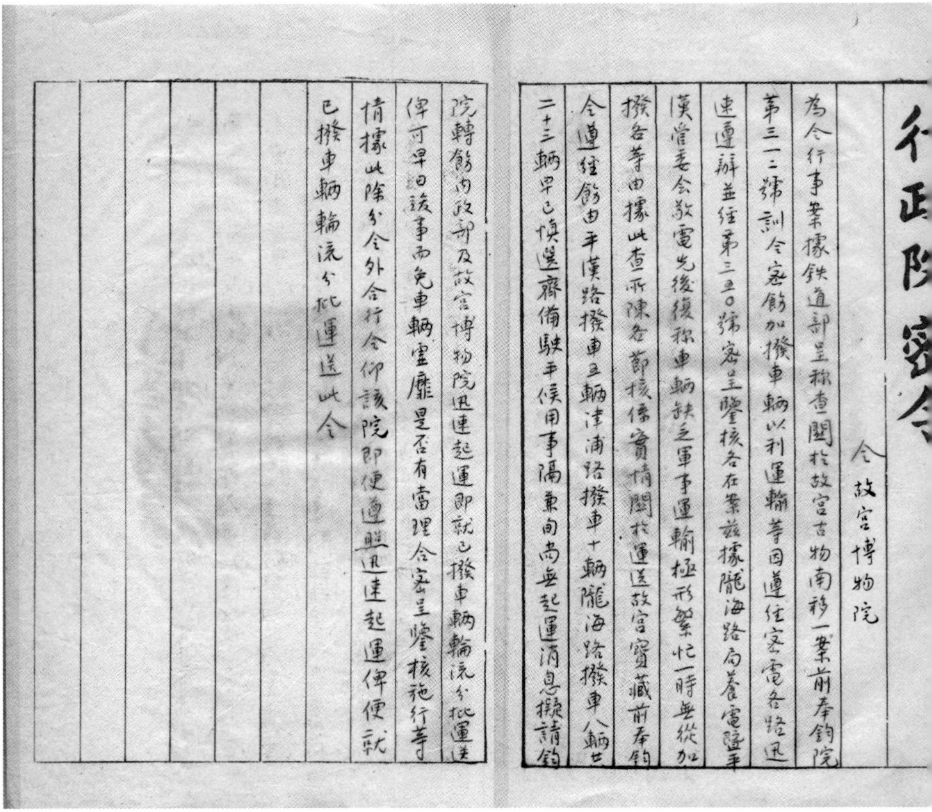
行政院密令

令故宫博物院

為令行事案據鉄道部呈称查關於故宫古物南移一案前奉鈞院第三一二號訓令密飭加撥車輛以利運輸等因遵經密電各路迅速遵辦並經第三五〇號密呈鑒核各在案茲據隴海路局養電暨平漢管委会敬電先後復称車輛缺乏軍事運輸極形繁忙一時無從加撥各等由據此查所陳各節核係實情關於運送故宮寶藏前奉鈞令遵經飭由平漢路撥車五輛津浦路撥車十輛隴海路撥車八輛共二十三輛早已慎選齊備駛平候用事隔兼旬尚無起運消息擬請鈞院轉飭內政部及故宫博物院迅速起運即就已撥車輛輪流分批運送俾可早日蒇事而免車輛虛縻是否有當理合密呈鑒核施行等情據此除分令外合行令仰該院即便遵照迅速起運俾便就已撥車輛輪流分批運送此令

［图 1-23］ 行政院关于南迁文物起运的密令，1932 年

早经核准，据易院长培基电呈，略称已派员李宗乾（侗）赴沪筹备，第一批拟世（三十一）日起运，平汉、陇海、津浦各路，拨来车辆共二十五辆，运输路线是否仍应照前电所指由平汉转汉南行，由津浦直达，并请转电分饬保护等语。公复电谓古物运转路线，仍由平汉转为妥，保护事应请汉卿派队可也。[63]

30日，易培基急电宋子文，请示故宫文物"由平汉路启运南下，到浦（指浦口——引者注）后是否改由商轮运沪，抑仍由火车直达？"[64]

31日，行政院下达第四六五号密令［图1-23］，令故宫博物院迅速起运文物。[65]这一天，宋子文致电蒋介石，电文中说："故宫物及古物陈列所南迁，北平反对者甚烈，为避免复杂起见，弟拟悉数运沪中央银行库存，加行政院封条，否则各方定有借口，兄意如何？"

蒋介石指示："古物事，中（指蒋中正——引者注）实不主张迁沪，最好运储南京，人无反对之理。"[66]

所有的争议，所有的举棋不定，至此终于尘埃落定。

故宫文物必须南迁。这一点，不容置疑。

四　宫殿前小山般堆起文物箱

如此大规模的文物搬迁行动，在中国历史上是第一次［图1-24］
［图1-25］［图1-26］［图1-27］［图1-28］［图1-29］［图1-30］［图1-31］，
对于成立不到八年的故宫博物院来说，也是一个从未经历过的
难题。故宫博物院有许多文物专家，但没人拥有这方面的经验。
为了这次大搬家，古物馆请总务处紧急购置了木箱、棉花、稻
草、纸张、绳子、钉子之类的用品，但这些物资购齐之后，人
们又面面相觑，谁都不知道该怎样把文物打包、放进木箱子里。
这一刻，文物似乎成了烫手的山芋，谁都不敢动。

有人提议，到北京古玩行去找人。因为古玩行的人，经常
要给买主发货，对打包装箱，他们一定不会陌生。

古玩行的师傅们如约而来，故宫博物院文物南迁的打包装
箱工作随即展开。整个太和殿广场，立刻成为一个巨大的工地，
在紫禁城建成五百多年来，这样的场面，也是第一次在太和殿
前出现。古物馆、图书馆、文献馆想要将自己管理的文物装箱，
要先向总务处领取木箱，再向秘书处办理手续提取文物，然后
才能装箱。

薄胎的瓷器、易碎的玉器最难装箱，"例如填白脱胎瓷器，
薄得像电灯泡，像蛋壳"，如何装箱，才能确保其在漫长的运输

［图 1-24］ 故宫博物院工作人员在延禧宫库房前搬运文物，1933 年 1 月

［图 1-25］ 在宝蕴楼前监视起运文物，1933 年 3 月

［图 1-26］ 古物陈列所文物装箱，1933 年 2 月

［图1-27］ 第一批古物南迁太和门前广场文物箱搬运情况，1933年2月

［图 1-28］　第一批古物南迁文物箱在太和门前广场集中，1933 年 2 月

［图1-30］ 第三批古物南迁午门前木箱装车情况，1933年3月
［图1-31］ 第三批古物南迁太和门前广场文物箱装车情况，1933年3月

途中安然无恙？

　　那志良先生《我与故宫五十年》中写道："故宫博物院这一般年轻的人，装箱日久，一个个都变成装箱专家了，对于任何种文物，都有一套装箱方法。"像前面说到的填白脱胎瓷器，"先把一块厚棉垫在下面，放上一只脱胎瓷碗，碗里铺一层薄棉，再装入一只，然后用棉花把这两碗裹起来，用纸包好，系上绳子，放在一旁。照样包若干之后，把木箱拿来，最下面铺一厚层稻草，草上放一层厚棉，把包好的一包包瓷器摆好一层，然后把包与包间，以及四围，都用棉花塞紧，再铺上一层棉花，再放上一层瓷器，也照下一层一样塞好，上面又盖一层棉花，一层稻草，最后把箱子钉好加封。这种装法，经过多少次的迁运，从没有发现破伤的情事。"[67]

　　轻薄如瓷器者难装，笨重如石鼓者亦难装。对于一些大件的或特殊的物品，要为它们单独量身制作木箱。

　　那十件先秦石鼓，又称陈仓石鼓，原本藏在国子监的两庑，身为金石学家的马衡先生，对这十件石鼓有着特殊的责任感，后来写了一本《石鼓为秦刻石考》，发表于1923年北大《国学季刊》创刊号，认为不应称其为"石鼓"，而应称为"秦刻石"。此文后来出版单行本，马衡还把它赠予容庚。容庚在1932年1月1日日记中记："八时进城，谒马叔平（马衡，字叔平 —— 引者注）

先生，承赠《石鼓为秦刻石考》一册。"[68]但"石鼓"之名，已约定俗成。石鼓共十只，高二尺，直径一尺多，每个重约一吨，在每个石鼓上面都镌刻"石鼓文"（大篆），因铭文中多言渔猎之事，故又称它为"猎碣"。石鼓文记述了秦始皇统一前一段为后人所不知的历史，是中国最早的石刻诗文，乃篆书之祖，自明清以来，一字抵万金，被康有为誉为"中华第一古物"。

为石鼓打包的艰巨任务交给了文物馆副馆长庄尚严先生。庄尚严先生后来回忆说："装箱最困难的事不外三种：一是大；二是重；三是薄。""石鼓兼有了此三大困难，每鼓重逾两吨，鼓的本身，虽不甚高，可是包裹以后，木箱高过人身。关于薄的问题，不要以为既称石鼓，决不至于薄，岂知鼓上有文字地方，经过数千年来，风吹、日晒、雨淋，已经侵蚀不堪，受创最重者，为千百年来长期打拓，以致刻石之处，石质表面多凸裂有缝隙，如受外面压力磨擦过大，就有脱落可能。"他说，"我在故宫主持文物装箱移运，虽然经手的文物有几千箱之多，可是从来还没有遇到过像这样棘手的问题。"[69]

庄尚严先生对着石鼓冥思苦想，他看到石鼓出土千年来经历代人士捶打拓片，已有许多裂缝，再不能受力，实在是不敢下手。他于是去了达古斋，去找北平著名收藏家霍保禄先生，由霍保禄先生面授机宜，他才学到了包装石鼓的秘方。

石鼓打包程序应该是这样的：先要用极薄极软的高丽纸蘸水浸湿，然后用镊子把湿软的高丽纸塞进石鼓的裂缝里，这一步就花了近一个月。然后再用薄棉花层层覆裹，一直包上四五层之多；再用糨糊粘好，用细麻绳捆扎停当；而后外面再用厚高丽纸裱糊妥帖，用粗麻绳捆牢，最后再在外面包上三四层之多的棉被，并且用粗麻绳扎紧。这时候，每一个石鼓都已经变成了比原来体积大上一倍有余的庞然巨物。完成了这一步工作之后，再把每一包大石鼓装进定做的木箱，塞紧钉牢之后，外面再用稻草覆盖，然后用钢条绑扎封死，这样才算完成了石鼓的包装工作。

有一天，大家为装箱开会，吴瀛先生指出装箱太急，导致装《四库全书》的木箱有缝，裹面未包，应当重新加入油布装包，箱缝也要想办法，以防路上下雨。故宫博物院秘书长李宗侗先生急了，对吴瀛先生说：

"吴瀛先生！你要知道日本就要来呀！"

吴瀛说："我知道至少今年日本是不会来的，既然不要保护这些文物，你何必搬呀！"

散会后，吴瀛和李宗侗先生打了一个赌，就是日本人今年会不会到北平。[70]

后来的历史证明，日本人攻占北平，是四年后的1937年，但1933年热河失守，已使北平危如累卵。

袁守和打圆场，叫他手下人重新装箱，为《四库全书》加了油纸包。

据介绍："《四库全书》全称《钦定四库全书》，是清代乾隆时期编修的大型丛书。在清高宗乾隆帝的主持下，由纪昀等360多位高官、学者编撰，3800多人抄写，耗时十三年编成。分经、史、子、集四部，故名'四库'。据文津阁藏本，共收录3462种图书，共计79338卷（相当于《永乐大典》的3.5倍），36000余册，约八亿字。""《四库全书》是中国古代最大的文化工程，对中国古典文化进行了一次最系统、最全面的总结，呈现出了中国古典文化的知识体系。《四库全书》可以称为中华传统文化最丰富最完备的集成之作。中国文、史、哲、理、工、农、医，几乎所有的学科都能够从中找到源头和血脉。"[71]

《四库全书》编纂完成后，乾隆帝命人手抄了七部，分别贮藏于全国各地。"先抄好的四部分贮于紫禁城文渊阁、辽宁沈阳文溯阁[图1-32][图1-33]、圆明园文源阁、河北承德文津阁珍藏，这就是所谓的'北四阁'。后抄好的三部分贮扬州文汇阁、镇江文宗阁和杭州文澜阁珍藏，这就是所谓的'南三阁'。"[72]

然而，《四库全书》完成至今的两百年间，历尽了沧桑，多份抄本在战火中被毁，到20世纪30年代，尚留在人间的，只有

［图 1-32］［图 1-33］ 文渊阁《四库全书》陈列，20 世纪初

三部半，其中保存较为完好的一部，就是故宫博物院藏文渊阁本（在南迁之后，最终被转运至台湾，现藏台北故宫博物院），此外，"文溯阁本1922年险些被卖给日本人，现藏甘肃省图书馆，文津阁本于1950年由中国政府下令调拨到中国国家图书馆，这是唯一一套原架原函原书保存的版本。"[73]还有文澜阁本，经过兵乱之后两次抢救补抄，成为"半套"，现藏浙江省图书馆。

有记者进入故宫，看到在太和门外熙和门内，堆着三百余个装好的箱子，有警士一名，站在那里看守。在每一只箱子上，都封着三道封条，箱上每一号单下，都写着里面装着九匣或者十三匣不等，一律为《四库全书》。

在协和门外，还堆着四百多只木箱，里面装的大多是宫廷档案。故宫博物院雇来的百余辆排子车，都停在东华门外，等待装车。一位故宫博物院的员工对记者说：故宫博物院的文物，已装满七千余箱，外传有三千余箱，相差太多。他还说，自去年8月，易培基院长就要求将文物装箱，运至库房集中保管，此时运到太和门外的，只是一部《四库全书》，还有少数其他文物，大部分文物还在库房里，没有来得及运出来呢。[74]

除了《四库全书》，《龙藏经》也是一部辉煌的文化经典。据介绍，《龙藏经》的缘起，是康熙皇帝的祖母孝庄太皇太后在宫廷中发现了一部明代抄写的藏文《甘珠尔》，年久破损，觉得很可惜，于是命康熙皇帝拨款派人，用泥金在特制的瓷青笺上重新抄写已破损的明代大藏经。后来乾隆皇帝为了庆祝生母崇庆皇太后八旬万寿，颁旨以康熙八年写本为祖本，誊录而成，共使用的金箔价值超过三十七万两银，用掉近一千八百两金粉，共有一百零八函，象征对治众生的一百零八种烦恼，每函经页三百页至五百页不等，每页正反两面以上好泥金用藏文楷书抄写经文，经页依序叠齐，于其四周边围再以泥金彩绘右旋白螺、法轮、宝伞、胜利幢、莲花、宝瓶、金鱼、吉祥结八吉祥图案。经页上下各有两层经板护夹，再捆以捆经绳，最后用数层经衣包裹而成。自造纸、抄经、绘图以至织绣经帘、裁制经板等等，工艺烦琐，因此汇集当时宫廷满、藏、汉各族纸工、金匠、木工、织工等僧俗人员通力完成，达到了中国古代书籍制作技术的极致，每函的重量约一百斤，一百零八函，总重量超过一万斤，也就是五吨有余。[75] 要想把这部美到了连看都不忍心看的《龙藏经》毫发无损地全部运走，也不是像说一说那么简单。

与此同时，国子监、颐和园、先农坛等处文物，也纷纷交给故宫博物院，一同"搭车"南迁。故宫博物院亦"派员分赴颐和园、国子监等处装箱"。"其工作紧张时，匆遽忙迫，不可名状，譬之振溺救焚不为过也"。已完成装箱的文物，垒放在故宫博物院内搭起的四个席棚内，宫墙屋角下也小山般堆起文物箱，等待着装车的一刻。

谁也不曾想到，在这十万火急之际又出意外——1月31日，文物装车完毕，周肇祥竟然煽动工人罢工，"所雇之运货汽车二十余辆，临时避匿，排子车六十余辆，全体罢工"[76]，以阻止汽车驶出故宫博物院大门。

易培基给李宗侗发电报，并请其呈请宋子文。电报说："周肇祥联合工联会，煽惑工人，阻止汽车、排车等为院运物出"[77]；"前昨两日另组搬运汽车、排子车、工人起运物品，因受工联会把持，屡成屡辍，穷两日夜之力，无法上车。而反对风声有加无已，外无援助，孤掌难鸣，其势已非本院权力所能办到。今火车虚待，宪兵坐守，究应如何处置之处？乞电遵行。"[78]

蒋介石亲自致电北平市党部进行疏通。[79]易培基请北平市长周大文出面，约请各团体及人士，申述"政府维系文物之苦心，迁地为良之必要"。经多次协商无果和屡次启运受阻之后，易培基急电行政院代理院长宋子文，请严令拿办周肇祥。

此时，宋子文身在热河，正办理有关防务事宜，危急时刻，直接遥控指挥文物南迁事宜，做出五项决定：

一是确定南迁时间和存贮地点：2月6日运出故宫至装运车站，2月7日铁路启运，目的地上海租界，指定文物迁存上海中央银行；

二是在行车路线方面，考虑到走津浦路直达南京，虽然距离短，但由于日军势力严重渗透到山东，津浦路徐州北段以上恐易遭到袭击，日军飞机也可以直接轰炸天津，因此列车要避开天津，走平汉线至郑州，转陇海线到徐州，再从津浦线南下；

三是加强警力严控北平，2月3日，宋子文电令周大文，请其以"煽动群众，扰害治安"暂时拘拿周肇祥，直到文物列车驶离北平十天后，才释放了周肇祥；

四是调动军队随车押运和沿线护卫，身为故宫博物院理事的张学良亦电令北平宪兵司令部，派出100名宪兵随车护卫；

五是委派监察院委员高鲁监督文物起运事宜。

五　文物连夜运出故宫

文物即将启运，却找不到合适的押运人。1月30日，故宫博物院理事会代理事长江瀚[80]、院长易培基给马衡发文，请他与俞同奎率第一批故宫文物南迁，还通知各馆处："所派随车南行人员应秉承马理事、俞处长节制指挥，不得稍有违抗"[81]，没想到被马衡婉拒了。身为古物馆副馆长，马衡当时正掌管着古物馆全部古物清点装箱的工作，国子监的十件石鼓的装箱更令他牵挂，无暇顾及第一批文物南迁的工作。3月里，马衡完成了南迁文物清册共100册，交到故宫博物院秘书处存档[82]，5月，又将古物馆五批南迁文物清册送至秘书处存档[83]，充分展现了马衡先生的行事缜密、滴水不漏，也证明他婉拒押运第一批文物南下，并非推托逶迤。

无奈之下，易培基想到了吴瀛。关于是否南迁，他曾和吴瀛发生过争执，但文物箱件都已捆扎完毕，只待上车了。易培基顾不了那么多了，匆匆赶到吴瀛寓所，说服他做第一批南迁文物的押运人。吴瀛心里气还没消，没有当场答应。易培基也没有逼他当场表态，而是应允"明天候信"。

吴瀛夫人不同意吴瀛押送文物，她说："事关国宝安全，责任太重大了，马衡都不去，为什么我（指吴瀛）要去，出了事一家大小十几口人怎么办？"

第二天，易培基先生又来了。他说："家用我一定负责时时可以接济，并且亲自可以来照料，老伯母也可以由我日常来问安，决不让你担心，务必请你走一趟，否则下不了台！"

院长如此诚恳，让吴瀛再也无法推托了。他想："大丈夫生而何欢，死而何惧，不过一个'义'字而已"，于是欣然承诺，说："好，我去就是了！"

易培基立刻拉着吴瀛，赶到故宫博物院，商定了动身之期。他亲拟了一份文稿，密电行政院以及沿途经过各地方军政长官派队保护，又打了一封电报给行政院，说明了周肇祥率众阻挠的情形，请示北平当局制止，密定了迁运的路线是由平汉转陇海再回津浦南下，以避免天津站日本人袭击。他们还商调东北宪兵一百名，派一个队长统带，自己也挑选了故宫博物院的警卫随行保卫。[84]

5日，故宫博物院下达通知，改派吴瀛督率押运第一批文物南行。

2月5日，工作人员接到命令，当天晚上将打包好的文物箱子连夜装车，2月6日启运。就在这一天，有大批的板车被推进故宫，因为在故宫装车，汽车不如板车方便。大家齐心协力，把文物箱子装上板车，推到太和门前，又装上汽车，只等夜幕降临，戒严开始，满载文物的汽车驶出午门，到正阳门西南角的平汉铁路火车站（正阳门西车站），装上列车，连夜启运。

为什么要在夜间将文物运出故宫？那志良先生在回忆录中这样解释：

一、夜间装车启运，街道上车马寥落，方便戒严，肃清车马行人，以避免有人破坏。

二、车站情况复杂，闲杂人等多，在夜里，没有客车开进开出，容易维持秩序。

6日，第一批南迁文物共2118箱装车完毕。其中文物馆452箱，图书馆602箱，文献馆1064箱。

故宫博物函平汉铁路局，请加拨车辆，并拟请加派宪兵押运，以利文物南运。[85]

夜幕降临时，警察局给故宫打来电话，说戒严已经完成，故宫车队可以出发了。在太和门广场上排好的汽车终于开始移动，排成一字队形，逐一驶出了紫禁城。

晚上9点，紫禁城大门打开，十多辆汽车和三百多辆人力排子车从午门鱼贯而出，经天安门、中华门，运至平汉铁路火车站。从午门到平汉铁路火车站，沿途街道均已戒严，士兵们持枪而立，不许任何行人车辆通过，等于把北平东西城的交通阻断了。以这条路为中心，东至东单、崇文门，西至六部口一带的道路，也有军队严格警戒。每个汽车的司机和木板车工人的胸前都贴有一枚"吉"字徽章作为标识，也透露出他们对文物南迁的吉祥企盼。

冬日昏暗的街灯下，满载文物的汽车缓缓驶过。除了故宫的车辆，街上不见任何车辆，也没有一个行人，只有警卫人员，在寒风中伫立。北平的市民们，在睡梦之中并不知道，一件影响历史的大事正在发生。

6日清晨5时，天还没有放亮，卡车上的两千多箱文物已经装满了整整两列火车。"北平宪兵司令部派兵士100名、故宫博物院派警卫10余名，随车押送文物，以确保文物安全。"[86]其中，宪兵第十四中队37名武装宪兵在丁德泽中队长的带领下，卫戍第一营第一连26名武装士兵在王德林连长带领下登上了第一列火车；另有43名武装宪兵在第三队队长范乃武带领下，27名武装官兵在卫戍第一营第一连排长高士文带领下登上了第二列火车。马衡、那文灿等故宫博物院押运人员坐第一列火车，周语成等坐第二列火车。故宫人员坐在第一节头等车厢里，宪兵、故宫博物院警察等坐二、三等车厢，其余一律为装载着文物的黑色闷罐车厢。车顶四周各个车口都架起了机关枪，各节车上都布置有士兵，荷枪实弹，严阵以待。

上午6时20分，第一列火车自平汉铁路火车站开出，7时15分，第二列火车自平汉铁路火车站开出，从此关山万里，许多文物于二十五年后，才返回故宫。

这一天，易培基致电正在南昌"剿共"的蒋介石：

南昌蒋委员长赐鉴：

微电敬悉，故宫物品第一批二千一百余箱已于本日辰刻开车，由平汉转陇海运浦，本院派简任秘书吴瀛偕同职员十四人随车照料。汉卿兄亦派宪兵卫队百数十人押车保护。第二批日内即起运。[87]

次日致电行政院宋子文，报告首批文物起运及押运情况。[88]

几天后，张学良致电蒋介石，汇报故宫首批文物南迁起运情况，说：

> ……该项古物于本月五日下午九时由故宫起运押赴前门西车站货厂装车至六日上午五时装竣，共分两列车计。第一列车装载图书馆《四库全书》三车合六百零二箱，文献馆各项档案六车合四百零九箱，由宪兵第十四中队长丁德泽带武装宪兵三十七员名，卫戍第一营第一连连长王德林带武装士兵二十六名，轻机关枪二挺，协同故宫博物院押运员单士魁等押运。至第二列车计装载古物馆各项古物五车，合一百五十二箱，文献馆档案五车，合六百五十二箱，由宪兵第三队队长范乃武带武装宪兵官兵四十三员名，卫戍第一营第一连排长高士文带武装官兵二十七员名，轻机枪二挺，协同该院押运员、简任秘书吴瀛，行政院代表高乐宜等押运综计古物贰千一百十八箱。第一列车于六日上午六时二十分开行，第二列车于上午七时十五分开行，先后离平南下等情，谨此电闻。张学良叩。[89]

这些枯燥的电文，除去留下一串串的数字，也让那些跌落在时间中的名字被我们拾回，让我们在时隔八十多年后依然可以重回那个夜晚，去见证这个神奇的、历史性的时刻，也让我们看见了那些早已在岁月中消失了的面孔。我们不应该忘记他们的名字：吴瀛、单士魁、高乐宜，还有连长王德林、排长高士文……

为了避免受到日军袭击，火车没有从平津线转津浦线，直达南京浦口，而是舍近求远，先走平汉线，由北平开到郑州，再转陇海线，由郑州开至徐州，最后绕回津浦线，由徐州开往南京。火车的行驶路线与到达各站时间都是最高机密，沿途所经的地方政府均派军警分段护送。列车除了添煤、添水之外沿途不停车。在夜里，每逢重要隘口，车内都要熄灯。每到荒僻之地，警卫队长都要特别叮嘱。车过徐州时，他们都突然紧张起来。因为这里匪患出没，就在一天前，已有千余名土匪窥视车行路段，被地方军队发现，发生过一次交火。

太阳出来的时候，列车终于驶出了北平，驶向广袤的华北平原。那时，温暖的晨光正为大地镀上一层虚幻而迷离的光泽。

六　列车停在浦口，不知道往哪里开

1932年3月1日，伪满洲国傀儡政府在日本扶持下宣布"建国"，《满洲国建国宣言》声言，凡长城以北关外东北四省均为所谓的"满洲国"的"法理"领土，热河也包括在内。于是日本即以《日满议定书》为约，积极侵略热河。

1933年初山海关沦陷后，1月21日，日本外相内田康哉于贵族院发表演说，表示"热河省为满洲国一部分"。2月10日，日本关东军司令部召集各师团、旅团的主任参谋，传达了进攻热河的作战计划，宣布"进攻热河的目的，在于使热河省真正成为满洲国的领域，并为消灭扰乱满洲国的祸根，即华北张学良势力创造条件，进而确立满洲的基础"[90]。2月11日，国民政府代理行政院长宋子文、军政部长何应钦、外交部长罗文干等至北平，与军事委员会北平分会代理委员长张学良商讨保卫热河问题。宋子文对热河守军将领表示：

> 本人代表中央政府，敢向诸君担保：
> 吾人决不放弃东北，
> 吾人决不放弃热河，
> 纵令敌方占我首都，
> 亦决无人肯做城下之盟也。[91]

就在一天前（2月10日），文物南迁列车终于到达南京浦口火车站。

　　8日，宋子文已致电行政院秘书长褚民谊，请其与军政部接洽，派得力宪兵到浦口接运文物，并令其派行政院高级职员带封条随船到沪监运。[92]

　　同一天，宋子文致电南京军政部，请其派宪兵到浦口火车站接送故宫文物。

　　浦口火车站是津浦铁路的终点站，津浦铁路于民国元年黄河大铁桥建成后全线通车，北接京津（平津）铁路，南接沪宁铁路，经天津、沧州、德州、济南、泰安、滕州、临城、徐州、蚌埠等站而抵达南京浦口，成为民国时代的交通大动脉、"陆地上的大运河"，两年后竣工并交付使用的浦口火车站，也成为南下北上的枢纽，自建成以来，这座老式英式风格的火车站不知迎来送往了多少名人。朱自清著名的散文《背影》，是写他二十岁时（1917年）从南京到北京大学读书，父亲到火车站为他送别的场景。那个火车站，就是浦口火车站，父亲为了给他买橘子而爬上的月台，就是浦口火车站的月台。1919年，毛泽东送湖南留法学生去上海，在火车站丢失了一双布鞋，从而一筹莫展，幸而遇到老乡，才解了燃眉之急，毛泽东后来在陕北窑洞的油灯下对斯诺回忆说，他丢鞋的地方，就是在浦口火车站。1929年，孙中山先生的灵柩也是从北平运抵浦口火车站，火车站外面就是浦口码头，那时没有南京长江大桥，从火车站进入南京市区要从浦口码头上船，渡过长江，才能进入南京市区，孙先生的灵柩也是这样过了江，运抵中山陵安葬。

列车徐徐驶进浦口火车站，站台上岗哨林立。众多的面孔中，吴瀛一眼认出两个人的面容，一个是张继，一个是褚民谊。

吴瀛先生走下列车，张继上前与他握手，彼此寒暄，互道辛苦。

吴瀛先生从褚民谊先生口中得知，就在一天前，张继先生趁宋子文在上海，在中政会议上提出一个紧急议案，要求故宫文物分运洛阳与开封。[93] 在他看来，故宫文物存放在上海的外国租界里，是国耻，必须另外择选安全的地方。与会人士没有特别的意见，议案就这样通过了。

南行的列车就这样在浦口停了下来。吴瀛被临时安顿在中央饭店住下，夜半醒来，不能入眠。南方的初春多雨，他担心下雨，会淋湿火车上的文物，尤其是那部文渊阁《四库全书》。

吴瀛先生后来回忆说："如此大的责任压在我的肩上，真出了事自己要砍自己的头呀！我迷糊地似睡非睡，似乎天已黎明，东方发白了。一骨碌爬起来，先开窗看一看天气，可不是么？有些迷蒙的细雨。"[94]

吴瀛披衣而起，穿过雨幕，急急赶到军政部，借了大批油布，然后赶往火车站，看到火车并没有漏雨，悄悄放心了些，然后派人去军政部领回油布，盖在火车的顶棚。

吴瀛又赶到行政院，敲秘书长室的门。褚民谊开门，他忙问洛阳、西安的文物存放地找到没有，褚民谊说还没有。吴瀛感到一阵怅然，现在列车就停在浦口，不知道往哪里开，不仅时时处于危险之中，而且每天有五百名军人守卫，仅伙食开销就是不小的数目。吴瀛问褚民谊，在南京是否可以找到更安全的存放点。褚民谊突然想到，在中山陵下面，有新建的全国运动场，有运动员宿舍，都是钢筋水泥建筑，第一次全国运动大会，至快要在半年以后，可以暂时用来安放文物，岂不是很好的办法？

第二天一早，吴瀛到行政院，约上褚民谊，还有一位行政院参事方叔章，三人一起前往中山陵踏勘。

他们从中山陵后面的一条小道沿阶而上，吴瀛一边走，一边在心里数着台阶。大约走了360个台阶，他们看到了褚民谊所说的钢筋水泥建筑。建筑的空间很大，足够存放文献馆的档案箱，但它有着致命的问题，就是空气潮湿，不宜存放纸质文物，而这里地势高，又给搬运造成很大麻烦，倘赶上雨天，搬运更加困难，很容易给文物造成损伤。

吴瀛感到山穷水尽了，他只能待在南京，守株待兔似的，等待宋子文归来。

付急南昌蔣委員長勛鑒。密故宮物品運

處所係中政會暨政府決案早經明示中外今忽

改運開封中央大信似有未符且該地設備全

亟荷未請重實輕置殷散墜畏虞拆窂辦

理以第一批運出之文獻檔案千餘箱故運洛陽古物圖書

仍運處雙方兼顧分別保存即電中央歡愷興竢。正

為感盼北平故官博物院理事會文印

几天前的 2 月 7 日，易培基已急电蒋介石［图 1-34］：

> 特急南昌蒋委员长勋鉴：
>
> 　　密故宫物品运沪亦系中政会暨政府决案，早经昭示中外，今忽改运开封，中央大信似有未符，且该地设备全无，崔苻未靖，重宝轻置，毁散堪虞，请折衷办理，以第一批运出之文献档案千余箱改运洛阳，古物图书仍运沪，双方兼顾，分别保存，请即电中央，顾恤舆情，至为感盼！
>
> 　　　　　　　　　　　　北平故宫博物院理事会文印

2 月 11 日，易培基再度急电蒋介石，请其设法维持文物迁沪保管原案。[95] 第二天，易培基收到蒋介石回电，称："故宫古物中（正 —— 引者注）意应即留（南 —— 引者注）京……已电楚伧、子文两兄办理矣。"

12 日，蒋介石致电中央党部秘书长叶楚伧、代理行政院院长宋子文："故宫古物第一批已抵浦口，久停车站，殊非所宜，开封设备全无，运汴自应从缓。"[96]

关于故宫文物到底在哪里落脚，蒋介石在 2 月 12 日的工作日记中是这样写的："中（指蒋中正 —— 引者注）意应即留在南京，暂存中央医院新建之屋内，由行政院负责保管，并由中央党部派员监督，以昭慎重。"[97]

16日，故宫博物院协助会召开临时会议，出席者有常务委员铎尔孟、任鸿隽、福开森、秘书李麟玉、袁同礼、傅泾波，福开森任会议主席，故宫博物院代表俞同奎列席会议。会议通过议决：对于中政会决议文物又须运存开封一事，以为殊多危险，拟请转电政府速定安全办法与地点。[98]

20日，故宫博物院协助会史量才等人致电宋子文，恳请速将滞留浦口故宫文物运存安全地点，"不至以迁地而损失"。[99]

2月下旬，易培基致电宋子文，"南迁文物久停浦口，殊多危险，应请贵院转电中央，速定安全办法与地点，妥为保存。"[100]

文物列车的去向，依旧扑朔迷离，那志良形容当时是"抬着棺材找坟地"。在浦口停留的日子里，故宫人百无聊赖，只好在浦口逛街，"后来发展到下关"，因为没带书籍，更以听曲、吃饭为乐。然而漫长的等待，终至连常去的天津馆里的鲤鱼都"渐渐吃厌了"。[101]

七　宋子文回到南京

终于，宋子文回到南京。

吴瀛得到消息，清晨赶往宋子文公馆。他递了名片，没多久，宋子文走出来，站在门房，问候吴瀛："来了几天了，怎么样？"

吴瀛答："我来差不多两星期，古物停在下关，忽然中政会议决改运洛阳、西安，那两处又没有地方。南京连日想法子也不可得。蒋先生主张文献物品留此，林（森）主席答应林园庐墓处，我同民谊去看过不合用，现在毫无办法。下关借了五百名军政部队参加本院同来的人们看守着，非但费用可观，也相当危险。我只有专候院长回京解决，自然只有照原案运沪！"

宋子文想了一下，说："请你明天九点钟再来一次。"

当晚，宋子文紧急召开临时中政会议，会议决议：文物照原计划运往上海。

这时，热河的形势发生急转，热河抗战爆发了。2月23日，日本驻华使馆向中国政府外交部提交备忘录，要求中国军队退出热河省，否则"难保战局不及于华北方面"[102]。中国政府予以拒绝。就在日驻华使馆送交备忘录的同时，日关东军分三路向热河发起了进攻，士气低落的中国东北军节节败退。

自1933年2月21日日军第八师团对热河省东部南岭的中国守军发动袭击，到3月4日日军占领热河省省会承德，前后不过十几天的工夫，8万余热河守军仓皇败走，热河全省近20万平方公里的大好河山倏然落入敌手，东北全境沦入伪满统治之下。立法院长孙科在上海对记者说："热河天险，守军达十万余，中央虽明知结果必败，然无论如何，以为至少当能支持二三个月……不料战事竟未及十日，而全线崩溃，承德陷落，诚出人意料。计算日军每日进展，途经五十里，如入无人之境，谓为抵抗，谓有激烈战争，其谁能信？"[103]

自"九一八事变"以来失掉了东三省之后，率二十大军进驻河北、热河等省的张学良再度成为众矢之的，孙科在回答记者问时表示："为张氏计，惟有从速引咎辞职，以谢国人，退让贤能，支持华北危局，若再因循恋栈，余个人主张，中央应具决心，下令将其免职。"[104]

3月7日，张学良致电南京，引咎辞职。军政部长何应钦奉蒋介石电令抵达北平，并很快出任军事委员会北平分会代理委员长一职。东北军关外余部部分转入游击战，两年后被编入东北抗日义勇军，组成11个军4.5万人，继续与日军斗争，另一部分转入长城沿线参加长城抗战，之后撤入关内，与之前撤入关内的东北军继续活跃在抗日战场，期盼着有朝一日"打回老家去"。承德沦陷几日之后，古北口沦陷，热河抗战结束，日军逼进至长城沿线各口附近，拉开了中国军队长城抗战的序幕。

日军占领了热河，便可选择除山海关外更近的路南下直取北平。长城脚下的北平城，已经朝不保夕。文物南迁，已刻不容缓。3月3日，列车上的文物开始被卸下，分批渡过长江。约有一半文物（多为文献档案），暂存南京行政院大礼堂。

4日，其余文物1054箱，由招商局所派"江靖轮"装载，自南京浦口码头起运，目的地是上海。护送的除了原有的北平宪兵、故宫博物院押运人员及警卫以外，行政院还命令首都南京宪兵司令部另派一个机关枪连随船戒备。行政院另派参事、书记官数名，随船押运，故宫博物院秘书长李宗侗在码头迎接。

第二天中午12点左右，文物安抵上海外滩金利源码头，安全存入爱多亚路天主堂街26号仁济医院大楼。

20世纪30年代初，上海的人口超过315万，一跃成为仅次于伦敦、纽约、巴黎和柏林的世界第五大城市。繁华的上海吸引着全世界的淘金者和文化人士，世界上几乎所有的时髦商品、所有流行的文艺时尚在上海都能找到。故宫博物院等单位第一批南迁文物运离北平后，北平其他文化单位也开始运筹文物迁移保护事宜，目的地不约而同都是上海。2月27日，历史博物馆将第一批文物三十六件运往上海，由中央研究院上海办事处接收保管，存放在上海浙江兴业银行保管库。

北平图书馆在1912年对外开放。1917年，《永乐大典》残本和文津阁本《四库全书》入藏北平图书馆。1931年，在北海西侧的文津街上，北平图书馆新馆落成，成为当时远东最先进的图书馆之一。热河抗战以后，战争阴云逼近北平，北平图书馆也做了迁移的准备。1934年4月1日，教育部密电北平图书馆："北平图书馆承内阁清学部藏书之遗，为全国图书馆最大者，所藏宋元精本及《永乐大典》甚多，而明代实录及明人集，仍系本来面目，远非《四库全书》删改者可比，尤为重要"，特此电令北平图书馆"挑有精本南迁，以防不虞为要"[105]。

北平图书馆虽然没有安排这些古籍珍本南迁，却仍挑选了善本舆图等藏书，共装233箱，于1934年分四批运往天津大陆银行货栈，以及北平德华银行、北平华语学校秘存。

1935年，日本不断增兵，华北战云密布，北平图书馆又挑选古籍珍品共586箱，于年底分批南迁，运往上海、南京，并设立了北平图书馆南京分馆。

第二章

一番风雨路三千：徘徊京沪

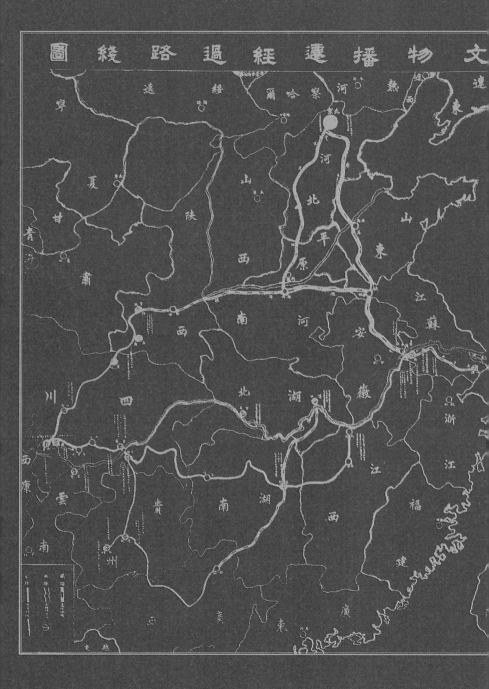

文物播運經過路綫圖

一 "临时周转房"

中国北方，战事在不断升级。

自1933年1月2日起，中国国民政府指挥下的国民革命军（东北军、西北军、中央军等），在长城的义院口、冷口、喜峰口、古北口等地，抗击侵华日军进攻。我军顽强抵抗、浴血奋战，史称"长城抗战"。

离北平近在咫尺的密云、怀柔、顺义，都沦为了战场。

5月23日，在怀柔、顺义一带构筑了工事的傅作义第五十九军与日军第八师团进行了长城抗战的最后一战，当天，国民政府代表黄郛连夜与日方代表达成协议，决定中日双方在顺义、通县、香河、宝坻、宁河、芦台一线全线停火。5月30日，北平军分会中将总参议熊斌等与日本关东军副参谋长陆军少将冈村宁次等在塘沽谈判停战条件，第二天签订了《塘沽协定》，实际上默认了日本侵占东北三省和热河省的合法性，并承认冀东为

[图2-1] 故宫博物院上海法租界天主堂街库房
1933年，上海图书馆藏

"非武装区"，整个华北门户洞开，处在日军的武装监视和支配之下，日军随时可以进占平津和冀察。

据介绍，长城抗战是"九一八事变"后中国军队在华北进行的第一次较大规模的抗击日本侵略者的战役，前后持续两个多月。中方总伤亡4万余人，日方公布死伤2400人（日军战报数字存疑，单日军留在古北口的遗尸就多达上千具，总伤亡估计超过5000人）。这场战役阻止并延缓了日本军事侵略华北的进程，是中国人民早期抗日斗争的重要组成部分。[1]

就在"长城抗战"爆发的这一天，第一批南迁文物抵达上海黄浦江外滩十六铺码头的前身——金利源码头，第二天，文物开始卸船，现场有上海警察局数百名侦缉队和水巡队警察的严密戒备，连法租界巡捕也协助警卫。

那志良先生回忆："第二天卸船，我们看码头上的工人，一个个排成数行，分别搬运箱件，不管箱件轻重，每人背一个，依次而行，有些重箱，在北平要两个人抬的，也是由一个人背，秩序井然，令人佩服，费了一天时间，把所有箱件，一齐卸下船装入库房。我们与在沪人员点清了箱数之后，我们的责任，告了一个段落。"[2]

茂泰洋行十多辆汽车来回运输多次，将文物运往法租界天主堂街26号（今延安东路四川南路路口）仁济医院旧址[图2-1]。

　　我从上海图书馆找到20世纪30年代印行的《九十年来为华人服务之仁济医院》小册子，知仁济医院是由英国劳哈脱医士（Dr. Lockhart）于清道光二十四年（公元1844年）首创的一家医院，是上海开埠以来创建得最早的西医医院。后来仁济医院在它的原址上新建大厦，临时搬到天主堂街26号的这座大楼里，1931年医院大厦落成后，又从天主堂街搬回去。因此天主堂街26号，只是仁济医院的临时"周转房"，待仁济医院搬回后，这里成为中央银行堆栈，又被故宫博物院租为文物库房。

　　3月6日，上海《申报》刊出《南运古物昨午抵沪》报道，报道说："北平故宫古物，自上月七日离平南运，九日抵浦口，因中央对存储处所未曾决定，因之滞浦达二旬余，甫于本月三日，由浦装招商局江靖运沪，一部留京，一部决存上海，兹存沪古物一千零五十四箱，已于昨日午刻到沪，纷用汽车运天主堂街二十六号前仁济医院旧址存放"。

　　记者在采访押运人吴瀛后，这样描述这些运沪文物："其中图书包括《四库全书》，及字画，王羲之《快雪时晴》为三希珍品，亦在其中，其余为铜器，有散字盘，玉器及什件等品"。

　　关于安保措施，报道说："该轮抵埠后，首都原有宪兵连机关枪连押□（难以辨认——引者注）来沪，但到码头，公安局方面派侦缉队长虞英及督察员张芝山、水巡队等，前往水陆警戒保护，警备司令部法租界当局亦派探捕协助维持秩序，在码头临时布岗，十分严密。"[3]

这一天，宋子文到仁济医院库房，视察运沪文物情况。第二天，《申报》又刊出《宋子文昨日视察运沪古物》报道：

> 昨日记者复趋该处，见秘书吴瀛正会同职员，每箱加封行政院封条，并编制号码。午十一时，代理行政院长宋子文，曾与博物院秘书长李宗侗，亲赴该库房视察。未几，招商局经理刘鸿生亦到参观，宋氏停留约二十分钟辞去。[4]

宪兵队交接后，当晚返回北平，继续第二批古物南迁。3月15日、3月28日、4月19日、5月15日，又有四批文物离开北平故宫，踏上南迁的旅程。

负责押运第四批文物南赴上海的，正是古物馆副馆长马衡先生。此时，他已完成了100册南迁文物清册的编写，能够安然南下了。马衡先生是北大教授，故宫博物院古物馆副馆长之职是兼职，因此，"马衡是五批文物南迁押运负责人中唯一不领取故宫薪资的"[5]。

4月28日，上海《申报》对第四批文物到达上海作了如下报道："故宫四批古物，六千二百六十七箱，由故宫古物馆副馆长马衡等押运，于二十三日，载三列车运抵浦口后，即卸装建国轮，于二十六日午二时起碇驶沪，昨（二十七日——引者注）午十一时抵埠，泊金利源码头，午后起卸，仍存天主堂街二十六号大厦。闻至二十九日始可卸完，至第五批古物约在一周后亦将运到，兹将各情探志如后。第四批古物……内多系铜器、图书、磁器等物，并有秦汉大石鼓十一个，康熙二十七年铜炮一尊。建国轮于午前十一时抵金利源码头，市公安局得讯后，即派副督察长董平兴，率督察员程凤翼、孔庆南、张芷山等十二人，在轮埠照料，法租界捕房，亦派有法巡华探及巡捕多人，在码头四周布岗，戒备甚严。此批古物，廿三日离平时，由故宫古物馆副馆长马衡并职员十余人，押运抵浦后，马馆长即先乘车来沪接洽，并由行政院派参事陈锐、收发股长汪今亮、职员翟宗翰等六人，内政部派科长张国干、曹钟麟等押运，宪兵司令部并派稽查刘英杰、连长赵中率领步兵一连，机关枪一排，随轮严密保护。古物已于午后起卸，仍雇卡车十余辆，载运天主堂二十六号大厦存放，至晚七时已卸下三成，闻今晨六时起，即须开始搬运，俾得一日卸完。"[6] 装卸人员把马衡心爱的那十件石鼓，小心翼翼地搬到仁济医院库房的最下层安妥存放。

第五批文物到来时，仁济医院库房已经没有空间再存放文物，故宫博物院于是租下公共租界（也称英租界）四川路（今四川中路）32号业广公司大楼二楼仓库（今元芳弄口北侧）存放。

至此，已先后有五辆列车，载着故宫文物离平南下，共运送文物19621箱72包8件，其中书画9000余幅，瓷器7000余件，铜器、铜镜、铜印2600余件，玉器无数，文献3773箱。故宫博物院13427箱64包，古物陈列所5414箱，颐和园640箱8包8件，先农坛88箱，中央研究院37箱，国子监（石鼓及碑）11箱，内政部4箱。这五辆列车的押运人，分别是吴瀛、俞同奎、程星龄、马衡、俞同奎（第二次）。[7]

7月24日，故宫博物院驻沪办事处成立，原文献馆科长欧阳道达先生被任命为办事处主任。办事处设在法租界亚尔培路（今陕西南路）205号［图2-2］。这一天，行政院参事陈铣、军事委员会秘书黄任、中央研究院周仁、上海市参议会刘云舫、上海地方法院欧阳澍、故宫博物院马衡、庄尚严、俞同奎等，在亚尔培路举行了故宫博物院驻沪办事处第一次会议。[8] 后来，故宫博物院驻沪办事处又迁到今四川南路的永安坊。

两年后，自北平图书馆南迁的部分书籍，入藏了距故宫博物院上海办事处不远的中国科学社明复图书馆，也成立了"上海办事处"，称："国立北平图书馆上海办事处"。

吴瀛先生回忆说："我们这次在南京，枉费了三星期，现在总算安抵上海，仗着刘鸿生的准备非常周妥，当天安全地运进

［图 2-2］ 故宫博物院驻沪办事处街景，1933 年，上海图书馆藏

了法租界的天主教库房，丝毫没有损失，我心头一块石头方才落地。"[9]

吴瀛的任务完成了，他急急忙忙回到了北平。在他南下的日子里，易培基院长信守诺言，经常到他的家里，代他省问母亲。吴瀛看到家中一切安好，终于释然一笑。[10]

二 故宫文物中存在赝品

谁也没有想到，故宫文物到达上海不久，院长易培基就陷入了所谓"故宫盗宝案"而不能自拔。所谓"盗宝"，其实是为了解决故宫博物院的资金困难，而清宫存贮的一些"无关文化一切皮货、药材、食品、绸缎等物"进行处理[11]，比如在宫殿里，仅茶叶就堆了七间大殿，日久年深，即成废物。假如将这些物品拍卖，拍卖行要提两成佣金，故宫博物院认为太不划算，于是决定专设发售室，采取公开零售的方式，在每个星期日公开出售。

自1931年夏天开始，故宫博物院分三批以公卖、零售方式，处理这些物品。为了保证"透明度"，还专门成立了"处分物品监察委员会"，由北平地方法院首席检察官、北平市市长、平津卫戍司令、故宫博物院寓居北平理事，以及教育学术界人士组成，售卖物品一律编号造册，由监察委员会审查通过后方能售卖，使售卖过程公开透明，所得款项也一律存入中国农工银行，专作维修宫殿及宣扬文化的出版基金，不得留用作院中经常费与薪金。

三批物品处理完成后，故宫博物院还分别印出《故宫博物院处分无关文史物品经过概况》小册子，分送有关机关，供检查了解。[12] 整个过程，堪称严肃认真了，谁也没有想到，这件事后来成了"事件"，1932年被人告发，被演绎成了"故宫院长侵占、盗卖古物"。1933年，在第五批文物即将运出的时候，最高法院检察署署长郑烈从南京派检察官朱树声到故宫查封了会计科并要求审查。

"事件"一经报纸渲染，立刻点燃了社会舆论，引起了强烈"公愤"。连与易培基交情甚笃的鲁迅都在文章中说："这一两年来，故宫博物院的故事似乎不大能够令人敬服"[13]。易培基为自证清白，同时为了专注于诉讼，向理事会提出辞职，1933年7月15日，理事会批准易培基辞职。四天后，故宫博物院秘书长李宗侗［图2-3］也辞职。此后，时任秘书并担任押运人的吴瀛亦离开了故宫。易培基移居上海，深陷于官司中不能自拔。

国难日深，"故宫盗宝案"却仍在发酵。案子几经辗转，最终交给江宁地方法院侦查。江宁地方法院派最高法院检察官莫宗友主持到上海库房验查，故宫也派那志良等人"配合"。他们在上海天主堂街库房第四楼外面，摆起一行长桌，坐在桌旁的

［图 2-3］ 李宗侗，20 世纪初

依次是最高法院检察官莫宗友、江宁地方法院推事、一个书记员、两名珠宝鉴定人和那志良本人。每提出一样东西，便由那志良交给鉴定人，鉴定人报出名称、件数、材质、附件，书记员则一一记录在案。检查无误，再由那志良交给故宫的人重新装箱。

那志良先生回忆道："如果一律是真货，就交还本院，若是有一种东西是假的，全挂朝珠便要由法院放在另外一个箱子里，另行封起来。""在清朝的时候，做一挂朝珠，在每一个记捻的下面，坠角的上面，都装上一颗小珠，作'夹间'之用，叫做'夹间珠'，这是一颗很小的珠子，照例都是一颗玻璃珠，现在检查出来它不是真珠，自然要被另封起来。"[14]

看到有"夹间珠"被当作被易院长"偷换"的"假文物"，有故宫人员插言："这样大的一颗小珠，就是真，也不值几个钱，还要费拆换的功夫，岂不要赔本？"被莫宗友检察官厉声喝止道："我们是检查真伪的问题，谁管他赔本不赔本？"[15]

1934年，江宁地方法院检察官孙伟对易培基、李宗侗等9人提起公诉，指控易培基、李宗侗等盗取珍珠1319粒，宝石526颗，以假珠调换真珠9606粒；以假宝石调换真宝石3215粒；原件拆去珠宝配件的1496件。此外，整件盗取的有翠花嵌珠手镯等。

吴瀛听到这些罪名，愤言："简直是胡说八道，完全没有根据的乱栽赃。""天下真有这样无耻的司法官吏。"

出于对故宫专家委员会的不信任，法院又请来著名书画家黄宾虹帮助鉴定文物真伪，并将认定只要是赝品、伪作的物品，就一律封存，作为易培基等人偷盗文物的证据。

那志良先生还回忆道："书画检查完毕，就是铜器，法院找不到铜器的鉴定人，就商请黄（宾虹——引者注）先生代办。黄先生是忠厚的人，可能是答应了他们。鉴定了不几天，故宫博物院同人，已经发现他对铜器了解不多，有一天把'新莽嘉量'提出来，黄先生一看，马上问：'这是什么东西？'一位同事说：'这是古铜大纱帽。'惹得全组的人大笑起来。"[16]

故宫博物院藏有一份档案，名曰《国立北平故宫博物院工作报告（民国二十六年）》，记述了当时法院查验文物的全过程：

> 首都地方法院检察处暨最高法院检察署，为调查易培基等侵占嫌疑一案，派员就本院南迁书画铜器部分，先后在沪、在京鉴定，由本院指派职员按照出组手续，赴库检提物品交由法院鉴定人员，逐件分别鉴定。其法院认为有疑问者，提出另箱封存。自廿四年（即1935年——引者注）十二月二十日起至廿五年（即1936年——引者注）四月三十日止，在沪库鉴定南迁书画部分，经双方签字，缮具

清册，及封存清册各一份，是为第一次。二十五年（即1936年——引者注）九月四日，法院复派员莅沪，继续鉴定书画部分，至同年十二月三日，因存沪文物迁京（指南京——引者注），鉴定工作暂停，是为第二次。文物迁储京库后，于本年一月四日起，法院仍复派员莅京库，鉴定书画铜器图章部分，同时将第一第二两次鉴定另箱封存之书画，全部提出复查，结果认为无疑义之件，退回本院，余乃加封，并与此次鉴定另封者，合并造一封存总清册，经双方签字各执一份，其前二次所造之封存清册，当即认为无效，至本年六月廿六日止，法院此项鉴定工作，遂告结束，是为第三次。[17]

从这份档案中，我们可以得知三次鉴定的文物数量，为：

第一次，鉴定书画2552件；

第二次，鉴定书画1699件；

第三次，鉴定书画1668件、铜器2715件、图章242件、杂项34件。

总计为4251件。

1937年9月30日，江宁地方法院检察官叶峨又对易培基、李宗侗、吴瀛3人提起公诉。2021年1月，在上海图书馆黄薇女

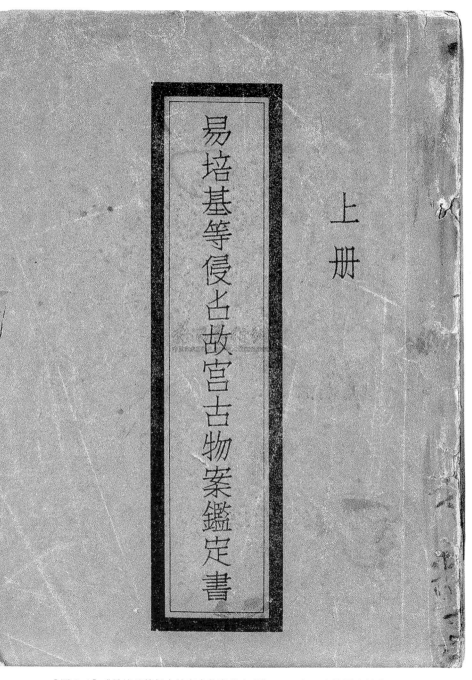

易培基等侵占故宫古物案鑑定書

上册

［图 2-4］《易培基等侵占故宫古物案鉴定书》，1937 年，上海图书馆藏

士的帮助下，我在该馆竟然找到了厚达1000余页、分为上下两巨册的《易培基等侵占故宫古物案鉴定书》原件［图2-4］。在上海图书馆藏《易培基等侵占故宫古物案鉴定书》中，《首都地方法院检察官起诉书》（二十六年诉字第三九五号）赫然在目。这份《起诉书》，开头是这样写的：

被告易培基：前国立北平故宫博物院院长，在逃未获

　　李宗侗：前国立北平故宫博物院秘书长，在逃未获

　　吴　瀛：前国立北平故宫博物院秘书，所在不明

右开[18]被告等，民国二十四年度环字第一九零号侵占一案，业经本检察官侦查完毕，认为应行提起公诉，兹将犯罪事实及证据并所犯法条开列于后。

（一）犯罪事实

录被告易培基于民国十八年任国立北平故宫博物院院长，被告李宗侗任该院秘书长，被告吴瀛任该院秘书，于在职时共同将其职务上保管之故宫古物陆续侵占作为己有，其侵占方法多系以假易真，任意掉换，间亦有将全号物品或其中一部分迳行吞没致无从查考者，对于书画则掉换之外，尚有割裂、挖补、改裱、重装等情事。此项物品均经

选任鉴定人先后分向北平故宫博物院及上海该院库房又南京分院逐一予以检查，计被侵占书画五百九十四号、古铜器二百十八号、铜佛一百零一尊、玉佛一尊、秘书处装箱南迁古物十二号、图章三号、珠宝除前案业已起诉者外尚有二号，统由鉴定人慎重鉴定，出具鉴定书，本院复加统计，编制成表，按号说明，并经讯问各重要人证，调阅各项有关文卷，证明上开事实。

在"（二）犯罪证据"的"书画部分"，《起诉书》这样写：

清宫旧有历代名人书画甚多，康乾两朝收藏尤富，无论高宗本人工书识画，即累朝翰苑词臣中，书画家亦代有其人，对宫中收藏书画率经其选择鉴赏，逐一品定，征之本院（指江宁地方法院——引者注）检查时常见各书画上标有"神品""真迹""下等"字样，已堪认定。间有数号，其原物本为伪品者，亦已皆注明"伪"字，如律一六六分号、二六三分号、二六五分号、二六七分号、二七零分号，足资辨别。可见当时（指清代——引者注）对于真伪各品，本有严格之评定，并为明显之标注。就此观察，则故宫书画中原注无"伪"字而经检查鉴定为伪品者，其为被告等所掉换侵占已可断言，况当民国十三年清废帝出宫后，点查清宫物件者为清室善后委员会，组织周密，点收手续又极严正，且聘有专门人才审定登录，以防抵换，此在该会点查物件规则第一、第七各条可以概见，则其所作点查报告上登录物品，自是名实相符，至为可靠。乃本院此交检查书画赝品，竟有五百九十四号之多其中，以内容类似之庸俗伪本抵换真本者，固属不少，而内容与点查报告所登录大相差异，名实不符者，为数亦颇巨。其尤甚者，如调一九三分六七号，本为唐棣《秋爽调琴图》，经检查乃染绢伪本；题盛懋子昭款调一八四分二六号，本为白描《竹林七贤》册页，经检查乃劣画《饮中八仙》截去其一，以符七贤之数；调一九三分一一七号，本为仇英《九成宫图》，经检查乃伪本加印之《竞渡夺标图》；调二二三分七八号本为颜鲁公《古柏行》，经检查文非《古柏行》，且无颜鲁公款印；吕一六七五分一二号，本为米芾《云山图》，经检查乃伪本劣画，而隔水御题写景诗句与图中画景全不相符，且脱落不相连，属裱伪，绫纹亦大相迥异（且此号曾经易培基私行提在秘书处日久）……诸如此类乖谬离奇，不胜枚举。此类伪品不但当时清宫决不至滥予收藏，不加审别，即善后委员会亦决不至忽于审查，贸然登录，足见此项伪品于善后委员会点查后，该被告等始行恣意掉换，更无疑义。且民国二十三年二月，最高法院检察署及本院派员到平（指北平——引者注）调查时，查悉易培基前曾不按通常出组手续，私以前笔便条提取"三希堂精鉴玺"及"宜子孙"玉印两方，交秘书处专管，"此亲笔便条已拍照附卷"，按此两方玉印乃系乾隆御印，用以专盖其平日所鉴之书画，意在垂示子孙，此外不作别用，亦非其子孙所得沿用。易培基乃竟私行提在秘书处，历二年之久。其玉印盒中所附之印泥尚含有油质可以应用，自系以之印盖其所掉换之赝品书画，混抵真迹。所以本院此次检查各赝品书画中盖有此二印者为数特多，是被告等之侵占罪证尤为确凿，百喙亦不能置辞。[19]

《起诉书》对于易培基等人"罪行"的认定，基于这样一个三段论：

大前提：故宫文物没有伪品；如果发现了伪品，一定是易培基等人用伪品偷换了真品；

小前提：在故宫文物中发现了伪品；

结论：易培基等人用伪品偷换了真品。

但他们预设的大前提是错的，所以结论一定不正确。

大前提违反了两个常识：

首先，故宫博物院文物中是存在赝品的，并非全是真迹，在这一点上，法院过于抬高乾隆及清代臣工的鉴赏水平了。有清一代的宫廷收藏，在乾隆时代达到高峰，但乾隆皇帝本人虽然笃爱收藏，在书画鉴定方面也称得上行家里手，却不可能做到准确无误。

乾隆九年（公元1744年）二月到乾隆十年（公元1745年）十月，清宫对内府所藏书画进行第一次鉴定，共鉴定、整理历代法书460件、名画1261件、本朝臣工书画389件，康熙、雍正书法176件，总共2286件，经过鉴定的上等书画，一律钤"乾隆御览之宝""石渠宝笈"和贮藏宫殿印记，又加"乾隆鉴赏""三希堂精鉴玺"和"宜子孙"三印，并编成大型著录文献《石渠宝笈初编》四十四卷，著录清内府所藏自古至清代的列朝帝王和名家的书画作品，按所贮殿堂分卷，如乾清宫、养心殿、重华宫等等，是对清皇室宏富的书画收藏的整理成果，也是今人进行书画鉴赏、研究的必读之作。至于《石渠宝笈初编》鉴定书画的科学性，当代书画鉴定大师、美术史家杨仁恺先生认为"远不如清初顾复之《平生壮观》与吴其贞之《书画记》"，并认为"这与弘历（即乾隆——引者注）本人及其臣工张照等人所具有的鉴定水平有关"[20]。

乾隆五十六年（公元1791年）春天，清宫开始第二次鉴定，编成《石渠宝笈续编》四十卷。嘉庆二十年（公元1815年）又历时十个月进行了第三次鉴定，编成《石渠宝笈三编》二十八卷，但"承办人员的鉴定水平仍不理想"[21]。

关于乾隆一朝书画鉴定方面的失误，朱家溍先生曾经举例说，北宋李公麟的《免胄图》，乾隆以为是真的，藏于养心殿中，还著录于《石渠宝笈续编》，但此画虽然画得尚佳，却并非出自李公麟的手笔。北宋大书法家蔡襄的《谢赐御书诗》，清内府曾藏有两本，第一本著录于《石渠宝笈》，后来乾隆赏给了皇子永瑢，清末流失到日本；第二本也藏于清内府，但与第一本（日本有印本行世）对比，就知道第二本是假的，乾隆却珍爱不已，还将它刻入《三希堂法帖》。乾隆最典型的误判，就是将清宫收藏的元代黄公望《富春山居图》的《子明卷》和《无用师卷》以真为假，以假为真。

在故宫博物院收藏的书画中，包含着多本《富春山居图》，其中乾隆皇帝最早收藏的两卷，一卷叫《子明卷》，一卷叫《无用师卷》。《子明卷》是乾隆皇帝在乾隆十年"偶得"的，乾隆看"笔墨苍古，的系真迹"，认为这就是传说中的《富春山居图》，从此对它宝爱有加，近乎痴狂，亲笔题签"黄公望《富春山居图》"，注明为"无上神品"，又钤上"天府珍藏""乾隆宸翰"印玺，列为"画卷上等"，与米友仁《潇湘图》、江参《千里江山图》等一起，小心翼翼地藏入了咸福宫西室的画禅室，"每展阅，即题数语细字缀于卷中"。乾隆这个"题跋狂魔"在后来的五十年中，共在《子明卷》上钤印多达一百三十余枚，题跋了五十多处，像补丁一样密密麻麻地填满了画上的所有留白，使画卷"空处几满"，乾隆十三年至十四年之间，还补录入了本已编纂完成的《石渠宝笈初编》。

没想到一年以后，安氏家族（安岐、安元忠家族）又通过军机大臣傅恒向乾隆皇帝进呈了一卷《富春山居图》，就是后来所说的《无用师卷》。乾隆皇帝一下子蒙圈了，因为他此前已经认定了《子明卷》是黄公望《富春山居图》真迹，话已经收不回来了，所以经他"剪烛粗观"，思虑再三之后，把后买这一卷《无用师卷》定为假画，在题跋中认为此画"亦如双钩下真迹一等"，只在卷首钤"乾隆御览之宝"一印，并没有编进《石渠宝笈初编》，甚至连进入《石渠宝笈续编》的资格都没有。其实他刚好弄反了，后来得到的这一卷《无用师卷》才是黄公望《富春山居图》的真迹（即黄公望原作的《富春山居图》后半卷《无用师卷》），而他先得到了的《子明卷》，其实是一卷伪本，包括前后所钤明末瞿式耜的骑缝印，篆文非常低劣，明显是伪造的，没想到真把乾隆帝他老人家给蒙了。假作真时真亦假，乾隆皇帝虽然把《富春山居图·子明卷》这卷假画当成了真画，把《富春山居图·无用师卷》这卷真画当成了假画，但又说《无用师卷》"有古香清韵""非近日俗工所能为"，算是一种折中，给自己留个余地——万一它是真迹呢？他特意请来大臣们观览这两卷《富春山居图》，在上面题跋留念，大臣们谁也不敢说破，只能揣着明白装糊涂，争先恐后地称赞圣主英明，猛拍乾隆的马屁。

故宫南迁文物入藏上海后，以擅鉴古书画闻名于江南的徐邦达先生到库房观画，见到《富春山居图·无用师卷》大为惊叹，确认它就是黄公望《富春山居图》真本，从而为《无用师卷》验明了"正身"。很多年后，徐邦达先生这样记道：

> （《富春山居图·无用师卷》——引者注）画法高超，山石都用披麻皴，树杂大混点，笔干而墨润，是从董元、巨然和米派山水中变化而来，开元明清山水画洪流的无限法门，不愧为划时代大家的代表作品。题于至正十年庚寅（公元一三五〇），那时尚未完工，黄氏年八十二岁。其流传之绪，略见所录各家题跋中，不再多道。
>
> 此卷于清顺治年间，藏在宜兴吴洪裕（问卿）家，吴病甚，拟焚烧以殉，幸为其侄子急从炉中抢出，已烧损首段一小部分，从此难称"完璧"。乾隆初从安氏转入内府，清

高宗弘历因先得所谓《山居图》伪卷，大加叹赏，屡屡题赞，及见"真龙"，反望而却步，竟硬说此是仿本，自作跋语命梁诗正书于卷端，又使此物遭到一次玷污。这个冤狱，直到转入故宫博物院后在南迁重审时才发现而于（予）以昭雪，可是到现在还有沿着乾隆帝调子乱嚷乱叫的人，真是可叹亦复可笑。

其实，要判断哪一件是黄公望《富春山居图》真本，除了画上的笔法，只要看哪一卷上有火烧痕迹就可以了。徐邦达先生接着说：

此卷被焚后约在康熙初又经重装，割下了前一接纸烧剩下来的一小段画，并将原有董其昌题语的后隔水绫（原在图后，跋前）移到前面变为前隔水，使人不疑心画首是不全的。事实上第二段纸的开端，也有大小不等（越到后面越小）的火烧洞，虽经补缀，但仍能看得出来。又绫右边原与本图纸左衔接，中缝钤有"吴之炬"一方，现在却给分开了。比对可以合拢。凡此种种迹象，再加上一些文献资料，终究是瞒不过人的。[22]

乾隆皇帝指鹿为马，乾隆之后的皇帝，如嘉庆、道光、咸丰、同治、光绪，更是一窝不如一窝，对鉴定一窍不通。每遇万寿节（皇帝生日），各地官员进贡，常有以假古董糊弄皇帝的，反正皇帝看不出来，这些假文物就这样"混"入宫中，并被故宫博物院"继承"下来。[23]在徐邦达先生《古书画伪讹考辨》中，记录了大量曾著录入乾隆、嘉庆两朝《石渠宝笈初编》《石渠宝笈二编》《石渠宝笈三编》的书画伪品，在此不一一引录。

关于《起诉书》中提到的"三希堂精鉴玺"和"宜子孙"两方乾隆皇帝的鉴赏印，据吴瀛先生后来回忆，是李宗侗先生在点查文物时偶然发现，为避免其他人得到，有可能用来造假，所以特地存在秘书处保管，没想到此时成了"罪证"。[24]

至于清室善后委员会，在清点文物时错、漏报登记名号款识等情况皆有，因此有假伪文物存在，也不能归在易培基名下，何况"有些虽有赝本，但流传有序，本身价值并无动摇"[25]。

朱家溍先生抗战胜利后从四川回到北平故宫博物院，在故宫延禧宫和北五所等库房对文物进行整理编目。在北五所，他发现了许多粘着法院封条的大木板箱，就是所谓"易培基盗宝案"的证物箱。十几年了，依然尘封在那里。1949年春天，经马衡院长同意，他终于撕开了封条，去破解这些"赃物"的秘密，结果发现，那些被定为"赝品"的文物，上面都粘有清代宫中各库收贮物品的黄签，记录着入库年月和档号，而且在清室善后委员会编印的《故宫物品点查报告》里也都做了登记，根本不可能是易培基盗换的。[26]

总之，在故宫博物院是存在书画赝品的，据此得出"必为易培基盗换无疑"的结论是不符合实际的，是对故宫博物院藏品状况的无知。

其次，故宫书画的真伪问题十分复杂，任何鉴定者都不能保证永远无错，而书画鉴定并非黄宾虹的专长，因此法院不能根据黄宾虹等人的判断为依据。那志良先生感叹："千虑之失，势所难免，当时为什么不多请一二人呢？"[27]他曾举例说，黄宾虹把马麟《层叠冰绡图》这件有名的珍品当成了伪品，被法院另封起来，故宫博物院同人为此感到非常气愤。

1936年，故宫博物院第二任院长马衡为庆贺商务印书馆董事长、著名出版家张元济先生七十寿辰而写下《关于书画鉴别问题》一文，文中说："书画之真赝问题早已成为不易解决之问题。虽一代鉴家董文敏（指董其昌——引者注）也认为'谈何容易'。其中问题复杂得很，不是简单的几句话所能解决的。"[28]

第二次淞沪抗战爆发后，吴瀛先生逃到重庆，从吴稚晖先生手里见到这部《易培基等侵占故宫古物案鉴定书》，读罢，忍不住对好友吴稚晖发表感言："鉴定何人，全书自头至尾，查不出一个人的姓名，书是司法行政部印行，我们也只得之于口头耳闻，以及洪陆东对我自承，在本书上何处印刷也不具名。"

又说："鉴定只分精粗、真伪，也没有人证明盗换的字样，等于一个全部的匿名文件，而法院居然就可以蒙头盖尾来说，左一个'毫无疑义'，右一个'自属显然'！真是奇怪到了极点，以上粗枝大叶地都可以尽量证明全案的诬陷，以及法官的荒谬绝天下之伦！完全是一群以执法为外衣的枉法之徒。我今生被这件事情纠缠，浪费了无数的时间与精神，真冤哉枉也！"[29]

三 马衡被任命为第二任院长

1933年7月15日，马衡先生出席了在南京励志社召开的故宫博物院理事会。会议通过了故宫博物院理事会代理事长江瀚辞职案，公推曾任国民党中央执行委员会常务委员会主席，与蔡元培、吴稚晖、李石曾并称"国民党四大元老"的张静江先生为故宫博物院理事会理事长；批准了院长易培基辞职的请求，任命马衡先生为故宫博物院代理院长[图2-5][图2-6]，徐鸿宝（森玉）为副院长，"俟征求同意后，下次理事会会议再行决定"[30]。

马衡，字叔平，浙江鄞县人，出生于清光绪七年（1881年），著名金石学家、考古学家、书法篆刻家，1922年被聘为北京大学研究所国学门考古研究室主任兼导师，主持过燕下都遗址的

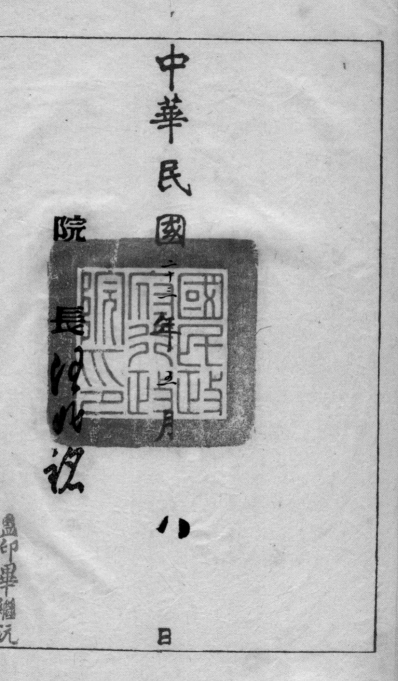

行政院訓令

字蕙四九號

令代理故宮博物院之長馬衡

現經本院第一五九次會議決議，任命馬衡為故宮博物院之長。合行令仰該負先行代理院長職務，一面依照公務負任用法第十四條及第二十三條之規定，補具資格審查表及有關証明文件送院，以便轉請國民政府文銓敘部審查合格後，明令任命。此令。

［图 2-6］ 马衡，1929 年

发掘，对中国考古学由金石考证向田野发掘过渡有促进之功，被誉为中国近代考古学的前驱。1924年11月受聘于"清室善后委员会"，参加点查清宫物品工作。1925年10月故宫博物院成立后，曾兼任临时理事会理事、古物馆副馆长，1926年12月任故宫博物院维持会常务委员。1928年6月南京政府接管故宫博物院时，曾受接管代表易培基的委派，参与接管故宫博物院的工作。1929年后，任故宫博物院理事会理事兼古物馆副馆长，1933年7月，任故宫博物院代理院长。[31]1934年5月，行政院任命马衡为故宫博物院院长。

我从故宫博物院档案科《本院文物局关于盗窃文物问题的来往文》案卷里，查到了马衡先生1949年写给中华人民共和国政务院的《关于窃查易培基盗宝案问题》。精微的行楷，是马衡先生亲笔。文中回顾了他出任院长的情形：

时衡在本院任古物馆副馆长职，而馆长由易兼任也。衡得表决，一再向理事会坚辞，良以易案在当时提起公诉，全国震惊，衡自推一介书生，以北京大学教授兼任本院古物馆副馆长，仅于课余时间为学术方面之整理、鉴定、设计等工作，于行政方面则素无经验，且盗宝案情重大，虚实尚未可知，有待于法院之调查判断，而文物浩繁，前后任之交代亦无从办起，嗣经理事会及上级机关指示，就职后先从照收文物、调整人事着手，以善其后，至该案之有无虚实自有法院审理，不得已始暂行就职，并同时辞去北京大学教授职务。时社会人士对于故宫印象恶劣，而故宫服务者亦觉觳觫不自□（难以辨认的字，全书同——引者注）。衡与同人约誓，当严守章则，负起责任，埋头工作，不事宣传，以洗涤今日污秽之□□，建立将来稳固之基础……[32]

马衡先生在北大的同事周作人先生在《二马之余》一文里，回忆马衡先生的"酒事"，说："他又喜欢喝酒，玄同前去谈天留着吃饭的时候，常劝客人同喝。玄同本来也会喝酒，只因血压高怕不敢多吃，所以曾经写过一张《酒誓》，留在我这里。因为他写了同文的两张，一张是给我的，却不知道是什么缘故，都寄到这里来了。原来系用九行行七字的急就颀自制的红格纸所写，其文曰：'我从中华民国二十二年七月二日起，当天发誓，绝对戒酒，即对于马凡将周苦雨二氏，亦不敷衍矣。恐后无凭，立此存照。钱龟竞十。'下盖朱文方印曰龟竞，十字甚粗笨，则是花押也。给我的一纸文字相同，唯周苦雨的名字排在前面而已。"[33]

《北洋画报》曾经刊载一则关于马衡先生的小文，讲述马衡先生为保护古物、与军阀斗法的一个故事，更见马衡先生的执着个性："马衡字叔平，自幼酷嗜古物，在北（洋）政府时代，曾以教授资格，作保护古物之事，屡与军阀抗争，人多称之。在开扩大会议时代，北平公务局刘局长，欲拆宣武门城外楼，及文津待过道门房，马衡用古物保管委员会名义，宣言反对，刘局长乃不敢再拆，因而恨之，拍电阎锡山，谓马衡私通南京政府，阎复电拿办，马衡闻风逃匿。后来阎冯失败，马始北返。"[34]

8月9日下午3时，故宫博物院上海办事处及监察委员会在一品香召开正式记者招待会，代理院长马衡向社会各界介绍故宫博物院简单院史、文物南迁的原因及经过、到沪后开箱检验等情况，尤其向社会公开了故宫博物院陷于窘迫的财务状况，恳请各界支持：

> 查本院办公费及薪俸等项之低落，恐怕在全国重要机关中是数一数二的。民国十四五年时，经费月仅二三千元，所以办事人一大半是尽义务的。自十八年，易院长就任后，始有正式预算每月为二万一千元。但财政部也并不按照预算支付，每月多则五千，少则二千，有一时期竟一文不给。所以计算财政部历年积欠，已有五六十万之多，而本院则陷于艰难困苦之境。本人从前在院中，只担任学术上工作，

不关行政方面之事。近来方稍知院中财政状况，每月办公费、职员生活维持费及古物在沪库房租金，总须四万元上下。而财政部月只拨院中预算的五成，为一万零五百元。然在此情形之下，本院出版物及拓本等，尚有数百种之多，颇为社会上所欢迎，皆历年惨淡经营之成绩也。自本年起，每月收入，更形缩减。闻自七月份起，财政部仅发六千余元，以之付给库房租金，尚嫌不数，更何论其他。现在已编新制新预算，呈请中央政治会议为特殊之救济，结果如何，尚无把握。希望各界人士了解此情形，尽力援助，使中国数千年之文化结晶，不致流离失所，则本院幸甚！中国幸甚！[35]

故宫博物院面临的困境，不只是财政窘困。马衡先生是在"故宫盗宝案"发生的背景下、面对着无比复杂的局面主持故宫的，所谓"故宫盗宝案"，不仅让社会舆论对故宫持有某种不信任的态度，也给故宫工作人员心中造成深刻的创伤。他们是背负着这种不信任感，开始进行文物南迁的。

马衡担任代理院长后，立即成立了一个"故宫博物院监察委员会"，委员会由行政院、军事委员会、中央研究院、上海市参议会、上海地方法院及故宫博物院等六机关联合组成，"内仅故宫博物院有二人，余则各派一人"[36]。"监委会"决定在运沪文物未经点收之前，如果必须开箱，办理摄影、编目、晒晾等事，必须由监察委员两人以上到场监视工作。

1933年7月26日，马衡院长与"监委会"人员一起前往库房，对故宫存沪文物进行检查，可见所谓"故宫盗宝案"，让马衡院长无比小心谨慎。到场的"监察委员会"委员，有中央研究院周仁、何桂莘，上海地方法院欧阳澍，故宫博物院庄尚严、那志良、梁廷炜、吴玉璋、朱德明、李益华、方星晖等，总共数十人。《申报》报道说，检查"手续繁密，戒备甚严。检视之结果，见箱内一应古物，既未潮湿，又毫无霉蛀情形，监视者大为欣慰，嗣由各职员照原样弥封，并请各监委签字于其上，以昭郑重"[37]。

故宫南迁文物到达上海后，有关文物受潮甚至失窃的"小道消息"便开始悄然流传，故宫人似乎又嗅到了某种熟悉的味道。有传闻说，1933年，"有关部门"抽查古物箱，发现有文物与清单不符的情况，有记者就此问询驻沪办事处主任欧阳道达先生，欧阳道达先生回答说："此非遗失与失窃可比，以个人推想，因古物南运时匆忙紧迫，纵有少数古物之装置错误，如标明装入甲箱，实已置于乙箱。"[38]

对故宫文物进行重新点查，已迫在眉睫。1934年7月14日，故宫博物院新当选理事会理事长不久的蔡元培先生[图2-7]代表理事会致函马衡院长［图2-8］，全文如下：

> 　　查前准
>
> 贵院长折陈，故宫博物院前此经过情形，及今后整理方法，保管计划等一案，经提出本会第二次常务理事会议，决议："责成马院长，照所拟办法切实点收，并请行政院指派专员三人（上海一人，北平二人）监督之。关于存沪古物之点收，应于一年内完毕。"除函达行政院秘书处转陈鉴核施行外，相应函达，查照办理。
>
> 　　此致
> 北平故宫博物院马院长
> 　　　　　国立北平故宫博物院理事会理事长　蔡元培

故宫博物院对于存沪文物的点查工作，在1934年6月就已进行，至1937年6月全部完成，整整进行了三年，在"淞沪抗战"和"南京保卫战"爆发前终告完成。三年中，故宫工作人员把13427箱又64包故宫南迁文物，一箱箱、一包包打开，逐一审核、登记，三年的时光，就在这样几乎重复的动作中，悄然度过。

留在北平故宫的文物，自1934年1月已经开始点查。我在

[图 2-7] 蔡元培

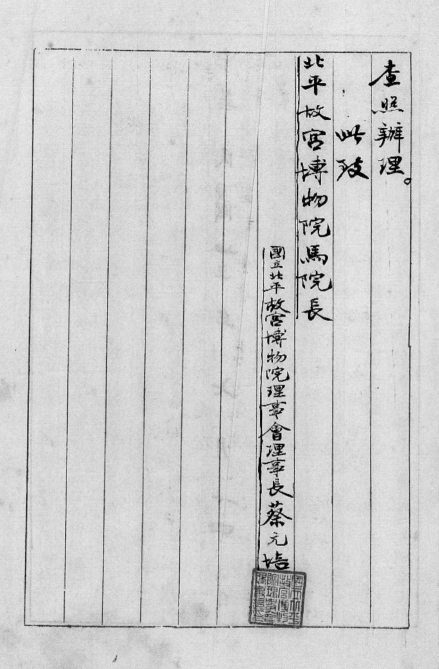

查照辦理。

此致

北平故宮博物院馬院長

國立北平故宮博物院理事會理事長蔡元培

［图 2-8］ 故宫博物院理事会理事长致马衡院长函，1934 年 7 月 14 日

國立北平故宮博物院理事會公函

字第　號

査前准

貴院長摺陳，故宮博物院前此經過情形，及今後

整理方法，保管計劃等一案，經提出本會第二次

常務理事會議，決議：「責成馬院長，照所擬辦法，

切實點收，并請行政院指派專員三人（上海一人、北

平二人）監瞽之。關於存滬古物之點收，應於一年內

完畢。除咨達行政院秘書處轉陳鑒核施行外，相

應咨達

故宫博物院档案中查到在日伪时期担任北平故宫博物院"院长"的祝书元1942年11月11日致伪"华北政务委员会"的公函，公函中说，1935年7月，政府专门设立了文物点收委员会，每天由行政院驻平政务整理委员会（简称"政整会"）派专员到故宫博物院进行监督，后来"政整会"撤销，1935年9月，奉行政院令，又加派北京大学、北平大学、清华大学、师范大学四所院校的校长作为文物点收监督委员，轮流前往故宫，对文物清点进行监督。第二年，为了点查工作更加公开透明，经故宫博物院函请，北平市政府、北平地方法院、高等法院、公安局等机关，也派出人员，以临时监视人员的身份，随同各点收组监视点收，到1937年6月底，已完成十之八九。这一年7月，"七七事变"爆发，监督委员（包括临时监视人员）呈鸟兽散，北平故宫博物院的点收工作暂时中止。

祝书元受伪"华北政务委员会"之命担任北平故宫博物院"院长"后，点查工作继续进行，一直到1943年3月才终告完成，编印了40册的"油印清册"，共登记文物118.9万件。

故宫博物院历史上，对所存文物总共进行过五次大清点：

第一次是溥仪被逐出宫后，清室善后委员会对清宫文物进行全面点收，时间为1924年12月至1930年3月，公开印行了《故宫物品点查报告》，为故宫博物院的成立奠定了基础，当时点出的文物共117万件；

第二次就是文物南迁上海、马衡就任院长以后，对留平文物和存沪文物进行全面点查，时间为1934年1月至1943年3月，其中留平文物数量前文已述。

以后的日子里，故宫文物又进行过三次清点。其中1954年至1965年进行了第三次清点；1978年至80年代末进行了第四次；2004年至2010年12月进行了第五次清点，确定故宫博物院藏品总数为1807558件，85％以上为清宫旧藏和遗存。[39]

1933年，当南迁文物自北京运出时，因时间紧迫，原来的清册上只记了文物的品名和件数，没有编造详细的清册。这次点收则按箱登记，逐一核对检验。

铜器、玉器、牙器还要记明重量。

瓷器还要标明颜色、尺寸（包括口径、底径、腹围、深度等）、款式，有无损伤。

手串、朝珠之类，不但要计算粒数，附件的佛头、记捻、背云、坠角之类，还要注明其质地。

字画则更要说明质地、款识、尺寸、印章、品相等等。

可谓巨细靡遗，以防有"故宫盗宝案"这一类的冤案再度发生。

对于南迁文物箱件，原先各馆处自行编号，此时为求统一，进行统一编号，古物馆的文物以"沪"字为头，如沪1、沪2……把号码刷在箱子的四面，如今从南迁文物箱子粗粝的表面，仍可看到当年的编号，图书馆用"上"字，文献馆用"寓"字，秘书处用"公"字，连起来读，就是"沪上寓公"，表明这些文物，一律在"沪上"做过"寓公"，严谨之外，显示了马衡院长的机巧与幽默。

点查过程中，以马衡院长制定的"全材宏伟""沪上寓公"八字，分别重造三馆一处南迁文物的编号与箱号。点验过的文物全部钤盖上"教育部点验之章"，将每日点查结果汇集整理，印成《国立北平故宫博物院存沪文物点收清册》（下简称《点收清册》）［图2-9］。这份清册，至今收存在故宫博物院档案科里，成为故宫南迁文物最完整的记录。

新编"沪"字第758箱，装有书画48卷，其中有五代赵干《江行初雪图》、元代赵孟頫《前后赤壁赋》、倪瓒《水竹居图》、明代唐寅《折枝花卉》、文徵明《四体千字文》等。

南唐后主李煜时期的画院画家赵干绘《江行初雪图》，全卷描写长江沿岸渔村初雪情景。树林苇丛，江岸小桥，一片初白；渔人卫寒捕鱼，骑驴者缩瑟前行。明代张丑在《清河书画舫》中评价它："通卷洒粉作雪，轻盈飞舞，足称前无古人。"

对这件文物，《点收清册》是这样写的：

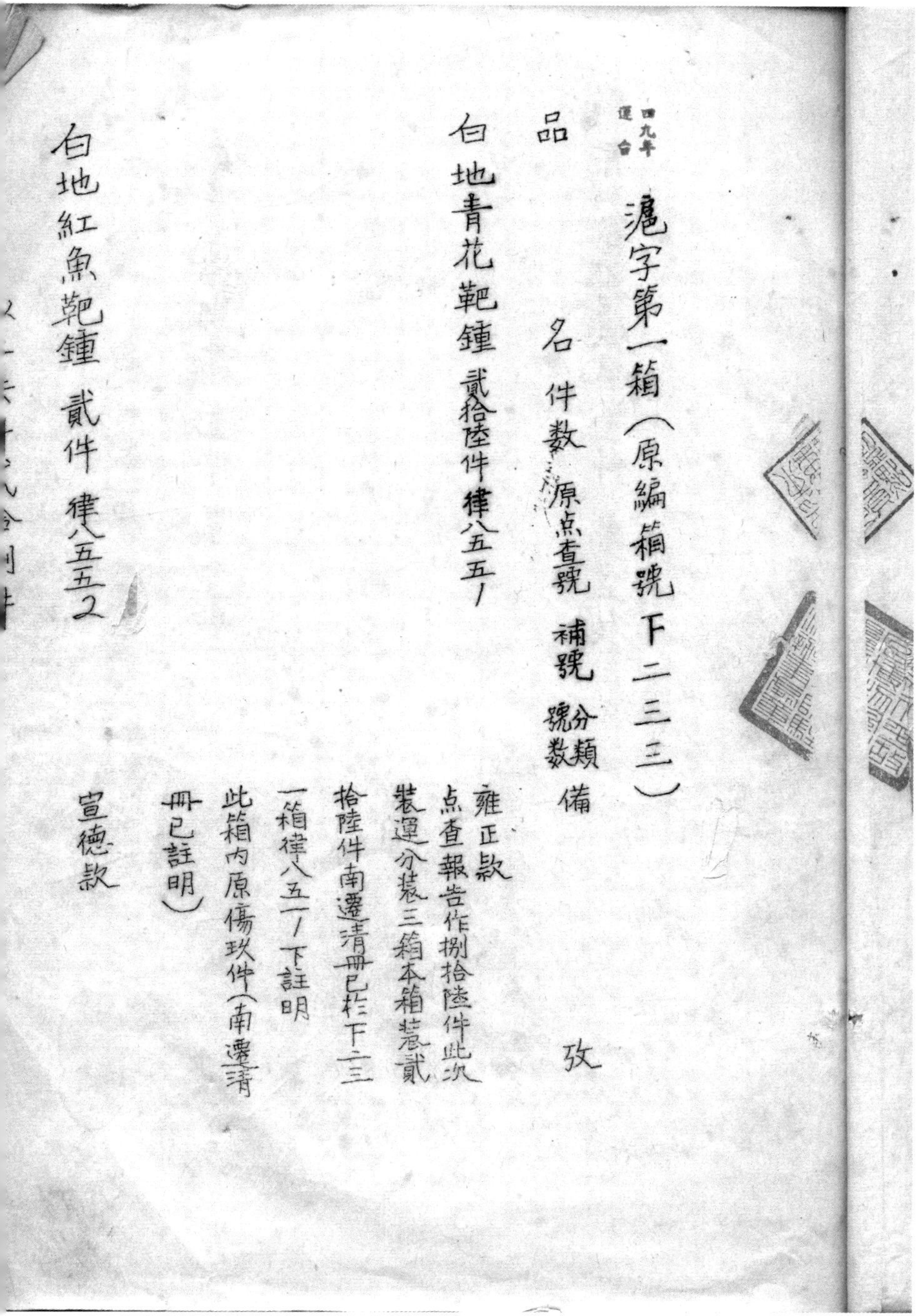

四九年運台

滬字第一箱（原編箱號下二三三）

品　名	件數	原點查號	補號	號分類數	備　考

白地青花斝鍾　貳拾陸件　律八五一

白地紅魚斝鍾　貳件　律八五二

宣德款

雍正款

點查報告作捌拾陸件此次
裝運分裝三箱本箱叁貳
拾陸件南遷清冊已於下二三
一箱律八五一下註明
此箱內原傷玖件（南遷清
冊已註明）

［图 2-9］《存沪文物点收清册沪字号册》（油印本），1934 年 11 月 20 日

赵干《江行初雪图》一卷，绢地，本幅最前有"江行初雪画院学生赵干"题款，前隔水有乾隆御题，拖尾有"养心殿三希堂清玩真迹"字样及"张景先"等十一人题名。本幅有伤补。纵26.7公分，横376.5公分。前隔水纵26.6公分，横20.4公分。拖尾连隔水纵26.2公分，横102.9公分。带玉别字锦袱、木匣各一件。最后加盖"教育部点验之章"一方。[40]

这幅《江行初雪图》，十几年后去了台湾，现存台北故宫博物院。

自1934年开始，有关马衡要辞去代理院长的传闻就流传甚广。《北平晨报》报道说：

故宫博物院（代）院长马衡，赴（南）京后，即转往上海，助理点查沪存古物事宜。最近因种种困难，已向中央表示消极。惟因故宫事务，诸端待理，是否能成为事实，尚未可必。至马氏辞职，据闻有如次之原因：故宫博物院自组织变更，经费减少，一般行政上遂大感困难，故宫北平院一切开支，一文不能减少，而上海存储古物，租金月需九千余元，加以办事处之消耗，总计在万元以上。查故宫全部经费预算，现经决定每月二万元，除应上海所需者外，所余无几，因之每月均有亏损。渐至难以维持此次进行全部古物点查，点查人员，又须多一笔开销。马衡对于经费一项，早感难以辗转，无法维持，须由理事会集决之诸多问题，因理事会未能召集，马衡对现在故宫局面，难以维持，故此次马衡在南京时已迭向中央及各方面表示辞职。至中央是否照准，尚无所闻。[41]

其他报章也有类似报道，天津《益世报》说："马衡就北大考古教授，为专心研究，故辞院长职云。"[42]上海《申报》说："马衡请辞博物院长，愿从学术上帮忙，不肯负事务责任。"[43]

4月4日，还是在南京励志社，北平故宫博物院第二届理事会召开，汪精卫、张继、吴稚晖、张静江、陈立夫、王世杰、李济、傅斯年、李石曾等故宫博物院理事参加，是行政院长汪精卫召开的新一届理事会第一次会议，推举蔡元培为理事长，公布了行政院同意马衡辞去代理院长的决定。[44]

2021年6月，我在故宫博物院建福宫采访了马衡之孙马思猛先生。马思猛先生说，在那个年代做故宫博物院院长，不是一件容易的事，可以用如履薄冰、如临深渊来形容。马衡先生醉心于金石学，本无意做故宫博物院的行政领导，却被时势推到这个位置上。但他有一个先决条件，就是有一个熟悉他、理解他、支持他的理事长，来运筹故宫与南京之间的关系。在马衡心里，蔡元培先生是不二之选。

4月16日，马衡面色疲惫地返回北平。《京报》刊登马衡的谈话称："汪（精卫——引者注）院长对本院实际上之困难，颇为谅解，对本人求去，曾面加慰留，惟以事实问题，允物色继任人选，故本人返平后，将着手结束经手事项，静候交替。"[45]"至院长后任人选，尚不得知，在继任人未到平以前，所有故宫事物，本人仍当负责。"[46]

他还带回一个不错的消息，就是故宫博物院的行政预算，由每月两万元，增加到三万元。

5月7日，行政院令，任命了"新"的故宫博物院院长。

这位"新任"院长，仍然是马衡。

等待着这匹"老马"的，不知是日暮途穷，还是马到成功。

四　影印《四库全书珍本》与上海预展会

还是1933年7月15日，在南京励志社召开的故宫博物院第一届理事会上，通过了影印《四库全书》珍本案，影印合同照故宫博物院修正案修正通过。[47]

自1934年1月开始，故宫博物院对存沪文物进行拍照，让公众有机会通过影像，目睹这批在深宫藏了千百年的文物。马衡先生在1月18日起草的呈行政院、理事会函中写道："本院运沪文物近拟开箱摄影，以广流传。其开箱办法，拟仿提取《四库全书》，每日之例先将拟摄之件，由监察委员监视，一次开箱检齐，另箱储存入库，然后次第提交摄影员拍照。每日工作时间，暂定为上午九时至下午四时。每日提件应于本日下午四时前点验归封入原箱。"[48]

1935年再开传拓工作，传拓铜器、文共14种，504张，还重启了在南迁之前就已经开始的《清太宗实录》校勘工作，至1935年底，《清太宗实录》剩余22卷的校勘工作全部完成。

就在马衡走"马"上任的1933年7月，为了让更多人读到这部曾经贮藏于帝王宫苑里的大型丛书，故宫博物院成立"影印《四库全书珍本》监委会"，对《四库全书珍本》影印事宜进行监督和指导。

商务印书馆与故宫博物院合作影印《四库全书珍本》的动议，其实在1924年北洋政府时代就已产生了，却一直没有落实。此次"影印《四库全书珍本》监委会"成立，一方面是因为故宫文物南迁至上海，做起了"沪上寓公"，刚好为商务印书馆影印《四库全书》提供了便利，还有一个原因，是1932年"一·二八"事变中，商务印书馆的东方图书馆惨遭日军炸毁，反而激发了中国知识分子传承中华文脉的热情。

据介绍："1934年，东方图书馆复兴委员会接受德国驻沪总领事代表德国各著名学术团体捐赠图书三千余册。商务印书馆印刷厂香港分厂新厦建成于北角。辑印《四部丛刊续编》，收书八十一种，一四三八卷。辑印《四库全书珍本初集》。编印《万有文库》第二章。编印《幼童文库》。出版黎锦熙《国语运动史纲》。出版吴半农译《资本论》第一卷第一分册。影印《嘉庆重修一统志》。影印《六省通志》(湖南、浙江、广东、畿辅、湖北、山东)。"[49]

1933年11月10日，《四库全书珍本》的影印工作悄然启动了，"影印四库全书已始摄片"[50]，以其中"最少见的二千册"珍本进行影印，故宫博物院上海办事处给予全力配合和监督。

1935年7月，也就是马衡先生正式出任故宫博物院院长整整两年后，16开本《四库全书珍本》正式由商务印书馆出版发行，共印1500部，每部售价800元，相当于鲁迅1924年在北平所购四合院的价格，可见这部书价格的昂贵，然而，到1936年4月，不到一年的时间里，仍有一千多部售出，在那个战乱的年代里，堪称奇迹。商务印书馆还特别印制了"国礼本"，由国民政府赠送给苏联等国。[51]

纸质书册抄了烧、烧了抄，我们文明的长河却从未断流。

死亡的意志越是强大，再生的冲动也就越大。归根结底，是因为在那些纸页的背后，挺立着文人的身姿。对中国文人来讲，书不只是书，它代表知识、思想，以及千年不易的信仰；书册中的一笔一画，横横竖竖，都是文人们的骨骼。

1934年2月，中国驻英公使郭泰祺收到了来自英国收藏家大维德（Sir Percival David）、博物馆学者霍蒲森（R. L. Hobson）等人联合签署的《伦敦中国艺术国际展览会备忘录》，表示为了纪念英国国王乔治五世继位二十五周年，敦睦中英邦交，促进中国艺术品的国际欣赏，拟于1936年在伦敦举行中国艺术国际展览会（International Exhibition of Chinese Art），由中英两国政府联合赞助之。[52]

他们认为，各国博物馆都藏有中国古代艺术品，假如能把这些藏品集中起来，在英国举行一次国际性的展览，将是一件轰动世界的事件。当然，这首先要得到中国政府的允许，因为中国古代艺术品，各国虽皆有收藏，但故宫博物院的收藏最为宏富，不可超越。

那是日本帝国主义侵略中国东北的第四个年头，也是中国人民开始长达十四年的抗日战争的第四个年头，更是第二次世界大战伊始、中国人民孤军奋战的第四个年头。在西方举办中国文物展，对于在西方世界重塑中国形象，争取国际上对中国的支持，无疑是一个极好的机会［图 2-10］。

那志良先生回忆说：

"一些有远见的人，则认为中国文化对外宣传不够，在英国城市中，衣冠齐楚的黄种人，他们都认为是日本人，惟有英国伦敦的蜡像馆里有两个中国人的模型，一个是缠足的妇人，一个是拖着辫子，躺在床上吃鸦片烟的男士，现在既然有了解中国文化的人士，提倡在伦敦举行一次专门陈列'中国艺术品'的大规模展览，这是多么好的机会！不但宣传了中国艺术，也叫欧美人士知道，在东亚，有一个古老的大中国在。"[53]

4 月，故宫博物院举行理事会，决议："关于选取故宫物品参加英伦中国艺术展览会，如英国政府对于物品之安全，自起运之地点起能负责充分保障，则可赞同。"[54]

9 月，国立北平故宫博物院理事会召开第三次常务理事会议，决议设立"伦敦中国艺术国际展览会筹备委员会"，直属行政院。[55]"伦敦中国艺术国际展览会筹备委员会"（下简称"筹委会"），主任委员为王世杰（时任教育部长），委员有马衡（时任故宫博物院院长）、褚民谊（时任行政院秘书长）、张道藩（时任交通部常务次长）、曾仲鸣（时任铁道部政务次长）、陶履谦（内政部政务次长）等。"筹委会"下设办事处，杨振声任总干事，雷震、薛诠曾任秘书；另设铜器、瓷器、书画等若干专门委员会，

倫敦中國藝術國際展覽會籌備委員會公函

逕啟者：查舉辦倫敦中國藝術國際展覽會事宜，前經內政外

交、教育三部會同提出行政院會議，業奉議決組織籌備委員會辦

理，並報請

中央政治會議及

國民政府核准。嗣先後奉

行政院頒發本會組織大綱暨國防，並派定籌備人員，復經遵將本會組

織成立呈報備案各在案。查此項展覽，於國家榮譽及國際地位，所關甚

大。除將徵集展品事宜，特組專門委員會辦理外，並由本會第二次會議

延请唐兰、容庚、郭葆昌、朱文钧、陈汉第、邓以蛰诸先生讨论展览品类并拟定展品标准。

这次"伦敦中国艺术国际展览会",得到中英两国最高当局的高度重视,中华民国政府主席林森和英国国王、王后共同担任监理;中华民国行政院前院长汪精卫、时任院长蒋介石,英国前首相麦唐纳(Ramsay Macdonald)、时任首相包尔温(Stanley Baldwin)为名誉会长;中英两国朝野名流及驻英各国大使、公使为荣誉委员。

双方还推选李顿伯爵(The Earl of Lytton)为理事会理事长,中国驻英大使郭泰祺先生及皇家艺术学院(Royal Academy of Arts)院长李维廉爵士(Sir William Llewellyn)为副理事长,大维德爵士、李四光先生、郑天锡先生等为理事。

12月6日下午4时,"筹委会"第二次会议在南京教育部举行。在这次会议上,主任专门委员杨振声先生报告第一、二、三、四各次"专委会"会议议决各案,拟定铜器、瓷器、书画等选择标准,并故宫博物院古物陈列所物品初选目录,青铜、瓷器及书画等总821件[56],其中来自故宫的文物有735件[57],全部来自故宫存沪文物。此外,还有来自中央研究院、国立北平图书馆、河南省立博物馆、安徽省立图书馆等机构的文物图书入选。

12月7至9日，北平故宫博物院理事会第四次常务会议召开，决议重要事项两项：

（一）选送物品运英展览前，应在上海开一预展会，时间拟定明年三月间，物品回国后，并应在南京展览一次，以昭明信。

（二）关于特殊重要物品，本会有保留不予出国展览之权。[58]

19日，伦敦中国艺术国际展览会筹备委员会发布第四号公函，表明：

此项展览，于国家荣誉及国际地位，所关甚大。除将征集展品事宜，特组专门委员会办理外，并由本会第二次会议议决：物品运英展览前，应于明年三月初在上海开预展会，藉昭慎重。

然而，当故宫文物将赴英国展览的消息一经报纸披露，立刻在知识界引起了轩然大波。

在林林总总的反对声浪中，画家徐悲鸿在《申报》发表的文章《对筹备中英艺展意见》一文颇有代表性。在他看来，运送故宫文物赴英展览，是不平等外交的体现，刺激了中国人的民族自尊，除非"要求英国到明年也到中国来开一英国美术展览会，陈列三四百件绘画雕刊之类"。在文章中，他引用上海俗话，大骂运送故宫文物赴英"不道地""不着实""拆洋烂污"，还说："易兄培基、李兄宗侗往矣，当时请他们来做古（故 —— 引者注）宫博物院长、秘书长时，也以为他们靠得住的很，必想不到拆这么大的烂污"[59]。

1935年1月20日，北平三十余名学界人士联名发表宣言，强烈反对中国政府选送故宫文物运英展览，在宣言上签字的，都是当时的学界鸿儒，其中有：梁思成、林徽因、朱自清、金岳霖、周培源、张奚若、陈岱孙、王力等。宣言指出：

> 英国国家博物院所藏之物，无论巨细贵贱，一归院有，则永不能再出院门一步。故宫博物院为吾国立唯一之博物院，何得以其宝贵之收藏，选送海外，并保险而无之耶？此直戏谈矣，似此前恭而后踞，来意既如此不善，不能不使人怀疑，此应注意者一也。
>
> 又闻英方将有选择委员数人来华，因彼等留沪不能超过两月，故望故宫已装箱封存之古物，能于彼等到时，即

行开箱，俾得从速选定。夫故宫古物为我国所有，选择之权应属之我。岂有开箱倒英任人挑选以自示无能耶。此应注意者二也。

并闻选择委员中，有非英国籍者如伯希和其人，此人向与英人斯坦因，在甘肃敦煌，行贿当地道士发掘古室，盗取无数唐代以前之古物，至今犹封存巴黎国家图书馆，与英伦博物馆中不知凡几。前岁斯坦因卷土重来，举国上下监视其行动，一时彼竟无所措其手足，今若欢迎伯希和参加此项挑选工作，不免前后歧视，自贬其尊严。英国之推此人来华，或有用意。此应注意者三也。[60]

宣言发表四天后，南京政府《世界日报》迅速做出回应，对参展意义、决策程序、安全问题、展品选择权、展出时间、展品数量等问题一一做出回答。

1月27日，北平知识界又刊出《平市学术界第二次宣言反对古物运英展览》，内容与前一次几乎一样，联名者增加了沈从文、许地山、顾颉刚、司徒乔、吴世昌等人。陈寅恪、徐悲鸿等发表专文，反对赴英展的言辞更加激切，甚至有人造谣，说"政府乃假借名义，说是运英去展览，实际上已经将国宝卖与外国，从此一去不回了"。

故宫文物赴英展览并没有受到这些舆论的影响，仍然在积极运作中。据庄严先生介绍，为了取信国人，"筹委会"公布了六项原则：

（一）古物赴英往返的运输及展览，必须由英国政府完全负责，往返皆以英国军舰运送，以策海上安全，在英伦展出地点，一定要安全可靠，展毕直接回国，决不再在他国展出。

（二）展览会必须由中英双方最高当局为名誉主持人，以重视听。

（三）所有文物之沿途随船押运，到英开箱、陈列等繁重工作，均由我方派员自行办理，不假手外人，以防意外。

（四）展品全部摄影留真，据以印行图版目录，公开发售，使国人共观其内容。

（五）出国之前先在上海举行预展，展毕回国之后更在南京复展一次，俾国人可据图对照实物，是否原件完璧，以昭信实。

（六）我国展品以故宫存沪物品为主，但其他博物馆或私人藏品亦得加入。[61]

4月8日，伦敦中国艺术国际展览会上海预展会在外滩中国

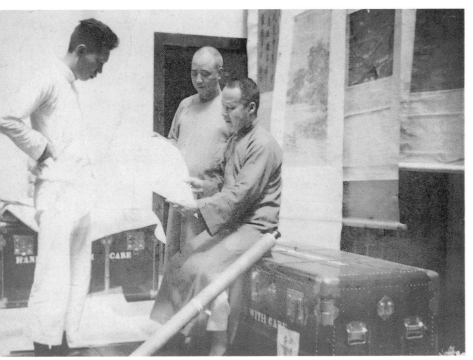

［图 2-11］［图 2-12］　上海预展会布展情形，1935 年

银行旧址内举行［图2-11］［图2-12］。此时中国银行的董事长，正是辞去了行政院副院长和财政部长职务的宋子文（此时行政院长为已经回国的汪精卫）。在上海外滩中国银行大楼内举办的这次展览，是故宫博物院成立以来，珍藏的古代文物第一次在上海展出。据张姚俊介绍："展览的入场券售价2元，而当时在上海最高档的电影院，如卡尔登、兰心等看一场电影才1元，普通电影院的票价不过四五角。"[62] 为了确保展览的秩序庄严，展场门外不设售票处，而是将售票地点设在汉口路中国银行、宁波路上海银行、南京路中国国货公司、四川路中国旅行社总社等地[63]。

展场内辟设一休息室，可容纳数百人，并有《展览目录》《故宫书画集》及《故宫周刊》等可供发售。展览会场正门口上方高悬的黄底绿字的"伦敦中国艺术展览上海预展会"横幅。据徐婉玲介绍："展览会分设6个陈列室，以青铜器、书画、瓷器和善本图书等分类展览，各类展品又以年代为序布置。"[64]

进入展厅大门，右侧特别设有一间展室，命名"宝座文房陈列室"。《申报》报道说："室内布置华丽，颇有轩昂气象，然宝座实大而无当，不若现代沙发之舒适。"[65]

古代书画陈列室内，专门特制了玻璃展柜，展柜上凡有螺丝钉铆合之处，皆贴有方形盖印的小封条。对于悬挂在墙上的画轴，也都专门设置了木质护栏，以避免人为损坏，还在画轴上系上丝带，附着于墙上，以防止因画轴的重力而损坏原作。布展之精细缜密，由此可见一斑。

据张姚俊介绍：4月7日上午，汪精卫、孙科、陈果夫、于右任、戴季陶、孔祥熙、蔡元培等到展场参观，下午来参观的则是顾维钧、杜月笙、虞洽卿、张啸林等名流大咖，意大利大使、日本公使、捷克公使、瑞典代办及各国领事等。"由于总共才发出不足400张请柬，许多没有请柬的记者被堵在了门口。"[66]

在上海图书馆，我们找到了《中华》杂志当年刊登的上海预展会的一幅现场照片。虽然外滩中国银行大楼在这次预展会之后不久即拆除重建，但这组照片，让我们时隔八十多年，看到当年预展会的真实风貌。

上海预展会开幕的前几天，天气一直阴沉着，但上海市民参观的热情却无比高涨，甚至有人从福建、湖北长途跋涉，前往上海，一睹故宫收藏的旷世奇珍，可见中华文明的强大号召力。叶恭绰先生看一次不够，接连几日前来看展，像他这样多次看展的观众，还有很多。有许多人在展厅内盘桓一整天，宁可忍饥挨饿也不忍离去，"筹委会"于是准许观众自带食物，存放在寄物处，用餐时可在一楼的会客室内食用。《申报》几乎每天发表关于艺展预展会的报道，该报在预展会第十九日的报道《薛铨曾参观记》中说：

所陈列各项古物，系迭经慎重审选，并加以整理，自
古代以迄今代，悉各依其发展之次第，作有系统之陈列，
故各艺术成立之渊源，发展之程序，可以览知。此诚吾人
究心民族文化之一好机会。[67]

徐婉玲写道："1935年4月8日至5月5日，上海预展会接待
参观者近6万人次，为防止拥挤，筹委会每日限定参观人数不超
过3千人次。"[68]

有一天傍晚，到了闭馆的时间，有一位外国老妇人仍不肯
离去。工作人员上前询问，老妇人说，希望能够在皇帝宝座上
坐一下。工作人员见她是一位老人，就答应了。老妇人在宝座
上坐了片刻，才心满意足地离开。[69]

展览期间，有越来越多的知识精英、文化名流来了，曾经
反对文物赴英展览的徐悲鸿先生亦在其中。上海交通大学、暨
南大学、同济大学、上海医学院、上海中学、商务印书馆、湖社
等上百所学校（团体），皆组织参观，按照《申报》的说法，叫
"极一时之盛"[70]。

5月5日，是展览落幕的一天，日落时分，仍有许多观众滞
留在展厅内，久久不愿离去。

［图 2-13］ 庄尚严

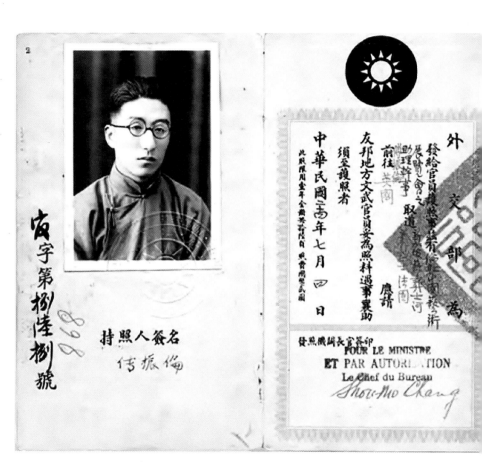

[图 2-14] 傅振伦参加伦敦艺展时的护照，1935 年

五　史诗级展览

赴英的日子临近了，故宫博物院工作人员将赴英参展的所有文物都一一进行了精心的包装。据庄严先生介绍：其中的书画织绣都进行了重新装裱，并且特制了绢囊，分件包裹；而瓷器、玉器、铜器、剔红等文物，一律特制了锦匣，这些囊匣里面，用藤丝木屑填充，然后装入特制的九十一个大木箱中，木箱的外面，再用钢条铁板包裹，使其牢不可破。另有艺术参考书及装箱文物清册、展品照片共两箱。[71]

中国政府任命中国驻英大使郑天锡先生为特派员，"赴英视查并督理中国展品出国返国事宜"[72]。"筹委会"任命教育部督学唐惜芬、故宫博物院科长庄尚严［图2-13］为秘书，傅振伦［图2-14］、宋际隆、那志良、牛德明为助理员［图2-15］，"赴英管理我方展品之装运陈列等事宜"[73]。

这是一次以中国文物为主题的国际展览，"全世界超过240个博物馆、机构、学者、藏家和古董商参与"[74]，其中中国参展的文物达一千余件。我在上海图书馆找到了郑天锡先生当年撰写的《参加伦敦中国艺术国际展览会报告》，根据这份文献，中国参展的文物包括：铜器60件，瓷器352件，书画170件，玉器60件，家具文具19件，景泰珐琅16件，织绣28件，剔红5件，

院派赴英伦艺展助理干事摄影纪念四二三

[图2-15] 国立北平故宫博物院驻沪办事处全体
同人欢送本院派赴英伦艺展助理干事摄影纪念，
1935年8月3日

國立北平故宮博物院駐滬辦事處全體同體

折扇20件，杂件5件，共735件。加上古物陈列所、河南博物馆、安徽图书馆、北平图书馆、中央研究院及张乃骥先生提供的文物，总计1022件。[75]

商务印书馆还出版了精美的《参加伦敦中国艺术国际展览会出品图说》，分铜器、瓷器、书画和其他类四册。

在所有参展机构中，故宫博物院无疑是收藏中国古代文物最权威的博物馆。从《国立北平故宫博物院提取存沪文物备作中国艺术国际展览会展览品清册》和《参加伦敦中国艺术国际展览会出品图说》中，我们可以看见当时的展品，皆为故宫博物院收藏的顶级藏品。

其中，青铜器有：

康鼎，西周中期青铜器，体呈半球形，窄沿方唇，口沿上有一对立耳，圜底三蹄足，口下饰窃曲纹和弦纹一道。

颂鼎，是周宣王时代的一个名叫"颂"的史官所做的青铜器，鼎内有铭文，是记录西周时册命制度最完善的文体之一。

羊父丁方鼎，是商代后期青铜器。"鼎长方体，口沿外折，口上有双立耳，直壁，深腹，平底，腹下有四柱足。口下、腹部的四角及足上均有凸棱，腹部中央饰勾连雷纹，左右及下方各饰三道乳钉纹，口下和足部饰兽面纹。"[76]

瓷器有：宋代汝窑粉青盘、宋代汝窑卵青碟、宋代汝窑天青圆洗、宋代汝窑粉青无纹椭圆水仙盆，及宋代官窑、定窑、钧窑、哥窑、龙泉窑，金代宿州窑、平定窑，明代庐州窑、德化窑、景德镇窑等瓷器若干。

绘画有：唐代李昭道《春山行旅图》，五代巨然《寒林晚岫图》、董源《龙宿郊民图》，北宋范宽《临流独坐图》、郭熙《关山春雪图》、米芾《春山瑞松图》、宋徽宗《池塘秋晚图》、苏汉臣《货郎图》，南宋马远《秋江渔隐图》、夏圭《长江万里图》、宋人《华灯侍宴图》，元代倪瓒《容膝斋图》、黄公望《富春山居图》，明代吴镇《洞庭渔隐图》，清代郎世宁《瓶中富贵图》等。

古籍文献有：六朝写本《大方广佛华严经》《大般涅槃经》、五代刻本《陀罗尼经》、北宋刊本《文选》《册府元龟》、南宋刻本《乐书》《国朝二百家名贤文粹》、元刻本《通志》《文献通考》《宣和博古图》《古今历代十八史略》、明刻《太平御览》《大明一统志》《状元图考》、清刻《万寿盛典》《皇清职贡图》等。

英国政府派萨福克号（H. S. Saffolk）军舰装载中国参展文物［图2-16］。"舰长曼纳斯（Captain E. Menners A. D. C.）对于文物安全十分注意，叫水兵们把箱子用厚木板夹起，用粗绳扎牢在舱里，即或遇到风浪，箱子也不会摇动"[77]。

徐婉玲在《1935年伦敦中国艺术国际展览会始末及其影响》一文中说：

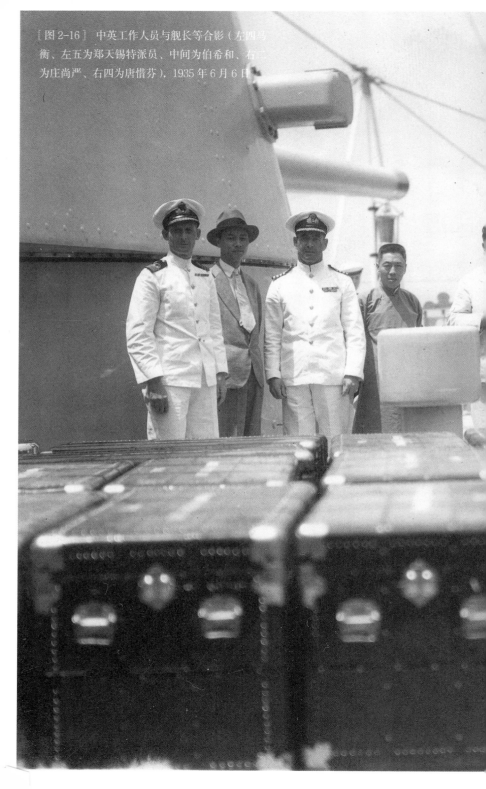

［图2-16］　中英工作人员与舰长等合影（左四马衡、左五为郑天锡特派员、中间为伯希和、右二为庄尚严、右四为唐惜芬），1935年6月6日

　　1935年6月6日，英国政府所派军舰萨福克号装载中国
参展古物驶离上海，环印度洋、红海及地中海西行，于7月
25日抵达朴次茅斯港口。历时48天，行程计3万余里。当日，
在中国驻英大使馆、英国外交部、皇家艺术学院负责人员以
及沿途军警的监督护卫下，中国参展古物安全运抵皇家艺术
学院的伯灵顿宫。9月17日，中国参展古物于皇家艺术学院
举行开箱仪式。点交工作由故宫博物院庄尚严、牛德明、那
志良、宋际隆、傅振伦等人分任，每箱古物由仓库取出后，
先检查封锁情形，然后开箱，将古物逐件提出，校对账册、
照片无误后，交由皇家艺术学院斯盘洛夫点收。至9月26日，
90余箱参展古物全部点收完毕，各箱件数均经核对无误。[78]

　　这一天，庄尚严先生给马衡写了一封信，汇报了开箱的情
形[图2-17]：

　　　　敬陈者，此次运英展览物品已于今日上午在皇家艺术
　　学院开箱，到场人员我方为特派员郑天锡、艺展会理事王
　　景春、秘书唐惜芬、大使馆参事陈维城，英方人员为艺展
　　会执行委员大维德、秘书兰布（Lamb）、编目主任斯盘洛夫

［图 2-17］ 伦敦艺展会文物到达英国皇家艺术学院开箱情形，1935 年 9 月 17 日

（Spend love）、教授叶资（Prof. Yetts）、英海关派员一人，及艺术院宣传主任、事务主任，并新闻记者多人到场，摄照工作照片。外本院来英五员全数到场工作，分任各项职务。每箱由库取出，先行检查封锁情形，然后逐件提出，校对账册、照片，后交由皇家艺术学院派员斯盘洛夫点收。本日上下午共开十三箱，计铜器十箱、剔红一箱、景泰蓝一箱、玛瑙等杂项一箱。各箱件数均经核对无误，亦无破坏情形，惟第三十箱内所装本院出品雄精天中端景山子，于开匣时见有脱落碎片数小块，系由顶端前部脱下，查其脱落之处，一处最长的约四·五公分，一处最长约一公分。当将碎片另行包好，仍置原箱保存。所有已开之箱，当时均作有记录，中英到场人员均经签字。此项记录俟全部开箱完毕，通□总报告，一并寄呈外，谨将本日开始情形总陈，寄请

　　签核，谨上

院长马

　　　　　　　　　　　　　　　科长庄尚严谨呈

　　　　　　　　　　　　　　　廿四年九月十七日

　　　　　　　　　　　　　　　于伦敦

此信现存故宫博物院档案科（原文无标点，标点为引者加）。

准备展览时，有一个插曲 —— 英国方面在编印展览图录时，附了一张中国文物分布地图，地图上没有把西藏列为中国领土。故宫工作人员看后非常气愤，和当地的中国留学生一起力争，迫使英国当局修改地图，重新印制了目录。

11月28日，中国艺术国际展览会在皇家艺术学院伯灵顿宫开幕［图2-18］［图2-19］，伯灵顿宫位于伦敦市中心，伯灵顿宫广场前的大门上，悬挂着中英两国国旗，以及"伦敦中国艺术国际展览会"的巨幅横额。据魏奕雄介绍：伦敦各条大街公共场所都贴饰着中国艺术图案，许多商店张挂着以宋太祖坐像为主要画面的艺展宣传画，整个伦敦都沉浸在浓郁的中国古代艺术氛围中。[79] 徐婉玲写道："伯灵顿宫里汇集了来自15个国家收藏的3080件中国古代艺术品，数量之庞大，品类之齐全，为历届国际艺术展览会所罕见。"[80]

关于现场的环境，郑天锡先生在《参加伦敦中国艺术国际展览会报告》中有详细的描述："全场板壁与陈列木架，均敷中国原式麻布，颇形古雅。对于各项展品色素，衬托得宜。惟最后一室，则改蒙蓝色麻布，亦殊悦目。伦敦冬季日短，又常阴雾，天窗取光不足，故各室均配电炬，光线向壁照射，不与视线抵触，极感方便。室中暖气流通，间设长椅，以备休憩。南厅楼下通一饮食部，使参观者得以竟日盘桓。"[81]

［图 2-18］英国皇家艺术学院（伯灵顿宫）

［图 2-19］伦敦中国艺术国际展览会内景，1935 年

　　"中国艺术国际展览会伦敦艺展会"的陈列布置不以艺术品类别为顺序。徐婉玲在文中说："所陈中国文物大致按照殷商周、战国汉魏、魏唐、宋、宋元、明、清等朝代先后为脉络，各朝代的绘画、书法、雕塑、陶瓷及玉器、织绣等被并置在一起。《泰晤士报》特别称赞此种展览布置，'不仅考虑以整体来呈现展览会，而且还以其内在联系来安排各个陈列室'……负责展览整体筹划布置的李亚士敦也十分自豪地表示，'整个展览会俨然一堂生动鲜明的实物教学课'。"[82]

　　除了故宫博物院展品，一些流失国外的中国国宝也在这次艺展上展出，其中包括著名的"昭陵六骏"中流失到美国的"二骏"[图2-20]。唐昭陵六骏石刻是为纪念六匹随唐太宗征战疆场的战马而刻制的，传为当时工艺家阎立德、画家阎立本所作。昭陵六骏石刻六骏采用高浮雕手法，以简洁的线条，准确的造型，生动传神地表现出战马的体态、性格和战阵中身冒箭矢、驰骋疆场的情景。该雕刻线条流畅，刀法圆润，刻工精细，栩栩如生，是驰名中外的石雕艺术珍品。昭陵六骏石刻原本在李世民陵（昭陵）最北端的玄武门东、西庑廊对称排列，1914年，法国人戈兰兹将"六骏"中的"飒露紫""拳毛騧"剥离开来准备偷运。不料被当地农民发现，拦住。然而这"二骏"又落入当地军阀之手，后来运到北京被当时中国国内的古董商卢芹斋以12.5

［图 2-20］中方工作人员在展品"昭陵六骏"前合影（左起：牛德明、那志良、傅振伦、宋际隆），1936 年

万美元盗卖到国外，入藏于美国费城宾夕法尼亚大学博物馆。

卢芹斋是20世纪初国际著名的文物贩子、大古董商，将许多中国国宝级的文物贩卖至国外。那志良先生说，"中国文物，经他手卖出去的，数量最多，真是国家的罪人。""他因此发了财，在巴黎，一座唯一的中国式建筑，就是他的家，是在中国买好一座房子，拆了之后，把材料运到法国，照原样盖起来的。"[83]这栋建筑就是著名的"巴黎红楼"，在一段时间内，卢芹斋每天在红楼免费资助中国留学生一顿午餐。晚年的卢芹斋总结自己的一生充满了矛盾，他承认自己使不少中国文物流失海外，又为这些国宝避免了战乱得到了保护而感到幸运。

行政院特派曾任驻英大使的郑天锡先生做特派员，有一次，他在陈列室见到那志良，问："你看外国博物院保管的铜器好，还是我们的好？"

那志良先生答："外国保管的，也是我们中国的东西，一样的好。"

郑天锡先生说："不然，我们中国政府的铜器有宝光，他们的没有宝光。"[84]

目睹这些流失海外的中国文物，庄尚严、那志良这些故宫同人在心中燃起了对守护国宝更强烈的使命感，郑欣淼先生说："在整个文物辗转播迁中，故宫同人能够发扬视国宝为生命的典守精神，就是源于对自己所保护的珍贵文物的重大意义以及自己所担当的神圣责任的深刻认识。"[85]

对此，庄尚严先生有深刻的感受：英人对中国艺术学识缺乏，在文物的鉴别、陈列上经验不足。如国外参展书画中亦有"伪迹"，陈列时将书画挂得太高，戈戟倒着放，殷商而曰商殷，金石忽略其刻的文字等。

徐婉玲写道："伦敦艺展后，西方开始修正长期以来对中国艺术的看法。尤其是中国绘画所蕴含的哲学自然观，令英国人士大为震惊：'中国艺术的秘密在于，它与大自然的绚丽与浩瀚融为一体'，'它似乎用一种更理智、更平和的视角表达一种更为完整的人生愿景'。"[86]

在11月22日举行的记者执行午宴上，郑天锡特派员这样阐明中国艺术里渗透的核心价值观：

> 中华民族积四千年之历史，雅重人道，其艺术即表现此种精神。盖中国艺术之产生，不在剑戟，而在仁爱、道德、正义、和平，参观者将不徒以获见中国艺术为己足，抑由是以窥见中华文化，及其民族所以长存之道焉。[87]

11月27日开展那一天，瑞典皇太子凌晨就到了现场。12月

8日，英国王后第二次前来，还约上了丹麦国王、挪威王后一同参观。13日，英国王后还邀请郑天锡等人去白金汉宫参观，亲自引导中国客人参观英国王室收藏的中国瓷器，并将她的签名照片赠给中国客人。

著名作家萧伯纳参观展览后说：这些文物太珍贵了，其实它们无需说明书，无需他人讲解，文物的本身是会说话的。

"1935年11月28日至1936年3月7日，展览会共计接待参观者达42万余人次，包括许多来自英国以外的德国、意大利、法国、比利时、奥地利及美国的观众。"[88] 到了展览的最后一周，每天参观者达到二万人，"观者拥挤"，是皇家艺术学院"前此未有之纪录"[89]。"展览会各项收入总计4.5万余英镑，支出2.8万余英镑，结余1.8万余英镑。"[90]

"伦敦艺展不仅经济方面获益，它在'以艺术为媒介表示其民族性'所产生的影响更为深远。皇家艺术学院院长李维廉爵士认为，这是一场'最为精彩、最为全面'的中国艺术展，它表明'中国不同时期的各类艺术已臻于完善'。"[91]

《曼彻斯特卫报》（*Manchester Guardian*）评论说："欧洲艺术家努力产生真实的幻觉，中国艺术家则把握生命的呼息。"《伦敦新闻画报》（*Illustrated London News*）评论说："此次艺展获得一般赞美，超过于以前历次国际艺展。""18世纪前人所传中国人为奇异之民族，其艺术为怪诞，无足重视之西方人民态度，将由是消除。"[92]

关于这些伦敦中国艺展在欧洲产生的巨大影响，《参加伦敦中国艺术国际展览会报告》的《绪言》中做了这样的总结：

> 伦敦中国艺术国际展览会，系以中国展品为重心，并汇集世界各国收藏之精华。陈列凡十余室，展品凡数千件，会期凡百余日。奇珍瑰宝，荟萃一堂，实为空前未有之盛举。艺展会发起人之言曰："中国为远东古代文化之发源地，其人民超脱日常物质生活之精神，尤为对西方人民思想之一种具有刺激性的兴奋剂。"此言颇为识者所公认。此次开会期内，以舆论赞美之热烈与欧人参观之踊跃观之，则世界人士对中华民族之艺术文化，不徒已得具体之认识，且于其生活思想之表现，信足使扰攘备战日怀恐慌心理之欧人，其感受为益深。此本届艺展所以获致极大成功之主要因素也。[93]

《泰晤士报》(*The Times*)在报道中照录了郑天锡的发言，写道："中国艺术，最为雅静。诚如中国特派员郑博士言，其产生不在剑戟，而在仁爱、道德、信义、和平。"[94]

1936年4月9日，"蓝浦拉号"（P. & O. S. S. Ranpura）邮轮装载着赴英参展的中国文物，驶离伦敦乔治五世港，驶回祖国。没想到，轮船在回国途中，发生了意外。

在直布罗陀海峡，"蓝浦拉号"在港内停泊，海上突然起了风，在夜里，将船吹向海岸。天亮时，人们发现"蓝浦拉号"已经在浅海上搁浅。

"蓝浦拉号"搁浅的消息传回国内，再度引发了国人的忧虑，甚至有传言纷起，说轮船搁浅只是一个借口，文物早已抵押给外国。

所幸，船头陷入了烂泥，并没有撞上礁石，因此"蓝浦拉号"搁浅时，并没有发生震动。海水退潮时，不远处露出许多礁石，令人不禁倒吸一口凉气。船长向英国海军求援，海军派来两艘军舰进行拖拽，"蓝浦拉号"纹丝不动，经中方协调，"蓝浦拉号"卸掉了三千吨货物和油料，让船体稍稍浮起来，等海风弱下来，又加派了几艘船只，才把"蓝浦拉号"徐徐拖进了深海。

时光仿佛回到1936年的归途，云破天开，刚摆脱搁浅的"蓝浦拉号"，带着将近一千多件国宝文物凯旋。

1936年5月17日，"蓝浦拉号"抵达上海，已先行回国的那志良等人前往码头接船。"蓝浦拉号"护送文物归国，流言也自然烟消云散了。

据徐婉玲介绍："当日，赴英展览古物由中国旅行社所派行李车装载，运赴上海北站，转入沪宁线专车。18日，由京沪快车专列运载的古物安全抵达南京下关火车站，转载接运古物专车，由军警押运护送，径赴考试院明志楼存放。"[95]

为取信国人，兑现当初的六项诺言，6月1日，"参加伦敦中国艺展会展品南京展览会"在考试院明志楼开幕。"刊登在各大报纸的展览广告予以确切的说明，'此次展览目的在使国人对参加伦敦展览会古物重加印证，且借此得知吾国古物流传国外之情形及其收藏所在'。"[96]

故宫文物赴英展览，是一次史诗级的展览，是中国文物第一次有组织地走向国际，也是第一次向世界系统地展现了中华文明的博大与辉煌。那时，中国人民的十四年抗战已然打响，世界反法西斯同盟还没有形成，中国处于孤军奋战的阶段，这次展览，不只是故宫的展览，是中国倾举国之力而为之。它提高了中国的国际地位，重塑中国人的国际形象，宣扬了伟大的中华文明，是一次伟大的旅程，是一次近乎完美、不可复制的展览，是"20世纪中国艺术在国际文化交流的一次巅峰之作"，也是"中国古代文明给世界的最坚定之宣言"[97]……

第三章

烟云渺渺水茫茫：钟山风雨

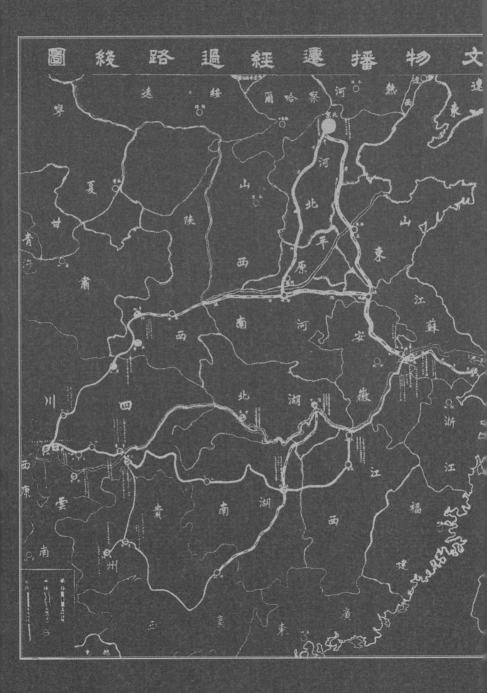

文物播遷經過路綫圖

一 在六朝古都安家

13000余箱故宫文物，虽然先后由北平运至上海，将法租界内天主堂街和四川路的货栈作为临时安顿之所，但庋藏条件十分简陋，潮霉之侵袭，煤烟之污染，对文物造成侵袭，让它们置于另一种危险中。

马衡上任后，故宫博物院理事会决定在南京修建正规的保存库。1934年12月7日至9日召开的第四次常务理事会议决议，将南京朝天宫划归国立北平故宫博物院，作为设立南京分院及建筑保存库的地点，并核定建筑经费总数60万元，由故宫博物院编制概算书，呈报行政院核准。

朝天宫位于南京市秦淮区水西门内，是江南地区现存建筑等级最高、规模最大、保存最为完整的明清官式古建筑群落，素有"金陵第一胜迹"之美誉。傅振伦先生记述：朝天宫"相传为吴王夫差铸剑的地方。晋始建冶城寺，五代杨吴建紫极宫，宋为天庆观，元为元妙观，后改为疗寿宫，明洪武始名朝天宫，百官朝贺，在此习礼。"[1]朝天宫是典型的明清殿宇式建筑，基本上保留了明代宫殿式体制，如马衡先生所说的，"为南京重要古迹，千余年来名胜之区，故宫古物由沪迁京，于此藏贮陈列，不为不得其所矣。"[2]1978年，朝天宫被辟为南京市博物馆。

将朝天宫划归故宫博物院，无疑是一个完美的规划。当时的方案是：将朝天宫之两大殿、明伦堂、飞云阁及十三祠之一部保留整修，辟为陈列室和办公室，在朝天宫东侧，明伦堂的后边，新建一座三层保存库楼房。

这座拟仿欧美书库钢架式的钢筋水泥结构三层楼房，每层为一库，外观融合了中国传统建筑和西方风格。根据梁思成等人的建议，在保存库北部高地建筑地下防空密库[3]，称第四库，与第一层库房相通。

自1935年初基泰工程司参与至1935年10月华盖建筑事务所入选，费时近九个月，南京分院保存库建筑设计终告完成。加之后来添设地下密库，整个保存库建筑规划设计费时近一年，可谓颇费周折。

据徐婉玲介绍："4月15日，保存库举办奠基典礼，理事长蔡元培、院长马衡以及华盖建筑师赵深等十余人参加［图3-1］。1936年9月26日，国立北平故宫博物院南京分院保存库落成，蔡元培、翁文灏、马衡等30余人参加落成典礼[图3-2]。"[4]

"诚如时人所期待，新落成的保存库'皆用钢筋混凝土造成，一切设备皆采用最新方法，并有调节空气设备，以调和库中空气之冷暖燥湿'，成为当时首都南京的著名建筑物[图3-3]。"[5]

1936年12月8日起，存放在上海天主堂街及四川路两处库房的文物箱件起运。从故宫博物院驻沪办事处1936年12月24日编报的工作报告中，我们可以看到当时真实的工作状况：

> 本院存沪文物，奉行政院令迁京保存。本处遵奉院令，将本院沪库所存文物箱件，分批运往京沪杭甬路局所备迁运专车装运赴京；内政部古物陈列所、颐和园、国子监存沪库房之文物，亦一并随同迁运。是项箱件，由库房装运至车站装入专车，统由上海英商茂泰洋行有限公司负责承运，并与订立迁运文物箱件合同。是项合同，业已专案呈送核准在案。兹查沪库文物箱件，业经全部运毕，并经由本院京库点收专员先后点收清讫，分别归库。理合将本处所输经过情形，撮要□陈，送请
>
> 　　鉴核，准予备案。[6]

根据这份工作报告的记录，1936年12月8日，第一批南迁

民國廿五年
四月三日 國立北平故宮博物院保存庫奠基禮攝影

中華民國七五年四月三日

[图3-1] 国立北平故宫博物院建筑[...]
存库奠基礼摄影，奠基纪念砖左右分别为[...]
日期：[...]年[...]月[...]日

國立北平故宮博物院建築南

［图3-2］　国立北平故宫博物院南京分院保存库落成纪念，1936年9月26日

［图 3-3］ 国立北平故宫博物院南京分院保存库，1936 年 9 月

文物自沪库向京库迁运，包括"沪"字（即古物馆箱件）2466箱，"上"字（图书馆箱件）420箱，"艺"字（伦敦艺展箱件）76箱，"刊"字（故宫博物院出版物箱件）189箱，共3151箱。

12月11日迁运第二批，包括"沪"字164箱，"上"字995箱，"公"字（已点收之前秘书处箱件）3658箱，共4817箱。

12月14日迁运第三批，包括"沪"字1箱，"寓"字（文献馆箱件）129箱，"禾"字（未点收之前秘书处箱件）1845箱，"公"字105箱，"艺"字4箱，共2084箱；还运"所"字（内政部古物陈列所箱件）1760箱，"颐"字（颐和园箱件）566箱又8包8件，总共4410箱又8包8件。

12月17日迁运第四批，包括"寓"字1535箱，"法"（法院检提另封文物箱件）10箱，"提"字（提送艺展品经决选保留尚未归回原箱之文物箱件）7箱，"处"字（库存杂项物品照相材料及清册等箱件）2箱，共1554箱。

12月21日迁运第五批，包括"寓"字2102箱，"禾"字64包，"法"字1箱，"处"字39箱又7件13扎，共2142箱又64包7件13扎。又附运"国"字（国子监箱件）11箱，总共2153箱又64包7件13扎。

每次迁运都从上午6点开始，到下午5点结束。参加迁运的人员以故宫博物院驻沪办事处人员为主，行政院还派出舒楚石、丁文渊两名押运专员，内政部则派出了唐碧、盛敬贤，古物陈列所派员傅以文等人共同参加。文物先由汽车装载，从上海天主堂街和四川路两处库房运至上海北站（京沪杭甬铁路麦根路车站），经沪宁线抵达南京下关火车站，上海工部局法捕房及上海市政府派出警察，在库房、车站及沿途警卫，每辆汽车上都有武装警捕随车押运，有警备车护送。[7]每三天一趟专列，都选在子夜或凌晨，向南京秘密起运。专列抵达南京下关火车站时，南京市警察厅派出40名保安队士兵，分布在列车四周，严密警戒。文物箱装上汽车，运至朝天宫保存库，每车皆有1名宪兵押运。

故宫文物转迁南京朝天宫保存库贮藏不久，国立北平故宫博物院南京分院于1937年1月1日成立，欧阳道达任南京分院院长，公布了《国立北平故宫博物院南京分院保存库管理规则》[图3-4][图3-5]，驻沪办事处同时撤销。

朝天宫保存库房建成了，故宫博物院南京分院也成立了，那些来自长城脚下、紫禁城里的历代国宝，终于在长江之畔、六朝古都，重新找到了自己的家。

那志良先生回忆南京分院初建的岁月时说："分院，是一个新成立的机构，充满了一片朝气，研究的风气比较盛。例如书画，古物馆的同人，总是感觉钉封在木箱里不是办法，便主张做木

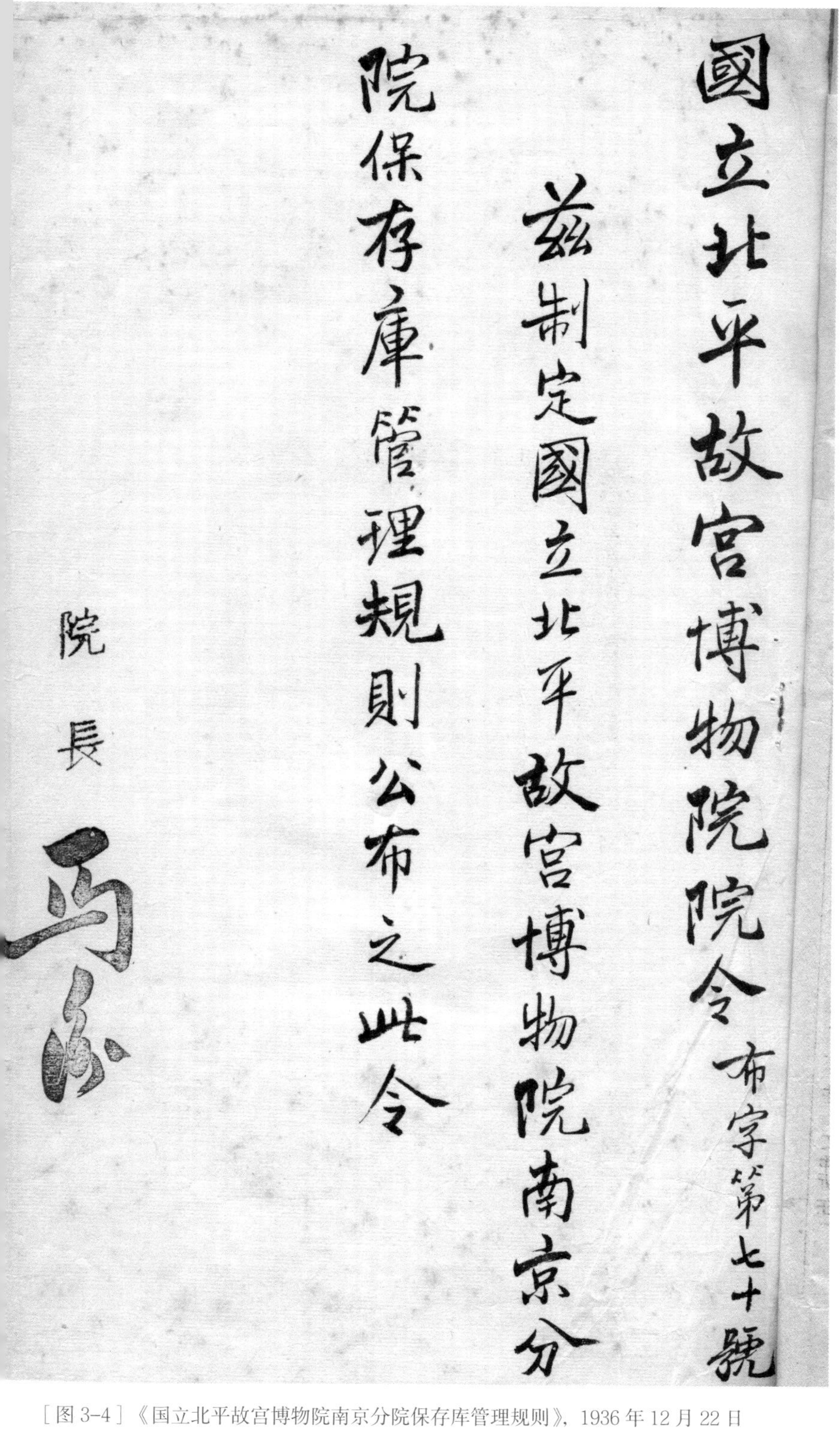

國立北平故宮博物院院令 布字第七十號

茲制定國立北平故宮博物院南京分

院保存庫管理規則公布之此令

院長 馬衡

［图 3-4］《国立北平故宫博物院南京分院保存库管理规则》，1936 年 12 月 22 日

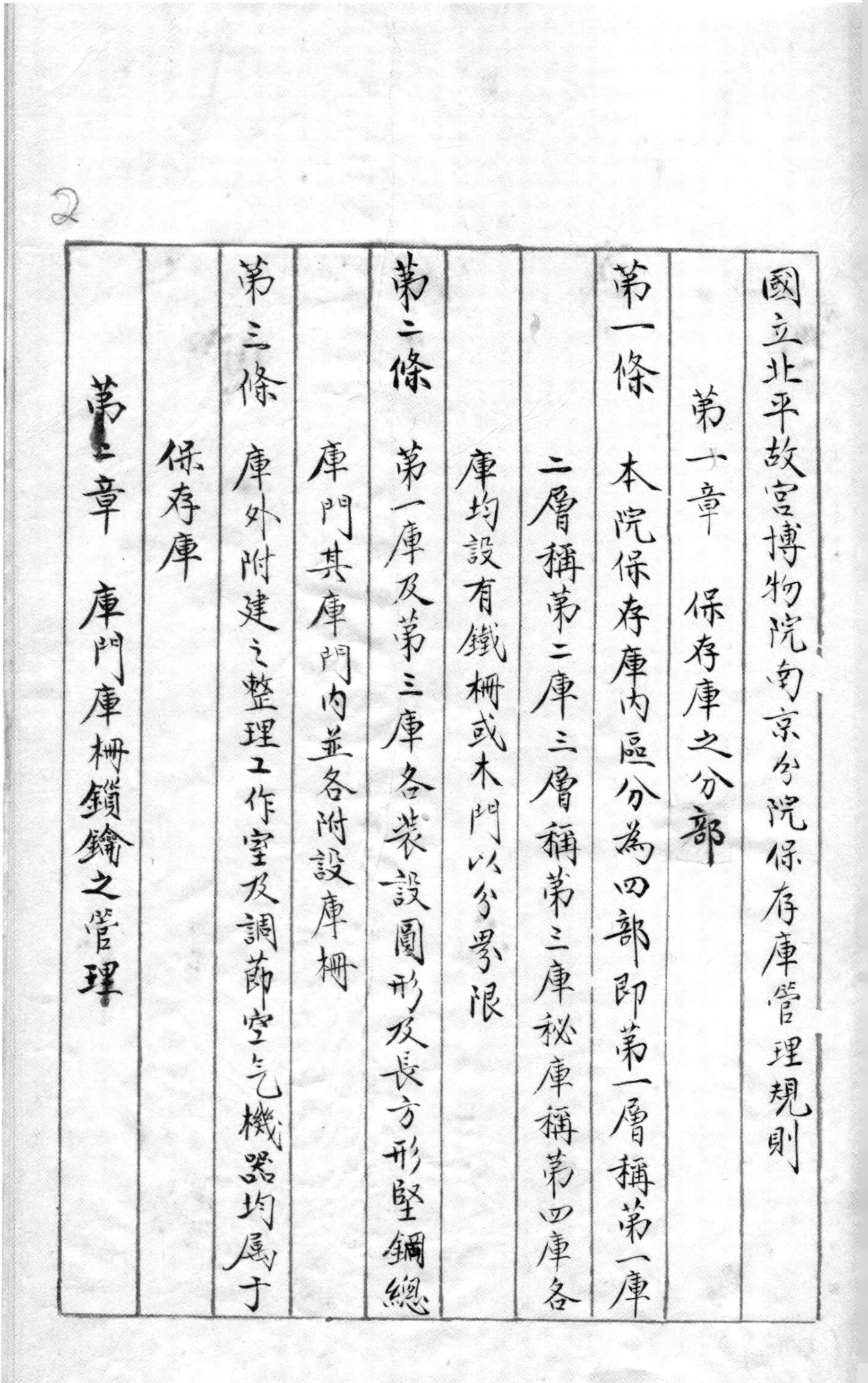

國立北平故宮博物院南京分院保存庫管理規則

第一章　保存庫之分部

第一條　本院保存庫內區分為四部即第一層稱第一庫二層稱第二庫三層稱第三庫秘庫稱第四庫各庫均設有鐵柵或木門以分界限

第二條　第一庫及第三庫各裝設圓形及長方形堅鋼總庫門其庫門內並各附設庫柵

第三條　庫外附建之整理工作室及調節空氣機器均屬于保存庫

第二章　庫門庫柵鎖鑰之管理

［图 3-5］《国立北平故宫博物院南京分院保存库管理规则》，1936 年 12 月 22 日

柜，把所有书画，都按照作者及其时代，分类存入柜中，将来对某一画家作比较研究，或提件照相印刷，都比较便利，这一个意见，提请院长核示的时候，马院长的意见，认为时局并没有到十分稳定之时，将来是不是再转运，没有人知道，现在还不宜完全上架子，最后决定用分箱集中的办法，某一个人的作品，尽量放入一个箱子里。这不是一个小工作，几千件的书画，分起来不是容易事，古物馆的同人却答应了这样做，而积极地干起来。"

那先生还说："各馆各处的人，都提起精神的干，休息的那一天，常有郊游的组织，例如我和庄尚严、朱家济、吴玉璋诸先生就常去栖霞山、燕子矶等地旅行。"[8]

马衡先生不幸言中了，就在故宫博物院南京分院成立这一年，时局急转直下，7月7日，"卢沟桥事变"爆发。29日，北平陷落。8月13日，日军进攻上海，这就是著名的"八一三事变"，著名的淞沪会战（第二次淞沪抗战），拉开了序幕。刚刚入藏在南京朝天宫库房的故宫文物，危在旦夕。

二　易培基不可能活着看到洗清冤案了

此时，"故宫盗宝案"仍在发酵。葫芦僧错判葫芦案，明摆着要置易培基于死地。就在南京最高法院检察官朱树声到故宫博物院开始"侦讯"的那天夜里，吴稚晖、李石曾、易培基、吴瀛、李宗侗、俞星枢等人聚在一起，分析此案的幕后主使人是谁。

吴稚晖，名敬恒，字稚晖，1905年，在伦敦与孙中山先生会面，逐步接受了三民主义的主张，并在法国参加中国同盟会。1911年10月，武昌起义爆发，吴稚晖在伦敦为孙中山处理各种函电，共商建国大业，定青天白日旗为国旗，并在伦敦唐人街率先挂出。李石曾、吴稚晖等人发起组织勤工俭学会，创办里昂中法大学并发起留法勤工俭学运动，呼吁中国青年到海外以半工半读方式留学。1919年5月里，首批学生90多人抵达法国，其中有周恩来、李立三、聂荣臻、陈毅、蔡和森、邓小平。1925年，孙中山病逝，任命蒋介石为总司令，授旗人即吴稚晖，蒋介石由此开始，崛起于民国政坛，在孙去世后长期领导中国国民党达半个世纪。

他们很快就把目标锁定在一个人身上，他，就是张继。

没过多久，南京最高法院检察长郑烈发给朱树声一封密电，因朱树声已离开北平返回南京，密电落入吴瀛手中。电文中有一句话，说"张嘱尹即来，费先筹给"，让"盗宝案"的幕后黑手水落石出——确如吴稚晖、李石曾、易培基等人分析，此人正是张继。

张继［图3-6］，1882年生，原名张溥，字博泉、溥泉，与易培基一样是同盟会元老，1904年去长沙，参与黄兴创立华兴会的活动，1905年出席同盟会成立会议，1913年4月，当选为北京政府（袁世凯政府）首任参议院院长，7月参加"二次革命"讨袁，讨袁失败，追随孙中山赴日本，参与建立中华革命党。1921年任国民党宣传部长等职。1922年受孙中山委派赴北京与苏俄使者越飞会谈，并与共产国际代表马林和中共代表李大钊商谈国共合作。1924年参加国民党第一次全国代表大会并当选为国民党第一届中央监察委员。1925年11月在北京西山举行所谓的国民党一届四中全会，通过了一系列反共决议，他虽因病未能出席，但仍签名表示参与。1926年3月西山会议派在上海召开所谓的国民党"二大"，他主持开幕会议，并被推选为中央执行委员。1927年第一次国共合作破裂后，蒋介石、汪精卫和西山会议派合流，他以反共"元老"的身份，在9月组成"特别委员会"时列名为委员。1928年任国民党政府司法院副院长、北平政治分会主席。1931年任立法院长。1933年任国民党驻华北办事处主任。[9]

作为国民党创党元老，张继在国民党内地位不可谓不显赫，但他有一个"缺点"，就是"惧内"。他的夫人叫崔振华，早年与张继一起追随孙中山，与秋瑾、徐宗汉并称"革命三女杰"，革

[图 3-6] 张继

命资历丝毫不输丈夫，后做国民党中央监察委员、国民参政会参政员，因个性刚烈，被戏称为"民国最凶的母老虎"。生活中"惧内"不失为男人的美德，但在政治上受夫人影响，丧失独立判断，则是政治家的大忌。国民党第五次代表大会期间，宋庆龄、何香凝提出了"联俄抗日"的提案。张继也在上面签了名，回去被老婆一顿臭骂。第二天，张继跑回来，要求把自己的名字去掉，大家责怪他出尔反尔，张继只好实话实说："是老婆不让我签的！"恰逢李烈钧正在签字，便把自己的名字签在张继的名字上，用粗重的笔画把张继的签名完全覆盖掉，才化解了这一尴尬。

1928年10月，国民政府在南京召开故宫博物院第一届理事会，国民政府任命故宫博物院理事27人。理事会推选李石曾为理事长，原本内定易培基为院长，张继为副院长，但李石曾不同意张继任副院长，院长与副院长人选就没有通过。反对的原因，恐怕就与"夫人干政"有关。易培基曾对吴瀛说："张继神经，又要听神经太太的支配，不能让他当家，那是石曾的意思。"

1929年，易培基出任院长，张继只担任古物馆馆长，张继对李石曾、易培基心怀不满。后来故宫文物南迁，张继主张将文物运到西安，由自己负责，以此掌管三分之一的预算。

前文说过，"一·二八事变"爆发，日军进攻上海，威胁南京，国民党四届二中全会决定"以长安为陪都，定名西京"，成立"西京筹备委员会",这个"筹委会"的专员,不是别人,正是张继。张继对于没当上故宫博物院副院长一直耿耿于怀,此番主张将文物运往西安,正是要以西京筹备委员会专员的职务之便来主宰故宫,尤其是掌管故宫文物南迁的预算资金。《申报》1933年8月1日的报道中说:"西京筹备委员会委员张继主张将故宫文献、图书二馆之本案文籍,悉数移运西安,但中央委员反对此种主张者颇不乏人"[10],宋子文最终决定将文物运往上海、南京,张继把这笔账算到了院长易培基的头上,新仇加旧恨,终于借售卖清宫旧物一事,为自己报仇雪恨。

还有一个偶然的事件,成为"盗宝案"发生的导火索,源自张继夫人崔振华陪朋友到故宫博物院参观(一说查勘处分绸缎的场所),因剪票的人不认识崔振华,受到阻拦,让崔振华非常愤怒。很多年后,吴瀛先生在书中回忆这一事件的前因后果:

外面来进神武门的参观人,要在神武门外先购参观券,张太太却昂然直入。门卫不认识张太太,她没有本院徽章,也没有参观券,照例请她去买参观券。

她不买,就与门卫冲突,大声呼喝,拿出了对张继馆长的威风。门卫没有尝过此味,不识高低,还是不让她进去,却问她姓什么?

"我没有姓，"她说，"我姓天！"又大声作狮子吼。

门卫说她是疯子，更同她相持不下。她觉得这个门卫男人，如何不同其夫张继一般，更气得一佛出世，浑身颤动，香汗盈盈，娇喘细细！大吵大闹起来。

门口过往的人们以及购票参观的朋友都围上来了，一时神武门边，水泄不通，交通断绝。其中有本院文献馆的职员，挤在这条缝内远远看见，认识了这位玉皇大帝，他知道这个乱子不小，急急排开人众，插入内丛，他大声告诉门卫："此乃文献馆张继馆长的太太是也。"

门卫一听，却登时泄了气，叫声："啊呀！"赶忙请进！

张（继）太太格外得势，愈发撒娇起来。她破口大骂："你们这帮势利混账东西，欺压平民惯了！不知道我是张太太，就不让我进去，现在知道了就请进，你非还我这个理不可！"

此时，门卫与张继一样了，哪里还敢出声，只好听她过瘾。好在有那文献馆职员做好做坏偎倚着送进大门指引到发卖场所，她口中还在咿咿哑哑叫嚷不休。

一进发卖处的门，正是冤家路窄，易（培基）院长同李（宗侗）秘书长都在那里。毕竟院长练达，一见来势不妙，他故作不见，没有打招呼，先就走了。秘书长无法脱逃，只好上前寒暄。

张太太一见有了对象，道得声："好！你居然在此！我正要寻你，你们终日在院舞弊弄钱，大门口却不许我进来！"如此这般，将方才门口的一套，撒泼放娇，全向玄伯（李宗侗）喷来。

秘书长手忙脚乱，莫名其妙，一时如何招架？却抬头一看，身旁站着一个书记叫尹起文的，他记得是张太太所荐，正赶上前来站班，恭敬地鞠下躬去。他登时即景生情，计上心来，他叫声："尹先生！你来招呼招呼张太太！"一语未了，抽身便走，来了个三十六计，走为上计。

张太太猝不及防，一眨眼间，不见了玄伯，知道中了金蝉脱壳之计，倒也无可奈何，只得由着尹起文拍屁捧臂足足恭维一番。于是骨软筋舒，似乎安逸，也相当乏力了。随意在场内溜了一转，由尹起文恭送回家，再向张馆长泄愤去了。[11]

当然，所谓"盗宝案"的发生，有许多其他复杂原因。吴瀛先生之孙、画家吴欢说："（此案 —— 引者注）牵扯出国民党内部不同派系的大人物。张继那边有汪精卫、何应钦、法院院长郑烈等，易培基这边有民国元老张静江、吴稚晖、李石曾（李煜瀛）等搅成一团。弄得连蒋介石、宋子文都退避三舍，懒得介入。张继一方由于手握司法占了上风，易培基一方虽贵为民国元老，却虚有其名，掌中无权，始终被动挨打。"[12]

"盗宝案"发生后，故宫博物院理事会发表声明，对司法鉴定结果提出质疑："法院此次鉴定是项书画真伪，其结果与本院专门委员会审查结果，不无出入。"[13]

故宫博物院工作人员也有这样的共识：故宫文物"出组"制度非常严格，偷窃调包文物几不可能，因此所谓调查窃宝案，是对博物院的一种损害，可以说就是一桩冤案；至于冤案发生的真正原因，不仅在于故宫"得罪"了张继夫妇，有人甚至指出张继背后还有后台，就是时任行政院长的汪精卫，因为汪精卫与国民党元老李石曾、吴稚晖、张静江不合，所以当李石曾、吴稚晖、张静江先后致函汪精卫，汪精卫都以行政不干涉司法为由不予理睬，其实是汪精卫在暗中支持张继，至于蒋介石，因为吴瀛已经与蒋关系疏远，因此得不到蒋的支持。[14]

无论怎样，后有崔振华出谋划策，前有张继任用他一手提拔起来的最高法院检察署署长郑烈冲锋陷阵，贿买人证，指控易培基、李宗侗私占故宫宝物，一个弥天冤案由此罗织开来。终于，江宁地方法院根据他们检查"成果"，于1934年11月4日在报纸上发表了对易培基的起诉书，社会舆论更加激愤。

易培基在北平、南京、上海的其他住所就被全部查封，个人财产也被悉数没收。易培基在1935年3月20日给吴瀛的信中描述他的窘况："近年以来，曩之薄产，大半为彼非法收没，小半耗于交涉日用。江南之役尤为致命之伤。出而与抗，讼费不赀。今所有戈戈，欹敷近日生活且不足，一旦移作讼费，一家数口，即无以为生。"[15]

4月3日，易培基在给吴瀛的信中又说："平、京、沪居地均被非法扣押……使被冤不出，不仅无昭雪之望，且已倾家荡产，以后生活，亦成问题矣。"[16]

此后，由于找不到易培基、李宗侗盗卖、盗换文物的确凿证据，此案一直无法结案。

易培基暂时躲过牢狱之灾，但也失去了为自己洗清"罪名"的机会。相比之下，在故宫秘书处做科员的萧襄沛就没有这么"幸运"了。"被检查的20箱珠宝，正是他经手封装的。在为一个凤冠装箱时，由于箱小冠大，盖不上盖儿，萧襄沛便将凤冠上的珠子摘下来，装在箱子里。这本来是个技术问题，即便有不妥之处，至多也就是给一个行政处分，绝构不成犯罪，但郑烈竟指使法院告他'破坏古物以伪换真'。"[17]

我在故宫博物院档案科查到1934年12月郑烈签署的最高法院检察署发给故宫博物院的密函，其中写：

　　迳启者，案查易培基等侵占舞弊一案，业经江宁地方法院检察官起诉在案，兹以贵院现任职员萧襄沛、刘光锷均有共同侵占嫌疑，除函由上海第二特区地方法院及令饬北平地方法院首席检察官拘提解京侦查，并函知贵院驻沪办事处外，相应函请贵院查照……[18]

　　12月19日，故宫博物院驻沪办事处给故宫博物院本院发电报，电文中说："萧襄沛于今午被捕，业用电话陈报院长"[19]。这份电稿，至今存在故宫博物院档案科内。

　　据黄加佳介绍："那志良记得，萧襄沛在看守所羁押了很久。他太太带着孩子住在看守所对面的客栈里，住得久了，钱用完了，想要回去。店家却对她说：'你打的是冤枉官司，不久自然解决，我们愿意帮你。'于是，萧太太又住了些日子。眼看开庭遥遥无期，她又想回家。没想到，店家变了脸，非要她结清账目才能离开。"[20]

　　吴瀛先生在《故宫尘梦录》中也写到萧襄沛先生，说："他非常本分而家境奇穷，上有老母，下有妻小，全靠数十元月薪养活，是庄思老由审计院调来，与易寅村（即易培基——引者注）毫无关系，而他们因为他是湖南人，与易同乡，硬说是通谋舞弊，判了若干年的徒刑，以致妻离子散，家破人亡。实在是欺负可怜的小人物，太无耻了，太卑鄙了，真正让人恨得身上发抖。"

吴瀛先生越写越动情，他接着说："至今念及我心里还在难过。因为这是由我们这些所谓大人物而起呀！我们有何颜面对这些当年的属下，有何颜面对他们的后代子孙。这简直就是光天之下活生生地害死人呀！这是孔孟仁义下的君子大丈夫应该干的事情吗？这是丧尽天良啊！"[21]

还有一个人非常值得一提，就是萧瑜。萧瑜原名萧子升，是毛泽东年轻时的密友。他比毛泽东小一岁，却比毛泽东高三届，是湖南省立一师的高才生，毛泽东、蔡和森、萧子升，他们都是易培基的学生，更是杨开慧之父杨昌济最得意的三个门生，湖南"新民学会"的创始人，也正是这三个人。1918年，毛泽东坐火车离开长沙，人生中第一次前往北京，同行者就有萧子升等24人。也是那一次，毛泽东随同李大钊在北京大学图书馆做了助理员[22]，萧子升则成了蔡元培、李石曾的秘书，协助他们办理中国学生赴法勤工俭学事宜，二人的命运从此分野，越走越远，以至于鞭长莫及。

1919年，萧子升（后来的萧瑜）和蔡和森等一起赴法国勤工俭学，1920年9月，萧子升从法国回来，带来了蔡和森给毛泽东的一封长信，主张"明目张胆地成立一个中国共产党"[23]。第二年，毛泽东接到参加中国共产党"一大"的通知，于6月29日在暮色中与何叔衡一起在长沙小西门码头登上了开往上海的小火轮。[24] 这一年年底，萧子升（萧瑜）又去了法国，三年后回来，在国民党北平市党委编《民报》，还任国民党北平市党务指导委员。1928年国民政府派易培基接收故宫博物院，易培基电令五人代为接收，这五人中，就有萧瑜（另四人为沈兼士、俞同奎、马衡、吴瀛）。萧瑜后又陆续担任了国民政府农矿部次长、国立历史博物馆馆长等职，1949年，随国民党政府去台湾。1976年11月21日，萧瑜在乌拉圭去世，终年八十二岁。也是在那一年，毛泽东逝世。

20世纪30年代，在黄土高原的窑洞里，毛泽东对美国记者斯诺回忆了他与萧瑜的那段共同历程："第二年夏天，我开始在湖南徒步旅行，游历了五个县。一个名叫萧瑜的学生与我同行。我们走遍了这五个县，没有花一个铜板。农民们给我们吃的，给我们地方睡觉，所到之处，都受到款待和欢迎。"还说：易培基"给萧瑜谋到北京故宫博物院管理的职位。萧瑜盗卖了博物院里一些最珍贵的文物，于一九三四年卷款潜逃。"[25]

"1937年夏，吴瀛收到长女吴珊的信，得知易培基已经病入膏肓。他连忙从南京赶往上海去见老同学最后一面。当时易培基还幻想着，希望能有'政治解决'冤案的一天。可吴瀛知道，易培基是不可能活着看到冤案昭雪了。"[26]

9月里，淞沪会战已经打响，吴瀛刚刚回到南京，就传来了易培基的死讯。一代革命家、担任过民国政府教育总长和故宫博物院院长的易培基先生，就这样在贫病交加中，黯然离世了。

易培基先生去世时，身边极为寥落，女儿嫁给了李宗侗，而李宗侗因为怕事，没有为易培基送葬，易培基过继的儿子也已发表声明，与他脱离关系，只有同为同盟会元老、清室善后委员会委员的老友吴稚晖和吴瀛的长女吴珊，为他料理了后事。

法院得到消息，竟然派人去调查，易培基是否假死，还在报纸刊文说，易培基已偷偷逃到伪满洲国，当上了汉奸。

与他们的诬陷相反，易培基先生非但不是汉奸，相反，是一个具有民族气节的爱国者，贫病交加之际，的确有日本人威逼利诱，怂恿他当汉奸，但都被易培基用日语骂回去了。临终前，易培基留下一纸遗言：

> ……迩来暴敌侵及腹地，国难日深。培基卧病江滨，亲闻鼓角之声，报国有心，抚膺增痛！此生已矣，深知我公领导国人，振奋抗敌，正国家复兴之会。则培基亦当含笑九泉，自无遗憾可言。惟是故宫一案，培基个人被诬事小，而所关国内外之观听者匪细。倘无仰恳特赐查明昭雪，则

九幽衔感，曷月既极！垂死之言，伏乞鉴察。谨呈国府主席、行政院长。[27]

易培基去世后不久，国民政府各大机关纷纷迁往重庆，易培基的案子没人管了，就"无限期"搁置下来，直到1947年12月，张继在南京暴病而亡，郑烈背后的靠山不在了，感觉芒刺在背，于是在1948年1月9日，在南京一份四开小报登了一条短小新闻，标题是：《易培基案不予受理》，为此事作一"了断"。新闻中写：

易培基等检察官提起公诉，该刑庭已宣告判决之侵占案，由地院对被告易培基、李宗侗、吴瀛之判决主文称："李宗侗、吴瀛免诉，易培基部分不受理。"

判决理由两部说明：一、李宗侗、吴瀛部分，查该被告等于民国十八年分任北平故宫博物院秘书长及简任秘书时，共同将职务上保管之故宫古物陆续侵占入己，经公诉在案。惟犯罪在二十六年以前，依刑法第二条第一项，自无惩治贪污条例之适用，应按刑法治以侵占之罪。但三十六年一月一日业已赦免。二、易培基部分，被告死亡，应谕知不受理，刑事诉讼法第二百九十五条五款有所规定，并经中央监察委员会吴敬恒（稚晖）证明，上海地检处查明在案。[28]

"易培基案"的当事人之一李宗侗，在上海沦陷后，一直与夫人易漱平（即易培基先生之女）在上海"隐居"，易培基先生遗孀——一个"典型的旧式老太太"，也与他们住在一起。开始住在古拔路，后来迁到西爱咸斯路，再迁到永嘉路。中央图书馆来不及转运的善本图书也寄藏于他的家里。抗战胜利后，李宗侗将中央图书馆图书完璧送归政府。

另一当事人吴瀛，从上海前往南京，将易培基的遗言进呈给政府，之后抗战全面爆发，他远去重庆，加入了川军将领范绍增的第88军，投笔从戎了。后来又经国防最高委员会秘书长张群的安排（蒋介石为国防最高委员会委员长，整个抗战时期，张群一直陪伴在蒋介石左右），到国防最高委员会任职。

吴瀛到重庆后不久，张继也到了重庆，二人见面，那场面一定尴尬。有意思的是，1937年印刷的《易培基等侵占故宫古物案鉴定书》中说，被告吴瀛"所在不明"，但张继与吴瀛低头不见抬头见，却对"易培基案"绝口不提，原因是吴瀛在国防最高委员会任职，有张群、王宠惠（曾任故宫博物院第一届理事会理事，张群任四川省主席后接任国防最高委员会秘书长）"罩"着他，张继夫妇也对吴瀛奈何不得。而所谓的司法公正，不过是一个很冷的笑话而已。

对于1948年《南京人报》上登载的《易培基案不予受理》的消息，吴瀛心中不服，因为判决说明中只说到对李、吴的赦免，而没有说他们无罪。对于易培基，则因为死亡而不受理。在吴瀛看来，此举"既示人以宽大……又坐实了我们的罪"[29]。但纷乱的时局中，他欲抗争而无门。轰动一时的"易培基案"，就这样不了了之了。

三　千军万马的内迁洪流

1937年7月7日夜，"卢沟桥事变"爆发，惊醒了无数国人的"和平梦"。

老舍先生后来在小说《四世同堂》里写到北平陷落时，只用了一句话："天很热，而全国的人心都凉了，北平陷落！"[30]

1931年，日寇侵占中国东北三省；1933年，占领热河省全境；1935年，策动华北五省（河北、山东、山西、察哈尔、绥远）"自治"。中国土地，已有六省直接处于日本人控制下。日本人得寸进尺，不灭亡中国，日本帝国主义侵略的步伐决然不会停止。

在"七七事变"之前，日本军界和政界就流行着这样的预言："七夕之夜，在中国的北平将发生与柳条湖同样的事件。"[31]果然，日本人故技重演。南京国民政府的要员们希望把中日战争限制在中国东北的梦想，彻底破灭了。

"七七事变"第二天，毛泽东、朱德、彭德怀、贺龙、林彪、刘伯承和徐向前联名给身在庐山的蒋介石发去电报，电文如下：

> 庐山蒋委员长钧鉴：
>
> 日寇进攻卢沟桥，实施其武装攫取华北之既定步骤，闻讯之下，悲愤莫名！平津为华北重镇，万不容再有疏失。敬恳严令29军，奋勇抵抗，并本三中全会御侮抗战之旨，实行全国总动员，保卫平津，保卫华北，规复失地。红军将士，咸愿在委员长领导之下，为国效命，与敌周旋，以达保土卫国之目的。
>
> 毛泽东、朱德、彭德怀、贺龙、林彪、刘伯承、徐向前叩
> 庚亥[32]

7月15日，中共中央将《中共中央为公布国共合作宣言》交付国民党，主动提出在团结抗日及实行民主政治主旨下，中共"取消红军名义及番号，改编为国民革命军，受国民政府军事委员会之统辖，并待命出动，担任抗日前线之职责。"

17日，蒋介石在庐山发表著名的"最后关头"讲话，表达了

中国政府牺牲到底、抵御外侮的坚强决心：

> 我们既是一个弱国，如果临到最后关头，便只有拼全
> 民族的生命，以求国家生存；那时节再不容许我们中途妥
> 协，须知中途妥协的条件，便是整个投降、整个灭亡的条
> 件。
>
> 全国国民最要认清，所谓最后关头的意义，最后关头
> 一至，我们只有牺牲到底，抗战到底，"唯有牺牲到底"的
> 决心，才能博得最后的胜利。若是彷徨不定，妄想苟安，
> 便会陷民族于万劫不复之地！[33]

8月14日，南京《中央日报》发表社论，号召国民为抗战做
好牺牲的准备：

> 这一次的抗战，意义是神圣的。为国家的生命，为民
> 族的尊荣，为人类的正义，我们不能不奋勇地发动抗战……
> 抗战开始后，人民的牺牲，必然随着抗战局面的展开而增
> 加。牺牲就是对国家的报效，也就是对自己良心上的交代，
> 现在人民所感受的，不过是牺牲的初步。初步的牺牲，是
> 初步胜利的基础。最后的牺牲，是最后胜利的基础。要望

最后的胜利，必须抱着最后牺牲的准备与决心。[34]

8月22日至25日，"中共中央政治局在陕北洛川举行扩大会议。参加会议的政治局委员、中央委员和各方面主要负责人共23人……会议通过《中央关于目前形势与党的任务的决定》《中国共产党抗日救国十大纲领》和毛泽东为中央宣传部起草的宣传鼓动提纲《为动员一切力量争取抗战胜利而斗争》。会议……指出争取抗战胜利的关键是实行共产党的全面抗战路线，反对国民党的片面抗战路线。会议决定新的中共中央军委由11人组成，毛泽东为书记（亦称主席），朱德、周恩来为副书记（亦称副主席）。"[35]

"8月中旬，蒋介石被迫同意将陕北的中央红军改编为国民革命军第八路军……9月22日，国民党中央通讯社发表《中共中央为公布国共合作宣言》。23日，蒋介石发表谈话……事实上承认了中国共产党在全国的合法地位。"[36]以国共合作为主体的抗日民族统一战线正式建立。

8月13日，蒋介石为了把日军由北向南的入侵方向引导改变为由东向西，以利于长期作战，在上海向日军发起主动进攻，淞沪会战（第二次淞沪抗战）爆发，双方共有约100万军队投入战斗。

在上海淞沪抗战纪念馆，收藏着第88师第524团谢晋元写给连襟张萍舟的一封家书［图3-7］。家书共4页，用京沪沪杭甬铁路管理局信笺，纸张已然发黄，信中说："沪战两月，敌军死亡依情报所载，其数达5万以上。现在沪作战敌军总数在廿万以上，现尚源源增援中"，"泰山鸿毛之训，早已了然于胸，故常处境危难，心神亦觉泰焉，望勿以弟个人之安危为念"。信后附言："信由上海探投，勿写八字桥或其他地名，即可交到。"

八字桥在虹口，是两次淞沪抗战的激战之地。据胡大勇介绍："后来日本人拍的战争纪录片《上海》，片头就是此地遭受战火劫后余生的一棵银杏树。"谢晋元很快撤离了八字桥，奉命坚守苏州河北岸的四行仓库。[37]

据吴基民介绍："10月26日，鉴于在上海闸北地区抵抗已日趋艰难，蒋介石决定撤出该区绝大多数部队，去防卫上海西部郊区；同时命令顾祝同将军让其麾下的八十八师单独留守抵抗。""孙元良决定，就以四行仓库为据点固守 …… 只留下八十八师五二四团第一营这么一个加强营。营长为陆军少校杨瑞符；为加强领导，特派五二四团副团长中校谢晋元作为最高长官。""经过5次补充兵员，全营撤退到四行仓库时，包括谢晋元副团长在内，仅414人。而他们的对手，是以后制造了南京大屠杀的松井石根亲自指挥的日本王牌军第三师团。"[38]

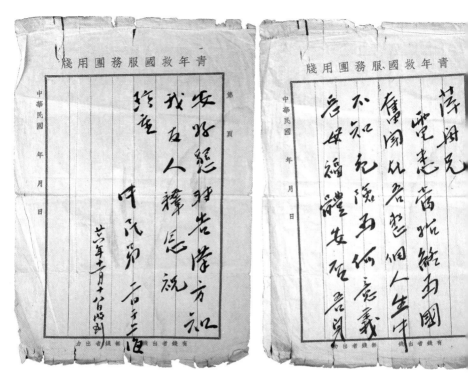

［图 3-7］　谢晋元致张萍舟家信，1937 年 11 月 18 日，上海淞沪抗战纪念馆藏

谢晋元率部，在四行仓库，孤军奋战。当时有人写出《八百壮士之歌》，"八百壮士"与上海人民隔河合唱这首歌，歌词至今让人荡气回肠：

> 中国不会亡，中国不会亡，
>
> 你看那民族英雄谢团长；
>
> 中国不会亡，中国不会亡，
>
> 你看那八百壮士孤军奋守东战场。
>
> 四方都是炮火，四方都是豺狼，
>
> 宁愿死不退让，宁愿死不投降。
>
> 我们的国旗在重围中飘荡，飘荡……

据介绍："双方对峙4天4夜……日军十数次进攻全被谢晋元带领部队击退，消灭日军200余人，摧毁日军坦克两辆，而谢晋元的部队，仅仅牺牲9人，伤28人。"[39] "蒋介石经过再三考虑，认为坚守闸北、坚守四行仓库最初的目标已经达到：绝大部分的中国军队已经顺利撤退，并重新部署……于是他下令部队于10月31日撤离仓库……"1941年4月，谢晋元被汪伪政府收买的叛徒杀害。4月25日，上海各界举行谢晋元遗体殡殓仪式，前往吊唁者达30万余人。5月8日，国民政府明令褒扬，追赠谢晋元为陆军少将。毛泽东赞誉"八百壮士"是"民族革命典型"。11月13日，国民政府发表《告全体上海同胞书》：

> 各地战士，闻义赴难，朝命夕至，其在前线以血肉之躯，筑成壕堑，有死无退，阵地化为灰烬，军心仍坚如铁石，陷阵之勇，死事之烈，实足以昭示民族独立之精神，奠定中华复兴之基础。

11月5日拂晓，日本新组建第10军在柳川平助指挥下，由舰队护送在杭州湾金山卫附近突然登陆，包抄淞沪中国军队防线南方的背后。中国军队英勇阻击，以图遏制日军，稳定前线局势，双方在罗店、宝山等地形成了惨烈的拉锯战。罗店失守后，日军在舰炮和飞机的助攻下，调集大量坦克猛攻宝山城门，中国守军第九十八师第五八三团三营在姚子青营长的带领下孤军奋战，死守不退。随着日军攻入城内，双方转入巷战。据王树增先生介绍："残酷的肉搏战一直持续到6日上午10时，中国军队第九十八师第五八三团三营，除了一句奉命出城报告战况的士兵外，全营五百余人全部殉国。"[40]

很多年后，王树增先生这样写道："日军士兵听他们的长官异口同声地说过，中国军队是一支一触即溃的军队，于是眼前出现的情景令他们不寒而栗：如何解释在根本没有任何救援希望的情况下，这支中国军队会如此怒不可遏，如此不顾一切，如此想要拼烂最后一副身躯、流干最后一滴鲜血？！"[41]

8日晚，蒋介石下令进行全面撤退，所有部队撤出上海战斗，分两路退向南京、苏州 —— 嘉兴以西地区。由于命令仓促，指挥失控，大撤退结果演变成全面大溃退。

淞沪会战（第二次淞沪抗战）从1937年8月13日开始，至同年11月12日国民党军队西撤，历时3个月，其规模之大，时间之长，战斗之激烈，超过了欧洲历史上多数的有名的会战。"在此期间，日本侵略军先后投入海军陆战队和陆军部队14个半师团的兵力，共约28万人，动用军舰三四十艘，飞机400余架，战车三四百辆，狂妄地宣称一个月内占领上海。"[42]我国政府划京、沪、杭及浙江全省为第三战区，先后调集中央部队，广东、广西、湖南、四川、贵州、云南等地部队和税警总团、中央军校教导总队，以及部分省市保安团队，总计兵力约70余师投入战斗。[43]时任国民党军事委员会副参谋长白崇禧说："我军因缺乏现代化武器，全赖血肉之躯与之相抗，所以伤亡甚重。""国军官兵深具民族意识与国家观念，于淞沪战场虽制空、制海权操之于敌手，而我方之装备训练亦远不如敌人，然我军悉能以血肉之躯与日军相抗，其视死如归之精神可歌可泣。""我军以劣势之陆军装备，抵抗敌军海陆空联合作战之优势，所凭借的全是爱国精神。"[44]

曾经与李济、傅斯年等人共同发起建立"中国史学会"的著名史学家黎东方先生在评价淞沪会战时说："这一次战争是双方力量不成对比的战争，却也是苦斗到底的战争。它很像是一个重量级拳师与一个羽量级拳师比赛。一方是头等强国，有近于两百万吨兵船的海军，有掌握着两千七百架随时可以出动的飞机的空军，有训练精良、装备充足的陆军;另一方是衰老的古国，海军仅有五万九千吨兵船，空军仅有购自外国的飞机三百零五架，陆军仅有未受适当教育的士兵与不甚熟悉近代战术的指挥官，没有坦克，没有水泥，没有陆空协同，而且除了少数的若干师以外，也没有榴弹炮与任何一种大炮。很显然，这次的战争，中国不能打，也不应该打。但是，却不能不打，因为被日本逼迫得别无选择。"[45]

有人说："日军在上海浴血缠斗三个月，才勉强攻下国军的阵地，已经使得世界各国对于中国的抗日实力与决心，产生刮目相看的态度，而日军久战未胜，日本的民心士气，则出现了怀疑与困惑。日本几乎已经可以确定，无法在短期内结束与中国的战争，那么日本就将面临其战略最大的致命弱点，就是日本缺乏战争与民生的资源，根本经不起长期的消耗，一旦它无法在中国战场上达成速战速决，那么最后的溃败，也就成为日本无法避免的命运了。"[46]

而中国方面，则如黎东方先生所云："必须在若干次会战之中失败，才能够在最后一次会战中赢得胜利；必须丢掉许多城市与省份，才能够守住这一条长线。中国必须在此线之东拖住日军，才能够在此线之西赶紧训练与装备一千一百万新兵。"[47]在淞沪会战惊心动魄的三个月当中，全中国上下凝聚出了一个共识，就是为了抵抗日本的侵略，中国"纵使战到一兵一枪，亦绝不终止抗战"。这是中华民族历史上最为悲壮的决定，整个民族决心以全面的牺牲来面对历史危机的挑战。

诚如黎东方先生所言，在淞沪会战的同时及其后，中国又经历了太原会战、徐州会战、武汉会战、南昌会战、随枣会战、第一次长沙会战、桂南会战、枣宜会战、豫南会战、上高会战、晋南会战、第二次长沙会战、第三次长沙会战、浙赣会战、鄂西会战、常德会战、豫中会战、长衡会战、桂柳会战、豫西鄂北会战、湘西会战等二十余次会战，终于发出了"对日寇的最后一战"，把日本这个"重量级拳师"狠狠地打倒在拳击台上。

回到全面抗战初始阶段的1937年11月，太原失陷后，八路军在敌后实施战略展开，发动独立自主的敌后游击战争。据介绍："在整个抗日战争期间，中国共产党领导的抗日武装在华北、华中及华南等19个省区建立了抗日根据地，面积达100余万平方公里，人口约1.2亿。八路军、新四军和华南抗日游击队发展到近132万人，民兵发展到260余万人。敌后抗日军民共作战12.5万余次，歼灭日军52.7万人、伪军118.7万人。"[48]

英国著名国际评论家尤特莱在《日本在华的赌博》一书中写道："在一九三七年夏，国外一般的见解都认为中国决不能抵抗日本的武力，抗战简直是发疯，战争一定很快就结束而日本获得全胜。上海的英勇抵抗证明了这一次日本并不能轻易获胜，中国已经兴起了一种精神，使它的士兵以必死的英勇与占有无上优势的敌人奋战。"[49]

淞沪会战虽然失败了，但为中国民族工业内迁争取了时间。国际法泰斗厉声教评价：淞沪会战为"上海和长江下游工厂与物资内迁赢得了时间，为中国坚持长期抗战起到重大作用。"[50]

10月29日，蒋介石在最高国防会议上发表题为《国府迁渝与抗战前途》的讲话，提出了战略性撤退的构想，称："军事上最重要之点……不但胜利要立于主动地位，就是退却也要有主动地位"，"今天我们主动而退，将来可以主动而进"[51]。

12月1日，国民政府在重庆大溪沟省立重庆市级工业学校正式办公。5日，最后一批政府官员撤离南京。

战事沉重，中国的工业中心上海行将陷落，上海工商界向表示"誓不以厂资敌"，开启了工业内迁的步伐，数百家工厂冒着枪林弹雨从上海等地迁出，随着日本侵华范围的扩大，原本迁往"两湖"和江西的工业又再度内迁，"两湖"本地的工业也汇入了内迁的大潮。据不完全统计，除国营工业企业外，迁移到后方的民营工厂有639家，其中迁入四川的工厂最多，四川不仅像省主席刘湘在"七七事变"后表示的那样，为抗日提供物资、兵员等多方面的支持，而且为国家的生存、复兴提供了喘息之地，成为抗日战争中最重要的战略大后方。

淞沪战争爆发后，全国80%以上的公共图书馆、90%以上的大专院校图书馆都进行了内迁。到1944年，东南沿海经长江迁到四川的图书馆有102所，其他地方迁到云南的有48所，迁到贵州的有27所。北平图书馆经过艰难协商，并巧妙地躲过日军检查，将馆内收藏的2200种善本，共3万余册、102箱运至上海，又从上海转运至美国，存放于美国国会图书馆。[52]

大学也纷纷踏上了西迁的路途，风餐露宿，向大后方转移。1937年8月，北京大学、清华大学、南开大学接到教育部命令撤至湖南，组成"长沙临时大学"，1938年4月28日到辗转抵达昆明，正式更名为"西南联合大学"。[53]金以林先生说："仅据国民政府教育部的调查统计，'……战前专科以上学校，全国共一百零八所。十八阅月以来，十四校受极大之破坏，十七校无法续办，七十七校则迁移勉强上课。'[54]1940年，内迁高校教育基本恢复到战前水平，为支持抗战、民族复兴提供了大量的人才储备。

美国《时代》周刊记者白修德——就是后来出现在刘震云小说《温故一九四二》、冯小刚电影《一九四二》里的那个白修德，在一篇文章里发出这样的感叹："中国在移动，宁肯逃亡也不愿屈服的中国人向西移动，这是游牧时代以后绝无仅有的景象。"[55]

在那些运输重要文物、设备的车、船后面，逶迤着一条长长的、黑色的队伍。那是中国难民流亡的队伍，是饥饿的、苦难的、没人管的、自生自灭的队伍。在抗日战争的宏大叙事里，似乎安放不下这些流民的位置，几乎没有人关注他们，也几乎没有人帮助过他们，但在历史纪录片的镜头里，他们却成了不可忽略的巨大存在。在后面讲到独山战役、故宫文物迁出安顺时，我还要讲到这些流民的命运。甚至于带着两个孩子从北平前往四川寻找丈夫的那志良的太太，带着妻子从北平前往重庆的朱家溍先生等故宫人，他们的身影也都曾融入这样的流民队伍。在整个抗日战争中，这样的百姓流亡队伍就没有从大地上消失过，他们拖家带口，身上背着不忍丢弃的家当，灰头土脸，一名不闻，从北平走到南京，从南京走到了长沙，从长沙走到了宜昌，从宜昌走到了重庆，他们的迁徙路线，几乎与故宫文物南迁、西迁，与大学、工厂的南迁、西迁路线完全一致。在那条路上，他们不只是逃亡、求生，他们还在寻求希望。他们不论多穷，多饿，看上去有多肮脏，只要他们还在走，他们的希望就在前面等着他们。走，成了他们保留希望的唯一方式。没有人知道，他们究竟凭着怎样的意志，才能只依靠两条腿，就完成了如此规模的地理大跨越，我们更是无法知道，他们途中怎么吃，怎么睡，遭遇了哪些不测。我们大致可以想象，那艰困的日子里，他们过的几乎不是人的日子，而是像蚂蚁、像牛羊，但是，当我们今天重述这段历史，我们必须给他们以关注乃至敬意，因为他们是我们的祖辈父辈，在外敌入侵的背景下，他们曾经顽强地生存。他们的生存，也是一种抗争、一种战斗，伸张着中国人强大的意志和不屈的精神 —— 中国人不亡，中国就不亡。

1941年至1943年，抗日战争最艰难的岁月里，画家蒋兆和把毕生最重要的一次创作献给了他们，他画下了一幅国画长卷（如今只存半卷），名字就叫：《流民图》。

四　文物再迁已成文物逃亡

据徐婉玲介绍："8月12日，马衡院长提请第二届理事会第五次常务会议讨论，'分院保存库所储文物，已选集最重要品，分装七十二箱，应如何移置安全地带'。经理事会决议，'准迁往湖南大学保存，并于已装定迁箱件外，再择其较重要者，尽量装箱迁运，并注重宋元书画'。"[56]

有学者说：如果说故宫文物从北平南迁时，尚处于和平环境，特立独行赢得先机，有序组织相对从容的话，彼时，从南京大撤退中的文物紧急再迁，就融入了兵荒马乱千军万马的大内迁巨流中，致使文物再迁面临严峻的挑战，表现出极大的仓促性和被动性。此时的文物再迁实际上已成为文物逃亡了，总体上以文物全部的撤退为目标，采用水陆并进的抢运方式撤离，在空间上，呈现为南、北、中三路南迁，在时序和迁运状况上，表现为三波再迁。

淞沪会战爆发的第二天，即1937年8月14日，80箱文物由招商局"建国轮"运离南京。此前，曾济时先生已先行抵达长沙，接洽贮存地点。

这80箱文物，撤除了体积庞大的装潢囊匣，腾出空间，尽量多放文物。其中大部分是参加伦敦中国艺展的精品文物，押运人为那志良、庄尚严、曾湛瑶先生，是为西迁南路。庄尚严先生带上了家眷。文物西迁的漫长旅途，由此开始。

首批文物运离南京那一天，刚巧发生了"八一四空战"。据介绍，这一天，"日军鹿屋及木更津海军航空队18架九六式陆上攻击机14时50分由台北松山机场起飞，轰炸大陆沿海机场，其中9架飞临杭州笕桥机场上空……中国空军第4大队在高志航大队长率领下，驾驶霍克–3战斗机腾空迎战……一阵短暂的空战，高志航等人共击落日机3架（一说击落6架），击伤1架，取得了中国空军抗日首次空战的胜利。"[57]

27日，马衡先生在给吴湖帆先生的信中写："（西迁文物——引者注）十四晨装船运出。次日首都上空即有敌机来袭，机会不可谓不巧，一若前知者，然现在已安然到达目的地矣。"他还写道："北平虽已沦丧，本院尚无若何变动，只要全面应战顺利，总有潆希望。"[58]

但眼前的现实是冰冷的。上海失陷，首都南京危在旦夕。日军乘胜西进，企图一举攻占南京，以迫使中国政府屈服。日本陆军航空部通过《航空部队使用法》，规定"战略攻击的实施，包括破坏目标地域内的政治、经济、产业等中枢机关，并且重要的是直接空袭市民，给国民造成恐怖，挫败其意志"。

中国统帅部深感事态严重，17日和18日，三次开会讨论南京防御的问题。会议上，大多数将领认为部队亟须休整，而南京在军事上无法防御，建议仅仅作象征性的抵抗，只有唐生智主张一战，因为这里是首都，是孙中山先生陵寝所在，是国际社会关注的焦点，南京一战，也有利于掩护大部队后撤。蒋介石也期望着纳粹德国的外交调停，南京保卫战无疑有利于调停，甚至以为有可能得到苏联的军事介入，于是他采纳了唐生智的建议，决定"短期固守"南京一至两个月，于11月24日任命唐生智为南京卫戍军司令长官。

日本飞机就开始轰炸南京了，梁匡忠先生回忆，"只要一听到警报，大家就拼命往防空洞跑，我总是赶紧趴在地上，潮湿冰冷得很。"

那志良先生回忆："南京的街市，显得很冷清，我们的库房，已变成空袭时教育部的避难所，空袭时这里反而更热闹，院长规定，紧急警报来时，大家必须进入库内，我与几位同事，都偷偷藏在库后小山上，看飞机打仗，两架飞机相遇，都是抢着飞到敌机上方，一有机会，马上射击。有时敌机被我们英勇战士击落时，会听到有鼓掌声，才知道偷着看的，不只有我们几个人。"[59]

轰炸南京的日本飞机，不再像淞沪战争时轰炸上海那样躲避外国驻华机构的建筑。它们更加狂妄，更加肆无忌惮。南京城一座座宏伟建筑，在爆炸声轰然倒塌，变成一座座阴森可怖的废墟。汉密尔顿·达尔比·佩里（Hamilton Darby Perry）在《"帕内"号疑云 —— 揭秘南京大屠杀前夕的"珍珠港事件"》一书中写道："一个德国财团拥有和管理的南京大都会饭店（Hotel Metropolitan，应为南京福昌饭店）12月1日晚遭到轰炸，差不多50人被炸死。危险加剧，伤害增多，连墨索里尼都下令关闭意大利驻华大使馆。"[60]

故宫博物院文物随时可能遭受轰炸的威胁，此前，虽有80箱文物被装上"建国轮"，于8月14日离开了南京下关码头，但绝大部分故宫文物依然堆放在朝天宫，处于迁守两难的处境中。随着战事的扩大，大撤退的浪潮更加汹涌，大批难民涌至下关码头，试图夺船逃命。

整个国民政府、企业、学校等都在撤离，交通运输无比紧张。

11月16日，在长沙安顿好南路文物的马衡院长返回南京，努力协调船只。

大批文物滞留南京的消息惊动了蒋介石，他下令抢运文物，并指令正在南京筹划救济难民事宜的杭立武具体负责。杭立武虽有蒋介石手谕，虽仍难调动一艘船，只能与外国轮船公司商洽载运事宜。

杭立武先生回忆："故宫博物院留（南 —— 引者注）京人员，只有黄念劬、王志鸿等几人，于是一面由汉口调回吴玉璋、牛德明、李光第三位，一面调请中英文教基金会杨师庚等协助进行。所有工作人员都是冒着敌机空袭的危险，凭着他们爱护文化的热诚，终日辛劳，甚至不眠不休。这种精神，令人感念。"[61]

那志良回忆说："一条船的容量，要比一列火车为多，可是，火车是我们国家自己的运输工具，谈到是抢运国宝，即或没有上方命令，大家也会乐于帮忙；水运便不同了，我们自己的船只，为了军用繁忙，是调不出来，雇用外国船只，那些洋人们真是胆小如鼠，他们首先问你：'替你们装运国家物资，日本人知道了，派飞机来炸我们的船怎么办？'若是你告诉他这是我们的国宝，那更糟了，他会说：'现在我们收你一点点运费，把国宝运走，将来日本人知道了，问我们要，我们拿什么还给他？不找麻烦！'"

"接洽车船的事，就落到杭立武先生的身上了，杭先生给他们不少的保证，他们才肯装，杭先生告诉我说：'第二条船装好之后，他们不叫我下船，一直到船开出一段距离之后，才用小船把我送到岸上来。'我说：'我明白他们的用意，万一日机来炸，他们会被炸死，请您来做殉葬的。'"[62]

"在南京抢运，确是一件艰苦的工作，故宫博物院留在南京的职员本来就少，虽然调回三位先生，仍是无济于事。中英庚款委员会调来的职员，也不过是三四个人。他们没有一定的（固定的——引者注）工作时间，只要听说有了船，或是有了车皮，便不分昼夜地马上装运，他们没有时间吃饭，只有用面包充饥。在库房工作的，遇有警报来临，他们还可进入山洞去躲避，在码头上、车站上，装车船的人，便只有在车子下面，破屋檐下，躲避一时，警报过后，马上续装。""后来，故宫印刷所的工人，有八位愿意留下来，加入工作。有此八位年青的生力军，给大家帮忙不少。他们八个人，分别派在码头与车站工作。"[63]

"那时的打算，是多抢出一箱是一箱，多多益善，而且抢运之时，也没有想到先抢运本院的，然后再搬那些夫人来管的寄存文物，反正都是国家的国宝，由着工人去搬吧！于是古物陈列所占了便宜，因为他们的箱子，既小且轻，谁不找轻的搬？像故宫博物院文献馆的箱子，每箱都是满满的档案，既大且重，它们是得不到优先起运的权利。"[64]

终于，11月19日晚，南京的凄风苦雨中，故宫博物院和中英庚款委员会的工作人员奋力将4081箱文物运上招商局的"江安轮"，由李光第负责押运，开始了文物西迁中路的旅程。22日，"江安轮"平安抵达汉口。

那志良回忆说："这些押船的人，是临时派定的，在几个小时之内，要回去整理行李，前去上船，可以携带眷属同行。这些人可真是忙了，单身的同事，没有问题，有眷属的人，莫不手忙脚乱，一位同事朱家济先生，匆匆回家，看看什么东西都舍不得，索性什么东西都不要了，拿起桌上的一把折扇，忍泪离开了家门。"

"汽车要开赴码头之前，算算人数，还可以增加一人，临时通知了李光第，他的准备时间更短，大家坐在汽车上等他，只见他背出一张方桌来；大家笑不可仰，问他带这东西做什么？他自己也觉得不对，又想背回去，大家说：'扔在那里算了，背回去做什么？'"

李光第的太太说："也是不知拿什么好，看桌上还有一个鸡蛋未吃，顺手揣在怀里，一直到上了船，安定下来，她觉得腰间怎会湿湿的，才想到必是那个鸡蛋破了！"[65]

20日，国民政府正式发表《国民政府移驻重庆宣言》，全文如下：

　　自芦沟桥事变发生以来，平津沦陷，战事蔓延，国民政府鉴于暴日无止境之侵略，爰决定抗战自卫，全国民众，敌忾同仇，全体将士，忠勇奋发；被侵各省，均有极急剧之奋斗，极壮烈之牺牲。而淞沪一隅，抗战亘于三月，各地将士，闻义赴难，朝命夕至，其在前线，以血肉之躯，筑成壕堑，有死无退。暴日倾其海陆空军之力，连环攻击，阵地虽化煨烬，军心仍如金石。临阵之勇，死事之烈，实足昭示民族独立之精神，而奠定中华复兴之基础。迩者暴日更肆贪黩，分兵西进，逼我首都。察其用意，无非欲挟其暴力，要我为城下之盟。殊不知我国自决定抗战自卫之日，即已深知此为最后关头，为国家生命计，为民族人格计，为国际信义与世界和平计，皆已无屈服之余地。凡有血气，无不具"宁为玉碎，不为瓦全"之决心，国民政府兹为适应战况，统筹全局，长期抗战起见，本日移驻重庆，此后将以最广大之规模，从事更持久之战斗，以中华人民之众，土地之广，人人本必死之决心，以其热血与土地凝结为一，任何暴力，不能使之分离。外得国际之同情，内有民众之团结，继续抗战，必能达到维护国家民族生存独立之目的，特此宣告，惟共勉之。

中华民国二十六年十一月二十日[66]

还有文物没有运走，但时事危急，越来越多的人涌向码头，各方人马手中都攥着军政首脑的批条，而且是"军事第一"。此时的故宫博物院理事会，已不可能开会决定尚存文物的去向，马衡找行政院，"行政院待理之事甚多，谁也不能给他一个确切的答复"[67]。马衡意识到，"凭故宫博物院的力量，是没有办法再继续抢运了"[68]。无奈之下，只能痛苦地放弃还存留在朝天宫里的文物，安排黄念劬和其他三名职员留守在朝天宫，疏散了一部分职员，其他员工随他前往武汉，与运出的文物"同度流亡的生活"[69]。他们买不到船票，只能乘火车北上，从徐州、郑州转车，于11月26日赶到武汉。

把2000多箱文物抛在南京，让马衡无比自责。他在给理事会的信中说：

> 衡对于此次营运京库文物未竟全功，抚躬自问，诚属疚心。惟以不及兼旬之时日，转输巨万之箱件，复处非常情势之下，一切措施有非本院之力所能尽达，即如当时交通工具俱经统制，实际尚非绝无办法，徒以呼应不灵，时机坐失……仆仆道途，更难面面兼到。此衡所应引咎者也。[70]

此时，杭立武把视线转向不受战时统制的外国轮船，几经商洽，终于租下了英国太古公司黄浦、温州、吴淞等轮船，在庚款基金会董事长朱家骅的支持下，租船费用由庚款基金会垫付，化解了运输资金的燃眉之急。12月3日，英轮"黄埔轮"终于载着5250箱文物，驶离南京。

杭立武登船时，连回家收拾行装的时间都没有。杭立武回忆道："因为军情迫急，人心惶惶，加以空袭频仍，又无警报，箱件装上以后，船长命令开船，大副不表同意，要把文物卸下来，怕的是路上可能被轰炸。船长和大副争论的结果获得协议：要我上船同行，方始开船。我不得已只有即时同意，不特来不及回家收拾行装，且因为怕难民拥到船上，船已早离江边七八尺远，我已无法步上……率由船员从甲板上抛下缆索，我就攀援而上。"[71]英国人要他上船，仍然是要他做"人质"，万一被炸，有一个索赔的对象。

所幸，"黄埔轮"溯江而上，两天后，平安抵达汉口。

以上两批，共迁运文物9331箱，其中包含古物陈列所4733箱，颐和园583箱，南京中央博物院筹备处13箱，中央图书馆2箱和行政院3箱附运品。

11月下旬，几乎与这9331箱文物装船驶离南京，运往汉口的同时，7287箱文物分三批装运专列，经首都铁路轮渡，三列满载文物的列车沿津浦线北上，由徐州转陇海线西行，押运者正是当年激烈反对文物南迁的马衡之子马彦祥，是为西迁北路。

那志良先生回忆："在车站上工作的人，就以车站为家，没有车辆运来，他们就在车下，或是空车皮里，垫上一些谷草，睡一个觉，或是休息一会儿。一听工人喊叫'车子来了'，马上起来卸下汽车上的箱件，装入火车里面去。从二十六年（1937年——引者注）十一月二十日起，开始抢运，到十二月八日止，历时不及二十天，用火车抢运出去的是七千多箱。"[72]

马彦祥从上海到南京，原本只想从故宫博物院驻（南）京办事处取走存放在那里的东西，没想到一入城，就成了"瓮中之鳖"。他后来回忆说：

"南京已成了一座空城，街上不但车辆没有，连行人也很少。我抱着万一的希望到了故宫办事处。这时故宫职员几已全部撤走，只剩下一个秘书黄念劬和几个小职员在那里忙着指挥撤运南京分院的古物。黄念劬一见到我，喜出望外，说：'今明两晚有最后两列火车要把几千箱古物运送到西安去，正无人押运。你来得正好，帮帮忙，今晚的一列车就请你负责押运，明天的由我押运。'我正愁没有交通工具，离不了南京，就一口答应，接受了这个任务……于是当夜我就带着故宫的两个职员押了这列火车由南京出发。由于古物的目标太大，怕遭敌机轰炸，沿途车站都未停留（连兵车都让路），一直到达了西安。"[73]

十四岁的梁匡忠被迫再次中断学业，跟随母亲、弟弟一起踏上了西去的列车。他在晚年回忆说："1937年春节我在北平过的；1938年春节在宝鸡过，1939年春节在陕西襄城县（现汉中市勉县）过，1940年春节在峨眉过，1940年（应为1941年——引者注）春节在乐山过。""那时不知道什么时候什么地方，才能安定下来。"[74]

五　运出南京的最后机会

12月1日，日军大本营下达"大陆第8号令"，命令华中方面军与海军协同，兵分三路，攻占南京。蒋介石任命唐生智为首都卫戍部队司令长官，部署南京保卫战。刚从上海前线撤退下来的第三十六师、第八十七师和第八十八师等部，加上从他处抽调来的10个师，总共13个师被部署参战，然而除去第十军的第四十一师和第四十八师是汉口开来的增援部队，其余均是由上海战场撤出，受创整补中的残部。日军由华中方面军任主力，主要由上海派遣军和第十军构成。此外，还有通信部队、铁道部队、航空部队、工兵部队、兵站部队等联合参战，华中方面军司令官为陆军大将松井石根。日军对联结南北交通的首都铁路轮渡进行大轰炸，并沿着长江两岸轰炸进出南京的交通要道。

这一天，日军攻占江阴要塞，同日，日军下达进攻南京的作战命令。南京保卫战，就此拉开大幕。第二天，江阴防线失守，中国海军主力第一舰队和第二舰队在中日江阴海战中被全数击沉，作为南京国民政府唯一一道拱卫京畿的水上屏障失守。据介绍："中国统帅部在12月初日军接近南京城之前共调集了约13个师又15个团共10万余人（一说约15万人）的部队保卫南京。这些部队中有很多单位刚刚经历了在上海的苦战和之后的大溃退，人员严重缺编且士气相当低落，而新补充的数万士兵大多没有完成训练。"[75]

12月4日，位于南京城西北方向、长江北岸的浦口铁路货场遭到轰炸。美国《环球新闻》（Universal Newsreel）的摄影师诺曼·阿莱拍摄了惨烈的轰炸场景。很多年后，诺曼·阿莱在他的回忆录《我目击》（I Witness）中记录他当时看到的景象：

> 我们敏捷地走过坚固的围墙，进入这个巨大的中国铁路车站。我们看见苦力、商人、政府官员摩肩接踵，挤在一起，像无头苍蝇一般到处乱窜。
>
> 我到处拍摄，通过一个中立者的眼光，记录这个人间地狱。司机乔挽着我的胳膊，在废墟中走了半英里，边走边拍。这里拍下的场景，我终身难忘。一个怀中抱着婴儿的妇女，蹲在她死去的丈夫边哭喊，另一个7岁左右的儿子，已经明白哭也没有用，徒劳地劝说自己的母亲离开。
>
> 这是我亲眼看到的数百名母亲中的一个，她出于自己

最真实和原始的感情，拖着自己的孩子，紧紧地用胳膊护着自己，一旦身边有人冒险靠近好心相劝，她就像愤怒的夜猫一般突然又咬又抓。后来一组静态图片广泛传播，激起了文明世界的愤怒。

突然，从西面又来了几架日本飞机；我们正无助地站在废墟中间，难道要成为活生生的大屠杀的证据？当然是这样！现在这些飞机俯冲下来，机关枪吐出致命的火舌，要射杀所有还活着的人。

这些可怜的逃命者，没有逃命的机会。他们如同站在一个封闭的峡谷中，四周都是高大的围墙，像慌乱的羊群一般到处奔跑，夺路而逃。这是一个疯狂的噩梦，恐怖剧的真实再现。这些飞机来回穿梭，反反复复，如死亡钟摆。人们在跌跌撞撞中奔跑呼喊，中弹倒下；到处是已经燃烧的尸体。

我和乔退回来，避开愤怒惊恐的人流。有一个近乎疯狂的苦力突然扑向了我，以为我用眼睛瞄准镜头、对着他们进行拍摄的手持摄影机就是杀死他们的机关枪。乔立刻冲了上去，用中国话冲他大喊，同时把他推到了一边。出了这件小事后，我把摄影机藏在侧面，确保无虞。

日本飞机要么打完了子弹，要么觉得任务已经完成，它们就飞走了。现在，我们看到的是时间漫长、枯燥乏味、令人窒息的画面，而当时，那些活着的人，踩在那些死人伤者交错叠加的尸堆上走着，很多地方两三个尸体叠在一起。我无法忍受，可是必须忍受，因为——等人潮散去，我们也必须从这些尸体上小心翼翼地走过！[76]

八十四年后的2021年，我坐在看片室里，看到了这些曾令诺曼·阿莱深感震惊的惨烈场面。我在此引述他这么长的文字，是为了向那些无法看到这些老纪录片镜头的读者们，展现南京浦口火车站被炸的惨烈景象，从而感受到故宫文物当时在南京城的艰难处境。

从铁路运出故宫文物几乎不可能了，最后的希望寄托于水路。据徐婉玲介绍："此时，下关江边码头尚停放着2954箱文物，等待预订好的太古公司的温州轮和吴淞轮来接运。由于日军轰炸激烈，难民拥挤在码头，轮船不愿冒险靠岸。南京分院留守人员只得将文物运回保存库，等待最后的机会。"[77]

7日，南京分院留守人员将所有余留的文物重新搬回到朝天宫保存库中，南京宪警封锁了库房，其他房屋及库中工作室，供各军及宪兵医院驻扎部队使用——这是关于南京留守人员的最后记录。

8日，日军全线突破南京外围防线，完成了对南京的最后包围。这一天，日本华中方面军司令官松井石根下令空投《劝降书》，要求唐生智"和平开放南京城"，答复期限是10日。一直到10日中午，仍然没有得到中国军队答复，下午1时，松井石根下达了向南京城发动总攻的命令。他在这一天的日记里写："我真为敌军的顽固不化而感到可惜。攻打是不得已的事。"[78]

郭汝瑰、黄玉章主编的《中国抗日战争正面战场作战记》中有这样的记述："日军向雨花台、通济门、光华门、紫金山第三峰等阵地发起全面进攻。战况惨烈。"[79]

时任中国军队第103师及第112师由教导总队总队长的桂永清，率部坚守中山门附近城垣及紫金山阵地，与日军发生激战。到第二天，日军仍毫无进展。十一年后，正是在已任海军总司令指挥下，部分集中在南京的故宫南迁文物，才由军舰运往台湾省。

越来越多的难民涌向下关码头，但船运已经基本中断了。太古公司的温州轮和吴淞轮不敢前来接运故宫文物，并非杞人忧天。11日黄昏时分，三艘美国美孚石油公司（Standard Oil）的油轮"美安号""美平号"和"美夏号"上满载中国难民，在美军巡逻舰"帕内号"的护卫下从南京三汊河附近的码头启航，向长江上游驶去，却在第二天（12日），遭到了由24架日本飞机组成的编队的轰炸。尽管舰上悬挂着美国国旗，但日本飞机仍然未做任何警告，就向"帕内号"投下了炸弹。"在轰炸后，'帕内号'被日本陆军快艇用机关枪扫射，飞机对幸存者也进行俯冲射击"。[80]

"帕内号"在经受了前后五波攻击之后，在芜湖附近的江面上沉没。三艘美国美孚石油公司的油轮、英国海军"圣甲虫号""蟋蟀号""瓢虫号""蜜蜂号"军舰，以及载有难民的怡和洋行"黄埔号"商船，均遭到飞机轰炸与炮兵攻击。[81]"整个攻击中，天气晴好，能见度高，少云甚至无云。"[82]这表明日军轰炸美英两国船舰"完全是一次有预谋的行动"。

日军这一次对美国军舰的袭击，比后来的珍珠港事件早了四年。

长江的制空权已落入日军手中，即使最后一批故宫文物被搬上轮船，恐怕也是凶多吉少。

也是"帕内号"被炸沉这一天（12日），身为首都卫戍部队司令长官的唐生智下达突围、撤退命令，中国军队的抵抗就此瓦解。

13日，以师团长谷寿夫为首的日军第六师团自中华门进入南京。蒋介石关于南京固守一至两个月的希望，只过了十几天就化作了泡影。

位于挹江门外、长江边上的下关成了双方的激战之地，原因是中国军队要从下关夺路逃入长江。为了截断中国军队从长江撤退的后路，日军从南京城东、西两面向下关发起攻击。据日本《宪兵司令部战斗详报》记载，由于当时中国军队"渡河准备不充分，致十余万大军云集江边，均无船可渡，不得已而扎筏，当时溺毙于江中者甚多"。[83] 抵达江边的日军部队立刻在江岸展开部署，集中装甲车、重火器及步枪，向正在渡江和准备渡江的中国军民进行疯狂射杀。其中，日本《步兵第三十三联队南京附近战斗详报》这样记载：当时，"扬子江江面满是船、木筏及所有能漂浮的东西，无数残兵败卒正用之不断地顺流而下。联队马上将前卫部队及速射炮展开在江岸上，猛烈射击江面上的敌军。据判断，两个小时消灭的敌军不下两千人。"[84]

下关对岸的浦口，津浦铁路的终点浦口火车站（南京北站）就在那里［图3-8］，故宫文物南迁的火车曾经停在那里，故宫文物从北路（陆路）撤出南京，也是从那里出发的。13日下午，浦口被日军完全占领，中国军队的退路被彻底切断。在江水里求生的中国人，受到下关、浦口两个方向的火力夹击。与此同时，日本海军第三舰队第十一战队也突破了镇江等数道封锁线，开到下关码头附近的江面上，向江水里的中国军民开枪开炮，中国官兵立刻成为活靶子，"成千上万的徒手官兵一排排的倒下"[86]。至此，日军完全封锁了长江，使中国军队无法逃出南京城。

日军临时攻城总指挥官、"上海派遣军"司令朝香宫鸠彦王亲自签署了一份"阅后销毁"的机密命令，上写：

杀掉全部俘获人员

日本军队以搜寻败兵为名，在中国首都南京进行的大屠杀，开始了。

日军第十六师团师团长中岛今朝吾在12月13日日记中写："基本上不实行俘虏政策，决定采取全部彻底消灭的方针。"还说，"仅佐佐木部队就处理掉约1.5万人，守备太平门的一名中队长处理了约1300人。在仙鹤门附近集结的约有七八千人"，"处理上述七八千人，需要有一个大壕，但很难找到。预定将其分成一两百人的小队，领到适当的地方加以处理。"[86]

见证过故宫文物南迁与西迁的下关码头，这一次见证了日军疯狂屠杀中国平民的骇人场面［图3-9］。南京大屠杀幸存者刘永兴，原本只是南京城里一个普通的裁缝，他在1984年接受记者采访时回忆当时的景况：

揚子江

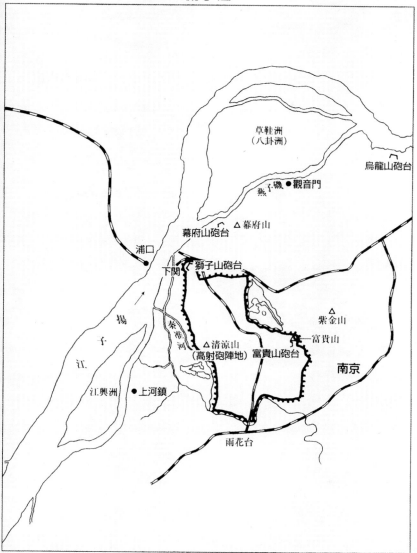

沖野亦男編『揚子江案内全』（第3艦隊司令部、昭和10年）より。城壁に囲まれた城内
（40 km²）は世田谷区（58 km²）より狭く、杉並区（34 km²）より広く、江東区（39.
44 km²）とほぼ同じ広さであった。

［图 3-8］ 日军地图中的下关、浦口位置图

　　冬月14日是一个大晴天，我们全家躲在屋里，不敢出来。下午三时左右，一个日本兵闯进门来，向我和弟弟挥了挥手，要我们跟他走……出门后，一个汉奸翻译官对我们说，要我们到下关中山码头去搬运东京运来的货物。我们发现，同时出来的还有我家附近的30多个人。我们先被带到一个广场，天将黑时，场上坐满了人。日军叫我们六至八个人排成一排，向中山码头走去。……

　　到了下关中山码头江边，发现日军共抓了好几千人。日军叫我们坐在江边，周围架起了机枪……日军在后边绑人以后，就用机枪开始扫射。这时，天已黑了，月亮也出来了，许多人纷纷往江里跳，我和弟弟也跳到了江里。日军急了，除继续用机枪扫射外，又往江里投手榴弹。跳江的人，有的被炸死了，有的被炸得遍体鳞伤，惨叫声、呼号声，响成一片……机枪扫射以后，日军又向尸体上浇上汽油，纵火焚烧，企图毁尸灭迹。[87]

很多年后，日军步兵第十三联队二等兵赤星义雄这样回忆当时的情形："在2000米，不，可能更宽阔的江面上，漂满了无数的尸体。放眼望去，除了尸体，看不到别的东西。岸上有，江里也有，那不是士兵的尸体，而是普通百姓的尸体。大人、孩子，男男女女，就像漂浮在江上的木筏一样慢慢地流淌着。把目光移到上游，后面还跟着尸体堆成的山。我觉得好像后面跟着的尸体是无穷无尽的。少算点也有5万人以上，而且几乎都是普通百姓的尸体，扬子江真正化成了'尸体之河'。"[88]

数量惊人的尸体，同样震撼了日本随军记者佐佐木元政，他写下这样的话："在东京大地震中我曾见过成堆的尸体，但与这里相比，那简直算不了什么。"[89]

英国记者田伯烈从南京城发出了电稿，说："自从几天前回到上海，我调查了日军在南京及周边地区所犯暴行的报告。可靠的目击者的口述记录和信誉毫无疑问的人士的信函提供了充分证明……至少30万中国平民遭到屠杀。"

这是"30万"这一可怕的数字第一次出现在历史文献中。1938年1月17日，日本外相广田弘毅在向日本驻美使馆发出训令时，引述了这一数字。

战后，南京审判战犯军事法庭在南京大屠杀主犯之一谷寿夫的死刑判决书中确认，日军集体屠杀有28案，屠杀人数19万余人；零散屠杀有858案，死亡人数15万余人，总计死亡人数达30多万。[90]

对于展开"百人斩"杀人竞赛的日军少尉向井敏明、野田毅的判决书也提及遇害者人数超过30万人。"被俘军民遭集体杀戮及毁尸灭迹者达19万人以上，被零星残杀尸骸经慈善团体掩埋者达15万人以上"[91]，均为该判决书根据确切证据所认定之事实。

总之，南京大屠杀遇害者总数，是由"集体屠杀19万余人"和"零散屠杀15万余人"两部分组成的，而每一数字的确切来源都经过了细致的统计，对日军屠杀的时间、地点、加害者、受害者、加害手段等都有详细的调查，印证了"不少于30万人"这一数字的准确性。所谓"遇难者30万"，不仅是遇难人数的底线，更是判定侵略者暴行、捍卫民族历史尊严的底线，不容任何形式的质疑和挑战。

南京大屠杀遇害人数超过30万人也被许多日本历史学家所认可。前早稻田大学教授洞富雄在他的著作《南京大屠杀》中认定："在南京整个城市，被害者的总数说是30万人，或南京地方法院所列举的数字——34万人，似乎可以说接近实际的数字。"[92]

南京大屠杀刚结束时，金陵大学美国社会学教授史密斯以社会救济为主要目的，对南京及周边县城进行了广泛的社会调查；战后，国民政府也就战争损失进行了专门调查。这两次调查的结果显示：在南京大屠杀的遇难者中，平民的比例高达97%以上。[93]

故宫博物院留守人员的面孔，从此消隐在南京的战火与血迹中，没有人知道他们后来的命运如何。置身于这样一个险恶的时空里，他们的命运恐怕凶多吉少。在《文物营运出京经过》一文中，马衡院长无比痛苦地写下这样的话：

"本院留守人员，除于12月9日敌军进迫城郊时退出一部分外，其余尚有少数人留院看守，至今生死不明。"

第四章

谁念客身轻似叶：西迁南路

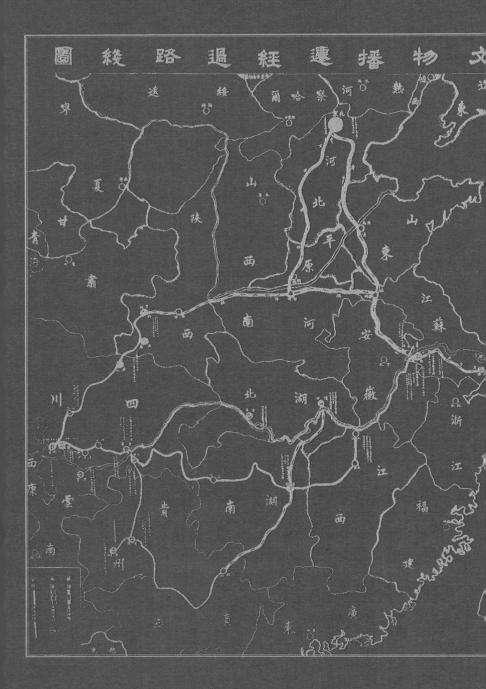

文物播遷經過路綫圖

一　湖南大学图书馆被日本飞机炸平了

"八一四"空战的那一天，80箱文物装上招商局"建国轮"，运离南京下关码头。

这80箱文物中，参加英伦艺展的文物占72箱。为了多装文物，他们撤除了体积庞大的装潢囊匣，腾出空间，挑选精品文物尽量装满，又新增了8箱，总共80箱又3200余件，是南迁文物精品中的精品。由于数量不多，无法包租一只船，他们就包了一个船舱。船开动后，负责押运的庄尚严、那志良、曾湛瑶先生坐在舱里，把舱门大开。在他们身后，中日军队已开始交火，惨烈的战事刚刚拉开序幕，没有人知道时局会怎样发展，但第一批西迁文物已经运出，还是让他们浑身感到轻松，对接下来的西迁也陡增信心。在这个滞闷的夏日，江上吹来的风给他们带来几许凉意，他们邀上押运部队的排长，一边饮酒谈天，一边观赏两岸风光。

他们或许没有意识到，那样的宁谧，是那样的短暂。以后的日子里，他们将被敌机追逐着奔跑，在炸弹的威胁下求生。几乎所有的军人都在慷慨赴死，"以血肉之躯，筑成壕堑，有死无退"[1]，他们的使命则是求生，不是求一己的生，而是民族精神命脉的存续与永恒。

两天后，"建国轮"抵达汉口，故宫博物院与湖北建设厅航业局协商，由湖北航业局派轮船运往湖南。但时局紧张，轮运速度迟缓，加上洞庭湖地形危险，恐有不虞，于是决定改为陆运。18日，文物在武昌车站装车，经粤汉铁路，于19日运抵长沙，存放地点，是湖南大学图书馆［图4-1］。

湖南大学图书馆是一座钢筋水泥结构的欧式风格建筑，1933年建成，宏伟而坚固，大门正面耸立着四个高大的古罗马爱奥尼克式花岗岩石柱，中央穹顶，屋顶建有八方塔，做观象台使用，是当时华中华南地区最大的图书馆，它的地下室，面积宽敞，有很好的通风设备。

从长沙车站到湖南大学，中间有一江相隔，因此，从车站上卸下的文物箱，要用汽车运至码头，装上木船，划过江，再用汽车运到图书馆。故宫四人做了分工：曾湛瑶先生负责在火车站装车，那志良先生负责将从火车站运来的文物装上木船，曾济时先生负责在对岸码头收货，庄尚严先生在湖南大学图书馆，

［图 4-1］　湖南大学图书馆是 1933 年建成的新建筑，由当时湖大土木系蔡泽奉教授设计。
这是一座钢筋混凝土结构的西洋古典风格的建筑，占地 2667 平方米，建筑面积 1027 平方米

负责将运来的文物存入图书馆的最下一层。

80 箱文物，从火车站运到图书馆，他们"折腾"了一天。

但故宫人员仍不放心，担心长沙遭到日机轰炸，于是考虑在岳麓山中开凿山洞存放文物。但开凿的山洞，必须足以躲避空袭，而且能够防潮，以求文物藏守安全，同时限期在 12 月 10 日以前完成。

那志良先生趁着陪同马衡院长到长沙考察的机会，和马衡院长一起选好了开凿洞窟的地点，并决定在洞口盖上几间小房，作为办公室和寝室。马衡院长对那志良先生说："你的眷属不在这里，一个人住在那里安安静静地研究古物，岂不很好？"[2]

故宫在岳麓山开凿的山洞，就在湘江西岸、清风峡中、著名的爱晚亭附近。1920 年，正在湖南第一师范学院读书的毛泽东，就在这里和杨开慧相爱。1925 年晚秋，毛泽东途经长沙所写《沁园春·长沙》，回忆他"指点江山，激扬文字"的青春岁月。这首词，至今镌刻在爱晚亭中。

山洞就要竣工了，故宫博物院人员松了一口气。然而，1937 年 11 月 24 日，日本飞机第一次对长沙进行轰炸，长沙火车北站在轰炸中变成一片瓦砾。

跟随中央研究院（梁思成的工作单位）到达长沙的林徽因经历了第一次长沙大轰炸，并且离死神只有半步之遥。11 月 24 日，她在给费慰梅的信中，依然心有余悸地写道：

> 听到地狱般的断裂声和头两响稍远一点的爆炸，我们便往楼下奔，我们的房子随即四分五裂。全然出于本能，我们各抓起一个孩子就往楼梯跑，可还没有来得及下楼，离得最近的炸弹就炸了。它把我抛到空中，手里还抱着小弟，再把我摔到地上，却没有受伤。同时房子开始轧轧乱响，那些到处都是玻璃的门窗、隔扇、屋顶、天花板，全都坍了下来，劈头盖脸地砸向我们。我们冲出旁门，来到黑烟滚滚的街上。[3]

刚跑到街上，一架日机又俯冲过来，在离他们不远的地方投下炸弹。这一回，他们停下来了，大家心想，反正是死，一家人死在一起算了……死神并未如期而至，这颗炸弹未炸，万幸！人在承受了惊恐和痛苦之后，反倒心如止水，正如作家巴金所说："一个人看见'死'太多，他对'死'便不感到惊奇；一个人有'死'的机会太多，他就不怕'死'。他用不着去思索'死'，他会把他的全部精力用来对付'生'的事情。"[4]

此后，日军飞机对长沙进行多次轰炸，经理事会开会决议，存于长沙的80箱文物紧急转运贵阳。

1937年12月30日，行政院自汉口致电贵州省政府主席吴鼎昌，故宫博物院存放在长沙的文物将绕道桂林，转运贵阳保存。

战事浩大紧急，故宫文物想走，未必是走得了的。那时，湖南境内的交通工具，已经征发一空。故宫人员几乎奔走了所有有关交通的机构、公司，却找不到一辆汽车。

1938年新年到了，这是抗战全面爆发以来的第一个新年。留守长沙的故宫人员是在紧张不安中度过的。1月12日，首批36箱文物终于从长沙出发，目的地：贵阳。梁匡忠跟随着这批文物，驶离了长沙城。

1月26日，广西省政府主席黄旭初致电贵州省政府主席吴鼎昌，协商护送故宫文物并在六寨交接事宜。电文中说："查本省派赴六寨护迎宪兵，系于二十一日由省起程，□否电知该连长李□良，即在六寨等候……"这纸电文，现存贵州省档案馆。

故宫文物运离长沙以后，4月10日，日军27架飞机对长沙进行第四次空袭，投掷炸弹100多枚，湖南大学、岳麓书院皆受重创，湖南大学图书馆被日本飞机炸平了，5万余册藏书化为灰烬，整座图书馆，只剩下五根花岗岩的爱奥尼克柱。

有目击者描述当时的情景："只见整个图书馆都已经倒塌，冲天的火光还在肆虐，散发出阵阵热浪。在现场，唯一站立着的还有图书馆大厅前的四根残断立柱，附近躺着尸体，有的人被炸碎了，肠子挂在电线杆上。大火整整烧了五个多小时才渐渐熄灭。"[5]

2007年，湖南大学在这四根残存的石柱边，用砖块砌成一个平台，中间镶嵌了一个圆形石刻纪念标志，标志上写：

历史不会忘记
1938—2007

爱晚亭附近也遭到轰炸，躲避空袭的人群藏进了原计划藏文物的山洞里，遭日本飞机扫射，死伤无数。假如文物没有及时运出，无疑将会经受灭顶之灾。

那志良先生日后回想到长沙大轰炸，仍然心有余悸："我们走后不久，长沙的火车站被炸了，那天，旁边的旅馆中，正有人办喜事，不但新娘新郎都遇了难，所有贺客，也一同被炸死了。那里的负责人庄尚严先生可慌了，长沙被炸，岳麓山边的湖南大学也不保，我们最重要的文物藏在那里，岂不危险？"

然而，从南京到汉口、长沙、重庆、贵阳，故宫文物一路迁徙，日军飞机一路轰炸，却从来没有炸到过故宫文物。马衡院长回忆说："像这一类的奇迹，简直没有法子解释，只有归功于国家的福命了。"[6]

二　长沙至贵阳有土匪出没

据徐婉玲介绍："由于长沙至贵阳必经的湘西一带，时有土匪出没［图4-2］，文物先绕道广西桂林，然后西行入贵州境。"[7]

由于中央和地方之间关系微妙，这段旅途，只能分三段进行：

第一段，由湖南公路局派十辆汽车，将文物从长沙运至广西边界［图4-3］。这十辆汽车中，有九辆是南京市公共汽车，在南京城陷之前，输送到后方的，一辆是邮政局的卡车。以上十辆汽车由湖南省保安队派遣保安警察随车押运。

第二段，到广西边界，由广西公路局派卡车接运，由广西宪兵随车押运。

第三段，到贵州边界，又换贵州公路局车辆，由中央宪兵随车押运。

1月15日，首批36箱文物安然到达山水甲天下的桂林。

1月29日，第二批44箱文物也顺利到达桂林。

但故宫人员无暇欣赏桂林山水，1月27日，已安抵桂林的首批文物被重新装车，运往贵阳。四天后，进入贵阳城。

第二批44箱文物也于2月5日离开桂林，五天后，到达贵阳。

贵州省政府事先准备好两处山洞，即观音洞和仙人洞，供

［图 4-2］ 日寇轰炸贵州，有汉奸打信号，人们在许多地方写下"严防汉奸"，以表达对汉奸的愤恨。孙明经摄

［图 4-3］　贵州公路局汽车

故宫存放文物。但经故宫人员勘查，发现观音洞十分狭小，文物箱抬不进去，而且终年滴水，十分潮湿，不适合存放文物。仙人洞又在山巅，上山的路十分险峻，搬运途中很容易给文物造成损害，而且空间不足以存放这么多的文物。文物的存放，再度成为一道难题。

早在2月，马衡院长就致函身在香港的古物馆馆长徐森玉[8]先生，敦请他赶赴贵阳，负责西迁南路文物。徐森玉在北平沦陷前夕，已将北平图书馆珍藏的一批善本书和唐人写经8000多卷抢运到上海保存。上海沦为"孤岛"时期，他又与郑振铎一起几次设法转移，才未遭日军掠走。抗日战争初期，他冒险潜回北平，与北京大学助教、西北科学考察团干事沈仲章共同策划将尚陷北大研究所的2万余枚"居延汉简"秘密运出北平，寄存香港大学冯平山图书馆。

徐森玉先生收到信后，于21日从香港启程，昼夜驱驰，奔向天高云淡的云贵高原。他在给故宫博物院图书馆馆长袁同礼先生的信中写：

> 宝（徐森玉，名鸿宝，字森玉 —— 引者注）廿三日抵苍梧，廿四晨乘小轮至戎墟换长途车至郁林宿，廿五日至庆远宿，今日下午抵六寨。庆远以上，山坡益峻，水流益急，

路甚难行。怀远之龙江两岸及底均黑石，森如剑戟，亦不
易渡也。六寨为粤西入黔之边境，车辆甚少，顷至车站询问，
日内恐无车赴筑（贵阳简称 —— 引者注），奈何，奈何。[9]

3月里，徐森玉先生又给袁同礼先生寄去一信，述说贵州的
情形：

六寨以上山路崎岖千回百折，直至三日晨始抵贵阳，
此间房屋简陋，人口大增，古物来此月余尚存行营，未觅
得保藏之处，现拟租民房暂存，修理运徙仍需时晷也。楚
黔相距稍远，情形隔阂，如存放地点省府始终主张在观音
洞，而叔平先生（马衡，字叔平 —— 引者注）主张在城内，
察绝无相当房屋，奈何，奈何。[10]

两处"奈何，奈何"，道尽了故宫人带着文物奔走云贵的艰
难处境。

终于，在滇黔绥靖公署副主任吴鼎昌安排下，故宫文物暂
存于绥靖公署（城北官邸毛公馆）。

滇黔绥靖公署官邸，位于贵阳六广门内灵光路231号，是一
处花园别墅，1930年建成，因曾任贵州省主席的毛光翔先生住

在这里，所以俗称"毛公馆"。毛公馆由主楼、跨楼、厢楼等部分组成，砖木结构，宽檐环廊，圆拱门窗，别具韵味。

为了符合存放文物的要求，当地政府对毛公馆进行了维修。1938年4月2日，文物终于入藏毛公馆，由古物馆第一科科长庄尚严，科员朱家济、曾济时，书记李光第等日夜守护。

1938年的春天来了，中国军队终于赢来了一场大胜。

日军攻下中国首都南京后，为了打通津浦铁路，连接华北与华中战场，采取南北并进的方针，夹击徐州。中国国民政府军事委员会鉴于徐州及中原战场的安危，决定全力防守，确保徐州，先后调集64个师另3个旅约60万人，由第五战区司令长官李宗仁指挥，在以徐州为中心的津浦路南北的广阔地域上，同日本侵略军展开了一场大规模的会战，史称"徐州会战"。[11]

三四月间，在徐州战场上，中国军队取得台儿庄大捷。这是抗战以来国民党正面战场的最重大的胜利，《中国抗日战争史》称："在历时半个多月的激战中，中国参战部队达4.6万人，伤亡失踪7500人，歼灭日军1万余人，缴获大批武器装备。全国各界、海外华侨，乃至世界各国同情中国抗战人士的祝捷贺电纷至沓来。武汉和广州几十万人民举行了盛大的集会游行，欢庆胜利。"[12]

连日军方面，也不得不感叹中国军队"决死奋战之状历历在目"，"士兵依靠堑壕顽强抵抗直到最后"，"堑壕中尸山血河，睹其壮烈者亦为之感叹"。[13]

5月26日至6月3日，毛泽东在延安抗日战争研究会上发表演讲，对"中国必亡论"和"中国速胜论"这两种错误观点进行一一驳斥，认为中日战争将是持久的，最后的胜利要在持久战中去解决。这篇演讲的名字，叫《论持久战》。

《论持久战》把抗日战争分为三个阶段："第一个阶段，是敌之战略进攻、我之战略防御的时期。第二个阶段，是敌之战略保守、我之准备反攻的时期。第三个阶段，是我之战略反攻、敌之战略退却的时期。"毛泽东着重指出，"第二阶段是整个战争的过渡阶段，也将是最困难的时期"。

据介绍："1938年4月初，日军大本营决定实施徐州会战时，亦决定实施武汉作战。""在徐州失守后，国民政府军事委员会为增强指挥机构与作战能力，决定调整作战序列，于1938年6月中旬新编第9战区。同时决定以第5、第9两个战区所属部队保卫武汉。参加武汉保卫战的部队以及空军、海军，总计14个集团军、50个军，作战飞机约200架，舰艇30余艘，总兵力近100万人。""为了进行武汉作战，日军大本营在华中地区集中14个师团的兵力。直接参加武汉作战的是第2军和第11军共9个师团的兵力，约25万余人，以及海军第3舰队、航空兵团等，共有各型舰艇约120艘，各型飞机约300架。"双方部队"在武汉外围沿长江南北两岸展开，战场遍及安徽、河南、江西、湖北4省广大地区"。武汉会战，"是抗日战争战略防御阶段规模最大、时间最长、歼敌最多的一次战役"。[14]

10月21日，日军为配合武汉会战，封锁中国的海上交通线，发动对广州方面的进攻。29日，广州城陷，日军从东、南、北三面完成了对武汉的包围，坚守武汉已失去意义。24日，为保存力量，国民政府军事委员会下令放弃武汉。27日，武汉三镇全部沦陷，但中国军队在武汉外围以西筑起了重重屏障，抗日战争进入相持阶段。日军调整作战方针，对国民政府控制下的各大中城市进行轰炸，但局部作战仍在进行。

据介绍："中国军队浴血奋战，大小战斗数百次"，以伤亡40余万的代价，毙伤日军25.7余万，"大大消耗了日军的有生力量，日军虽然攻占了武汉，但其速战速决，逼迫国民政府屈服以结束战争的战略企图并未达到。此后，中国抗日战争进入战略相持阶段。"[15]

"日本鉴于战线过长、兵力不足，被迫调整侵华政策，逐渐将其主要兵力用于打击在敌后战场的八路军和新四军，而对国民党政府则采取以政治诱降为主的方针，敌后战场逐渐成为抗日战争的主要战场"[16]，中国共产党领导的八路军和新四军，成为抗日战争的中流砥柱。

故宫博物院原本筹备将存在贵阳的文物运去美国参加展览，身在北平的傅振伦先生被派到贵阳，参加筹备工作。傅先生从北平出发，经海路辗转到贵阳。但战争形势变化迅猛，海上交通线已被日军封锁，赴美展览只能被迫取消，傅振伦先生千里迢迢而来，也只能留在贵阳，和庄尚严等人一起守护国宝。

这一年的秋天，日军先后出动14架飞机，对贵州实施了两次空袭，贵州省防空司令部颁布防空具体规定："如宣布警报、紧急警报、解除警报汽笛鸣声长短的办法；公布在贵阳市东山设防空监视站，驻扎防空监视队，立竿挂灯笼，以灯笼的有无和数目的多少，表示是否有敌机来袭及来机的数量等。"[17]挂1个大灯笼表示有5架敌机来袭，挂1个小灯笼表示有1架敌机来袭。但由于当时贵州政府部门既无具体措施，又不检查督促，防空公告沦为一纸空文，"防空"几乎沦为了"空防"。

三　安顺郊外的理想山洞

贵阳不是久留之地，马衡院长命令徐森玉，赴昆明找寻合适文物保存的场所。

9月6日，徐森玉在给那志良的信中，表达了自己颠仆于道途的艰辛：

　　弟昨接马公函，拟将存筑文物先期移至昆明，以防
万一，嘱弟赴该处寻觅庋藏处所，已定明日搭商车就道。
西南公路局车辆极少，滇黔路不通车已五十余日，计十号
可以抵滇。尘装甫卸，又逐征途，近有句云：此身未死疑孤
国，不惜危途作浪游。老怀所寄托，如此而已。[18]

赴滇之行，果然像徐森玉预料的那样艰难。12日，他在给
那志良的信中描述：

　　弟于七日上午由贵阳乘云南汽车公司启行，车机不甚
灵便，行九十五里，宿安顺，次晨经镇宁至黄果树，机身
完全停滞。修理十余小时仍不转动。九日，在黄果树候
车竟日。十日，搭邮车行过铁索桥遇大雨，至普安州宿。
十一日，山路崎岖，过盘县至平彝，复遇大雨，宿于曲靖。
今日行至易隆，又雨。下午五时抵昆明，各旅馆有人满之患。
多方寻觅，暂住昆明大旅社，租价甚昂，不能久住，拟设
法迁移。弟来衣被悉遭雨湿，明日当向友人借衣更换也。[19]

这一年，徐森玉协助马衡院长主持故宫文物西迁南路事

宜，春入蜀，夏入陕，秋入黔，冬入滇，仓皇狼狈之状，不可言述。

徐森玉先生是在这一年初冬不慎摔伤了股骨。他在第二年写给叶景葵的信中说："去岁……行国不慎竟至折股，在昆明医院疗治五越月，始能蹒跚拄杖而行"[20]。

徐森玉先生在给袁同礼先生信中又说："故宫文物由理事会决议，凡不畏潮湿之物，在重庆开掘山洞保存，其畏潮湿之物，在昆明建库保存"；"宝行年将六十，墓木已拱，决不争权利保地位，惟求国家宝物丝毫不由我等手中失去而已。"[21]

几经考虑，马衡院长还是认为贵州境内山多雾重，较云南地区稍为安全，文物转迁云南的计划于是作罢。

据徐婉玲介绍："随即，故宫博物院驻黔办事处派员在贵州境内寻觅山洞储藏文物。"[22]自11月2日开始，马衡等人持续奔波了七八天，跑遍了几十个山洞，终于在距离贵阳城95公里的安顺城南郊找到了一个理想的山洞，它的名字叫华严洞。华严洞洞深10余里，"交通便利、地形隐蔽"，"洞口平坦高敞、冬暖夏凉，对于空袭、盗匪及潮湿之危险皆可兼顾，是保存文物的理想之所"[23]。

安顺，就是古时的夜郎，那个以"夜郎自大"而闻名的地方，在危难年代成了中华文明的护佑之地。

　　庄尚严先生的二儿子庄因先生后来远赴澳大利亚、美国任教，却时时想起这座记忆中的边城。他在回忆录《漂流的岁月》中写："安顺县是当时贵州省的第二大城，仅次于省会贵阳。所谓第一大县城，以今天的标准和尺度来衡量，可说仍是相当落后。安顺是一个有传统格局的县城，一个以砖石砌成的城门楼矗立在城中心，从此处向东、南、西、北四方辐射出四条以石板铺成的大马路。安顺人管城门楼唤作'大十字'。由大十字延伸出的四条马路各长约二里，直抵四个城门。城墙由石头砌成，把全县城牢牢包在当中。在县城东方，有一条由石板铺成的斜长坡道，迤逦与东大马路交衔，叫'东门坡'。从北京若流云漂落的庄家，就在坡上一家四合院子的宅第里暂栖下来。"[24]

　　1939年1月，康复后的徐森玉抵达安顺，考察华严洞，之后的18日至23日，故宫将存贵阳文物运至安顺，迁入华严洞，贵阳办事处易名为安顺办事处，主任庄尚严，职员朱家济、李光第、郑世文。

　　马衡先生战后在北平广播电台发表《抗战期间故宫文物之保管》广播演讲时说："在安顺县南门外五里找到一个华严洞［图4-4］［图4-5］。洞外还有庙，可以住人，是当地的名胜。附近都是汉人苗人的村落，有公路直达洞口，尚属合乎理想的

［图 4-4］ 华严洞外，庄灵摄，2004 年

［图 4-5］ 华严洞内，庄灵摄，2004 年

地方。于是请了工程师设计，在洞内搭盖两所板房，上盖瓦顶以泻滴水，下铺地板以隔潮气，于二十八年一月，由贵阳移存其中。每到夏天，内外气温相差太甚，洞口即有雾状的水气。幸板房内湿度尚不甚高，而且此种特制之箱，缝口相当严密，文物尚未受到影响。"[25]

洞内这两所存放文物的板房，是仿照日本奈良正仓院所建。庄尚严先生在《安顺华严洞读书山图》跋文中写："古物在洞，建木屋以防潮润，其形式稍仿正仓院"。[26]

徐森玉先生在1940年1月给傅斯年的信中写道："华严洞系石灰岩，潮湿异常。故宫古物久藏此中，甚非所宜。去岁十月，将畏湿各品检出，遇晴朗天气，即加曝晾，至前日毕事，一年以内，或无霉损之虞矣。"[27]

故宫博物院驻安顺办事处办公地点在安顺文庙奎星阁。安顺文庙是一座始建于明代洪武二十七年（约公元1394年）的古庙，占地面积11500平方米，有"黔中儒学圣殿""中国现存最精致的文庙""石雕艺术的殿堂"之美誉。安顺文庙至今仍保留着明、清文庙的历史原貌。奎星阁位于文庙第三进院的左侧，建于明代，是一座重檐歇山顶建筑。

文物从贵阳迁入华严洞之后仅十余天，贵阳就遭到日军轰炸。2月4日，日军18架飞机空袭贵阳，防空警报骤然响起，东山顶上挂起了3个大灯笼，3个小灯笼，这一次，"狼"真的来了。中午时分，18架日机呈"品"字形在空中散开，短短几分钟，投下129枚炸弹，贵阳城繁华市区被炸成一片瓦砾。

2月里，徐森玉再到安顺，督建华严洞库房。我们从国家图书馆档案文献中查到了徐森玉先生1939年3月29日写给袁同礼先生的信，信中写道："宝来安（顺——引者注）已将一月，建造洞中木质库房，尚未就绪，盖此间工匠玩愒之疾已入膏肓，呼唤无灵，驱策尠效，殊令人烦闷耳。"

从徐森玉先生写给大哥、三弟的信中，可以体会到安顺典守生活的清寒：

来此已十日，阴雨连绵，毫无晴意。入城路上，泥深深二三尺，有数处竟成污沼。终日枯坐一室，不能越雷池一步，殊觉闷瞀。山谷词云："万里黔中一漏天，屋居终日似乘船"，恰似为宝今日咏矣。

邓中斋词云：谁念客身轻似叶，千里飘零。宝有吾哥相念，则不觉飘零矣。此间物价虽奇贵，然宝一人所费究属有限，故不致缺钱。深秋多雨，山地尤寒，今日寒暑约四十度，非重棉不暖。宝携带之衣履已不敷用，托人在贵阳添制，三五日后可送来。文绮手制之毛线衣，亦在王四爷带回之箱中。[28]

文绮是徐森玉三弟徐鹿君之女，从小过继给徐森玉，天性活泼，爱好诗文，留学日本京都帝国大学，1937年回国过暑假，赶上"七七事变"，遂不再回日本读书，1940年与英国归来的著名诗人王辛笛订婚。1941年太平洋战争爆发后，徐森玉前往孤岛上海，与郑振铎先生一起，竭尽全力抢救举世闻名的藏书家——刘氏嘉业堂、张氏适园、刘氏回海堂、陶氏涉园、邓氏凤西楼等所藏珍贵版本古籍。

上海沦陷时，郑振铎先生［图4-6］在暨南大学上完了"最后一课"，就化名"陈思训"，一直蛰居在上海的"居尔典路"[29]，依旧坚持编辑《中国版画史图录》。徐森玉与郑振铎先生一起，拣选、收购了一大批，而且冒险将最精的82部宋元版本502册，亲自带到香港，又经桂林转运至大后方重庆，现存台北"国立中央图书馆"。没能带走的古籍，全都交给王辛笛、徐文绮夫妇保管，抗战胜利后，完好无损地交给北平图书馆。

与此同时，千里外的黄土高原上，日本政府派"东方文化考察团"已到霍山南麓的赵城[30]，寻找一部收藏在那里的刻印于金代的《赵城金藏》。这部藏经是唐代三藏大法师玄奘自天竺取回的梵文经卷中译善本，金皇统八年（公元1148年）佛教界

[5] 在燕京大学执教的郑振铎与夫人高君箴、女儿在一起，当时郑振铎正在写《插图本中国文学史》

聘请高师用三十年时间在平阳（今山西临汾市）刻印，大定十三年（公元1173年）前后工毕，总计6980卷，6000多万字，今存4000余卷，全世界只此一部，是我国现存最早、保存最完整的雕印《大藏经》，因此被视为稀世瑰宝，因供养于山西赵城一座始建于东汉的古刹广胜寺，故称《赵城金藏》。

日本"东方文化考察团"找到寺院住持力空和尚，表示愿出22万银元购买《赵城金藏》，力空和尚及众僧人断然拒绝。为防不测，僧人们把5000余卷经卷由霍山南麓的广胜下寺迁移到山顶上寺，吊运进13级琉璃飞虹塔，并用砖石固封，进行集中保管。

终于，日军占领了赵城。徐森玉看到消息，知道《赵城金藏》已陷入危境，立即通过郑振铎先生，将这一消息转告中共地下组织，终于由山西的八路军派出一支队伍赶赴赵城，经由广胜寺东北方向的一条隐秘山路，趁夜色进入广胜寺，悄然登上飞虹塔，一卷一卷地取出经卷，然后人背马驮，把这批藏在大佛基座里的古老经卷全部运出广胜寺。部队离开时，力空法师还一再叮嘱，要把《赵城金藏》运到延安，交到朱德总司令手里。

广胜寺外，几里内的几个日军据点对此毫无察觉。当日军如期登临飞虹塔时，藏经早已搬空。他们要拿力空和尚问罪，竟发现力空和尚已去向不明。

八路军抢救《赵城金藏》，过程缜密、惊心动魄，有如一部传奇大片。1942年7月6日，《新华日报》（太岳版）对这一事件报道如下：

> 经确息，赵城佛家胜地广胜寺，为两千余年之古迹，藏有古代经卷四千七百余卷，为古代文化之珍宝。日寇占领赵城后，觊觎此巨经已久，近且设法盗取，为我当地军政民发觉，遂配合精锐武装，并得该寺和尚之助，于日前将该经全部抢救出来，业已转送边区政府保存。[31]

从赵城撤出时，部队与日军发生交火，有多名战士中弹倒下。八路军没有恋战，战士们背着经卷在崇山峻岭中辗转，渡河时，先遣队队员将经卷顶在头上，拿着树枝探深浅，生怕弄湿这些经卷。他们先后把这些经卷藏在山洞里、废煤窑内，派人看管，经过数次转移，才终于将黄卷赤轴的经卷运到太岳第二地委的机关所在地——内安泽县的亢驿村，后又转移至太岳区党委驻地沁源县，抗战胜利后又转至太行山区涉县。[32]

1949年，《赵城金藏》被运至已经和平解放的北平，入藏北平图书馆（今中国国家图书馆），与《永乐大典》《四库全书》《敦煌遗书》并称国家图书馆"四大镇馆之宝"。原国家图书馆馆长任继愈先生说："《赵城金藏》已超越'国宝'，属于世界文化遗产。"现在出版的《中华大藏经》，就是以这部金刻《赵城金藏》为底本。

不过这些都是后来的事了，1939年，徐森玉先生还在安顺的山中，静静地守护着故宫的文物。在另一封给大哥、三弟的信中，他这样写道：

> 此间天气甚寒，已添炉火，物价又涨，较宝来时约高二倍。宝每日二餐，一菜一汤，月亦须资二百数十元。扶万之女荃昌，前忽在街上遇见，其夫张剑雷在军医校供职，时相过从。此女极诚恳，每星期来山为宝补鞋袜，整理衣服，又以宝被褥太薄，强加棉花数斤，此间棉花每斤十六元。现房中各物条理秩然，其情可感。若上海闺秀对于父执，能致浮词数句已是大面子，南北人情厚薄不同如此。[33]

四　烟波一笠，回首江天

时世艰困，岁月清寒，但奔走的日子，终于安静下来，庄尚严先生一家能团聚在这边陲的小城，已让他们心觉"安顺"。那里的天很高，那里的地很远，庄因先生后来写："在那里，虽属异乡客人，却已有幸脱离了逃亡的人潮，看不见一张张又脏又愁惨被死亡恐惧撕扯扭捏了的面孔；看不见在翅膀上涂了两团红点的大铁鸟在空中下蛋的景观；听不见铁鸟的怪异啼吼；听不见离乡逃难人们的悲泣哭喊；也听不见隆隆炮火声；更看不见漫天燃烧得比晚霞还要红火鲜亮，还要令人激动的大火。"

庄因先生说："庄家在安顺东门坡上所居住的地方，是由父亲租赁来的一个小四合院内的东厢房阁楼……西厢房里也有外来的天涯客，男主人姓徐，江苏徐州。徐先生是位于东门坡上端的陆军医院的内科医师。徐太太操持家务，除了上街买菜及购办家用所需偶然露面之外，足不出户。徐家有一个小孩，哥哥叫大绥，妹妹叫大彩。大绥跟我大哥同庚，也属猴。大彩比哥哥小大约两三岁，跟庄家的老三年纪相若。徐家兄妹跟我们庄家三兄弟（那时四弟庄灵不足三岁，还不能充任'玩伴'）说不上是有总角情谊的青梅竹马。但是，如果'患难之交'这四个字可以用在孩童身上的话，则徐庄两家的五个孩子真也可算是当之无愧的'同是天涯沦落人'了。"[34]

庄尚严先生共有四子，长子庄申、次子庄因、三子庄喆、四子庄灵[图4-7]。1939年，庄申八岁，庄因七岁，庄喆六岁，庄灵两岁。为了养家教子，庄尚严先生的夫人申若侠女士也要外出谋职。她到黔江中学应聘，做起了教师，先生也曾到学校兼职和讲演。庄灵先生回忆说：

"贵州原本穷困，战时物资缺乏，人民生活更是艰苦。那时父亲和同事的薪水常常无法按时汇到，为此母亲还得每天走好几里路到城外黔江中学去教国文（母亲是北平女师大的毕业生），以贴补家计。尽管当时吃的都是掺杂着谷壳稗子和石粒的'八宝饭'，下饭的菜主要是靠辣椒粉和酱油；穿的衣服全是补丁；书籍都是用发黄的毛边纸印的；而晚上全家人看书和做功课，桌上只有一盏燃烧菜油和灯芯草的'灯碗'……

"每逢假日，父亲常会带着哥哥和我步行到华严洞去玩，偶尔还会留在洞口旁的中式阁楼会诗寮过夜。我只记得华严洞里又黑又深，走路到不了底，有些地方还会滴水……对于每天清早，负责守护文物的一连驻军，都会在洞口外的土场上集合，然后踏着整齐的步伐，一面高唱雄壮的《大刀进行曲》的样子，倒是记得很清楚。

"天气好的时候，父亲和故宫同人常会开箱，把容易受潮的字画分批取出，在广场上摊开晒晾；这时我们都会好奇的在一旁观看，父亲便乘机将有关名画的内容和作者，讲给我们听，让我们对于这些历代名迹，开始留下深刻的印象……"[35]

手卷在明媚的阳光下一点点地展开，那些曾经远赴伦敦、令英国国王倾倒的千年经典，在他们眼前一一映现，犹如古代的岁月，一一重现。

我在故宫博物院档案科查看当年的《南路文物清册》，看到一些熟悉的文物的名字，其中法书类有：东晋王羲之三帖，唐代孙过庭《书谱》、颜真卿《祭侄文稿》、褚遂良《临王羲之飞鸟帖》、怀素《自叙帖》、唐玄宗《鹡鸰颂》，北宋欧阳修《集古录跋尾》、黄庭坚《自书松风阁诗》等等。

绘画类有：唐代阎立本《萧翼赚兰亭图》卷（南宋摹本），五代赵干《江行初雪图》卷，北宋李公麟《免胄图》、王诜《瀛山图》、宋徽宗《池塘秋晚图》，南宋米友仁《云山得意图》、李唐《清溪渔隐图》，元代管道昇的《竹石图》、吴镇的《竹石图》、柯九思《墨竹图》，倪瓒、顾安合作《古木竹石图》，清代王原祁《庐鸿草堂十志图》，等等。

西迁乐山的武汉大学教授朱光潜、叶圣陶、徐中舒、杨东莼等，以及画家丰子恺、齐白石等人，也都赶来参观正在翻晒的书画文物。于是，王羲之、吴道子、欧阳修、苏东坡、黄庭坚这些古代文化大师，与现代的文化巨匠们，在这穷乡僻壤、茂林修竹里，对话。

这些古代文化经典对孩子们产生了潜移默化的影响，这些文物所承载的文化精神一点点地渗入他们的生命，在他们的身体里潜滋暗长。他们从小就练毛笔字，一笔一画地临写《兰亭序》，或者用"九九消寒图"来描红。填满十二张"九九消寒图"

（从1933年开始南迁到1945年日本战败，刚好经过了十二地支[36]），他们就该回来了。

庄氏四兄弟后来都成长为艺术领域的大家。其中，庄申先生成为著名艺术史家，他的著作《根源之美——中国艺术3000年》已在中国大陆出版；庄因先生先在澳大利亚墨尔本大学、后在美国斯坦福大学任教，并成为著名的旅美作家；庄喆先生成为著名画家，1964年他和刘国松等艺术家举办的"现代水墨画展"轰动画坛，1966年庄喆获美国洛克菲勒三世基金会资助赴美国研究当代世界绘画，1988年在纽约哈德孙河旁一家啤酒厂一栋废弃厂房内建起了自己的画室，1992年又进驻曼哈顿下东城的第四街画室，展览遍及美国康州 Discovery 博物馆、纽约林肯中心、中国上海美术馆等各大博物馆、美术馆、画廊；庄灵先生是著名摄影家，自1969年迄今，庄灵在国内外举办的个展及联展三十余次，2019年获第19届平遥国际摄影大展终身成就奖。兄弟四人，分别向不同的艺术领域挺进，都取得了骄人的成就，在国际上享有盛誉。只是，等他们长大成人，天各一方，他们已再难像儿时那样，日夜相伴了。

不见了北平、上海、南京的灯火繁华，安顺这座民风古朴，风景静美的边城，让生活恢复了它静水流深的本色。在那战乱的年代里，日常生活是多么的重要。他们坦然地接受着，甚至享受着那份日常生活，尽管清贫始终是如影随形。在安顺，庄尚严先生写了不少诗词，收在后来出版的《适斋诗草》里。在《读书山华严洞即事》一诗中，他这样描述自己：

筑室华严远市尘，
小斋清寂但容身。
山妻喜得教书未，
世上原无饿死人。

生活固然窘困，但庄尚严先生没有失去过文人的兴致与乐趣。他在《读书山华严洞即事》一诗中写：

临池爱写兰亭序，
读书常观高士图。
占尽人间清纯事，
一生荣利寸心无。

申若侠女士不是"山妻"，她也是善诗文的，在最艰困的日子里，他们不仅相濡以沫，而且彼此唱和，那是真正的夫唱妇随，令人仰慕，更令人羡慕。她在诗中写：

慕老吾夫子，

行藏似古人。

撚髭因炼句，

抚髀嗟闲身。

门径多修竹，

堆书如积薪。

半生清绝处，

投老益深真。

庄尚严先生当时的样子，留在了故宫同人刘峨士的一页画纸上。他画的庄尚严，头戴斗笠，身着长衫，手握一卷书册，正是这样一种脱尘处士的形象。

庄因先生形容他的父亲："他的那种仙风道骨的潇洒，刚毅清逸的雍容有度，散透出一股仁和温馨。我想，必然是在这样的亲炙感受中，父亲赢得了故宫同人上下的交誉与一致的崇敬。"[37]

庄因先生所言不虚，1941年开始在中央博物院筹备处工作的李霖灿先生（1949年押运第二批故宫文物迁台，后担任台北故宫博物院副院长）说："我们都欣赏慕老（指庄尚严 —— 引者

注）那一种风神飘逸之美。"

贵州词人陈恒安先生将这幅画像称为《庄尚严烟蓑雨笠图》，作词一首，题于画上，曰《庆宫春》：

燧火移宫，

危弦变徵，

梦华依黯难续。

辞庙仓皇，

看人挥泪，

教坊曾听离曲。

五湖天远，

似渔父西岩初宿。

烟波一笠，

回首江天，

乱云相逐。

和伊凤泊鸾飘，

不作当年，

内家妆束。

牵萝补恨，

卖珠偿醉，

托想佳人空谷。

春袍无恙，

料难盟、

缁尘万斛。

风痕草色，

一度天涯，

一番吹绿。

　　1943年冬天，马衡院长视察华严洞，住了一个多月。一天，马院长酒后忽发逸兴，攀梯登到三丈多高的洞壁上，写下许多字［图4-8］。2020年，我带领纪录片摄制组前往安顺考察，在幽深的华严洞，我看见马院长当年写的字仍在原处，只是历经七十多年时光，大多字迹已漫漶不清，还有三十余字能看清楚："卅二年，鄞邑马衡□偕伍蠡甫，自陪都来，整理故宫书画。与其事者，庄尚严、郑世文也。"

　　查庄尚严先生日记，可看到这样的记录："卅二年叔平（指马衡——引者注）师因事至安（安顺——引者注）小住月余，一日酒后忽发逸想，老头子竟攀梯登三丈许，亟崖大书百余字，可作纪念。"[38]

［图 4-8］ 庄灵先生在华严洞壁上寻找马衡院长留下的字迹，2004 年

"老头子"三字，透露出二位前辈的亲切可爱，以及当时心态的放松。

五　如有空袭消息，请来宾退出

1939年5月，苏联政府决定在莫斯科举办中国艺术展览会，中国政府于6月1日决定参加。故宫博物院从存放在华严洞中的文物中选取100件，于7月15日装车，由安顺启运。汽车经过重庆，二十天后运达兰州，在兰州装上飞机，经停迪化（今乌鲁木齐），飞往莫斯科。

9月1日，德国对波兰宣战，第二次世界大战正式爆发。

据介绍："1940年1月，由中苏两国共同筹备的'中国艺术展览会'在莫斯科开幕。中央研究院、故宫博物院及中苏文化协会挑选中国历代艺术品赴苏参展，展会的筹备因中央研究院各方意见分歧而颇费周折。本次展览会所展出的中国古代及中国抗战艺术品在苏联各界引起了良好的社会反响，对于推动战时中苏艺术文化交流、扩大中国抗日战争的国际影响具有重要意义。"[39]1941年3月，故宫文物由莫斯科运至列宁格勒继续展出。

在故宫理事会第三届第二次常务理事会议上，马衡院长提出：

唐宋元绘画多系绢地，且色多黝黑。从前在北平展览时，不过偶一陈列，最久时间从未超过三个月。此次选择时，虽力求多选纸地及装裱完善，或绢质较佳者，但古画纸地极少，仍不免有绢质或黯淡者羼杂其间。原拟展览数月即可闭幕，嗣闻会期延长，即以此电饬励及骥向苏方洽商改善办法。

根据苏方的陈述，为了保护这批古画，苏联专门从国外订购了专用的厚玻璃。但战争爆发，使得进口玻璃一时无法运抵苏联，但苏联会抓紧时间，完成玻璃的安装。但马院长仍不放心，他在这次理事会上提出：

该馆设备虽完，但以千百年之绢质长期陈列，经过四时，于心终有未安。兹因邵理事即将赴苏，谨拟具办法，请为交涉此项办法，即就五十件古画中选列十八件，分为三期撤除更换，每期撤去六件，庋藏两个月，俾可轮流休息。如此，则会场中常川有四十四件之古画陈列，亦尚不至减色。是否有当，敬请公决。[40]

据介绍："1940年12月18日，希特勒发布第21号训令，即

'巴巴罗萨计划'，将进攻苏联的德军编成北方、中央和南方3个集团军群。其中北方集团军群的任务是从东普鲁士出发，消灭波罗的海沿岸三国的苏军部队，尔后同芬军协同，于1941年7月21日之前攻占列宁格勒。希特勒还宣称，届时他要前往列宁格勒冬宫广场检阅军队，在列宁格勒阿斯托里亚饭店举行盛大的祝捷宴会。"[41]

"1941年6月22日，纳粹德国撕毁《苏德互不侵犯条约》（《莫洛托夫—里宾特洛甫条约》），伙同仆从国匈牙利王国、罗马尼亚王国、芬兰……集结了190个师共550万人、4900架飞机、3700辆坦克、47000门大炮、190艘军舰……从北方、中央、南方三个方向以闪击战的方式对苏联发动袭击，苏联卫国战争全面爆发。"[42]

23日，马衡院长从报纸上读到了苏德战争爆发的消息，立刻忧心忡忡。他在当天签发了一份致故宫博物院理事会的笺函（渝字第161号），词语中透露出他的焦虑：

兹查本日市内各报均载苏德邦交决裂，战事爆发及苏境各重要城镇均已遭受轰炸消息，则列宁格勒密迩战区，自亦断无幸免之理，特未知运往展览物品已否预有准备移离险地，且此次苏德扩兵蓄势已久，将来战争必极激烈，展品若任留置，殊为可虑，至现在应否由我驻苏大使馆先行收回保管，抑即设法启运归国之处，除径呈行政院核夺，迅筹善后办法，并恳准先电令我驻苏大使馆速为探查明确及与该国对外文化协会妥商目前安全存置方策，相应函达即希查照核办为荷。[43]

7月4日，他又签发了一份致故宫博物院理事会的笺函（渝字第167号），可见他的心急如焚。笺函中说：

嗣苏德战事突起，复由本院会同朱、王两理事特电我驻苏大使馆商请苏政府为安全之措置，并设法运回，旋准邵大使艳电复开，俭电奉悉。已两次向对外文化协会洽商，据答苏联自身古物珍品亦甚多，必有安全措置，现正催询具体办法，务期真正安全。[44]

10日，苏联驻华大使馆照会："关于贵国政府故宫博物院及中央研究院古物之安全与起运事，现已转达本国政府矣。至该项古物之安全措置及起运事宜，一俟接获本国复电时再为告知，相应照达即请查照为荷。"

16、17两日，马衡陆续接到外交部抄件，得到了苏方对于文物安全的承诺，心里略微感到宽慰。其中，中国驻苏联大使邵力子先生在16日致外交部的电文中说："（故宫文物——引者注）与苏联国宝在一处保存，绝对安全"，"惟地点则不能说明"。苏联驻华大使也照会中华民国外交部长郭泰祺："关于列宁格勒城中贵国古物之安全问题，本国政府绝对负其保管安全之责任，该项古物与本国爱米达日之古物同一珍贵，请贵部长对其安全问题勿须置虑。"[45]这一消息，被外交部次长徐谟及时转告给马衡院长。

8月下旬，"希特勒在北翼调集了32个步兵师、4个坦克师、4个摩托化师和1个骑兵旅的兵力，配备6000门大炮、4500门迫击炮和1000多架飞机，向列宁格勒发动猛烈攻势，扬言要在9月1日占领列宁格勒"。[46]

9月8日，南路德军到达列宁格勒城东面拉多加湖南岸，切断了列宁格勒与外界联系的最后一条陆路交通线，将列宁格勒三面包围。9月8日，德军开始大规模包围该城，至1944年1月27日，进行长达900天的围困作战。据介绍："列宁格勒战役是近代历史上主要城市被围困时间最长、破坏性最强、死亡人数最多的包围战。"整个战役中，"纳粹德国50万士兵伤亡或失踪，苏联133万士兵伤亡或失踪，另有100多万列宁格勒市民死亡。"其中，"1942年1月至2月每天死亡约7000至10000名居民。"[47]

直到1942年的6月，故宫博物院才得到消息，苏联方面已在德军包围列宁格勒之前，将故宫文物运离列宁格勒，安全送抵阿拉木图。

8月，故宫博物院派人赶往阿拉木图进行点收。9月1日，苏德战场上激战正酣，这批故宫文物在阿拉木图装上飞机，四天后运抵兰州，又从兰州空运到重庆，降落于珊瑚坝机场，由宪兵沿途护送，运回故宫博物院驻渝办事处。[48] 赴苏文物，安全归来。

9月23日，故宫博物院常务理事王世杰，理事张道藩、罗家伦等人在马衡院长陪同下点验赴苏展品。王世杰先生在日记中写："在古画中以倪云林《江岸望山图》轴，倪云林、王蒙合作《山水》轴，文徵明《江南春图》轴，沈周《夜坐图》轴，颜秋月《画猿》轴，王孟端《凤城饯咏图》轴，梅道人《洞庭渔隐图》轴及《画竹》轴最足快人心目。予赏玩半日，近日郁闷均消，神为之爽。"[49]

为了鼓舞国人的抗战意志，1943年7月2日，马衡院长在故宫博物院第五（六）届理事会第二次大会上提议，"拟于安顺库存文物酌选一二百件，运渝公开展览，以广宣扬"。马衡院长在讨论说明中指出：

本院在保管期间，鉴于敌机空袭之危险，交通运输之艰滞，工作人员之不敷，辄未敢轻言公开展览，惟年来于国内外两次展览，结果、成绩均佳，如上年参加教育部举办之第三次全国艺展，参观人士之众，足见国人对于先民艺术文化印象之深，爱好情绪之笃，故拟于本年秋冬之季，空袭稀少时期，除铜瓷玉器等携运不便，不予提选外，就安顺库藏书画中，酌选一二百件，运至陪都公开展览，以供社会观摩采讨，而广宣扬，其陈列地点，或仍假中央图书馆，或广播大厦，或俟中央博物院举办展览时，合并陈列，均无不可，所需经费，拟编造临时概算……[50]

12月，这场期盼已久的展览终于在雾都重庆举行，展览的名字，叫"国立北平故宫博物院书画展览会"，展出的文物，曾经远赴苏联，也曾于1934年远赴英伦。展览地点，在中央图书馆，共分三个陈列室。在"参观须知"的第七条，写着这样一句话：

如有空袭消息，请来宾退出[51]

在展览会上亮相的书画，有167件，王世杰在日记中记：其中，"轴一百二十三，卷二十三，册二十一"[52]。这些书画名作包括：晋代王羲之《平安帖》《何如帖》《奉橘帖》，唐代孙过庭《书谱序》，唐玄宗《鹡鸰颂》，宋代范宽《雪山萧寺图》、欧阳修《〈集古录〉跋尾》、宋徽宗《蜡梅山禽图》、黄庭坚《松风阁诗》、宋高宗《赐岳飞手敕》，元代赵孟頫《鹊华秋色图》，明代唐寅《陶穀赠词图》、沈周《庐山高图》等[53]，全部中国古代书画的顶峰之作，连多次前去观览的著名画家徐悲鸿都由衷赞叹："此番吾人眼睛够饱了！"[54]

后来被称为"故宫活字典"的朱家溍先生就是这时被借到故宫当临时工的，那一年，他刚刚三十岁。他生于浙江萧山一个仕宦之家，是宋代理学家朱熹的第二十五代世孙。他的高祖的父亲朱凤标曾任清朝翰林院编修，吏部、户部、兵部侍郎，翰林院侍讲学士，体仁阁大学士等职；高祖朱其煊曾任工部郎中，曾祖朱有基曾任九江知府等职，父亲朱文钧是著名收藏家和金石学家，清末时游学英法，辛亥革命后任财政部参事等职，曾任故宫博物院专门委员，负责鉴定院藏古代书画碑帖。朱文钧先生共有四个儿子：

长子朱家济，是书画鉴定家、文物研究和保护专家、书法家，毕业于北京大学，擅真、行、草三体，书法风格俊丽清健、笔跃气振，1929年进入故宫博物院任编辑审查，1932年离开故宫，

1935年又加入故宫博物院南京分院，与庄尚严、那志良、李光第等一起将西迁南路文物护送到安顺华严洞；

次子朱家濂，图书版本专家，也是北京大学毕业，20世纪30年代进入故宫博物院工作，至1953年调入北京图书馆（今国家图书馆），前后在故宫服务三十余年；

三子朱家源，毕业于清华大学，著名的宋史专家，在中国社会科学院任教，是四兄弟中唯一未入故宫博物院者；

四子朱家溍，1943年重庆展览，开启了他从事故宫博物院文物保管和研究的生涯，抗日战争胜利后回到北平，1946年正式调入故宫，一步步成为故宫的"国宝级专家"。

但朱家溍不承认自己是"国宝"，他说东北虎才是国宝呢，他称自己为"一个称职的博物馆工作者"。

朱家溍先生是在1942年离开日本占领下的北平，带着太太赵仲巽踏上西去的路途。他们在路上走了五十天，几乎经历了所有的交通工具，有火车、汽车、司机挣外快的"黄鱼车"，还有马车、牛车、骡车，更多的时候则是步行。赵仲巽女士后来回忆说："如果太阳出来上路，日落之前住宿，一天走六十里。如果天未明就走，走到天黑再住，差不多可以走一百里。"[55]到重庆，朱家溍先生依靠父亲的"人脉"，在一个小单位找到了一个小干事的职位，办公地点在一栋被炸得只剩一半的楼房里。

有一天朱家溍先生去看望父亲的好朋友马衡先生，正赶上故宫博物院在重庆办展览，马衡先生对他说："你来帮忙吧。"朱家溍先生就这样成为故宫博物院的临时工作人员。

初到故宫的那种兴奋感，几十年后依然让他记忆犹新："我父亲收藏很多文物，故宫博物院成立专门委员会之始即被任命为专门委员。我从幼年对文物耳濡目染，到十几岁时就随着父亲每日接触金石书画。卷、轴、册怎样打开收起；铜、瓷、玉如何拿起放下，都和生活中其他事情一样熟悉。况且故宫南迁以前，我是常常去参观的。对于这样熟悉的事物，我当作工作任务参加还是第一次，感觉到和过去参观以及在家中保存文物情况大大不同了。首先是从南岸海棠溪故宫博物院把八十三箱文物一车一车地装上汽车，开到两路口中央图书馆，我们再一车一车地卸。卸下来穿上绳杠，两人抬一箱，走上若干层台阶，抬进临时的库房安顿下来。然后打扫陈列室，抬陈列柜，擦玻璃等。一系列卖力气的事情做完，才能坐下来，照着目录写陈列品名卡片。打开箱子，搬出卷、册、轴陈列起来。一边工作，一边欣赏，这时候的享受真是无法形容。展览期过去，收、装、抬又是一个很大的体力劳动过程。

"参加古文物展览工作，本来是自己很喜欢的，又是一项应该说是已经熟悉的事。但整个我所参加的工作过程，体力劳动要占十分之七八，这又对我是很生疏的工作。我没当过装卸工，没干过肩担运输，这次都干过了。是不是我当时很热爱这种体力劳动呢，不是的。青年时代我一直很喜欢体育活动，踢足球、游泳、打橄榄球等，但坦率的说，我并没有体力劳动的习惯和爱好，不过遇上也觉得没有什么可怕的。这次参加文物展览，负担的体力劳动是以好胜的思想去完成的，所以不觉得苦，并且博得了院长马衡的一句话：'现代的青年需要这样，粗活细活都能干。'"[56]

1944年1月18日，蒋介石、宋美龄在马衡院长的陪同下，参观了"国立北平故宫博物院书画展览会"。查当天《蒋介石日记》，可见如下记录："下午二时四十分，偕夫人莅临中央图书馆参观北平故宫博物院之书画展览。由中央图书馆馆长蒋复璁、博物院院长马衡，陪同至各陈列室参观。公对于岳飞、方孝孺、王守仁之遗墨，道济、王麓台合绘之《竹石》画，及大理国之佛像浏览甚久，极为珍视。观毕，曾至阅览室、影片室、资料室各处巡视，逗留一小时，回官邸。"[57]

1944年4月，故宫南迁文物在贵州艺术馆进行展览。就在这个月里，年届而立的王世襄先生绘制了一柄山水扇面送给马衡院长，他在跋文里写："去冬过渝，值故宫书画展之盛，率赋八绝录呈叔平老伯大人海正。甲申闰四月侄王世襄书于南溪。"

此扇现存故宫博物院。

六　安顺待不下去了

大后方的生活，单纯而宁静，但故宫人心头惦念的，依旧是在战火中挣扎的国家山河。有一天，庄尚严先生写下一首小诗，名叫《秋日登城中小楼晚眺》。诗曰：

竟日书城坐，
黄昏独倚楼。
林边一雁过，
天外众山浮。
寸寸关河地，
盈盈故国愁。
五年夜郎客，
身世若笼囚。

在他的笔墨之外，在他们的视线之外，中国军队正与侵华日军在以长沙为中心的第九战区进行血战。据统计，自1939年9月到1942年2月的三次长沙会战，中国军队阵亡、受伤和失踪的将士达93944人，歼灭日军共计11万余人。

长沙会战，是抗日战争进入相持阶段以后，国民党正面战场抵抗日本帝国主义军队侵略，所取得的第一次重大胜利，是抗战爆发以来，中国军队第一次以武力迫使日军回到原战略态势的战役。

长沙会战的胜利，沉重地打击了日本侵华军队，粉碎了日本消灭中国军队主力、"以战迫降"的战略目标，振奋了全国人民抗战胜利的信心。有力地支援了世界反法西斯阵营的作战，极大地提高了中国在世界反法西斯阵营的地位。有力地保卫了湖南广大地区和我国西南大后方的安全，稳定了湖南局势，并使之成为支持全国长期抗战的重要基地。

几乎与此同时，在1940年五六月间，攻占了武汉的日军第十一军与中国第五战区在湖北枣阳、宜阳一带进行了一场大战，史称"枣宜会战"。此次会战，中国军队投入54个师，约38万人，日军投入约12万人。战役结束时，中国军队伤亡3.7万人，日本军队伤亡1.1万人。5月16日，中国军队第五战区右翼兵团总指挥兼第三十三集团军总司令张自忠将军所率部队在南瓜店全军覆没，张自忠将军战死疆场，时年四十九岁。

张自忠将军战死后，日本人发现了他的遗体，审认无讹后，用上好木盛殓，竖木牌，并全军向他行礼，可见，张自忠将军在对日抗战所展现出的不屈精神，连崇尚军国主义的日军都肃然起敬。

蒋介石惊闻张自忠殉国，立即下令第五战区不惜任何代价夺回张自忠遗骸。一百多名将士不顾生死，抢回张将军的尸骨，经检视，张自忠身有八处伤口，其中炮弹伤二处，刺刀伤一处，枪弹伤五处。当灵枢经过宜昌时，全市下半旗，民众前往吊祭者过十万人。

1940年5月28日晨，当灵枢运至重庆朝天门码头，蒋介石、冯玉祥等政府军政要员臂缀黑纱，肃立码头迎灵，并登轮绕棺致哀。蒋介石在船上"抚棺大恸"，令在场者无不动容。蒋介石亲自扶灵执绋，再拾级而上，护送灵枢穿越重庆全城。国民政府发布国葬令，颁发"荣字第一号"荣哀状。将张自忠牌位入祀忠烈祠，并列首位。28日下午，蒋介石与军政要员和各界群众在储奇门为张自忠举行了盛大隆重的祭奠仪式。气氛庄严，极尽哀荣。蒋介石亲自主祭，同时以军事委员会委员长的名义通电全军，表彰了张自忠一生的勋绩。随后，国民政府在重庆北碚雨台山为张自忠举行下葬仪式。蒋介石题词"勋烈常昭"，李宗仁题词"英风不泯"，冯玉祥题词"荩忱不死"。据史沫特莱记载，蒋介石的办公桌从此摆上了张自忠的遗像。

张自忠殉国后，他的夫人李敏慧女士闻耗悲痛绝食七日而死，夫妻二人合葬于重庆梅花山麓。半个多世纪后，在那里建起了张自忠将军陵园和张自忠将军纪念馆和生平事迹陈列馆。[58]

张自忠殉国四周年时（1944年），马衡院长忆起战前在故宫与张将军的欢宴，悲从中来，写下一首七律《挽张荩忱将军自忠》，以表悼念：

> 将军自昔镇名城，
> 学语儿童识姓名。
> 劲敌在前知大勇，
> 天骄随处慑先声。
> 立协当世功消谤，
> 战死疆场死亦生。
> 顽寇未歼真将斩，
> 剩留青史见哀荣。[59]

枣宜会战以日军占领宜昌而告终。此后，西部的"石牌便成为拱卫陪都重庆的第一道门户"[60]。据史元杰介绍：1943年鄂西会战打响第17天，"日军第三十九师团及其配属部队1万余人，由宜昌附近北岸古老背向江南我江防军正面强渡，分别向第八十六军十三师茶店子、红花套及沙套子海军第一直属炮台阵地发起攻击，石牌保卫战开始。"[61]

"八斗坊之争夺,是石牌保卫战战斗最为激烈的地方。敌每一寸土之进展,必须付以同等血肉之代价。我军浴血奋战,击毙日军近2000人,阵地前沿敌军尸体呈金字塔形。"[62]"在曹家畈附近的大小高家岭上曾有3个小时听不到枪声,这不是双方停战,而是我敌两军扭作一团,展开肉搏战。"[63]只能用刺刀拼,用枪托砸,用拳击,用手撕,用牙咬。

日军扛不住了,5月31日晚开始,纷纷掉头东逃,我江防军及各路友军立即转入反攻。据介绍,这次战役,"中国军队投入兵力15万人,日军投入10万兵力,日军伤亡兵力25718人,损失飞机45架,汽车75辆,船艇122艘;中国军队仅伤亡一万余人取得胜利。"[64]

这场保卫战的胜利,挫败了日军入陕西进的美梦,粉碎了日军攻打重庆的部署,遏制住了日军肆意践踏的铁蹄,石碑真的成了抗日战争军事上最重要的界碑,西方军事家誉之为:"东方的斯大林格勒保卫战"。

1944年秋,日军大举进攻长沙、衡阳,试图"打通大陆交通线",此次作战,代号"一号作战",目的是打通平汉、粤汉和湘桂铁路,以贯通从东北经北平、郑州、武汉、南宁通往东南亚的交通线。由于中国军事当局采取孤注一掷的冒险进攻,导致惨败,"到1944年11月,桂林、柳州、南宁已相继失陷"[65]。

据介绍："日本'旭军'此时的士气正旺……日军第11军于11月21日发布'向独山、八寨追击'命令，并分兵三路入侵贵州黔南"[66]，甚至"叫嚣次年会师贵阳，再攻下陪都重庆"[67]。

"左路主攻部队为日本第11军13师团（师团长赤鹿）的步兵104联队（队长海福三千雄）、116联队（队长大坪进）、工兵13联队（队长石川）的3个中队和山炮兵19联队（队长石滨勋）的3个中队，共有步兵3—4千人、骑兵3—4百人、炮六门。"[68]这支第11军13师团，正是参加过南京大屠杀的部队。

"敌势猖獗，陪都震动，蒋介石急调29军由川入黔，先头第91师在师长王铁麟将军率领下，于1944年11月28日乘车匆匆抵达贵州独山，迅速占领黑石关、白腊坡和甲捞河桥边阵地，构筑工事，阻止沿黔桂公路北犯之敌"[69]。中国军队第二十九军，正是在北京卢沟桥打响全面抗战第一枪的部队。

"1944年11月30日下午，数万难胞迎着刺骨的寒风，忍饥挨饿，沿着黔桂公路北上，从下司拼命地向上司、黑石关方向奔逃。敌军先头部队104联队有的趁黑夜混入难民人流，有的在后面鸣枪追赶难民，时至凌晨两、三点钟，天空月光朦胧、飘着蒙蒙细雨、冷风飕飕、寒气逼人，远处枪声阵阵，驻守在黑石关阵地上的91师强行阻断交通，先是持枪对着难胞喝令后退，由于后面敌军的枪声渐渐逼近，难胞万般无奈，继续往前逃命，守军便向难胞头顶上开枪，可怜的难民进退两难，只得听天由命，有的席地而坐，有的乘黑夜到路旁低凹处躲避，于是双方展开了枪战，战斗时紧时松，持续约1小时，双方还打了一些炮弹，拂晓前，敌军趁乱占领了黑石关。敌我双方部队战死的并不多，而难民被打死、踩死、跳岩死和打伤的比比皆是……一片尸横遍地、血流成河的惨景。"[70]

日军攻下黑石关后，"继续以104联队第2大队为前卫，沿黔桂公路北犯，一路上见着掉队的士兵就刺，碰着难民就打，气焰十分嚣张"[71]。

黔桂公路是经过独山的唯一一条省际公路，也是日军由广西方向进入独山的唯一通道。黔桂公路上有一座深河桥，建在深河峡谷上，桥高16.35米，全长37米，桥下山高谷深，水流湍急，是黔桂公路上的咽喉要地。只要炸断此桥，就阻断了日军自广西北上贵州的路线。

援华美国空军飞虎队在独山有一个军用机场，第十四航空部队小分队队长弗兰克·亚瑟·格里森上尉接到任务，先炸掉深河桥，然后乘飞机撤离。当时弗兰克·亚瑟·格里森上尉看到仍有大批难民涌过深河桥，一旦炸桥，桥上的难民就会死于非命，没有过桥的难民会被日军追上，后果也不堪设想。

在那个时刻，深河桥，已经成了生死桥，桥下的深河，也成了生与死的界河。难民们只要在炸桥前跑过了这座桥，就赢得了生的机会，如果无法跑过桥，等待他们的就只有死亡。经过一番犹豫，弗兰克·亚瑟·格里森上尉决定违抗命令，先炸掉飞机场和仓库，直到12月2日，日军已经冲到了桥头，他才炸断大桥，徒步前往贵阳。

已经无法统计，弗兰克·亚瑟·格里森上尉延迟炸桥的举动救了多少中国难民的命，已知的是，在他的掩护下过桥的难民中，有影星胡蝶和她的丈夫潘有声，还有当时正组织运输、支持抗战的爱国民族资本家虞洽卿。

但弗兰克·亚瑟·格里森仍为他炸桥让许多难民丧命而陷入终生的痛苦，对发动战争的日本军国主义者，他充满切齿仇恨。2008年，88岁高龄的弗兰克·亚瑟·格里森重返深河桥，向独山血战中死亡的战士和平民献上鲜花。临行前，他说出了他平生会说的唯一一句中国话："打死日本鬼子！"说完，他已老泪纵横。

经过"惨烈得不能想象"的血战，12月2日深夜，初冬的寒风中，日军攻陷独山。抗日老兵史培谦老人曾愤怒地回忆："日军占领独山仅3天，被日军杀害及冻饿病死民众竟达两万多人，仅掩埋尸体就持续了3个月。"[72]

据介绍：独山失守，"贵州各地形势紧张……都匀县城守军由于担心日军进攻，放火把整座城市烧成了废墟……实际上，日军根本就没有进攻都匀。"[73]"由于日军入侵独山兵力不到四千，战线拉长，给养不足"[74]，而且在这里遭遇了最顽强的抵抗，与此同时，中国军队正源源不断地增援独山，日军无力困守危城。5日，日军开始分途撤退。

7日，中国军队返回独山县城救火，在三都陇寨沟等地痛击日军，8日收复独山。10日，日军全部退出贵州。

日军撤退时，放火焚烧县城房屋，大火燃烧竟达七个昼夜，以致全城房屋百无一存，昔日"小上海"毁于一旦。8日晚，中国军队第一兵团先头部队开始到达独山，黔南事变独山之战终告结束。

"1945年元旦，中国政府在告全国军民同胞文书中指出：'要以去年为危险最重而受患最深的一年，敌人侵犯到贵州独山，这一年实在是第二期抗战中最堪悲痛的一页。'"[75]

然而，"日军侵华的终点站，此后日军再未侵占过我一寸山河"[76]。

"1944年5月，由卫立煌将军指挥的中国远征军强渡怒江，发起滇西反攻，先后攻克日军坚固防守的松山、腾冲、龙陵"。[77]到1944年底的独山战役，日本在中国的"占领区"日益萎缩，中国军队终于迎来了毛泽东在《论持久战》中所说的抗战第三阶段——战略反攻。

在安顺黔江中学附小读书的庄家兄弟们嗅到了战争的气息，越来越多的国军部队从这里经过，投向战场。庄因后来回忆："战士们踏着整齐的步伐，扛着枪，一排、一连向前行去。他们也高唱着《大刀向鬼子们的头上砍去》那首歌曲，一遍又一遍地唱。地上的积雪被踏成了泥浆，歌声浑厚有力，汇成了一条大河，冲开了雪花，冲散了寒气，经口中传露出的热情，推动向前。"[78]

1944年11月19日，王世杰给马衡写去一信，请他紧急迁运存在安顺的故宫文物。王世杰在日记里写："敌军大有西进之意，贵阳甚震动。昨日予询陈辞修有何应付之方略，彼云将以飞机输送六师至黔御敌今晨予急函马叔平，请其设法迁运存在安顺之古物。"[79]

24日，故宫博物院在行政院会议厅召开第五届理事会第三次会议，王世杰、邵力子、罗家伦、蒋廷黻、傅斯年、杭立武、朱家骅、陈仪、马超俊、傅汝霖、刘哲等出席，会议决议：

一、将存放在安顺的西迁南路文物，先运至重庆；

二、存放地点由马院长及马超俊先生负责选定；

三、运输应注意五点：

1，车行速度宜较平常为小；

2，本院应自行多派得力之押运人员；

3，车辆载重宜少；

4，不得夹带军火；

5，车辆及司机均需择优选用，并呈请行政院转知运输机关。[80]

几经查访，马衡院长等最终在巴县选定了四川油矿探勘处所属废置不用的飞仙岩矿场，做短期储藏之地。

七　在巴县的竹海中隐匿形迹

12月5日，也就是日军撤出独山的那一天，原藏华严洞之院字号文物80箱，分装在15辆褐绿色有篷的军用卡车上，开始向巴县启运。

之前，李光第、朱家济、郑世文已离职，此时的故宫博物院安顺办事处，只剩下庄尚严和申若侠夫妇。庄尚严于是在安顺寻觅新人，终于，他找到了两个年轻人——刘峨士和黄居祥，加入故宫博物院安顺办事处。

黄居祥的大概生平是这样的：出生于1909年，山东德平县（现为临邑县德平镇）人，父亲在北京开银号，黄居祥在那里当学徒，后来返乡成亲，生了一个儿子叫黄安民，不久儿子夭折了，妻也去世了，家里给他续了一房，妻子叫周玉珍，又生了一个儿子，叫黄平昌（后改名黄云生）。黄居祥不安于在家里过小日子，于是外出闯荡。不久，全面抗战爆发，黄居祥因为擅长绘画，参加第五战区宣传队，宣传抗日。1942年加入教育部西南公路线社教工作队，1943年，被贵州省立安顺民众教育馆任命为艺术部主任，刘峨士也在安顺民众教育馆工作。据安顺地方史料记载，安顺民教馆曾于1943年10月10日举办过一次"文化艺术展览会"，庄尚严先生及其办事处同人皆有参与，展览地点有可能就在文庙。这两个有才华的年轻人于是被庄尚严先生一眼看中，选入故宫博物院。

那志良先生在《我与故宫五十年》一书中写道："安顺办事处的主任庄尚严先生，是对于书画的鉴赏，很有心得的人，处里的原有同人，先后离去之后，他自己物色了两位职员，一位是刘奉璋（即刘峨士——引者注）先生，一位是黄居祥先生，刘先生画国画，黄先生画写生画，专画苗族人物。"[81]

两位年轻的画家，都在笔墨纸页间留下了故宫人的安顺记忆。刘峨士的画，名叫《安顺读书山华严洞图》，马衡、董作宾、朱家济、罗家伦、向达、庄严、傅振伦、徐炳昶、欧阳道达等14位大家先后在画上题跋。黄居祥则画了一幅《安顺牛场》（"牛场"，就是集市的意思），以老安顺传统的赶场日为主题，描绘安顺作为多民族聚居区的生活场景，画面繁复而宏大，有十数个场景、上百个人物，仅就苗族的服饰和装束来看，就有不下五六个支系，被称为"安顺的《清明上河图》"。

安顺办事处的4名员工——庄尚严、申若侠、刘峨士和黄居祥，就这样护送着80箱文物离开了安顺。庄因先生回忆："我们仓促地告别了东门坡，告别了在西南高原上短暂也偏安的日子，向东北往四川行去，去开始我童少时期另一阶段的漂流岁月。"[82]

那一年，庄因十二岁，他的弟弟庄灵只有六岁。庄灵先生后来回忆说："车队出发的时候，两旁都是扶老携幼挑箱逃难的难民，绵延有好几里长。"小孩子们出于好奇，坐在汽车的驾驶室里。庄灵先生至今清晰地记得自己那辆车的车牌号是"军24609"，二哥庄因和三哥庄喆那辆车的车牌号是"军24071"。

庄灵先生回忆："笔者全家便又得紧急处理所有家用杂物（我还记得当时我和哥哥都陪母亲在东门坡的街角边，摆过两天的地摊；当时连补过的袜子都有人要），再度和古物一道，登上辎汽一团独汽四营的15辆褐绿色有篷军用卡车，在一个大雪纷飞的夜晚，告别已经居住了5年的安顺，循着川黔公路往四川进发"。"一路上我们经过贵阳，穿越息烽口，小心翼翼地缓慢驶过只用木材搭建走起来嘎嘎作响的乌江大桥；在遵义附近惊异地看到低空盘旋的日本侦察机；吃力地走过七十二弯，再翻过险峻的娄山关，才渐渐接近四川地界。"

庄因先生说："车行至黔川交界处时，公路在峻岭中蜿蜒，忽左忽右，一边是山崖，一边则是万丈深渊，驾驶只要稍一不慎，车辆即可能因路滑连人带国宝同葬谷下。那里就是闻名的'七十二弯'了。由于是上坡路段，汽车爬行十分吃力。一遇车轮打滑，不进反退。此时，车上的副手便立时跳下车去，手执一大块三角形木头，顶垫住打滑的汽车后轮。汽车加油前进一尺，那块三角木便随之顶垫车轮一次。老旧的汽车奋力爬行，仿佛一个呼吸困难的老弱病人，几度在大口呼吸之后，终于平安行过陡坡，驶入坦途，那回归驾驶车舱的副手，则已是泥水汗水一脸一身了。"[83]

庄灵先生说："一天中午，当车队停在一处有人家的山坡上打尖时，看到父亲和他故宫的两位同事，每人手里捧着好几篓又红又大的橘子和广柑，笑呵呵地慰问各车驾驶员的辛劳时，我们才知道，已经来到了天府之国。"

直到18日，文物车辆才抵达四川巴县[84]一品场岔道口。之后，车队向山中行进，在满山翠竹的簇拥下，抵达飞仙岩临时仓库。

飞仙岩这个名字，是庄尚严先生起的。庄灵先生这样回忆：

　　80箱文物在四川的第一个落脚处，也就是"巴县办事
处"的所在地，是川南巴县一品场的石油沟——我国最早
开采石油的旧址，只有一条专供卡车输运天然气的碎石公
路可以通到外面。那里地处偏僻山坳，两边是长满竹树的
崖坡，谷底有一条山溪，水声潺潺，后来父亲将石油沟取
了一个饶富诗意的名字——飞仙岩。当时古物存放在油矿
区留下的旧房舍里，人员也都利用原有的简陋旧屋安顿。[85]

　　这80箱文物，从北平出发，暂存于上海租界，又远渡大洋，
去了英国，在地球上转了大半个圈，如今在巴县的竹海中隐匿
了形迹，说起来，是一件多么不可思议的事情。

　　文物入库后，大家担心箱中的瓷器在山路运输中受到碰撞，
赶紧开箱检查，"幸均完好，毫无损伤"。

　　1945年6月10日，王世杰先生在马衡院长陪同下到飞仙岩
视察文物储藏库，"抽阅书画数十件，各件情形均尚完好"[86]。
那一天他们检查的书画，有李迪《风雨归牧图》、李唐《万壑松
风图》、范宽《溪山行旅图》、巨然《秋山图》、吴镇《清江春晓
图》，等等。王世杰先生在日记中写："卫、吴之《洛神图》为此
次所见诸轴中最令人惊心动魄者。"[87]

为保卫飞仙岩文物库房，重庆黄山警卫营派来一个排负责保卫。

飞仙岩深藏在竹林中，不会有敌机来惊扰他们睡梦了。庄尚严先生的夫人申若侠开始养鸡种菜，带着四个儿子去山上采蘑菇，故宫员工和工友们也时常去附近的场镇上购买粮油、蔬菜、盐茶等生活用品。生活虽然照样清苦，但他们似乎已经回到了日常生活中。

在战乱的年代，日常生活是多么的奢侈。

有阳光的日子，他们会继续晾晒文物。这些透明的光线下徐徐展开的，有山水，有人物，有花卉，最神奇的，却是那些墨竹。因为笔墨间的竹，与他们眼前的竹，那么准确地相合，画的中竹，好像是刚刚画上去，还带着淋漓的水迹，而现实中的竹，好像是对画中竹的生动注释。

在中国古代绘画中，竹不仅以其简洁优美的造型成为古代士人最爱的视觉形象，更成为士大夫高古精神的象征。在中国士大夫心里，竹有七德，曰正直，曰奋进，曰虚怀，曰质朴，曰卓尔，曰善群，曰担当。中国古代的编年体史书，因为书写在竹简上，被称为《竹书纪年》；东晋那七位风流名士，被称作"竹林七贤"；唐代那六位酗歌纵酒、共隐于徂徕山的隐士，被称为"竹溪六逸"；唐代教坊曲，叫"竹枝词"……竹子，为中国人的文化记忆增添了太多的光泽。

庄因先生说:"故宫国宝中那些画竹的图卷,经父亲适时解说,一些大家的名字像宋徽宗、文同、柯九思、赵子昂、倪瓒、王蒙、唐寅、祝枝山、项元汴等,都相继烙印我心。而历代文士的住居以竹为名的,诸如竹林、竹轩、竹隐、竹谿、竹斋、竹庵⋯⋯也灌满了一脑子。连庄家的居所,父亲不是也名之为'水竹居'吗?"[88]

他们还会去巴县南泉镇花溪河畔的南温泉"度假"。傅振伦先生记述:"重庆近郊名泉有四,南北温泉有硫磺气,温汤适度,可入浴疗疾。"[89]南温泉在明朝已被发现,为硫酸钙镁钠型温泉,水温在39℃至42℃,周围环境优雅,竹林密布,蒋介石、林森、孔祥熙等国民党高层都曾在温泉旁建立休养和避难寓所,如今成为重庆众多抗战史迹的一部分。而故宫人去寻找的,却是王羲之笔下茂林修竹、流觞曲水的风雅,以及苏东坡的风骨。

终归,热爱艺术的人,都是热爱生活的人。

这份宁静、诗意的生活,原本就应该是属于中国人的。

第五章

千军万马一条江：西迁中路

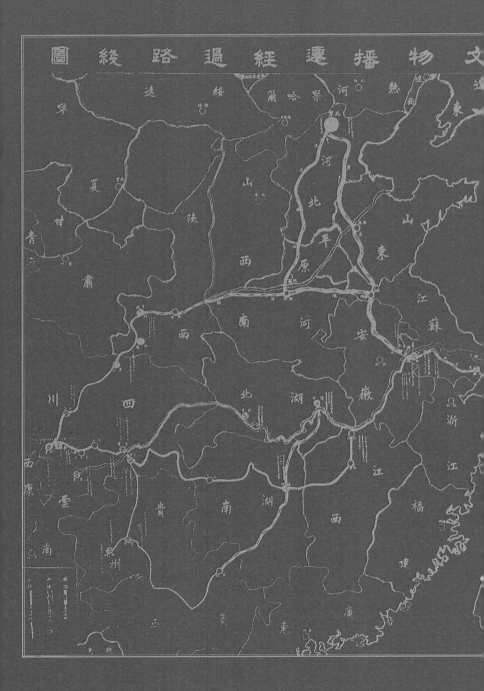

圖綫路過經運播物文

察哈爾　河　熱
遠　綏　　北
寧　　　　　　　　　西
夏　陝　　　　　　東
甘　　西　山　　河　　山　　江
青　　　　　　　　北　　東　　蘇
海　肅　　　南　河　安
川　　　北　湖　徽　　浙
四　　　　　　　　江
西　　　　　　　　江　　江
康　雲　貴　南　湖　西　　福
南　　州　　　　　　　建
　　　　　西　　東
　　　　　　　廣

一　中国的"敦刻尔克大撤退"

南京沦陷后，日本大本营为打通津浦铁路，使南北战场连成一片，日军实行南北对进，试图攻占华东战略要地徐州，徐州会战打响。此时的武汉，已由原本的抗战中心变成抗战前线。1937年底，日军飞机就开始对武汉进行大轰炸，开始时的轰炸目标主要是汉阳兵工厂和机场，但很快转为无差别轰炸。存放在上海平和洋行汉口分行打包厂仓库内的故宫文物时刻处于危险之中。1937年12月24日开始，故宫博物院决定将存放在汉口的文物运往宜昌。

"湖北省的宜昌，素有'川鄂咽喉'之称，历来是兵家必争之地。抗日战争时期，宜昌更成为悬系中国命运的咽喉。1937年12月，南京沦陷，国民政府宣布迁都重庆，并确定四川为战时大后方，进出四川的通道就成了抗战的重要运输线。当时入川，少有公路，更没有铁路，唯一只有走长江。而宜昌以上的三峡航道狭窄，弯曲复杂，滩多浪急，险象丛生，有的地方仅容一船通过。1500吨以上的轮船不能溯江而上，所有从上海、南京、武汉等地西行的大船，当时都不能直达重庆，乘客和货物都必须在宜昌下船'换乘'（换上能走长江三峡的大马力小船），才能继续溯江进川。"[1]

千军万马一条江，卢作孚说："（1937年的 —— 引者注）大半年间，以扬子江中下游及海运轮船的全力，将所有一切人员和器材，集中到了宜昌。扬子江上游运输能力究嫌太小，汉口陷落后，还有三万以上待运的人员，九万吨以上待运的器材，在宜昌拥塞着。全中国的兵工工业、航空工业、重工业、轻工业的生命，完全交付在这里了。"[2]

"那时的宜昌，还只是个不大的城市，城区才2平方公里，一下拥来这么多人，所有的房屋都已挤满了人，还有不少人只好露宿街头。由于人多船少，他们往往一等就是半个月到一个月，还买不到船票。而日本飞机不断飞来轰炸，日本军队又节节逼近，恐惧和不安，笼罩在人们心头。宜昌沿长江两岸都堆满了待运的机器设备，不少机器设备由于撤走时十分仓促，来不及装箱，都敞露在地上，任凭日晒雨淋。各单位各企业各机关都在争先恐后要求尽快撤出宜昌。宜昌陷入一片混乱和恐慌之中。"[3]

自1937年12月24日至1938年1月6日，故宫文物终于运到了宜昌。但宜昌也不安全，故宫博物院未雨绸缪，1938年1月9日，故宫文物运至宜昌仅仅三天后，文物就开始向重庆启运。1月24日，日军飞机第一次轰炸了宜昌，炸毁铁路坝机场中国空军飞机6架，死伤民工和市民200多名。故宫文物虽然躲过了一劫，但此后日军飞机不断飞临宜昌进行狂轰滥炸，故宫文物仍时刻处于险境。

故宫文物撤出宜昌之后，各地人员、物资抢运愈发急迫，宜昌江边从一马路到13码头数里长的空地上，已被密密匝匝的各种亟待转运的货物拥塞得水泄不通。而此时日军正在疯狂地向宜昌推进，敌机不停地飞临宜昌轰炸。抢运的风潮在10月里达到高潮，此时，距长江的枯水期，只剩下四十多天。

10月23日，民生公司总经理卢作孚抵达宜昌。他向所有需要运送人员物资的各单位负责人宣布他的转运计划和严格纪律，保证在四十天内运完壅塞在宜昌的全部人员物资，但必须服从一个条件："所有公司、轮船、码头只听其一人的指令和调遣。各单位人员、物资的运转顺序一旦排定，必须坚决执行……决不准自行其是"[4]。当时，全场爆发出一片欢腾，不少人情不自禁，流下了眼泪。

卢作孚和民生公司技术人员反复研究，创造出枯水期间不停航的"三段航行法"："将长江上游宜昌至重庆的航线分为3段，每段根据不同的水位、流速、地形调配适于该段航行的轮船行驰，实行分段运输，分段转运；在实在无法船运的地段，就由陆路转运至下一段航线上。这种航行法虽然麻烦，运输成本高，但却保证了枯水期长江上游不停航，是中国航运史上的一大创造。"[5]

宜昌大撤退，被称为中国的"敦刻尔克大撤退"。"敦刻尔克大撤退靠的是一个国家的力量，由军事部门指挥完成，宜昌大撤退则完全依靠卢作孚和他的民生公司。"[6]几十年后，仍有人写道："尽管有为数众多的轮船被追随而来的日机炸沉，有的触礁而毁，船上水手伤亡惨重，但那大船小船齐头并进，那军民不分，通力合作的场面，以及在硝烟密布，弹片横飞的川江水面负重前行的身影，却是危难时中华民族精神的写照。"[7]

当年亲历宜昌大撤退的平民教育家晏阳初先生说："这是中国实业史上的'敦刻尔克'，在中外战争史上，这样的撤退只此一例。"

二 不易受潮湿的物品暂存重庆

1938年1月9日，故宫文物开始向重庆启运，抵达重庆后，最初的存放地是朝天门附近的川康平民银行仓库。但文物箱数太多，川康平民银行只能容纳3000余箱，无法存放全部文物。反复寻觅，终于租到了前四川禁烟总局所用之合记堆栈（在市区临江门附近），作为暂时寄放文物之所。

然而，谁都没有想到，1938年2月23日，因为阁栅已经糟朽，不堪承重，卸放文物时，楼板发生坍陷，导致了7箱文物受到压损。大家赶紧开箱检查，发现所字第4272号（即瓷字第2679号）箱内所装的8件白瓷爵，有2件震碎，1件损一足。[8]这是故宫文物南迁途中仅有的几次不幸事件之一。所幸的是，其余6箱，只有箱板受到擦损，里面的文物均安然无恙。

2月27日，重庆市市长李宏锟签发了一份训令（第606号）。这纸训令，现藏重庆市档案馆。训令中说：

> 查我国开国迄今，垂数十年，历代帝王，关于典籍图书、珍宝奇玩，以及名贵艺术作品，无不尽量搜罗，察清入主汉族二百余年，历代搜藏，及近代珍玩，均收大内，民国成立，对于此种国粹，异常宝贵，东北沦陷，故都垂危，中央为策古物安全，曾装箱运往京沪保管，乃者倭寇内犯，复行运渝，计先运抵本市者，已达四千余箱，原租之川康堆栈，不能容纳，亟应另觅适宜地址，以资应用，为此令□□□□□□□（此为盖印处，字迹模糊 —— 引

者注）所属会员银行，酌将钢骨洋灰仓库租予备用，□关系存古物，□在必行，即万一各银行仓库，无有空地，亦应将□□货物移开，□储古物，不得籍词推诿，致干严□，仍将点箱情形，具报备查为要。切切！

此令

中华民国二十七年二月二十七日

市长李宏锟

除了合记堆栈，故宫博物院还找到玄坛庙附近的安达森洋行以及王家沱吉利洋行，作为迁渝文物的存放之地。

据介绍："安达森洋行，位于南岸区南滨路慈云寺旁，始建于1890年代重庆开埠初期。""安达森是瑞典人，重庆开埠以后，他来到重庆南岸海狮支路2号买地建房开设洋行，主要经营鬃毛、腊肉及百货等。资料记载，安达森洋行原有6栋建筑，占地近万平米。当时故宫博物院租下四个仓库，安达森下令'把仓库里的腊肉都甩了'，将3694箱文物都搬进了仓库。"[9]

故宫博物院在重庆设立办事处，主任励乃骥，地点在通远门外高家庄胡家花园，院长马衡也在这里办公。

在南京出发时，南京城飘着冷雨，雨水淋湿了箱板，还顺着箱缝渗入箱内，但在这六个多月里，文物几乎一直处在奔波中，没有机会进行晾晒，到了重庆，安达森洋行地处长江边上，进入春夏，江水蒸腾，空气潮湿，很容易使箱内的文物发霉变质。

1938年8月13日，故宫人员开始开箱检查。这一天，刚好是"八一三事变"一周年。

对于未受潮侵的文物，立刻归箱；对于受潮较轻的文物，晾晒半天，就放回箱内；对于受潮严重的文物，则要较长时间晾晒，还要时时翻动，直到完全晾干，擦拭干净，再放回箱内。

受潮最严重的文物，是"上"字第162号箱的装载的武英殿本《古今图书集成》，它精美的木匣夹板上，湿气已结成细小水珠，有些书页也黏合在一起，其他各箱文物，虽有不同程度的受潮，但经过晾晒后，均归完好。

据徐婉玲介绍："1938年7月，马衡在国立北平故宫博物院第三届理事会首次大会上提出非常时期故宫文物保管计划，重点内容有二：一是在重庆营建防空仓库，保存不惧潮湿物品，二是到昆明找寻合适处所，保存易受潮湿物品。经理事会议讨论，同意建筑防空仓库，并决议易受潮湿物品运存昆明，不易受潮湿物品暂存重庆。"[10]

故宫文物迁移至重庆，让这座城市再一次站到了历史的聚光灯下。重庆，长江上游的这座著名山城，在1937年11月，中华民国政府颁布《国民政府移驻重庆宣言》之后，成为中国抗战时期大后方的政治、军事、经济、文化中心。

需要强调的是，这里不仅仅是国民党政权的首都（1940年9月6日，国民政府发布命令，以重庆为中华民国陪都），也是整个中华民族抗日民族统一战线的中心舞台，在这个舞台上，中国共产党占据着举足轻重的分量，并勇敢地肩负起中流砥柱的使命。1938年12月，与国民政府在重庆形式办公的同时，周恩来、叶剑英等中国共产党代表撤离武汉，来到了重庆，在闹市区的机房街70号设立了八路军驻重庆办事处，后来转移到更加掩蔽的红岩嘴13号，在那里，他们建起一座三层小楼，作为八路军办事处和南方局的办公地。离红岩不远的虎头岩，是《新华日报》编辑部所在地。而周恩来的住处，在曾家岩50号，当地人称之为"周公馆"，在那里，常有中共工作人员和文化界名人出入，而通往周公馆的小路旁，就是国民党军统头子戴笠的住所。从红岩到曾家岩十余里路，常年蹲守着七八十个特务，时间一长，他们与周恩来的朋友都成了"熟人"。特务们说，我们是来给共产党当保镖的。一天，郭沫若手里拿着两包书从周公馆出来，转过身对盯梢的两个特务说："反正二位都要陪我走到底的，这两包书就有劳你们了！"特务只好接过书，把郭沫若一路送到家门口。[11]

在中国的抗日力量重新集结在重庆的时刻，故宫文物抵达

重庆极具象征意义。在重庆，这战时的都城，颠沛流离的故宫
文物有了暂时的安身之所。每逢有太阳的日子，故宫人都要对
这些溯江而上的文物进行晾晒。晾晒工作一直进行了三个多月，
到 11 月 16 日始告结束。

然而，即使在重庆这个战略大后方，故宫人依旧不能安枕
无忧。就在故宫文物运抵重庆后，日本军机对重庆市区实施的
无差别战略轰炸就开始了，这一炸，就炸了多年。

为摧毁抗战陪都重庆，日本策划并发动了以重庆为主要目
标的无差别战略轰炸行动，史称："重庆大轰炸"。在本书此前的
讲述中，曾经多次讲到过日本军机对中国城市的"无差别轰炸"，
所谓"无差别"，是指日本军机对军事与民用设施不加区分地进
行同等级别的轰炸，实际上，这种针对中国的轰炸自"九一八事
变"之后二十天就已然开始了。1931 年 10 月 8 日，日本空军出
动 11 架军机对锦州进行了一次战略轰炸，这是人类历史上第一
次"无差别轰炸"，"九一八事变"的策划者之一石原莞尔亲自升
空，见证了这次"具有历史意义"轰炸，并检验轰炸效果。

无差别战略轰炸是一种新型的战争形态与手段，日本是这
个战争手段的始作俑者，而锦州是第一个牺牲的城市。日本军
国主义者从中尝到了甜头，找到了一种以最小的代价进行最恐
怖的杀戮的形式。因此，尽管从轰炸锦州开始，日本就一直因

这种非人道的恐怖行径而遭受来自美国、英国等国际社会的强烈批评，但它一意孤行，走上了一条不归路。不幸的是，中国成了无差别战略轰炸这种新型的战略思想与战术手段的实验场和牺牲者。有日本学者指出，石原莞尔就是无差别战略轰炸的创始人，而这次轰炸实际上铺设了一条后来通向重庆，然后通向广岛、长崎的岔道，成为"终点的起点"[12]。

据介绍："1937年9月19日，日军第三舰队司令官长谷川清下令对南京等实行'无差别级'轰炸。一部分历史学家认为，这是更广义的南京大屠杀的起始日期。"这一年11月，"日本陆军航空本部通过了《航空部队使用法》，其中第103条规定：'战略攻击的实施，属于破坏要地内包括政治、经济、产业等中枢机关，并且重要的是直接空袭市民，给国民造成极大恐怖，挫败其意志。'这是人类战争史上第一次明文规定可以在战争中直接以平民和居民街道为目标实施空袭，突破了战争伦理的底线。"[13]

日本军机对重庆市区的无差别轰炸自1938年2月18日日机轰炸重庆郊区机场就开始了[图5-1]。

1939年5月3日和4日，日本连续两天对重庆市区的闹市地带进行地毯式轰炸，这是日军飞机对重庆市区的第一次大规模空袭。历时两天的轰炸造成5000多平民殒命。"造成如此大伤亡

的一个原因，是日本使用了新型的炸弹：一种特制的燃烧弹。"[14]

李永晶先生在《变异：日本二千年》一书中写道："日本随后发动了代号为'百一号作战'和'百二号作战'的两场大型轰炸。当时，日军集中了海军和陆军的所有航空兵和飞机，组成了庞大的轰炸机群。在1940年5月到8月间发动的'百一号作战'期间，日军动用二千余架飞机实施了数十次大规模轰炸，总共向重庆市区投放了一千四百余吨炸弹，包括最新型的燃烧弹。而且，为了彻底掌握制空权，日本将几乎还处在实验阶段的一款新式战斗机投入了战斗，这就是后来很有名的'零式'战斗机。"[15]

零式战斗机是单座单发平直翼布局，在二战初期以转弯半径小、速度快、航程远等特点优于其他战斗机，在1940年正式采用，该年是日本皇纪2600年，后两个数字是"00"，因此被称为"零式舰载战斗机"，简称零式。这种零式战斗机，直到今天仍被日本右翼分子引以为"傲"，当作他们"精神传家宝"供奉在靖国神社游就馆一楼大厅里。日本新右翼文化的代表人物百田尚树以"神风特攻队"驾驶零式战斗机进行自杀式攻击[16]为主题的小说《永远的零》，在2012年销售突破100万本，至今在日本国内的发行量已超过450万册，成为日本的超级畅销书。以这部小说改编的同名电影自2013年12月21日上映后，连续7周票房累计66亿6758万日元，许多年轻观众都是哭红了眼睛从影院里出来的，2015年在第38届日本电影学院奖中荣获包括最佳影片在内的八项大奖，又成为日本右翼势力宣扬军国主义思想的"精神原子弹"。2014年，日本鹿儿岛县"知览特攻和平会馆"居然向联合国申请，将333件"神风特攻队"队员遗书等列入世界记忆遗产名录，试图将杀人机器当作全人类的文化遗产，这场颠倒黑白的表演充分暴露出日本右翼分子的可恶、可笑与可怜。

除了投入新式战机，"在战术上，日军还发明了一种新方法，故意采用不间断轰炸的方式，借以剥夺重庆市民的喘息机会，目的是造成最大的恐怖效果。日军为此专门起了个名字，叫'重庆定期'，意思是空袭就像是定期航班，严格按照计划、按照时间表进行。重庆人将其称为'疲劳轰炸'；而1941年6月5日校场口防空洞发生的造成一千多人瞬间殒命的惨案，就是这种'疲劳轰炸'的结果。"[17]

日本对重庆进行的战略轰炸一直持续到1943年8月23日，历时五年半。"据不完全统计，在5年间日本对重庆进行轰炸218次，出动9000多架次的飞机，投弹11500枚以上。"[18]"日军出动的军事打击力量之多，空袭之残酷、野蛮、猛烈，在历次战略轰炸中居于首位。"[19]

　　作家胡风在回忆录里记载了大轰炸时的悲惨景象，那是1940年5月27日午后，胡风正与友人下棋，敌机不期而至，投下了大量的炸弹，"全屋震动，积尘雨下，眼前几乎一片朦胧。彭大娘把女孩蒙着头躺在后屋她的床上，孩子大哭，彭大娘一个劲地叫菩萨保佑。"[20]胡风房屋周围落了三颗炸弹两个杀伤弹，弹片削断了窗上的木条，削断了窗外一片竹林中多根手臂粗的竹子，胡风庆幸有它护佑，自己的脑袋才安然无恙。可看看邻居，顿觉惨不忍睹：一农妇被炸死在猪圈，一农民被削去半个脑袋死在苞谷地中……

　　重庆大轰炸被认为是与南京大屠杀同等性质的事件。据介绍：大轰炸"死难者达10000人以上，超过17600幢房屋被毁，市区大部分繁华地区被破坏，是继德国在1937年4月西班牙内战中对格尔尼卡（Guernica）平民实施轰炸之后，历史上著名的战略轰炸。"[21]

　　我在这里不厌其烦地讲述重庆大轰炸，一方面在于它野蛮地屠戮着中国人的生命[图5-2]，剥夺着中国人正常生活的权利，另一方面在于它对刚刚在重庆安顿下来的故宫文物构成了前所未有的威胁——尤其是刚刚投入战争的新型燃烧弹，令中华民族积累了数千年的辉煌文明成果随时可能毁于一"弹"。没有了这些祖先创造、世代积累的文化珍品，中华文明就可能沦为一

[图5-2] 重庆大轰炸中不幸遇难的小女孩，1940年9月

个难以实证的"传奇",中国人的民族自信将受到毁灭性的打击。这是当年带着文物南迁的故宫人最焦虑的问题,是他们珍视文物超过珍视一己生命的原因所在。

三　宜宾也不安全

自1939年3月28日开始,由商办中国联运社配备运输船只,将文物分批转运出重庆。

中路文物的下一站,是四川的乐山。自重庆到乐山,有水路相连,但较大型的轮船,只能行驶到宜宾,宜宾于是成为此次转运的中转站。

重庆文物的转运,限期在4月中旬以前必须完成。万一有具体困难,即将文物转移到远离重庆市区20里以外的地方暂避。

此时的重庆码头,几乎再现了当年文物撤离南京的危急景象。轮船装运,昼夜不停。到4月11日,已运二十批。

由于时间紧迫,不幸的事件终于发生了。故宫博物院文献馆工作人员朱学侃,听说有一条大船可装,想去看看一船可装多少箱,就带上一名工友,赶往南岸玄坛庙的装运码头。曙色微茫之中,他先行上船视察舱位,没想到舱内光线昏暗,伸手不见五指。朱学侃叫工友去取手电筒,自己在舱内行走,没注意脚下的舱板已被掀起,骤然踏空坠落,头部撞在深深的舱底。

人们发现后，急忙把他送到附近的仁济医院时，他已经停止了呼吸。

朱学侃，在故宫文物南迁途中以身殉职的第一人。故宫的同人把他安葬在重庆南岸的狮子山上，为他立了碑。安徽人朱学侃，脚步永远停在了重庆。

> 巍巍故宫，古物攸同。
> 瑰姿玮态，百代是崇。
> 殷盘周彝，唐画宋瓷。
> 亿万斯品，罗列靡遗。
> 谁其守之，惟吾队士；
> 谁其护之，惟吾队士！

《故宫守护队队歌》的歌声响起，"守护队队员"朱学侃长眠于重庆南岸狮子山。这里并不是他的家乡，却是他流血流汗、工作到最后一秒的地方。他舍命呵护的那些文物都安全了，而他却再不能亲眼看到故宫国宝回家了。

即使故宫人为这次转运付出了生命的代价，到11日，仍有1300余箱文物尚未运出。情急之下，只好退而求其次，在前二十批文物运出后，雇佣11只民用木船，星夜装运，将剩余文物转运至重庆市20里外的王沙溪，再盘到轮船上。18日，最后一批文物终于在王沙溪装上华东轮，次日起航，于22日到达宜宾，23日存入中国银行仓库。

在宜宾，中国银行仓库、川康仓库和云集堆栈，成为故宫文物的存放地。

文物运出重庆仅仅十天后，1939年5月3日，45架日军飞机飞临重庆，对重庆进行狂轰滥炸，市内27条主要街道中有19条被炸，居民死伤1000多人，1000多栋房屋化作废墟。第二天，又有27架飞机轰炸重庆，死伤5000余人。曾经存放故宫文物的一些建筑也被炸毁。

故宫文物又躲过一劫，但宜宾也不安全，日本轰炸机随时可能不期而至，假如投掷燃烧弹，故宫文物将受灭顶之灾。

从宜宾到乐山，在水路运输中是极为困难的一段。每年只有6到8月间才能行驶轮船，如果到9月初还没有运完，剩下的文物就只能留在宜宾了。

此时催促他们的，不是日本轰炸机，而是即将到来的长江枯水期。

自7月初，在宜宾码头，他们几乎天天装船，到8月底，才总共运出4596箱，仅占总数的一半左右。枯水期马上到了，此时的宜宾，也经常响起空袭警报。马衡从西迁北线调来的那志良先生"增援"宜宾，欧阳道达心急如焚，天天发电报催促，那志良先生也如热锅上的蚂蚁。情急之下，他找来负责运输的中国联运社负责人，厉声说："依照协议书的规定，是在8月30日运完，现在并未运完，我奉上级命令，到期如不运完，便派兵封船，装运文物。现在我不能不遵行这个命令了，请转告民生轮船公司吧！"

说这番话时，负责警卫故宫文物的军官在他身边，民生公司驻宜宾办的负责人慌了，对那志良说：凡是从重庆来了三只船，就给一只船装运文物。那志良不同意，对方只好改口说，给故宫两只船。

9月11日，日军36架飞机飞临宜宾附近的泸州，投下200多枚燃烧弹，将泸州城炸成一片火海，事后登记的尸体1160具，轻重伤1445人。马衡在重庆，欧阳道达在乐山，那志良在宜宾，一颗心都悬到嗓子眼。那志良加快抢运速度，从12日至15日，每天一船不间断，16日是一天两船。

9月12日，日军飞机轰炸泸州第二天，马衡先生给那志良写信，说："昨敌机袭泸，使人不寒而栗。下午又向联社民生催促，所言与十日来书相同。昨今候电未至，必长虹不敢行驶。昨日仍未结束，今午十时又闻警报，真如万箭穿心，幸历廿分钟即告解除。大约十三晨必可扫数运清矣。此次非兄前往主持不能有此成绩也。"[22]

16日，那志良终于登上"民选轮"，把最后二百箱文物装入船舱，文物终于全部运离宜宾。行前，那志良发电报给马衡院长，报告文物"全数运清"，宜宾办事处已经工作结束。

马衡后来回忆这段经历时依然心有余悸："这抗战八年的中间，文物虽没有受到敌机的轰炸，但是可能性实在太多了。最感到危险的，是那九千多箱由重庆运出，寄存宜宾，分批往乐山运的时候。其时重庆已经受到'五三''五四'的惨状，只要天晴，必有空袭。而在沿岷江一带，有三大城市，上游是乐山，下游是泸县，中间就是宜宾。我们因为便于转船的关系，所有的文物都存在沿江的大仓库中。那一年，乐山泸县皆受到燃烧弹的轰炸，都烧了半个小城。独有这宜宾没有受到轰炸……"[23]

其实，宜宾只是在故宫文物运出以前没有受到轰炸，1939年10月2日晚，日军飞机终于"光顾"了宜宾，投弹100多枚，这一天，是故宫文物撤出宜宾的第十六天。

四　轰炸乐山的纪录片成为日本空军的"样板片"

三四月间，几乎在文物分批转运出重庆的同时，马衡院长带着欧阳道达、牛德明等人，前往峨眉、乐山寻找文物存放点［图5-3］［图5-4］。

［图 5-3］ 乐山瞻峨门（高西门），1898 年，［英］伊莎贝拉·伯德摄

［图 5-4］ 乐山城区，20 世纪初，乐山市档案馆藏

在峨眉，他们选中了东门外大佛寺和西门外的武庙作为已存成都文物的转迁点。在乐山，城里最大的建筑文庙已被西迁的武汉大学借用，他们只好另寻地点，这个地点既要便于运输，又不能离城太远，最终，他们选择了大渡河畔的安谷乡，作为文物存放地。

安谷乡距离乐山县城只有十多公里，全乡人口1.3万人，场镇上大约四五千人，乡境内有寺观祠庙113座。故宫人员选定其中的古佛寺以及宋氏、易氏、梁氏、陈氏、赵氏、朱潘刘三氏祠堂作为文物存放仓库，称"一寺六祠"。

欧阳道达选定了杜家场、英冠场和杨花渡三处渡口作为轮船的停泊点，根据水位高低，停在不同的渡口，然后把文物箱卸到木船上，再由纤夫拉纤[图5-5]，溯大渡河，进入安谷乡。

欧阳道达回忆：轮船由宜宾开到乐山，卸船的地点，视水势大小而定，水大时，可以开到县城外面卸下轮船，有许多小木船停在那里等候接运，舱门开后，一只一只的箱件运上木船；水小时便要在观音场起卸，再由木船从观音场运到安谷乡。无论从县城外，还是从观音场，都是逆水行舟，要靠工人用纤绳拉拽，十分艰难。

有一次，水势很大，于是在县城外面卸下木箱，等最后一只木船装满，梁廷炜先生和工人们一起上了船，纤夫们在岸上拉纤绳前行，船上有掌舵者掌握方向。突然，纤绳断了，满载文物与人员的木船立刻成为"不系之舟"，被水流裹挟着，疾驰如飞，向下游冲去。在它的前方，是著名的乐山大佛。假若木船撞在大佛上，必定粉身碎骨。但谁也没有想到，船在河水里漂流了一段，竟然自己向岸边冲去，在河滩上搁浅了。[24]

慈悲的大佛，或许真的在保佑文物，以及文物的守护者们。

故宫9369箱文物（包括故宫博物院、古物陈列所、颐和园、国子监文物）全部存入了乐山安谷乡［图5-6］，故宫博物院驻乐山办事处设在宋祠，主任为欧阳道达［图5-7］，工作人员有刘官谔、梁廷炜、欧阳南华、曾湛瑶。

那志良回忆说："安谷乡中的几个祠堂，每个相隔，都有一段距离，有时还要走田埂，交通并不便利，祠堂里的房屋，尽量容纳箱件，只留一间小房，供职员与工友合住，另外一间较大的屋子，给守护士兵住，真是克难的设计。"[25]

8月19日，从宜宾运来的第十批文物抵达乐山时，赶上了日军飞机对乐山的第一次轰炸。"中午11时40分，乐山城区突然响起急促的空袭警报，民众扶老携幼，慌乱地朝老霄顶、篦子街、大佛坝几个方向'跑警报'。仅几分钟后，大祸从天而降。36架日机分成3组，先呈品字形编队，飞临乐山城区上空变成一字形，扔下了一串串炸弹，又是轰炸又是扫射，弹片横飞如雨，

［图 5-5］ 乐山拉纤，1923 年，［法］拉蒂格摄

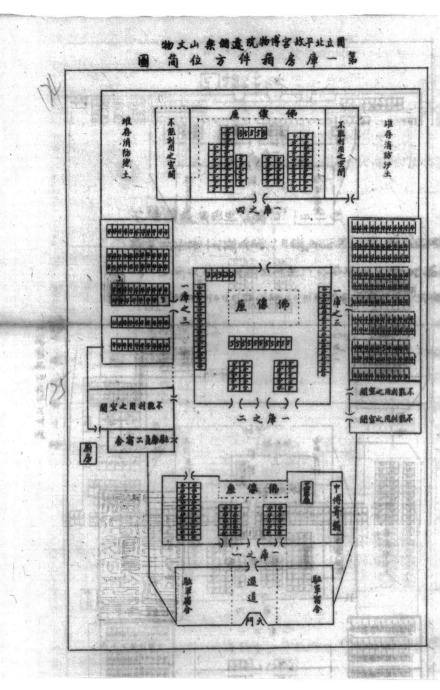

[图 5-6]《国立北平故宫博物院迁储乐山文物第一库房箱件方位简图》，中国第二历史档案馆

烈火浓烟熊熊，黑烟热浪遮天蔽日 …… 炸弹爆炸声，机枪扫射声，房屋倒塌声，伤者哀号声，连续不绝。"[26]

"日机狂轰滥炸后飞走了，有一架侦察机还留在城市上空拍照、摄像后才扬长飞去。因为当时乐山根本没有防空火力，轰炸后在低空拍摄影片非常安全，以致轰炸乐山的实况纪录片成为当年日本空军屠戮中国平民的'样板片'，经常在天皇生日和'支那事变'（日方对'七七事变'的称呼）纪念日公开放映，借以炫耀侵略者的'战功'和威吓敌占区的中国老百姓。"[27]

"日机飞走后，幸存民众从被炸垮的房子和火海中冲出，只见四处尸骨横飞，血肉模糊，见者无不掩泪。嘉定公园中山纪念堂中了一弹，不少人被大火烧死。下河街诚益银号经理毛锡荣，本已跑到河边，担心财产受损又回家，遂被炸死。罕当街牟华章大娘，大火逼来逃生无路时，只好躲进水缸，头上用口铁锅遮盖，反被烈火煮死 ……"[28]

"当时统计，此次大轰炸，乐山城区共有2050户人家被炸，3500幢房屋被毁，49家遭受'灭门之灾'，死亡、重伤者5000多人，10000余人无家可归。城区较场坝、东大街、土桥街一带，人烟稠密，死者最多。昔日繁华街道变为废墟，到处滚烫憋闷、焦臭难闻。县政府召集人掏挖死尸，无人认领的，用滑竿抬出德胜门外和西湖塘边挖大坑埋葬，好几天都没埋完。乐山最繁

［图 5-7］　欧阳道达租住的农舍，1946 年

荣的商业区和住宅区，三小时内化为灰烬。乐山城元气丧尽、百业萧条，如嘉乐纸厂、嘉裕碱厂、嘉裕电器公司等被迫停产。这年秋天，乐山城瘟疫流行，人心惶惶，痛苦万状……"[29]

关于轰炸乐山的原因，当时日本媒体给出的原因是："嘉定（乐山）被认为是继重庆之后，国民政府的最后避难地，是加紧迁都准备之所。此次嘉定轰炸与之前的成都轰炸同样，是表明我军决不让已在四川无处容身的蒋介石从我猛鹜的羽翼下逃脱之决心的战役。"8月20日东京《日日新闻》对"八一九"轰炸做了如下报道：

[○○基地19日发同盟]我海军航空队精锐大编队于19日大举轰炸敌方最近迁都准备中的四川省嘉定（乐山），突袭该市军事设施，一举对它进行了毁灭性打击。

在增田少佐指挥下，数十架飞机组成的巨鹜如鹏翼相连，溯扬子江长驱重庆上游三百公里的四川省嘉定，对该市军事设施果敢地实施初次大轰炸。巨弹落在嘉定市街区，当时正刮着东南风，全市一片火海，烈焰冲天。

突袭队沿峨眉山周边悠悠低空侦察飞行约30分钟。此时发现附近3只大型运输飞行艇正在飞行，确认是蒋介石以下重要政府官员乘坐的飞行艇，于是立即对它进行攻击。

可惜被逃脱了，令我们的勇士切齿扼腕叹息。[30]

西迁乐山的武汉大学有15名师生在这次轰炸中丧生，其中包括学生5人。我们从历史档案中找到了他们的名字和照片。他们是：高端、韩德庆、俞允明、曾焱华、龚业广。

轰炸发生时，欧阳道达先生正在城里府街乐安旅馆内，附近的玉堂街、土桥街、鼓楼街都挨了炸弹，地动山摇。欧阳道达先生发现自己无处可躲，只好跑进屋子里，蹲到一张方桌的下面。屋外，炸弹声、枪炮声响亮，让他不寒而栗。此时一枚炸弹丢下来，在乐山办事处前面不远的马路上爆炸，把地面炸出一个大洞，气流挟带着尘土四处飞散，连躲在桌下的欧阳先生，也落了一身土。[31]

所幸，欧阳道达先生所住的房屋没有受到轰炸。运载文物的"民教轮"也没有被炸，在轰炸之后，安然抵达乐山冠英场。

轰炸刚刚结束，乐山城区消防会立即投入救火救伤。这个1935年成立的民间组织共有九个分会，成员都不是专业消防队员，但他们旋即投入火场，脚步没有丝毫的迟疑。现存档案显示，当时共有五个分会参加了救援，另外四个分会因办公地点被炸，消防器具尽毁，或因消防队员被炸，无法参与施救。

第二天，大佛寺、乌尤寺的僧人，在篦子街支起数口铁锅，熬粥施众，每天两顿，每人一碗，让无家可归的灾民得以度日。[32]

作家叶圣陶在《中学生战时半月刊》上发表文章《乐山被炸》，记述了人们争相救助的情景：

> 他们告诉我在日本飞机还没飞走的时候，武大和技专的同学出动了，拆卸正在燃烧的房子，扛抬受了伤的人和断了气的尸体，真有奋不顾身的气概；听到这个话，我激动得流泪了。在成都听人说起那一回成都被炸，中央军校的全体同学立刻出动，努力救火救人，我也激动得流了泪。那是教育奏效的凭证，那是青年有为的凭证，把这一种舍己为群的精神推广开来，什么事情做不来呢。[33]

此后，日军飞机又对乐山实施多次轰炸。所幸，在这些轰炸中，藏在安谷乡的故宫文物安好无损。

2002年9月9日，"日本侵略者向中国人民投降纪念日这一天，以乐山空难纪念碑为主体的乐山'8·19'主题纪念广场在乐山城区高北门小游园内正式落成。主碑体为一本翻开并被炸烂的日历，日历上的日期停留在8月19日，日历上以浮雕的形式真实再现了当年日机轰炸乐山的情景，提醒乐山人民，对于这座城市人民经历过的灾难苦痛，永世铭记。"[34]

五　当学术巨匠遭遇大足石刻

武汉大学是在1938年2月21日校务会议上决定西迁至乐山的，3月，部分教职员工和一、二、三年级学生600余人分批乘轮船入川。虽然图书仪器等在迁徙途中不断遭遇轰炸，损失惨重，但4月29日，首批入川学生依然在乐山开学上课。

故宫文渊阁《四库全书》随南迁、西迁文物到了乐山，马一浮先生也跟随到了这里，在乐山大佛旁边的乌尤寺里，办起了一座书院，名"复性书院"。

马一浮先生祖籍浙江绍兴，1883年生于四川成都，是引进马克思《资本论》的中华第一人，与梁漱溟、熊十力合称为"现代三圣"（或"新儒家三圣"），现代新儒家的早期代表人物之一，刘梦溪先生把他称为"儒之圣者"，认为"马先生的'本我'境界，比梁、熊要高一筹"，"你不能讲熊十力是'儒之圣者'，也不能讲梁漱溟是'儒之圣者'。他们都是现代儒学思想重构当中的重要人物，但只有马先生我们可以称他为'儒之圣者'"。马一浮先生对于传统儒家文化，特别是宋明理学的深刻研究和体验，"马先生学问根底的深厚，他的超越与精神，他的内在精神的净化，少有与之比肩者。"[35]有人评价："中国历史上大学者，阳明先生之后，当推马一浮。"

马一浮少年赴美，归国后"自匿陋巷，日与古人为伍"。三年中，他苦读杭州文澜阁所藏《四库全书》。刘梦溪先生说："学林中以此有马先生读完了《四库全书》的说法"，只是"此说是否真的可靠，已不能完全考知。但马先生读书之多、典籍之熟、记诵之博，远非一般学人所能望其项背，则无疑义。丰子恺和弘一法师是他的契友，对他最了解。弘一法师说：'马先生是生而知之的。假定有一个人，生出来就读书，而且每天读两本（他用食指和拇指略示书之厚薄），而且读了就会背诵，读到马先生的年纪，所读的还不及马先生之多。'丰子恺则说：'无论什么问题，关于世间或出世间的，马先生都有最高远、最源本的见解。他引证古人的话，无论什么书，都背诵出原文来。'"[36]

1937年，"七七事变"的枪声惊醒了马一浮的清梦。东南半壁沦于敌手，马一浮挟万卷而流离转徙。1939年6月，马一浮由重庆前往乐山考察选址，一眼就看中了乌尤寺。乌尤山古称青衣山，位于川西南的岷江、大渡河（古称沫水）、青衣江（古称若水）三江汇合处，与古城乐山隔江相望。据《史记》《汉书》记载，乌尤山原与凌云山相连，秦蜀郡太守李冰治理沫水，开凿江道，使凌云山与乌尤山分开，使之成为水中孤岛，也称之为青衣别岛。乌尤寺坐落在乌尤山顶，为唐代高僧惠净法师所建。

当日，马一浮与叶圣陶、贺昌群等人同游乌尤寺。山水明丽，斯文在兹，正契合马一浮心愿。他喜不能禁，在尔雅台旁的旷怡亭赋诗一首：

> 流转知何世，
> 江山尚此亭。
> 登临皆旷士，
> 丧乱有遗经。
> 已识乾坤大，
> 犹怜草木青。
> 长空送鸟印，
> 留幻与人灵。

复性书院随即租下乌尤寺，借僧寮二十余间做师生住房，以寺内旷怡亭为讲习之所。

马一浮在乐山创办复性书院，希望以此延续国学的传统，保存中华文化的血脉。在什么是"国学"的问题上，他与胡适先生意见不同。在胡适先生看来，"国学"就是国故学的简称，这一定义，在"五四"以后被广为接受，马一浮先生则不同意如此泛化"国学"的概念，而是把"国学"聚焦在"六艺"上，提出"国学"，其实就是"六艺之学"。

所谓"六艺"，包含《诗》《书》《礼》《乐》《易》《春秋》，即"六经"。它们是中华文明最早的经典，在我们文明的上游，它们发出了最原初、最朴实、最直击生存本质、最穿透肺腑的声音。刘梦溪先生说："'六艺'就是'六经'，是中国学问的最初源头，是中国文化的最高形态"；"'六艺'不光是儒学的源头，道家的源头可以直接追溯到《易经》，'六经'是和文史哲各科都不相重复的我国学术的一门最高的学问"[37]；"既然叫'国学'，就不能跟一般民众不发生关联。如果定义'国学'是'六艺之学'，就是'六经'，跟全体民众都会有关系。"[38]所以马一浮先生说："今楷定国学者，即是六艺之学，用此代表一切固有学术，广大精微，无所不备。"[39]对于蔡元培先生废止读经，马一浮先生痛心疾首地说："六经不能废，废经者譬如把火烧天，徒自疲。"[40]

书院从1939年9月15日开始讲学，在山水幽静处，"用佛家的寺庙丛林的方法为之"[41]，就是以近乎佛家修行的方式来修习儒学经典。对此，马一浮先生在书信中有这样的阐明：

　　　　向来儒者讲学不及佛氏出入众多者，原因有二：一、儒者不得位，不能行其道，故不能离仕宦。其仕也，每为小人所排抑。佛氏不预人家国，与政治绝缘，世之人王但为外护，有崇仰而无畏忌，故得终身自由。二、儒者有室家之累，不能不为生事计。其治生又别无他途，不免徇微禄，故每为生事所困。佛氏无此。丛林接待十方，粥饭不须自办，故得专心求道。[42]

到1941年5月25日停止讲学，前后共一年零八个月。在此之后，复性书院并没有倒闭，而是转为以刻书为主。

故宫南迁文物中丰富浩瀚的古籍，滋养着复性书院。其中故宫文渊阁《四库全书》[图5-8]，是尚存的《四库全书》中最好的版本。《四库全书》按"经""史""子""集"的顺序排列，"经"（"六经"）是"国学"的核心，更是《四库全书》的核心，是中华文化的种子。《四库全书》的卷帙浩繁，就是"六经"的种子生长出的"希望田野"，是不能"把火烧天"的"天"。有《四库全书》在，它的"天"就在。本书第二章写过，故宫南迁文物到上海时，上海商务印书馆专门组织照相，出版了首部《四库全书》影印本。自1945年7月2日至1946年1月28日，前后一百九十三天，复性书院派员去安谷，共钞经部易类、诗类、四书类，史部政书类、传记类、目录类，子部儒家类、术数类，集部别集共22种，后来又校钞了四库集部别集明崔铣《洹词》1种，让故宫博物院

［图 5-8］ 文渊阁《四库全书》，清，台北故宫博物院藏

的中华优秀传统文化，"多刻一版，多印一书，即是使天地间能多留一粒种子"。

1940年7月，故宫博物院乐山办事处组织校勘书籍，有《荀子考》《荀子增注》《新序考》《孔子家语》《史通通释》等数十部；1944年11月，校钞元刊本《群书类要事林广记》《蒙古字书》等，让他们在寂静的典守时光中寻找到了生机和意义，"诗意地栖居在大地上"。文物南迁的风雨历练也为故宫博物院培育了许多学术人才，为后来"故宫学"的发展奠定了基础。

中央博物院筹备处的尹焕章先生，与李济、梁思永、夏鼐先生等同为当年参与发掘安阳殷墟的"考古十兄弟"之一，曾参与整理紫禁城内的明清内阁大库档案。他在安谷奉命典守着借存在故宫文物库房的90箱精品古物，与故宫人建立了兄弟般的情谊。这段时间，他走遍了乐山城周围的麻浩、车子、肖坝等地，对乐山汉崖墓进行了发掘研究，对出土各类文物进行测量登记、拼粘复原、拓印拍照，由他发掘整理的乐山"汉红陶男立俑""陶灶""陶屋"等，仍珍藏在南京博物院（原中央博物馆筹备处）。1944年，尹焕章先生的妻子许玉珉病逝于河南南阳。1946年春，尹焕章先生与乐山县沙湾小学的教师邓文均结婚。

在西迁南路，故宫博物院院长马衡随文物到达重庆飞仙岩后，1945年4月，与庄尚严、傅振伦等人，连同历史学家、考古学家杨家骆、顾颉刚等人，组成"世界学院中国学典馆大足石刻考察团"，对大足石刻进行学术考察。

据介绍，大足石刻位于重庆市大足区境内，是集中国石刻艺术精华之大成的大型石刻群，开凿于初唐，历经晚唐、五代，鼎盛于两宋，余绪延至明清，迄今被公布为各级文物保护单位的石窟点多达75处，造像5万余尊，"代表了公元9—13世纪世界石窟艺术的最高水平，是人类石窟艺术史上最后的丰碑"，是世界八大石窟之一。[43]

佛教从溽热的德干高原出发，历经帕米尔高原（古称葱岭）、河西走廊，一路风尘地抵达黄河流域，正逢魏晋南北朝的战乱。黄仁宇先生把魏晋南北朝三百多年的战乱，称为"失落的三个多世纪"。正是在这三百多年里，来自异域的佛教，在中国落地生根、茁壮成长。然而，"当唐末北方石窟缓缓走向衰落之际，在长江流域的川渝地区，雕刻家们却仍在挥锤凿石，书写了中国石窟史上一个个惊世杰作。川渝地区拥有全国分布最广、数量最多的石窟，其中，根植于巴蜀文化沃土的大足石刻，在吸收、融合前期石窟艺术精华的基础上，以其鲜明的民族化、世俗化、生活化特色，承载了一个变迁时代独特的精神内涵，成为极具中国风格的石窟艺术的典范。"[44]

但在当时，大足石刻却尚未被世人所知，因此，自1945年

4月25日下午两点，"考察团"从重庆出发，登上"民悦轮"到达合川，在合川住一晚，再坐重庆最流行的交通工具——滑竿，于27日到达大足。为纪念这次考察，马衡写《大足石刻考察团游碑》，碑文曰：

> 中华民国卅有四年四月，江宁杨家骆，应大足县郭县长鸿厚、县参议会陈议长习删之邀组织大足石刻考查团，参观北山、宝顶山等处唐宋造像。参加者：鄞马衡、侯官何遂、吴顾颉刚、铜山张静秋、江宁朱锦江、庐江冯四知、北平庄尚严、新河傅振伦、台山梅健鹰、临川雷震、侯官何康、民权苏鸿恩、江津程椿蔚、潮安吴显齐，以是月廿七日至县，凡历七日，遍游诸山；识韦刺史之勋猷，见赵本尊之坚毅；妙相庄严，人天具足，为之欢喜赞叹，爰于归日，题名刊石，以志胜游。

此碑今天仍在北山石窟壁上，历经风吹雨打，沉淀成历史的一部分，文物编号：134。[45]

根据碑文的撰述，"大足石刻考察团"（亦称"乙酉考察团"）的成员共十余人，分别是：

杨家骆：时年三十三岁，考察团团长，目录学家，中国学典馆和中国学术百科全书编辑馆创办者；

郭鸿厚：大足县县长；

陈习删：大足县参议会议长；

马衡：时年六十四岁，故宫博物院院长，金石考古学家；

何遂：时年五十八岁，早年加入同盟会，辛亥革命中，他在清军北洋陆军第六镇统制吴禄祯率领下策动起义，准备从河北滦州直捣北京紫禁城的过程堪称惊心动魄，我在《最后的皇朝》一书中有详细的记述。[46] 大足考察时，他任中华民国立法院军事委员会委员长；很多年后，何遂将他毕生收藏的文物捐献给北京故宫博物院等单位。

顾颉刚：时年五十二岁，著名历史学家、民俗学家，古史辨学派创始人，现代历史地理学和民俗学的开拓者、奠基人，大足考察时，他任成都齐鲁大学国学研究所所长；

朱锦江：大足考察时，在重庆北碚任复旦大学教授；

冯四知：时年三十四岁，大足考察时，任教育部中华教育电影制片厂摄影师，新中国成立后拍摄电影《翠岗红旗》《铁道游击队》《宝莲灯》等广为人知；

庄尚严：时年四十六岁，故宫博物院安顺办事处主任；

傅振伦：时年三十九岁，故宫博物院安顺办事处工作人员；

梅健鹰：时年二十九岁，画家；

雷震：时年四十八岁，抗日战争时期获蒋介石的信任和提拔，大足考察时，任国民参政会副秘书长；1949年赴台湾后，受教育部部长杭立武支持创立《自由中国》杂志；后因反对蒋介石独裁被判十年有期徒刑，史称"雷震事件"。

在今天，许多人的名字已不为人所知，但在当年，他们都是文化学术领域的"风云人物"。

考察团其他成员，皆为工作人员随行人员，其中：

程椿蔚："考察团"总干事；

张静秋：时年三十七岁，顾颉刚夫人，当时在重庆中央大学任教；

何康：何遂之子，时年二十二岁；

苏鸿恩：何遂的副官；

吴显齐：杨家骆创办的中国学典馆青年学者，时年二十五岁。[47]

顾颉刚先生在出发这天（27日）的日记上写："五时起，到一品香吃点。七时上滑竿，行十五里到土桥。九时到雍西乡（大足境），共行卅五里。吃茶，游老街。……（晚上 —— 引者注）七时许到大足城。本日共行百三十里。"[48]

28日，考察团前往北山（又称"龙岗山"）。"初入佛湾，其形如月牙。沿山凿路，龛窟相连，阳光下灿然如蜂房。""巧丽的雕饰，完整如新的佛龛……被尘封的大足石刻在此刻拨云见日，专家们欣喜不已。""石刻多隐于岩下，甚至有屋瓦遮盖。为了使拍摄效果更好，陈习删命人小心翼翼揭开瓦片，拆掉窗上的木板。光线透进来，石刻瞬间'活'了。"[49]

30日，考察进入第三天，天上下起小雨，考察团成员们带着被子、乘坐滑竿前往宝顶。"下午一点半，考察团迈进历经战乱和重修的圣寿寺。韦驮殿、大雄殿、燃灯殿渐次排开，斑驳的朱漆、翘角的飞檐、残存的石塔以及大宝楼阁的残址，这座宏伟却已黯旧的古刹让成员们感觉到了历史的变幻无常。"[50]

考察行程前后共九天，这些天里，他们对宝顶山和北山石窟进行鉴定、命名、测绘、记录、摹拓、摄影、统计、编号等工作。具体分工是：杨家骆、马衡、何遂负责石刻年代的鉴定，顾颉刚、庄严、朱锦江、雷震、梅健鹰绘制像饰，傅振伦捶拓摩崖文字，何康、吴显齐编排窟号及量尺寸，张静秋任文书，吴显齐任编辑，程椿蔚为总干事。

除此，考察团还有意外的收获——在北山上发现宋朝雕刻名家伏氏一家的作品，及《观无量寿经变相图》。《中央日报》当时报道称："全图雕出释迦佛说观无量寿图情形，附有十六观故事，弥足珍贵。"[51]

据介绍：抗战时期，地方政府财政拮据，大足县政府却将几年的积谷、尾欠（指剩下尚未交纳或偿还的一小部分财物）全部提供给考察团，当地各界人士也为考察团提前备好了柴油发电机、电灯、被子、蚊帐等物资，还用"绿豆大曲"款待考察团。美术工作者梅健鹰说，他"第一次醉酒就在海棠香国"。[52]

这是历史上第一次学者组团对大足石刻进行学术考察。当学术巨匠遭遇大足石刻，必然不辱使命，产生一系列的学术成果。"考察期间，考察团拍摄照片200余帧，摩绘200余幅，拓碑100余通，在县内部分学校演讲，'大足石刻'一名，首因考察团使用而延续至今。"[53]

返回重庆后，杨家骆撰就《大足石刻图征序》，马衡撰就《大足石刻古文孝经校释》，傅振伦撰就《大足南北山石刻之体范》，朱锦江撰就《从中国造像史观研究大足石刻》，吴显齐整理出《大足石刻考察团日记》，电影制片厂补写出《大足石刻》剧本，陈习删则在大足完成《大足石刻概论》。

1946年年底，《大足石刻图征初编》完成，作为《民国重修大足县志》的"卷首"，付梓印行。

杨家骆先生还手绘了《大足石刻》长卷，现藏台湾清华大学图书馆。

藏在深山里的大足石刻，从此一举成名天下闻，很多年后仍有人在说：那是一次"改变了大足石刻命运"[54]的学术考察。

吴显齐是考察团中除何康之外的最年轻者，但他撰写的论文《介绍大足石刻及其文化评价》，却功底深厚、眼光独具，对大足石刻的举世无双的文化价值做了极为准确的总结，现照录如下：

一，存亡绝续，虽晚于云冈、龙门，然从历史之延续性上观之，价值无匹；

二，其雕刻体裁，结构繁复紧凑，线条轻快流利，体态秀美，大有曹衣出水、吴带当风之情趣。盖能吸收犍陀罗派作风，而复能依据固有精神，融合以成更优越之艺术；

三，韦君靖碑，足明唐末五代川东一带之局势，可补史阙；

四，心神车窟石像，妙丽庄严，除敦煌壁画外，实无其匹，其蟠龙雕刻，尤为奇伟；

五，无量寿经窟，相比敦煌壁画，其立体之表现，可称仅有，弥足珍贵；

六，体态璎珞之美，足与云冈、龙门相颉颃；服饰器物，足见唐宋社会生活之一斑，为考证唐宋社会史之重要资料；

七，《文殊诘维摩诘问病图》，原为石恪（五代末宋初画家——引者注）壁画，李大郎摹出，罗复明刻于石，大体可见，乃绘画史上一重要作品；

八，范祖禹书《古文孝经碑》，范祖禹撰蔡京书《赵懿简神道碑》，既是书法珍品，又是重要史料；

九，北塔为中国建筑史上之巨制；

十，宝顶石刻，纯为赵智凤一手经营，历数十年，规模之宏大，系统之完整，国内堪称第一，盖各地造像，非成于一时，亦非出于一手，自无系统可言。[55]

佛教是在中国历史最黑暗沉重的年代里进入中国，在中国落地生根、开枝散叶的。庄严恬静的佛教造像，代表着受难者超越现实苦难精神的力量，凝铸着人们对未来的美好祈愿，象征着中华文明（不只是佛家）浴火重生的灿烂与崇高。在以后的每一个艰难岁月里，这种文化精神无不落实在中国知识分子的身上。在艰苦卓绝的抗战岁月里，更是如此 —— 无论是文物和大学之西迁、马一浮之创办"复性书院"，还是故宫人之"大足考察"，中国知识分子对我们文化精神的延续与传承，都与佛教的精神相吻合的。它是中华文明的长河五千年不断流的秘密所在，更是中国人面对未来的力量之源。

第六章

到晚才知身是我⋯西迁北路

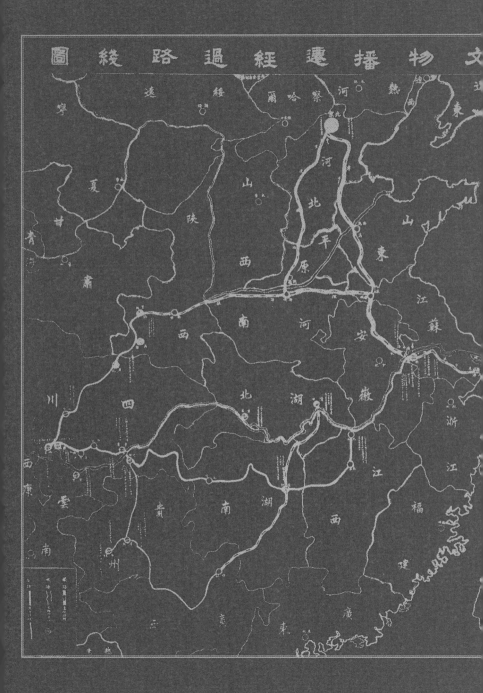

文物播遷經過路綫圖

一 一个家庭的"南迁"

满载文物的列车终于徐徐驶出了南京浦口火车站，已是在
1937年11月下旬，那时的南京城已冰冷如霜，日本军队像一把
铁钳，紧紧地向它钳过来，城里充满绝望与恐慌，仿佛每个人
都嗅到了死亡的气息。

第一股日军是在12月9日突进到光华门外的，一天以前，
最后一批故宫文物已装上火车，运出南京。在南京汹涌的撤退
浪潮中，故宫文物从水路撤运是以汉口为目的地，陆路则根本
顾不上考虑目的地，先装上火车再说。火车在大地上疾驶，但
它却是一列不知驶向何方的火车。那时的南京只有津浦线通过，
东南方是上海，那里日军正如潮水般涌来，火车只能向北，先
是沿着津浦铁路抵达徐州，再转陇海铁路经郑州驶向西安。

文物在南京时，马衡院长下令，无论如何困难，十具石鼓
必须运出。南京负责发箱的人员不知道石鼓重要，以为大箱必

须先运，于是抢先发运了许多大箱，连文献馆的两百大箱戏衣都先行踏上旅途。这些戏衣大箱，不仅体积巨大，而且箱盖是圆的，不好装运堆置，给文物西迁增添了很多麻烦，被称为"中国第一国宝"的先秦石鼓，反而被留了下来。

一千三百多年前出土的那十具先秦石鼓（公元627年被发现于凤翔府陈仓境内的陈仓山[1]），终于被抬上火车，从长江流域奔向黄河边，再由莽莽中原奔向黄土高原，返回自己的故乡。

那志良先生原本参加西迁南路的文物押运，到长沙，接到马衡院长电报，要他去汉口，到了汉口，又接马衡院长电报，要他赶赴西安，接收北路文物。奔波于道路的那志良先生不会想到，不久之后，自己的太太带着三个孩子，也挤上了陇海线的火车，夹杂在难民的大军中，千里迢迢赶往西安，去寻找自己的丈夫。

故宫人离开北平、踏上南迁路，大都挈妇将雏，带上家小，但那志良先生，家中有年迈的老父，实在是走不了，那志良先生的太太也只好留在北平，照顾老人。那志良先生一路走，一路把薪水寄回北平，以维持一家人的生计。日据时代的北平，生活无比困苦，那志良无法把薪水汇给家人，家中难以为继，马衡院长给留守北平故宫博物院的总务处处长张庭济写信，请他将自己北平家中值钱的东西尽量卖掉，所得钱款全部接济那志良一家。张庭济收信，认为自己不能变卖马衡的家产。那志良的父亲，在贫病交加中，去世了。

那志良父亲去世后，他太太决定带上两儿一女，到大后方去寻找丈夫。她从未离开过北平一步，在兵荒马乱的年代，带着三个孩子前往遥远的四川，从而开始了一个家庭的"南迁"，这需要何等的勇气。那志良先生这样回忆她的旅程：

"由北平到徐州这一段，是乘火车，麻烦较少，由徐州转到后方，麻烦就多了，幸亏世上的好人多，每到一处，都有人看着他们，是一位老太太带着三个小孩子逃难，大都予援手，例如走出旅馆时，一定有人告诉他们，前面有日本兵站岗，你们先买好几包香烟，日兵问你是什么人时，递给他香烟，就过去了。"[2]

但也经历过无以言表的辛酸：有一天，母子四人走到一个地方，旅馆里住满了人，老板很帮忙，叫他们住进一间堆放东西的房间，勉强进入，也没有灯烛，看不出里面放的什么东西，也就睡了。第二天早晨起来一看，赫然发现自己睡在棺材里，里面竟然躺着死人。

他们雇了两辆独轮车，向洛阳走。所谓独轮车，是中间有轮，两头坐人。小儿子宗炎不愿意坐，就跟着车子走。出发那一天刚好雪后初晴，地上全是雪，宗炎走得很兴奋，晚上住在旅馆里，用热水泡脚，两条腿全肿了，因为冻了的脚是不能用热水泡的。

他们到了洛阳，想从洛阳坐火车去西安。他们到了西安火车站，发现那里买票的人很多，他们挤不进去。一个男人走来，说可以帮他们买。他们把钱给了他，那男人从此一去不返。

身上带的钱都被骗走了，那太太卖了手表，卖了首饰，卖了所有能卖的东西，终于买到了车票，奔赴西安。

二　军火库做文物库房

陕西是大后方，正在长江口登陆的日本军队鞭长莫及，但如此巨量的文物箱，能否找到一个稳妥的收存之所，依然是一个问题。列车开出后，马衡院长即致电第四集团军总司令、西安行营主任蒋鼎文先生，请他帮助安排贮存文物之所，以免出现当年从北平驶出的文物列车在浦口火车站滞留四十多天的情况。

第一列文物列车一到西安，马彦祥即刻赶往西安行营见蒋鼎文主任，他已经选定宝鸡县城城隍庙和关帝庙作为临时库房。

12月3日，文物列车安抵宝鸡，共装运文物2538箱。随后，第二列火车由王志鸿负责押运，在一天后到达，共装运文物2996箱；第三列火车由吴玉璋负责押运，12月8日到达，共装运文物1753箱。这三批文物，共计7287箱。

蒋鼎文指派两名副官专门办理此事，一位是杨崇耀，一位是贾屏九。蒋主任命令他们，所有故宫自身难以做到的事，统统由西安行营负责，所需经费，也由西安行营暂行垫付。[3]

蒋鼎文主任选定的城隍庙和关帝庙两座临时库房，是宝鸡城里仅有的两处较大型的公共建筑，当时被当作军火库使用，只是所存军火并不多。杨崇耀、贾屏九两位副官找来军火仓库和工程处的负责人，要他们在三天之内将军火搬出，腾出空间存放故宫文物，所有搬迁费用，由西安行营负担。

三天后，故宫文物如期搬入这两座庙，其中4024箱存入关帝庙，3263箱存入城隍庙。

宝鸡是陇海铁路的终点，是由陕入川甘两省的交通枢纽，虽深入内陆，却依然面临着空袭的危险。故宫博物院与西安行营商定，在城外开凿山洞以备储藏文物。陕西人挖窑洞，总要一点点挖，等壁上的湿土晾干以后，再继续向内挖。但时间紧急，开凿山洞进展飞速，没有晾干就挖得很深，洞挖好后，梁廷炜、吴玉璋、那志良等人进去考察，发现洞内十分潮湿。他们决定在洞里先放一个箱子，箱内装一些报纸、旧杂志，做一个试验。试验的结果是，几天后，当他们再去看时，发现箱子已长了毛，杂志已经潮得揭不开了。

这些山洞并没有用于贮藏文物，而是做了西安行营的军火库。不久之后，日本军机轰炸宝鸡，将这些山洞全部炸塌。故宫文物，再一次躲过一劫。

1938年初，驻华北的日军就向晋南发起进攻，五个师团从太原、邯郸、安阳等地出发，呈扇形向晋南压过来，其中主力第二十师团自二月十一日发起进攻，一路攻下平遥、孝义、隰县、蒲县、汾城、河津、禹门，于三月七日到达风陵渡。

风陵渡在黄河北岸，位于黄河九十度大拐弯的拐角处，是山西、陕西、河南三省交界之地，隔河相望，就是黄河南岸的潼关。潼关是陕西的东大门，连接西北、华北、中原的咽喉要道，一夫当关、万夫莫开，破了潼关，陕西就无险可守，沿渭河河谷西进，旦夕之间可达西安、宝鸡。一旦风陵渡失守，潼关就危在旦夕；一旦潼关失守，西安、宝鸡等关中重镇就危险了。

故宫博物院决定将存宝鸡文物转迁汉中。当时，宝汉之间，不通火车，仅有一条宝汉公路相连。因处战时，调派车辆是一大难题。经西安行营协调，决定将故宫文物列入军运之列，然而一车只能装20箱，7200余箱文物，用汽车运送，需要300余车次，所幸当时陕甘军的公商用车，皆由西安行营统一管理，所以能够调拨出足够的车辆。没有西安行营的大力帮助，将7200余箱文物运至汉中，在当时完全是不可能完成的任务。

当那太太带着三个孩子，历尽艰辛到达西安时，西迁北路的故宫人，早已离开了西安。

三　在大雪中翻越秦岭

1938年，存宝鸡文物开始迁运汉中。为了配合故宫运送文物，陕西公路局开始对宝汉公路进行紧急抢修。3月12日，公路修好，满载文物的汽车从宝鸡陆续驶出。4月10日，最后一批车辆驶出宝鸡，前后共四十八天，存放在宝鸡的文物被全部运出，是故宫文物南迁途中，抢运文物最快的一次。

为确保行驶安全，规定集中装车，成队开行，并尽量一天内运抵目的地。一队文物至少要一个士兵监守，车厢内要架机枪。押送人员和勤杂工要分班坐在车头和车尾。因为车头车尾更容易出事。

文物从宝鸡迁运汉中，必须翻越秦岭［图6-1］。据介绍："秦岭，分为狭义上的秦岭和广义上的秦岭。狭义上的秦岭，仅限于陕西省南部、渭河与汉江之间的山地，东以灞河与丹江河谷为界，西止于嘉陵江。广义的秦岭，西起昆仑，中经陇南、陕南，东至鄂豫皖——大别山以及蚌埠附近的张八岭，是长江和黄河流域的分水岭。""由于秦岭南北的温度、气候、地形均呈现差异性变化，因而秦岭——淮河一线成为了中国地理上最重要的南北分界线。"[4]

文物从宝鸡启运时，时值初春，秦岭已经落雪，路面湿滑泥泞，无比艰险，有些地方，积雪已经很厚，覆盖了道路，无法辨别路况。宝汉公路是一条沙石路，因修建仓促，质量很差，历经碾压，已坎坷不平。吴玉璋先生和杨崇耀副官，自告奋勇跑这一趟，让那志良先生感佩不已，汽车司机却一个个打退堂鼓，故宫人员反复劝说，才应承下来。

车队在秦岭上小心翼翼地行驶，车头摇摇摆摆，车身颠颠簸簸。司机紧张地观察着路况，不敢有片刻的走神。下坡时，有连续的弯道，路边就是万丈悬崖，车轮处都挂上了防滑铁链，以防车轮打滑，车辆跌入山谷。吴玉璋先生和杨崇耀副官分别坐在副驾驶的位置上，紧张注视着路况，不断提醒司机，还不时下车，观察路形以防车轮轧在虚处。车过秦岭，司机的棉衣里，已全是汗水。

到汉中时，川陕路上一老乡赶的毛驴受到惊吓，驴背上的筐把工友刘承琮挤下山崖，山崖下面，就是湍急的汉江。刘承琮情急之下，抓住一棵小树，树枝承受不了他的体重，啪的一声折断，但刘承琮已经及时地攀到了山岩上，保住了一条命。他的手指却被树枝划出深深的口子，在前行途中发炎，到汉中时，已肿得像一根红萝卜，经撤退到汉中的西安医学院教授治疗，先后锯过五次，最后将食指全部锯掉，才得以痊愈。到达汉中时，身高一米八的刘承琮，体重只剩下九十多斤。

3月13日，也就是文物运出宝鸡的第二天，汉中西郊机场就遭到了日军轰炸，汉中已不是安全之地了。但何处是安身之地，依然是一个问题。除了一部分文物运存南郑文庙外［图6-2］，其余疏散至褒城县东郊张寨大庙、范氏祠堂和马家祠堂。

文物刚刚安定下来，那志良、梁廷炜、吴玉璋等北路人员就收到马衡电报，要将所有文物运往成都［图6-3］。5月里，马衡与徐森玉赶到成都勘察，在四川省政府的帮助下，选定了东门外大慈寺作为储藏之所。

5月26日，文物开始由汉中前往成都。此时距离文物全部在汉中落脚，只过去了一个半月。车过剑门关时，那志良先生看到古栈道残迹，忽然间想起五代曹伯启的《南乡子》，词曰：

> 蜀道古来难，
> 数日驱驰兴已阑。
> 石栈天梯三百尺，
> 危栏，
> 应被旁人画里看。
>
> 两握不曾干，

俯瞰飞流过石滩。

到晚才知身是我，

平安，

孤馆青灯夜更寒。

1945年10月，那志良先生请欧阳道达先生用他庄重谨严的碑体，将这首词写成中堂，来纪念他艰难的西迁岁月。整整一个甲子之后，那志良先生的儿媳王淑芳将这幅中堂捐献给故宫博物院。

自1933年离开北平的那志良，在七十二年后（2005年），以这样的方式，回到了故乡。

由汉中前往成都的路程只有565公里，途中却横亘着五个渡口，没有桥梁，于是发生了中国运输史上神奇的一幕：将汽车开上竹排［图6-4］［图6-5］，然后用纤绳拉着竹排逆流而上，走一段路程之后，放开纤绳，让竹排顺流而下，借着水流，漂到对岸。

这无疑是一种巨大的冒险，每一个故宫人，都承受着巨大的心理压力。倘若汽车翻入江中，谁都知道后果是什么。他们反复进行装载试验，确信万无一失，才开始实施。

除了自然之险，川陕路上的土匪也让押送人员心惊胆战。一次路被横放着的大树挡了，远处聚集了不少人。知道那是土

［图 6-2］ 陕西汉中南郑文庙前的合影

（从左至右：那志良、梁廷炜、吴振鲲、曹锦如、吴玉璋），1938 年

［图 6-3］　由汉中迁往成都之新绥公司汽车照片，1938 年

匪，梁匪忠很害怕。不过土匪们看到车上有机枪，就立刻作鸟兽散了。

车过绵阳时，翻过一次车。那是新绥公司的一辆汽车，在经过绵阳附近过一座简易的小桥时，从桥上翻了下去。押运员给那志良发了电话，那志良心急火燎地从成都赶到绵阳，在现场查看时，发现文物并无损失，一颗心才回到肚子里。文物没有损失，主要原因是：桥并不高，车子翻下去，震动不大；车内文物为文献馆的档案，不怕震动；当时正逢冬季，河水很少，而翻车的地方，刚好没有水。

那志良先生说："有人说，文物是有灵的，炸弹炸不到它，每次都在文物运走之后，那个地方被炸；现在翻了车，也毁不到它。"[5]

四　大慈寺僧人要遵守来自故宫的"戒规"

1938年5月，北路文物抵达成都，入藏大慈寺的大雄宝殿和藏经楼。

大慈寺里的僧人，除了原有的清规戒律，还要遵守来自故宫的"戒规"——防火。今天还可以看到故宫博物院当年就大慈寺僧人应遵守事项给四川省政府的函，提出了具体要求如下：

［图 6-4］ 竹排载文物卡车过河，1938 年

[图 6-5] 文物在川陕公路艰难行进，1938 年

一、室内应严禁吸烟；

二、晚间只限用清油灯，不得使用洋油或装设电灯；

三、室内不得设置火盆；

四、室内不能存放一切易引火之物；

五、厨房应派人监守，晚间并须将炉火完全熄灭；

六、库房附近不得焚烧任何物品；

七、库房附近不得堆积干草及一切易燃烧之物。[6]

此时，在西迁中路，已于1938年5月运抵陪都重庆的故宫文物，经历着旷日持久的大轰炸。不久，马衡院长就接到电报，政府要求将文物分批转运出重庆。

与此同时，放入成都大慈寺的北路文物，也必须在1939年5月底以前，全部运出成都。马衡院长接到命令，立刻带上几位同事，寻找贮存地点，他们最终选定峨眉，原因是峨眉庙宇多，成都到峨眉有公路相通。马衡命故宫驻成都办事处主任那志良负责将文物从大慈寺运出，派牛德明先到峨眉，整修库房，筹备接收文物事宜。

1939年6月11日，日本海军第二联合航空队总共出动54架飞机，其中27架飞临成都，另外27架飞往重庆进行轰炸。日本飞机对成都进行的大轰炸，共投弹111枚，炸死226人，伤600

人，包括盐市口、东大街、东御街、提督街、顺城街在内的数十条街道被毁，大慈寺部分建筑受损，有僧人被炸断了腿。

所幸七天前，存放在成都大慈寺的6595箱文物已全部运出。

从1938年5月入藏大慈寺，到1939年6月4日全部运出，故宫文物共在成都大慈寺停留十三个月。

轰炸那一天，那志良先生刚好由峨眉返回成都，准备做善后工作。车到成都西门，空袭警报拉响，警察劝他不要进城，但那志良急于赶往成都办事处，还是将车开到大慈寺。正和寺院僧人说话时，一位老僧忽然指着天空，说敌机来了。那志良抬头，果然看见天空上，有一大群飞机。那志良和刘承琮等故宫同事匆匆躲进一个简易防空洞，听到外面砰砰砰的声音，判断那不是飞机投弹，而是我方的高射炮。等飞机过去，他们走出防空洞，看见西面一片通红，火光冲天，后来他们才知道，春熙路一带，已被炸得精光。一个又一个担架从他们的面前抬过去，上面躺着被炸伤的人，鲜血淋漓，不停地呻吟着，让人听了无比难过。[7]

成都到峨眉相距二百多公里。成都平原地势虽平坦，但岷江、沱江十二条干流和几十条支流，在大地上纵横交错，河网密布，道路在河网中穿行，小支流有桥可过，干流只能依靠木船，摆渡过河。

　　从成都出发前，4月28日，故宫博物院已向四川省政府发去蓉字第167号公函：

　　案查本院存蓉文物，奉令移运峨眉。业经租定中国联运社汽车三十余辆代为载运，月内即行开始。惟本院文物，关系国家文化，至为重要。警卫方面，自不能力求严密，以策安全。除由本院洽商第三十六军第五师派兵一连专任随车押送外，相应请贵府查照转饬沿途经过之华阳、双流、新津、彭山、眉山、青神、夹江、峨眉等县政府，对于此项载运文物车辆加意保护。至纫公谊。

　　此致

四川省政府

中华民国二十八年四月二十八日[8]

　　四川省政府接函，立即向华阳、双流、新津、彭山、眉山、青神、夹江、峨眉等八县政府发文，令"加意保护，是为至要"。

　　故宫博物院曾经考虑，以峨眉山寺为贮藏文物之所。欧阳道达先生回忆说："……峨眉山为普贤道场，向多业林，足以移储原存成都文物，亦同时前往履勘。迨勘选结果，感迁储山上诸寺，搬运困难；山麓诸寺，房屋稠密，阴湿尤甚，且四川大学已拟占用。其最适宜之地，当属峨眉县东门附郭之大佛寺及西门附郭之武庙。存蓉文物，可全数移存。"[9]

由于成都到峨眉之间路途较远，需要一个中转点，分段运输。他们沿途寻找，终于在彭山县找到禹王宫、万寿宫和县立初中学校，作为暂时存放文物之所。中国联运社竟然派来了新购的汽车十几辆，没到5月底，存在成都的文物已全部运到彭山，而从陕西汉中、褒城出发，还没有抵达成都的文物，则直接运至峨眉。

五　一家人终于团聚了

自褒城到峨眉，形成了一条长达700多公里的运输线，为了文物安全，故宫博物院在这条运输线上共设了六个办事处，每个办事处只有一人负责，分别是：

褒城办事处：梁廷炜

汉中办事处：薛希伦

广元办事处：曾湛瑶

成都办事处：吴玉璋

彭山办事处：郑世文

峨眉办事处：牛德明

西迁北路文物从南京出发，过郑州，抵西安，存宝鸡，在大雪的冬天翻过秦岭，移汉中，入成都，再到峨眉。西迁三路中难度最大的北路文物，终于在1939年上半年，在峨眉山下，站住了脚。

故宫文物在峨眉的存放地选在大佛寺和武庙。大佛寺建于明万历年间，占地300余亩，有五进院落、大殿四重，僧房140余间，正殿供有一尊高达12米的千手千眼观世音菩萨铜像，藏经阁贮存《大藏经》及水陆禅像一尊，琳宫梵宇，庄严肃穆，终日香火旺盛，信众络绎不绝。故宫文物进来，寺庙只能关门，辞谢香客，损失的香火钱，故宫决定补偿。那志良与和尚们一起勘查了庙宇，绘制了地图，连房屋地板的状况都清晰地注明，和尚非常满意，在借用清册及图上签了字。

武庙地处峨眉县城西，也是明代所建，清同治年重建，供奉关羽、岳飞，当地人也称关岳庙。相比于大佛寺，当时的武庙已经年久失修，香火冷清，墙角挂着蜘蛛网，到处积着厚厚的尘土，和武庙相邻的火神庙也早已荒废。在县政府的支持下，故宫博物院把火神庙一并作为文物库房。

北路文物共7287箱，附运的中央图书馆文物1箱在成都已移交中国图书馆提走，实到峨眉文物为7286箱。这些文物在峨眉山脚下，伴着晨钟暮鼓，度过了抗战时期最艰难的岁月。

［图 6-6］ 峨眉大佛殿，20 世纪 30 年代

故宫在大佛寺设了四个库房，在武庙设了三个库房［图6-6］。故宫博物院峨眉办事处和警卫连连部都设在大佛寺，大佛寺后门为故宫博物院峨眉办事处大门［图6-7］。警卫连在大佛寺部署了两个排的兵力，垣外设两座哨亭，有瞭望台三座，在武庙部署了一个排的兵力，设有四座哨亭［图6-8］。

故宫人对武庙和火神庙进行了维修加固，还在外面加修了围墙，又新建了六间青瓦平房，作为职员、士兵的宿舍、厨房。庙后有一片空地，警卫部队在那里开垦了一片菜地。

这些寺庙今已不存，当年的武庙，现在变成了一座校园（峨眉一中和峨眉三中），只有武庙正殿的三层石阶，马衡院长一直惦念的那十具石鼓，就存放在武庙西配殿库房。

那志良的妻儿在道路上奔波时，那志良已在武庙西配殿隔出一个小房间，作为自己的宿舍，从此与石鼓为邻。每天早上起床，他就到大佛寺去，在那里办完一天公事，晚间回到武庙。古佛青灯，伴他写下他一生中最重要的学术著作——《石鼓通考》。

那志良随着故宫文物在峨眉安顿下来，对妻子儿女更加思念。那太太带着孩子们到了西安，在那里找到了已从故宫博物院峨眉办事处离职的薛希伦，薛希伦派人，把他们送到宝鸡，替他们安排好到夹江的车子，叮嘱他们，在夹江住一夜，第二

［图6-7］　故宫博物院峨眉办事处大门，20世纪30年代

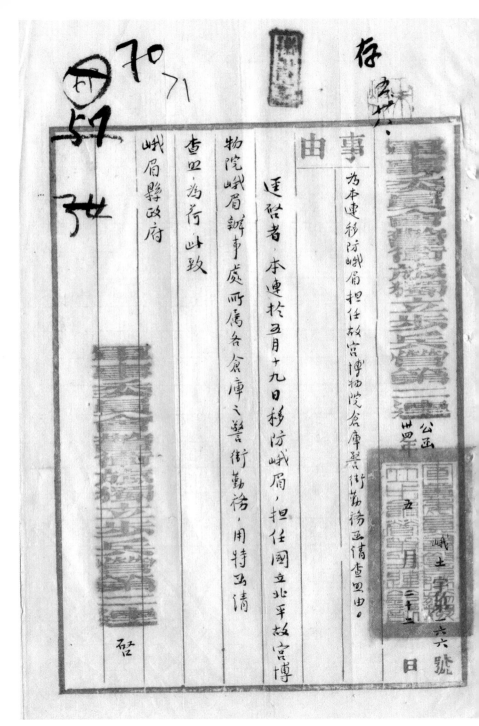

事　由

为本连移防峨眉担任故宫博物院仓库警卫勤务正请查照由。

峨士字第一六六号

公正卅四年五月廿二日

迳启者，本连于五月十九日移防峨眉，担任国立北平故宫博物院峨眉办事处所属各仓库之警卫勤务，用特函请

查照，为荷。此致

峨眉县政府

启

[图 6-8] 军事委员会警卫旅独立步兵营第二连致峨眉县政府移防峨眉
担任文物库房警卫的函，1945 年 5 月 22 日，峨眉山市档案馆藏

天乘三轮车前往峨眉。

那太太把他们将抵峨眉的消息发电报告诉丈夫，到达那天，那志良在吴玉璋、梁匡忠的陪同下，出峨眉北行二三里，等待着家人的到来。见到疲惫不堪的妻子儿女，那志良百感交集。

一家人终于团聚了。但那太太由于长途跋涉，身体虚弱，加上水土不服，又染上了疟疾，一到峨眉就一病不起。那志良找到了一位在峨眉结识的医生，那位医生诊断后，告诉那志良，没有希望了，让他准备棺材、寿衣。吴玉璋看到那太太只张嘴，说不出话，赶紧去请卫生站的主任给她打强心剂，好让她把话说出来。卫生站主任派来一名女医生，女医生说，那太太的病没有那么严重，把她抬到卫生站住院医治。三天后，那志良惊奇地发现，那太太自己走回来了，而且精神很好。医生告诉他们，那太太当时病情很重，不过是疟疾带来的虚弱而已，治好疟疾，所有看似沉重的症状也就消失了。

一家五口亲情相守，给他带来极大的慰藉。但家人的到来，让那志良的经济负担更加沉重，那时的故宫，已经以大米代薪水，那志良先生和一些资深职员每月应领一石米，相当于一百市斤，普通职员和公役为六斗，也就是六十市斤。那志良的薪水算是"高"的，但一下子多出四张嘴，立刻感到捉襟见肘。为了补贴家用，也为抗战时的教育尽一份力，精通英文的那志良开始在峨眉中学当起英文教师。

那志良先生回忆说："峨中学生很有礼貌，无论在什么地方，见到老师，都要敬礼。有一次马院长来了，和我走在路上，一会儿遇到驻守的士兵，给我敬礼；一会儿遇到峨中的学生给我敬礼。马院长说：你在峨眉，好神气。"[10]

辗转流离的梁家，也终于在1940年随文物到了峨眉。梁匡忠的学业中断两年后，终于开始在峨眉中学上了初一。不久，父亲梁廷炜被调到了乐山办事处，一家人不得不再次分居两地。梁廷炜把梁匡忠托付给那志良照看，然后前往乐山，母亲也带着弟弟，到了乐山。

第二年，梁匡忠便辍学到了乐山。这一年，梁匡忠进入故宫博物院工作，正式成为故宫博物院员工，负责看管乐山易祠库房，时年十七岁。

又过了一年，梁匡忠调到峨眉办事处，负责看管土主祠库房。也是那一年，梁匡忠与峨眉县城北门一家杂货店老板的女儿刘玉娥成了婚。1944年，他们的大儿子出生，取名"峨生"[图6-9]，以纪念这个小家庭与峨眉的缘分。1946年，他们在乐山安谷生下了大女儿，取名"嘉生"，因为嘉定，是乐山的古称。1948年，他们随文物回到南京，生下第二个儿子，以金陵为名，取名"金生"。1951年，第二个女儿在南京出生，因南京简称宁，因此取

［图 6-9］ 前排左起：梁嘉生、刘玉娥、梁峨生，后排左二梁匡忠

名"宁生"。1956年，他们随文物回到北京后，生下了最小的一个儿子，取名"燕生"。

五兄妹的名字里，藏着故宫文物南迁北返的坎坷历程。

六　大火向存满故宫文物的武庙蔓延过来

1941年8月23日，日军实施"102号作战计划"，第二次轰炸乐山，县街、叮咚街、月耳塘、白塔街等街巷被炸，距离峨眉县城只有十多公里的苏稽镇也成为"第二目标"遭到轰炸。轰炸时，欧阳道达正在街上奔走，炸弹落在他的附近，该他命大，没被弹片伤到。

当年的大佛寺地处峨眉城外，被一片田园包围，是绿野中唯一的建筑物，殿宇宏伟，无处遮蔽，山门外一条乐西公路，由乐山直通西昌，使大佛寺成为交通方便之地，装运文物的汽车可以径直开进寺内，却很容易成为轰炸目标。1942年，故宫理事会决定将文物移出大佛寺，移存在城郊大楠村的土主祠、许祠，武庙所存仍一如其旧。这样，故宫在峨眉就有了三个大库房，分别是：武庙库房、土主祠库房和许祠库房。

土主祠和许祠位于峨眉西郊四五里处，两祠相距不足百米，离武庙也很近。土主祠是峨眉山的脚庙，每年冬天，峨眉山的和尚都下山，居住在峨眉的两座脚庙里避寒并接待香客。在果玲大和尚协调下，和尚们让出了土主祠。

这是许氏宗祠的房屋平面图，故宫文物打算存入许祠，许氏族长召集族人商议，将祠内供奉的宗牌全部收走转存，把宗祠的空间腾出来给故宫安放文物。故宫博物院峨眉办事处在土主祠建起了十一间青瓦平房，在许祠建起了七间平房，再用竹篱围起来。

如今的土主祠、许祠，只剩下一片菜园，碧绿青幽。我们去时，有一二老人在园中锄地，对故宫藏文物于此的过往一无所知。耐心寻找，可从一片碧绿中找到土主祠和许祠残存的墙基，并由此推测两祠从前的轩敞壮丽。

八十年前的祠堂，为远道而来的文物遮风蔽雨。为了防火，乐山、峨眉的库房内外一律不准吸烟，仓库周围，不得有危险物贮存，同时购进消防设备。为了防潮，乐山办事处采用南京库房的办法，用木条钉成屉子，把文物箱放在屉子上；峨眉办事处则发明了一个新的办法：把木墩做成"凹"字形，缺口向上，排成一行，架上木杠，再放文物箱，这样做有利于文物箱通风，也方便检查白蚁。为了防盗，乐山和峨眉办事处都由军事机关派驻一连士兵守护，以确保文物安全。

文物存放安妥，故宫博物院驻乐山、峨眉办事处 [图6-10] 随即展开了索引、编目的工作，按照文物所在的箱、行、列、库

一一编入目录，以便查找。当马衡院长和身兼中央研究院历史语言研究所考古组主任、中央博物院筹备处主任、故宫博物院理事等多重身份的著名考古学家李济先生前来视察时，抽查几箱文物，他们说出箱号，不出五分钟，就可以找到箱件。

1943年6月8日，峨眉县突然发生了一场火灾。我们从峨眉县档案馆找到了当年火灾的资料，知道起火起点是县城江西街与衙门口交界处丁字路一个名叫黄福川的百姓家中，有人不慎把烟蒂丢到床铺下的稻草上，燃起了大火，烟馆旁边，刚好是一家油坊，大火烧到油坊，立刻火光冲天，大火几乎烧遍了整个县城，县政府、银行、邮电局都被烧光，只有西北角上三五户人家幸免于难。

《峨眉县志》对此事是这样记载的："6月8日，下午1时40分，峨眉城区发生一次特大火灾。人们称'六·八火灾'。据一份官方资料称：烧死9人，警察失踪2人。烧毁房屋1363幢，受灾人数6778人，估计损失折合法币73047.123万元。"[11]

故宫人看到火势，心里十分焦急。县城里的木质房屋都是易燃物，大火势不可当，向存满故宫文物的武庙蔓延过来。那时的峨眉，还没有自来水，更没有自来水枪，人们从井中汲水，用碗瓢舀水灭火，却是杯水车薪。救火的，逃命的，从房子里搬东西的，街上一片纷乱。

那时那志良正在武庙库房，听到火警，立刻找来警卫排长，请他们派人到城中救火。排长叫苦："城中没有自来水，水枪也派不上用场，如何救呢？"如果把文物搬出库房，抢运的速度一定比不过大火奔跑的速度。情急之下，那志良想出一个办法，就是拆房，把与文物库房相邻的房屋一律拆掉，以阻止火势的蔓延。

排长马上派人去拆房了，没过多久又跑回来，说老百姓不同意拆房。这时，峨眉县城已成一片火海，大火已向西门烧过来。那志良大惊，大火一旦烧出西门，故宫文物将遭受灭顶之灾。那志良派人把保长找来，对他说，要马上把西门外的草房，不论它是住房、店铺还是猪舍，一律拆掉。如果大火烧不出西门，所有被拆的房屋，故宫博物院都负责赔偿；如果大火烧出城外，那些房屋就在劫难逃，故宫就不负责了。

驻守士兵和峨眉百姓一起动手，拆除武庙周围的房屋，刚刚拆完，大火就冲出了西门。由于在武庙库房周围已经拆出了一片"隔离带"，库房里的文物安然无恙。直到天黑，大火才完全熄灭下来。

县城邮局在大火中被烧成一片废墟，那志良派出一名士兵，到附近的苏稽邮局，向时在重庆的故宫博物院院部发出了一封报告库房平安的电报。

七　牺牲的军人

故宫峨眉库房的警卫部队，由军事委员会特务团第二营第六连驻防，连长王振中。很多年后，仍有人这样回忆：

> 一道黑漆半退的大门，大门右边悬挂着一条白底红字的木牌，牌上写着："国立北平故宫博物院峨眉办事处"，异常醒目，牌边端端正正地站着一个士兵，他身材魁梧，面膛紫黑，头戴深绿色钢盔，身着深绿色细呢军装，腰系皮带，脚穿半桶皮靴，左肩上挎一只中正式步枪，枪尖上插一把雪亮的刺刀。……一个雄壮、威武而又神采奕奕的中华民族伟大战士的鲜活形象，无法阻挡地闯进了我的心扉，令人感觉到他神圣不可侵犯和他肩负使命的重大。[12]

那志良先生在《典守故宫国宝七十年》一书里回忆："他们的服装很整齐，可是经济上却穷的很，我记得他们接任不久，就嚷着要请客，住了一个多月还是没有请，我们相处得很好，我知道他们的经济实在不好。"[13]

这段文字，证明了故宫人与警卫部队的融洽关系。1944年3月，王连长被调到重庆，排长郭植楠升任连长。为了欢送王

［图 6-11］ 故宫博物院驻峨眉办事处职员欢送王振中连长
（前排左一吴玉璋、左二那志良、左四王振中、左五梁匡忠），1944 年

……佐國立北平故宮博物院……紀念〇三十三年三月於峨眉〉

振中连长，故宫人员与警卫部队军官拍下了这张合影［图6-11］。照片前排自左至右分别是：吴玉璋、那志良、冯昌运、王振中、梁匡忠、吴凤培；后排右二，是新任连长郭植楠。

那时已到抗战后期，峨眉物价飞涨，那一点军饷已无力维持日常花销，郭植楠虽为连长，仍然债台高筑，但这丝毫不影响他带兵的严格。这支警卫部队，纪律严明，忠于职守。

谁也不会想到，郭植楠担任连长只有两年多，就不幸因公殉职。

1946年5月，驻扎峨眉的警卫部队进行了改组，将两连合并一连，冯昌运任连长，郭植楠等调往重庆，同时将存在峨眉的故宫文物载运至重庆。6月13日，车至重庆九龙坡，郭植楠连长因车祸，不幸罹难。

关于郭连长牺牲的过程，一直是一个谜团，直到我们在故宫博物院档案科找到了当年那志良先生写给马衡院长的信件，才准确地了解了事件的过程。

信中说："郭连长所乘之车在九龙坡附近抛锚，待派空车往接，适有军车经过，郭连长拟搭乘该车至海棠溪，车未停住，即拟跨上，不幸失足坠下，被后轮碾伤腹部，经抬往市民医院，以尿道碾断，且出血过多，翌日身死，其小女亦于是日晚间死去……"

郭植楠是唯一留下姓名的为守护故宫国宝而牺牲的军人，他同样是英雄。

李桂华目睹了丈夫被碾死的全过程，车轮碾过郭连长的腹部，肝肠寸断的却是李桂华。处理完丈夫的丧事，她独自回到峨眉。从峨眉出发时，她还有一个温暖的家庭，海棠溪在明媚的春天里等着他们一家的到来，归来时，她已孑然一身。她想死，但腹中已有胎儿在悄然萌动，那是郭植楠的遗腹子，她可以杀死自己，却不能杀死这个还没来到世上的孩子。但她已无家可归，他们一家从前住过的房子，故宫人在出发前已移交给地方。故宫人在离开峨眉以前，已将曾经借用的武庙、许祠、土主祠全部办理了移交手续，故宫自行修建的房屋也一并无偿移交了，临行前，还特别洒扫庭除，打扫干净。李桂华无依无靠，无家可归了，只能暂时住进一座小庙，孤苦无依之际，她给峨眉县长写下一信：

窃氏夫原系军委会特务团二营二连连长郭植楠，前奉令率部到峨保卫故宫博物院博物，数年于兹，不幸五月奉令调渝，于六月十三日押运汽车装载古物到渝，中途汽车机械失灵，氏夫坠车因公毙命。故乡远居北平，路途遥远，旅费困难万分，转恳本团团长，当即嘱氏暂转峨眉待命，几死不得，为保存遗腹计，暂延残生。惟住地更生恐慌，始商同那主任（故宫博物院），暂武庙最后端自建住房一所居住。今闻移交，钧府举办平民工厂，此乃公益，为贫民解除痛苦，氏现今亦系贫民，首先遵从，俟开办时即遵令迁居。恳请钧府鉴核，俯念下情，怜氏幼弱孀妇，孤苦无依，并念氏夫因公毙命，准予暂住，以维生命。如蒙赏准，存殁具感德无涯矣！谨呈

　县长朱具恳孀妇。

　　　　　　　　　　　　　　　　　李桂华
　　　　　　　　　　　　　　赐示处南外壁山庙

我们在峨眉市档案馆找到了这封信的原件，一页薄纸，承载着李桂华的全部未来。

在李桂华信件的后面，峨眉县县长朱焕北做出了批复［图6-12］，内容如下：

呈悉查，县城西门外武庙地址，系北平故宫博物院迁移文物来峨时惟念仓卒搬迁不无困难，姑准于本府使用该房时与火神庙同时向本府借用该院，于前日复员时曾将武庙处自行建修之瓦房六间一并移交本府接收。在案人竟谎

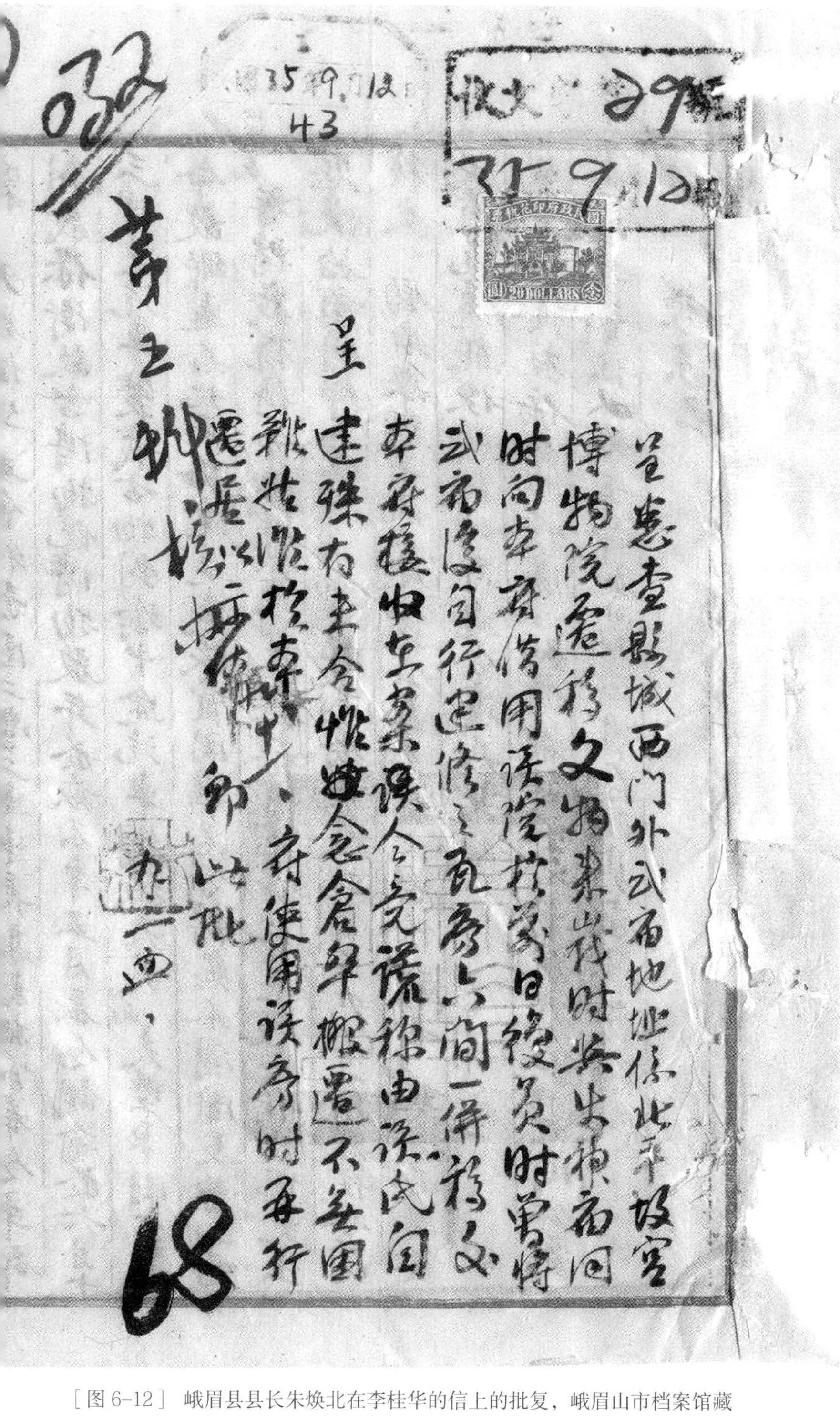

呈慈查县城西門外武廟地址保北平故宮
博物院遷移文物來峨時須出預而回
時向本縣借用諒經接洽妥日後員時常將
武廟隨自行運修之瓦房六間一併移文
本縣接收本案誤令兑諒穩由諒民間
建殊有本令惟念倉卒搬遷不範圍
鞋姑惟核本中、存使用誤存時再行
遷遷核辦無傷中、卽此批

称由该氏自建，殊有未合。惟念仓卒搬迁，不无困难，姑准于本府使用该房时并行迁居，以示体恤。

县长批准，李桂华可以暂时回到曾经住过的宿舍里，直到县政府正式启用这些房屋。

那志良先生给马衡院长写信，专门汇报了此事，请求抚恤郭植楠遗属，还致函峨眉县政府，请求将武庙里郭植楠曾经住过的房屋让其家属长期居住。

这是我所能打探到的有关李桂华的最后的消息了。我不甘心，但我真的再也没能找到与她有关的档案，连一张户口卡、一本粮油证，甚至连死亡证明都没有找到。她就像一粒灰尘，存在着，却又与不存在没有什么区别。在存在与不存在之间，她步履维艰地，走完了自己的一生。

第七章

覆巢犹幸能完卵：沦陷之城

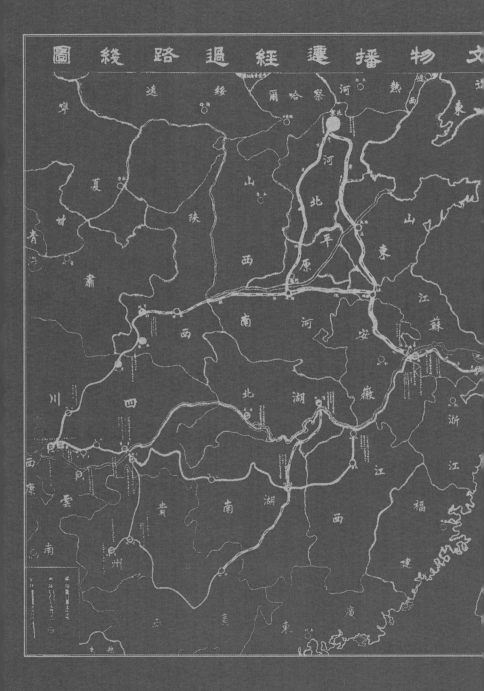

文物播遷經過路綫圖

一　故宫人员关闭了故宫大门

1937年8月8日，日军占领北平，由广安门、永定门、朝阳门进入北平城，沿途中国人的家已经被搜查过，北平的中心区交通停止达四小时之久。日军新闻片说："日本军队取得了辉煌的战绩。日本帝国万岁，万岁！为了东亚的和平，为了东亚的繁荣，我们来了！"[1]日军六大主力之一的第20师团5000人进入故宫，在太和殿广场举行阅兵式。

这是1900年八国联军侵占当时的北京，在太和殿广场举行阅兵式后，帝国主义国家在这里举行的第二次阅兵式。

8月21日，"满洲映画协会"（简称"满映"）正式成立。"满映"成立后，拍摄了一批歌颂"王道乐土""大东亚共荣"的纪录片，以对占领区进行"宣传战"，可作为"满映""国策电影"的典型注脚。1956年，正在抚顺战犯管理所改造的"伪满洲国""皇帝"溥仪参观了昔日的"满映"——后来的长春电影制片厂，他在日记里写："它曾在惨杀过日本共产党员大杉荣及其幼子而臭名远扬的日本法西斯特务头子甘粕正彦的操纵下，欺骗和毒化了我东北人民。"[2] 仅1937年拍摄的，就有《光辉的乐土》《黎明的华北》《华北战捷大会》等。其中，《光辉的乐土》和《黎明的华北》（藤卷良二编导、摄影）均为无声汉字字幕纪录片，"满洲帝国协和会"提供，"满洲映画协会"制作，时长28分22秒，303个镜头，记录了"七七事变"的战事进程，留下了关于日军占领北平城后的许多资料，其中包括城市景况，尤其关于故宫的大量镜头。

1937年底，伪"中华民国临时政府"在北平成立［图7-1］，两年后，由伪"中华民国临时政府""满映"及日本东宝、松竹、富士等胶片公司联合投资的"华北电影股份有限公司"成立，将"满映"在伪满洲国拍摄的亲日电影成系统地输入中国华北，并在日伪"华北政务委员会"成立（1940年）后，拍摄了《新生华北》等电影。

除"满映"外，日本不同的摄制机构还渗透到华北，拍摄一大批相关纪录片。其中有：

《运命之北京城》：东亚公司摄制；

《乐土华北》：伊藤重视指挥、荒木庆彦摄影，爱国映画社摄制；

［图7-1］　天安门正面，摄于1937年12月14日或15日。
天安门城楼悬挂着日伪政权"庆祝中华民国临时政府成立"的巨幅标语

《曦光》：田中喜次导演，上田勇大、小岛嘉一摄影，同盟映画部摄制；

《北京》：多胡隆制作，川口政一摄影，龟井文夫编辑，藤井胜一录音，东宝映画摄制；

……

上述纪录片都有日本军方和情报部门的背景，如《黎明的华北》为日本关东军指导，《乐土华北》为华北派遣军寺内部队报道部指导，《曦光》为日本内阁情报部指导，《北京》为华北军特殊部指导等，但这些纪录片没有直接介入战争报道，而是深入到华北地区尤其是文化古都北京的历史文化中，除了为日本军方提供文化情报，也意在彰显日本帝国主义的"大陆"幻象和拓地心态。在这些影片中，皆有故宫影像出现，为历史留下一种别样的"证言"，也为沦陷时期的故宫留下了珍贵的历史影像。

耐人寻味的是，上述影片虽然无法掩饰入侵者的优越感，镜头中流露着所谓"胜者"的目光，但面对包括故宫在内的北平文化名胜，依然不能不流露出对中华文明的艳羡与憧憬。

入侵者对他们侵略的土地人民、历史文化产生一种仰视和艳羡的情绪，不仅在纪录片中有所流露，即使在剧情片中也无法掩饰。比如在"满映"拍摄的电影《迎春花》，借日本建筑会社社长之口，说出了中国一千多年前的文物绘画，与日本五百年前的绘画存在"共性"的言辞，虽然是表达日满"自古友好""亲善共存"的殖民话语，但也不得不承认中国文化的古老和优秀，"这是在古代一直学习中国、深受中国文化影响的日本，在近现代学习西方强盛后转而侵略时，也承认的事实"。[3]

　　早在1937年清明节，国共两党领导人蒋介石和毛泽东同时派代表，到黄土高原上的延安黄陵县城北桥山上的黄帝陵，致祭于我中华民族始祖轩辕黄帝。那里是埋葬黄帝的地方，自汉武帝元封元年（公元前110年）亲率十八万大军祭祀黄帝陵以来，桥山一直是历代王朝举行国家大祭之地。毛泽东的代表林伯渠当场朗诵了毛泽东所写的那篇洋洋洒洒、蓬勃浩荡的雄伟祭文：

> 赫赫始祖，吾华肇造；
>
> 胄衍祀绵，岳峨河浩。
>
> 聪明睿知，光被遐荒；
>
> 建此伟业，雄立东方。
>
> 世变沧桑，中更蹉跌；
>
> 越数千年，强邻蔑德。
>
> 琉台不守，三韩为墟；
>
> 辽海燕冀，汉奸何多！
>
> 以地事敌，敌欲岂足；

人执笞绳，我为奴辱。

懿维我祖，命世之英；

涿鹿奋战，区宇以宁。

岂其苗裔，不武如斯；

泱泱大国，让其沦胥。

东等不才，剑屦俱奋；

万里崎岖，为国效命。

频年苦斗，备历险夷；

匈奴未灭，何以家为。

各党各界，团结坚固；

不论军民，不分贫富。

民族阵线，救国良方；

四万万众，坚决抵抗。

民主共和，改革内政；

亿兆一心，战则必胜。

还我河山，卫我国权；

此物此志，永矢勿谖。

经武整军，昭告列祖；

实鉴临之，皇天后土。

黄帝陵前，有相传为黄帝亲手所植的柏树，至今已经挺立了五千年。桥山上，还有三万多株千年不死的古柏。它们站立在高原上、黄河边，成为中华民族的不屈意志的象征。

大河滔滔，见证着我们文明的奔流不息。一个创造了如此辉煌文明的民族，是不可能被征服的。

在北平，1933年南迁时没有来得及被带走的文物，承载着我们民族五千年的辉煌文明，在沦陷的八年，一直蛰伏在故宫博物院，像冬眠的松鼠，等待着生命的复活。

1937年12月14日，南京陷落的第二天，在遥远的北平，成立了所谓的伪"中华民国临时政府"，以北洋军阀政府时期的红黄蓝白黑五色旗为"国旗"，以北平为首都，辖河北、山东、山西、河南四个省公署和北平、天津两个市政府。这个伪政权标榜"三权分立"，责任内阁设行政、议政、司法三个委员会，分掌行政、立法、司法权，王克敏任行政委员会委员长，汤尔和任议政委员长，董康任司法委员长，以王克敏、王揖唐、江朝宗、齐燮元、朱深等为临时政府委员。伪政府下设六部：行政部总长王克敏、治安部总长齐燮元、教育部总长汤尔和、赈济部总长王揖唐、实业部总长王荫泰、司法部总长朱深。

留在北平的故宫员工陷入了一种无比尴尬的处境，日本人占领了北平，而他们，则要尽力维护故宫的建筑与文物安全。

此时，包括马衡院长及各馆馆长，都已悉数参加南迁，留在院中的负责人，只剩下总务处处长张庭济。对于北平故宫，无论是行政院，还是故宫博物院理事会，都鞭长莫及了。

1938年7月，随北路文物入川、在大慈寺安顿好故宫文物的院长马衡先生又匆匆赶往武汉，列席了13日在汉口中央银行举行的故宫博物院第三（四）届理事会首次会议，会议主席为孔祥熙，出席者有陈立夫、张伯苓、蒋廷黻、蒋梦麟、傅斯年、张道藩、翁文灏、褚民谊、朱家骅等。会上，马衡院长做了有关北平沦陷后院务状况的汇报，无奈地指出：

"查北平陷落以后，（南）京、（北）平文报初尚可通，不久消息即完全隔绝。直至去年九十月间，由派往探视人员回（南）京报告，及最近来函（五月初）俱称，平院文物尚由我留守人员维持保管，未入敌伪之手，日后有无变化，殊难逆料。又本院自南京分院成立之后，工作虽属双方并重，人员亦均调自平方，而留存之文物及工作人员实仍以平院居多数。沦陷时除衡及古物馆馆长徐鸿宝先期到（南）京，图书馆馆长袁同礼事后离平赴湘外，余均未及出险。院务现由总务处处长张庭济负责维持。关于平院经费，在去年九月即奉令停发，分院经费亦经减至月支八千九百余元，但为维系人心，俾免平院艰屯（顿）之局立时瓦解起见，犹按月筹垫。留守人员生活维持费发至去年十一底止，以后经费经遵照行政院指示机宜，授权该处长相机处理。至本年五月初，该处长非正式来函，称经济方面罗掘俱穷，已陷绝境，而收复无期，前途渺茫……"[4]

1937年11月，留守人员生活维持费发放截止的时刻，张庭济代表北平留守人员向行政院呈文，汇报故宫现状，得到的回应只是："应于可能范围内，尽力维持"[5]。

在日本统治下的北平，这个"可能范围"到底有多大？当时故宫人员在日本刺刀下采取的措施，在今天看来堪称硬朗：他们关闭了故宫大门，让日本兵无法进入。伪政府想从故宫借宫灯搞庆祝，也遭到单士元等人的坚决拒绝，说："故宫里的东西，一件也不能拿出宫外。"后来日本人企图控制伪政府的各个机关，要求每个机关内必须有一名日本人做最高顾问，实际上就是每个机关的太上皇，但张庭济以"故宫不属于国家机关"为由拒绝了。日本人想安排日本人做故宫博物院院长或者顾问，也遭到故宫工作人员坚决抵制而未能实现。

二 营造学社测绘故宫

文物南迁后的故宫，空荡、静寂了许多。朱家溍先生当时还在北平，他在回忆那段岁月时说，当时的各陈列室，已经空空如也，"以皇帝生活原状展示给观众的乾清宫，原来的雕龙金漆宝座、屏风、正中悬挂的顺治御笔'正大光明'匾额以及地面上的陈设，通通南运了，殿内只剩下一座空台。养心殿内也搬得七零八落，像抄过家的情景，只好关门。中路的观众还可以从院中穿过进御花园。西路虽然开放，但储秀宫、长春宫等等地方，隔着玻璃窗，只见桌上还有些不值得装运的东西，如次等座钟、花瓶等一类日常用具。窗台上立着几个洋瓷人、条案上的百代公司大喇叭式的留声机，靠隔墙放着一辆女自行车，暖阁里的白洋瓷澡盆等等而已。"[6]

北平沦陷后，故宫博物院的业务工作仍在有条不紊地进行。据前文提到的那份《国立北平故宫博物院工作报告（民国二十六年）》记载，北平沦陷以后，故宫人员依旧在检查各宫殿库房，主管科随时出组视察，一旦发现破损，立即照章修补。在此非常时期，北平故宫经费来源业已中断，对破损的建筑，只能力所能及地小修小补［图7-2］［图7-3］［图7-4］，比如：御花园修补竹栅栏补油；内东路疏浚水沟；文献馆办公处门外小房修砌山墙；修理永和宫玻璃灯屏；修理花洞、门窗、暖炕……

文物提移、清点、整理、集中、分类、陈列、出版等各项均照常进行，7月至12月，各陈列室补充更换文物工作丝毫不乱，其中，景阳宫补充瓷器17件，景仁宫补充铜器3件，将修复完的木器32件补充陈列于慈宁宫……文物清点工作继续进行，至

［图 7-2］ 御茶膳房二次坍塌情况，1943 年

［图 7-3］ 南大库坍塌情况西望，1943 年

［图 7-4］ 南大库坍塌情况东望，1943 年

1943年完成清点，共形成油印清册40册。

与此同时，故宫博物院守卫队146人，会同警察局保安四队、北平市内六区派来长警共同守卫着故宫安全，各队警严守门禁，昼夜巡逻，各库房及陈列室加派守卫防护，以防意外。消防队也每日训练，对火警严阵以待。

不久，故宫为维持日常开支，又重新开放。门票价格仍为五角，每月一、二、三日为二角，十人以上机关团体票票价减半，十人以上学生团体票价格为五分之一，但在这样的年代，前往故宫人员的游客寥寥可数，在北平沦陷后1937年8月，整个故宫只有307名游客，平均每天只有十几人，9月人数上升了，却也只有487人。[7]

据介绍：1940年，汪精卫在日本扶持下成立伪国民政府，"以'中华民国国民政府'为名，实际上则是日本在侵华战争期间扶持的傀儡政权之一"；"汪精卫担任该政权的'国民政府'代主席兼行政院院长，周佛海、李士群为主要成员"；汪精卫政权自称是合法的"国民政府"，因此沿用了南京国民政府的青天白日满地红旗，以此与蒋介石为首的重庆国民政府分庭抗礼，只不过是另外加三角布片，如一块遮羞布，上面书写着"和平反共建国"字样，"1943年后则完全采用未经修改的中华民国国旗作为旗帜"。[8]

汪伪政权成立以后，经过一系列令人眼花缭乱的分赃博弈，中国土地上的另外几个伪政权——以北平为首都的伪"中华民国临时政府"、以南京为首都的伪"中华民国维新政府"和以张家口为首都的伪"蒙疆联合自治政府"等，像拼盘一样拼入了汪精卫的伪"中华民国国民政府"，原本定"都"北平的伪"中华民国临时政府"1940年改组为"华北政务委员会"，王克敏为委员长，依然是一个"独立王国"。

1942年，日伪正式接收故宫博物院，强行任命祝书元为故宫博物院"代理院长"［图7-5］［图7-6］。此前，王克敏垂涎院长一职，要自任"院长"，由张庭济代行职责，遭张庭济拒绝。[9]祝书元就在这样的复杂背景下，就任"代理院长"一职。

祝书元，比马衡小一岁，清朝光绪八年（公元1882年）生，毕业于京师同文馆，历任京师马路工程局局长、湖北高等学堂监督、湖北提法使、按察使、北京政府交通部秘书、内务部次长等职，是朱启钤领导的营造学社的社员，自清末以来一直从事北京市政建筑的管理工作，也是拥有名望的学者。

沦陷后的北平，百业凋敝，民生维艰，故宫在日伪统治下，也只能惨淡经营。祝书元上任后，向"华北政务委员会"讨要故宫人员薪俸。故宫博物院藏有一份1943年8月11日由王克敏签署的《"华北政务委员会"政令》，从中可以看到故宫员工1938

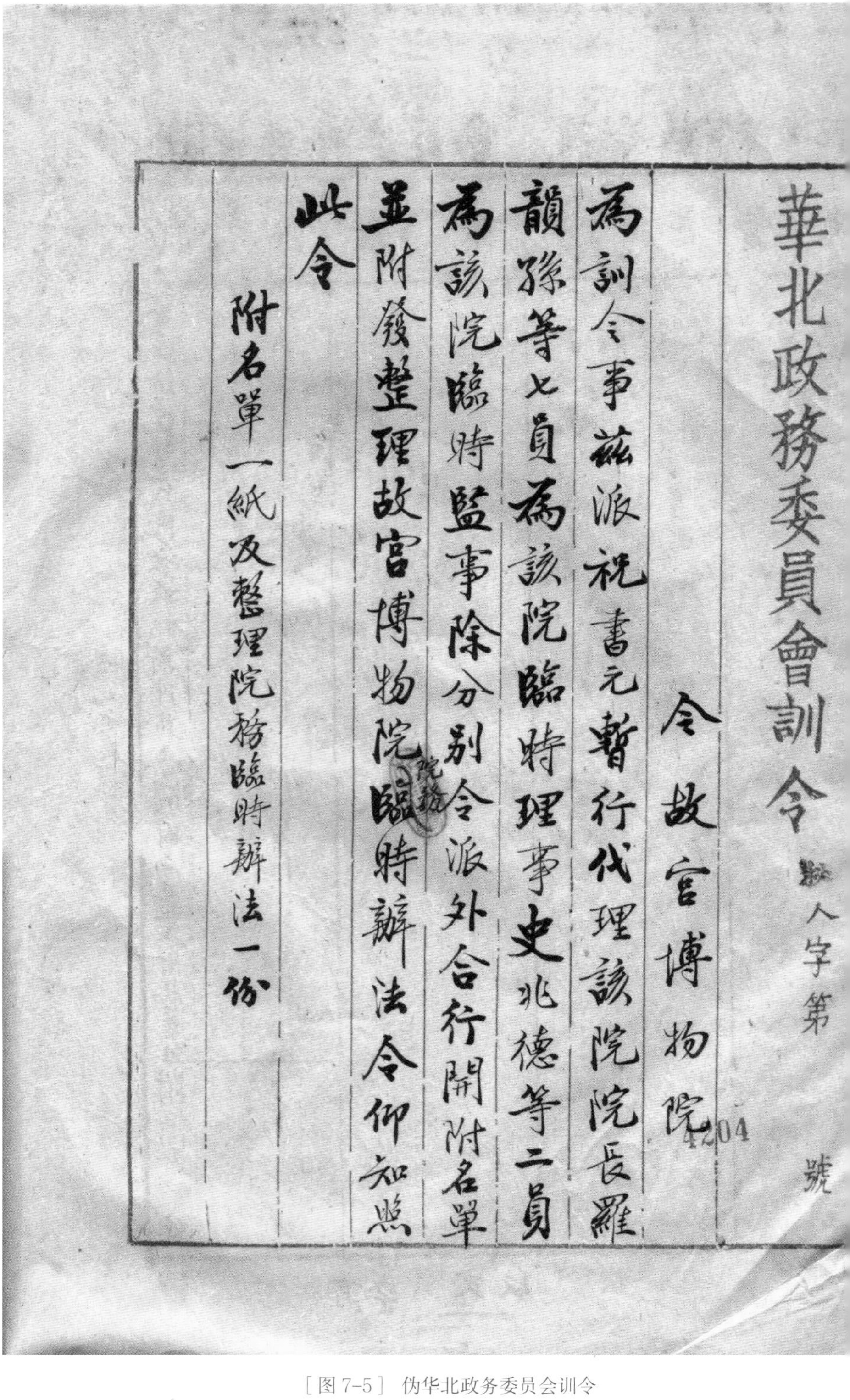

華北政務委員會訓令　人字第 4204 號

令故宮博物院

為訓令事茲派祝書元暫行代理該院院長羅韻孫等七員為該院臨時理事史兆德等二員為該院臨時監事除分別令派外合行開附名單並附發整理故宮博物院臨時辦法令仰知照此令

附名單一紙及整理院務臨時辦法一份

［图 7-5］ 伪华北政务委员会训令

年至1942年的年终加俸，其中：

1938 年：5462 元 4 角；

1939 年：5429 元 1 角；

1940 年：12423 元；

1941 年：17642 元；

1942 年：19245 元。

这段时期，最值得一书的，是营造学社在日本人眼皮底下完成了一件惊天动地的大事情——完成了对紫禁城的测绘工作。

我曾随中国作家代表团访问波兰，在华沙街头散步，发现每一幢建筑前都有一个小石碑，碑上刻着建筑的历史，还附有一张老建筑照片。原来华沙城的老建筑，在二战中全部被纳粹德国炸毁了，古典富丽、美轮美奂的华沙古城被炸成一片平地，许多建筑物都是13—18世纪建成的。但波兰知识分子有先见之明，他们在华沙被炸前就已经完成了对所有老建筑的测绘，并拍下照片，供以后复建作依据。战后，从1945年到1966年，波兰人依据这些提前留下的测绘图纸，复原老城的街道和900多座建筑。一座在战争中沦为废墟的古城，就这样在战后重生；一座

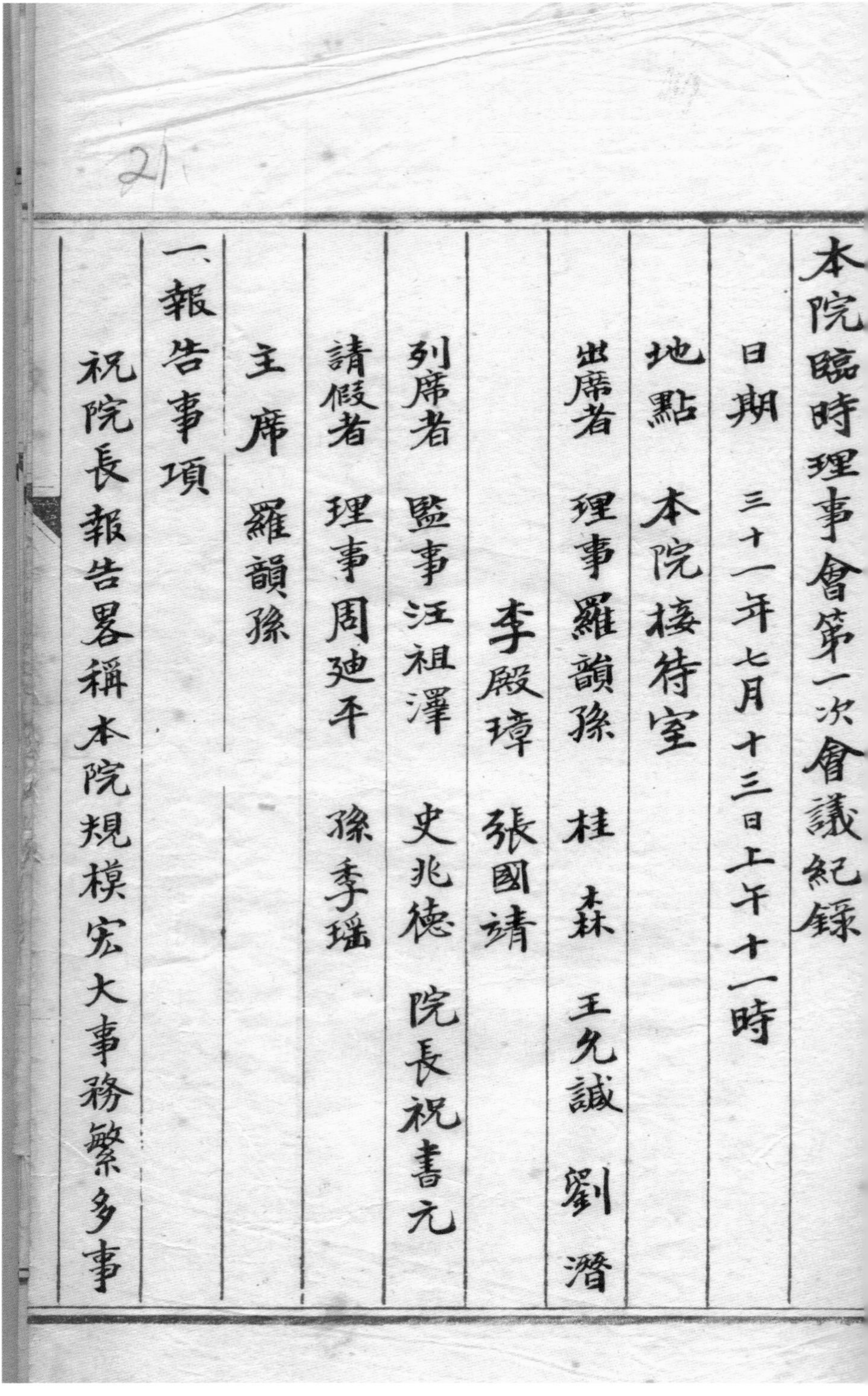

本院臨時理事會第一次會議紀錄

日期　三十一年七月十三日上午十一時

地點　本院接待室

出席者　理事羅韻孫　桂　森　王允誠　劉　潛
　　　　李殿璋　張國靖

列席者　監事汪祖澤　史兆德　院長祝書元

請假者　理事周廸平　孫季瑤

主席　羅韻孫

一 報告事項

祝院長報告畧稱本院規模宏大事務繁多事

[图 7-6] 伪故宫博物院临时理事会第一次会议记录，1942 年 7 月

城市的历史，就这样被接续得天衣无缝。这座"克隆"的华沙城，在1980年被列入了联合国世界文化遗产名录。

那时我才知道，复建的古建筑，同样可以成为世界文化遗产。

世界文化遗产的评定规则，特别强调文化遗产"原真性"，然而，对于华沙城（华沙历史中心，Historic Centre of Warsaw）的重建，联合国世界遗产委员会给出了这样的评语："严格按原样重建，表明了波兰保留传统文化环境的真切心情…… 华沙的重生是13至20世纪建筑史上不可磨灭的一笔……"[10]

故宫里的可移动文物已经精选南迁，但故宫（紫禁城）这座不可移动文物该怎么办呢？这是摆在故宫同人乃至中国建筑学界的一个很现实的问题，于是，以保护和研究中国古建筑为宗旨的营造学社，率先想到了对这些建筑进行测绘，一旦在战火中毁灭，就可以依据这些测绘图纸对它们进行重建。当时，还没有华沙城作为古城复建的先例，营造学社对古建筑的大规模测绘行动，体现了中国建筑学人的超前眼光。

中国营造学社是一个研究祖国建筑文化遗产最早的学术团体，1930年2月在北平创立，办公地点设在天安门内的旧朝房内。社长朱启钤，1912年任中华民国交通部总长，在袁世凯任大总统时期主持了对古城北京的第一次改造，包括改建正阳门，打通东西长安街，开放南北长街、南北池子，修筑环城铁路，等等，创办了北京第一个公园——中央公园（今中山公园）、在故宫"外朝"部分创立了中国的第一个博物馆——古物陈列所。1937年，"中华民国临时政府"成立后，日本军方嫌王克敏"资历"不够，请朱启钤出山，力挑"政府"的"大旗"，遭到朱启钤的拒绝。朱启钤从此在家装病，这场病，一直"坚持"到抗战胜利。

营造学社对于故宫建筑的测绘，其实早在1934年就开始了。那一年，中央研究院拨款5000元，委托营造学社测绘故宫建筑。营造学社法式组组长、著名建筑学家梁思成先生随即率领测绘团队展开工作，那一年，梁思成三十三岁，在紫禁城里，他每日上梯爬高，成为真正的"梁上君子"；团队的主要成员邵力工，只有三十岁；而梁思成的助手莫宗江，那一年才十八岁，没上过一天建筑系，却凭着他极高的天赋和悟性，成为学社最优秀的绘图员，《图像中国建筑史》中那批精美的插图，就是出自莫宗江之手。

测绘团队里还有几名年轻人，其中，麦俨曾在营造学社做研究生，他是康有为的外孙，母亲康同薇是康有为的长女；纪玉堂是发现佛光寺的参与者，北平沦陷后，他没有随学社主力南迁，而是选择留在北平；王蕴华是东北大学的流亡学生，1928年梁思成和林徽因亲手创办东北大学的建筑系，王蕴华就是他们的学生，"九一八事变"后，东北大学建筑系的一批学生流亡到北平，梁思成把他们安排在营造学社工作，王蕴华的同学们也参与了故宫测绘。

1933年春天，营造学社的测绘团队正式进入故宫，开始工作。紫禁城里，就这样刮起了一场"青春风暴"。八十多年后，新华社记者刘梦雨以这样的文字讲述他们当时的工作状态：

> 营造学社有自己专门定制的测稿用纸，统一大小，左侧有活页标准间距打孔，便于装订保存。稿纸分为几种格式，一种是标准的测绘稿纸，有细密的方格，便于徒手绘制测稿时估算大致的尺寸比例。纸页上方是标准题头，印有"中国营造学社实测记录"，右上角则留有填写图纸编号的空白栏。1935年之后使用的新版稿纸，还加上了测绘日期和测绘人姓名。
>
> 另一种是测量数据表。清代建筑构件繁多，每个大大小小的构件，在现场都须逐一测量记录尺寸，为了节约时间，提高效率，学社创造性地设计了专用数据表，事先将所有构件的名称分门别类罗列出来，现场工作时，只需要直接填入尺寸数据即可，既节约时间，又能避免遗漏。
>
> 工作时，测绘人员分为几个小组，分头测绘不同的建

筑。对于复杂的建筑，两人一组，一人爬上脚手架去测量，一人绘制测稿，记录尺寸。而对于简单的建筑，就只由一个人负责，一边测量一边记录。

测绘这样一座庞大的建筑群，本来需要更多的人手。但从测稿的署名来看，营造学社的工作团队似乎从来都只有五六个人而已。他们以极高的效率工作，为每座建筑绘制的测稿都多达数十张，从基本的平面、立面、剖面，到构造节点、细部大样，巨细靡遗，并没有因为人手不足而缩减目标。相反，这次测绘的范围，甚至比一般的测绘来得更广，不仅包括建筑本体和细部，还纳入了许多并非必要的测绘对象——例如脊兽的详图、须弥座的细部雕刻纹样；又如太和殿前的嘉量、日晷、金缸、铜龟鹤，这些已经不属于建筑的附属物，测绘人员也全都一笔一画地勾描下来。

如此不遗余力地工作，足见营造学社对待此次测绘的态度之郑重。他们清楚，这次测绘的机会不易复得。山雨欲来，故宫与北平城的命运无人能够预知。此刻在稿纸上勾画的一砖一瓦，一梁一柱，未来或许就是它们曾经存在于世间的唯一证据。[11]

至北平沦陷前，他们完成了对天安门、端门、午门、太和

门、太和殿、中和殿、保和殿、角楼等60余处建筑的测绘。

在故宫，学社成员们除了测绘，还拍摄了大量资料照。1930年代的中国，摄影术并不普及，但营造学社每逢田野调查，必定不惜工本地大量拍摄资料照片，一些日后毁于兵燹或城市改造的古建筑，因此得以留下珍贵的影像。

营造学社这批故宫资料照的质量，即使在今天看来也令人惊叹。当时故宫大部分区域已经对公众售票开放，因此完全清场的拍摄条件也不可多得。学社借助这难得的测绘条件，所到之处，几乎都做了系统的影像记录，其中不乏罕见的拍摄角度，包括从太和殿梁上俯拍的宝座，在脚手架上近距离拍摄的脊兽特写，和钻进天花里面才能拍到的梁架结构与墨书题记。

更有趣的是，身为建筑学者的摄影师，往往独具慧眼，镜头下的古建筑，不时会有出人意料的精彩表现。例如一张太和门台基栏杆的细部俯视照片，螭首与望柱柱头在照片上显出别具一格的形态。望柱、螭首，都是极普通的石构件，寻常决不会引人注目，却在这个特异的角度下呈现出陌生化的美感。[12]

他们最终完成的测绘图纸，本身就是精美绝伦的艺术品：

今天，习惯了电脑制图的建筑系学生已经难以掌握手工绘图所需要的耐心和技巧。无论是控制鸭嘴笔画出均匀的墨线，还是以印刷一般的标准字体书写标注文字，都绝非一日之功。而如何兼顾图面的准确与美观，则更考验绘图者的素养。营造学社成立区区三年，培养出的绘图人员已能交出质量如此之高的工作成果，是相当令人惊叹的……

在时间和人力如此有限的状况下，学社对故宫的测绘仍然坚持下来，从1933年到1937年，几易寒暑，一直持续到战争爆发前的最后一刻。[13]

1937年，卢沟桥的枪炮声响了，营造学社南迁，对故宫古建的测绘工作不得不遗憾地中止，已完成的1898张测绘图纸被小心翼翼地存入了天津英资麦加利银行保险库中。不幸的是，两年后，天津发生了一场水灾，存在银行保险库中的这批珍贵资料惨遭损毁。"消息传到昆明，梁思成痛哭失声。"有一千多张被水浸泡的测绘图稿被抢救出来，曾参加测绘的纪玉堂等人默默地对它们进行了整理和补绘，在保存至今的故宫测绘图上，

[图 7-7] 北平故宫殿顶檐角套兽

还可以看见清晰的水渍。这批图纸现存清华大学建筑学院。[14]

四年的辛劳化作了泡影，但营造学社的同人们没有时间悲伤，他们必须和战争抢时间，正如故宫文物南迁，一直在与战火赛跑一样。1941年，拒绝出任伪职、在北平家里装病的朱启钤先生，心里依旧牵挂着故宫的测绘工作。他找到时任伪"都市计划局""局长"的林是镇先生商议，得到林是镇先生响应，于是决定从头再来。只是那时，营造学社已随中央研究院历史语言研究所迁往四川李庄，梁思成、林徽因度过了难忘的李庄岁月，于是，他们选中了同样是梁思成在东北大学的学生、当时在基泰建筑事务所的天津事务所工作张镈先生主持这次测绘。

张镈先生当时刚到而立之年，却已是这家全国最著名的建筑设计单位的主力设计师（张镈先生后来成为北京人民大会堂的总设计师）。为这一次测绘，他组织了一支30余人的专业测绘队伍。它同样是一支年轻的团队，其中10人是天津工程学院建筑系和土木工程系的学生，其他20人为基泰事务所的同人。第二次测绘的内容，从故宫扩大到整个北京中轴线，自1941年7月开始，至1944年年底结束，其中大部分工作，是在祝书元、张庭济主政的日伪统治下的北平故宫博物院期间完成的。

1941年，伪建设总署致函故宫博物院，称故宫测绘将"自七月一日起开始工作。惟此项事业有时须支塔、架木 [图7-7][图7-8]，

[图 7-8] 北平故宫太和门上搭建的测绘用脚手架

特此函达"[15]，祝书元、张庭济下令，故宫留守人员积极配合，为他们提供帮助[16]。

第二次测绘，"历时三年有余，共得实测图纸700余张，一律按不小于1/50的比例尺，用墨线或彩色渲染在60×42英寸的高级橡皮纸上，图纸完整、数据精确、制图精美"。[17]这些图纸，"或黑白实测，或彩色渲染，将北京中轴线上南起永定门，北至钟鼓楼的所有重要建筑一一写真图上，这是北京建城史上第一次也是唯一一次运用现代测量技术全面测绘中轴线古建筑的创举"[18]，是战争阴影下，中国知识界抢救北平古建筑的一份空前绝后的珍贵记录。

这700余张珍贵的测绘图纸［图7-9］［图7-10］［图7-11］［图7-12］［图7-13］，原藏于中国文化遗产研究院，1966年2月经文化部批准，将其中与故宫建筑有关的355张图纸拨给故宫博物院，现存故宫博物院档案科。2005年，双方首议合作整理出版这批资料，使之完美合璧。这些紫禁城测绘图纸，也成了今天故宫博物院收藏的一批特殊的文物。2017年，这些图纸在整理后，编成《北京城中轴线古建筑实测图集》，由故宫出版社出版。

三　日本收藏的大量文物，实为我国家博物馆之无上妙品

沦陷时期的故宫，内有留守人员与日本人周旋斗争，外有

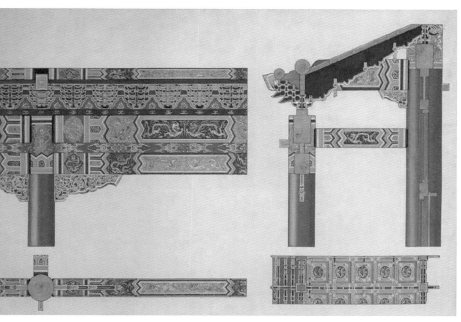

［图 7-9］ 故宫坤宁宫彩色透视图，20 世纪 40 年代，北京故宫博物院藏

［图 7-10］ 故宫太和殿外檐细部彩色图，20 世纪 40 年代，北京故宫博物院藏

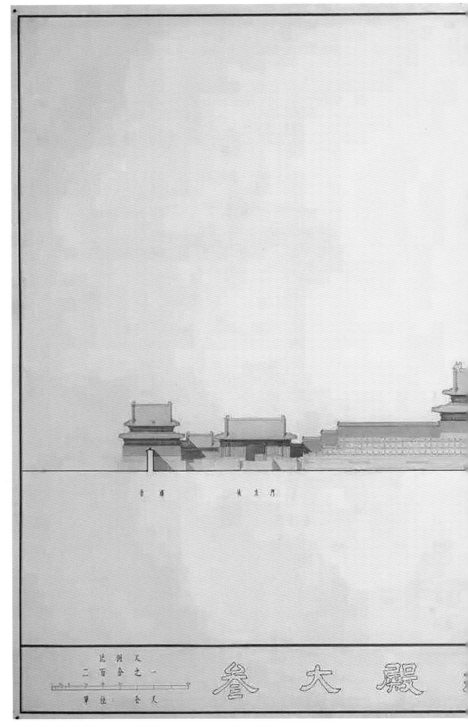

［图 7-11］　故宫三大殿总后立面图，1933 年 1 月

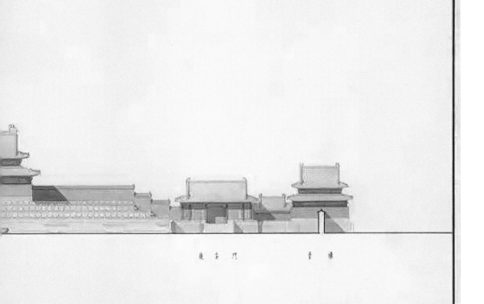

戟門後　殿寝

立面圖　中華民國二十三年一月

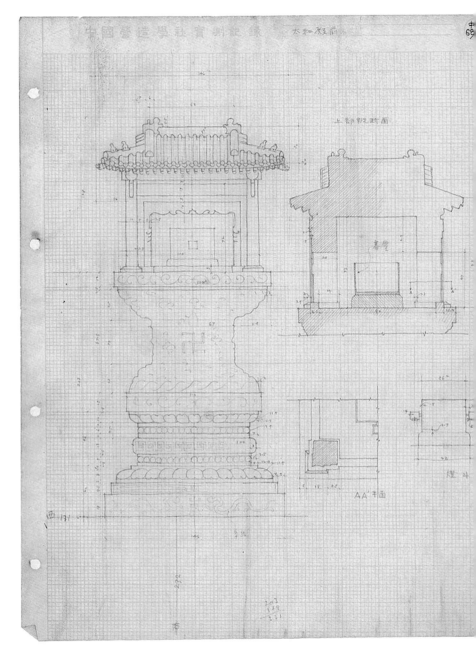

［图 7-12］ 中国营造学社实测记录之太和殿前

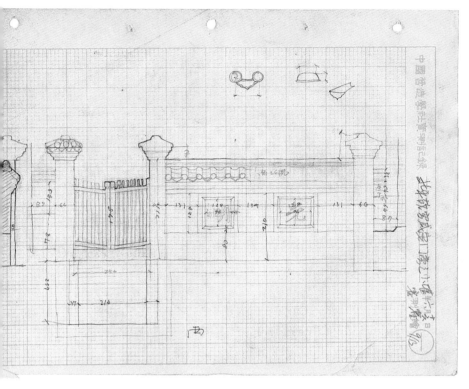

［图 7-13］ 中国营造学社实测记录之咸安门旁小墙

朱启钤等有影响的人士利用人脉苦心周旋，加上日本人企图占领整个中国的狂妄野心，使留在院内的文物未遭受大规模的损失，但长达十四年的日本侵华战争，却让中国的可移动文物遭受了巨大的损失。

早在"九一八事变"之前，日本帝国主义就已经开始以各种名目损害、劫掠中国的各类文物，至全面侵华时期更肆无忌惮。李济先生1946年赴日，归国后写下工作报告《抗战后在日所见中国古物报告书》，报告在谈到日本战争期间对华文物掠夺时写道："东方文化研究所向为日本研究汉学之一中心；战争期间，改隶大东亚省，对考古发掘大加努力，成一文化侵掠机构。所有日本在中国之考古发掘皆为大东亚省所支持，以学术掩饰其侵掠计划，主持者或自以为一大杰作。"[19]

执行同样"使命"的机构，还有东亚同文书院、"满铁"调查部、东方文化事业总委员会、日本东亚考古学会、（华中）占领地区图书文献接收委员会等等。

北平沦陷后，日军冲入颐和园，对园内的文物大肆抢劫，连宝云阁内的佛像和重达2吨的黄铜供桌都被抢走，位于北京房山的元代建筑永寿禅寺也遭日军抢劫。

战争旷日持久，"三个月灭亡中国"的妄想已经演变成一场看不见尽头的持久战，日本的国力出现严重透支。为了弥补资源的不足，日本侵略者开始在占领区发动所谓"献铜运动"，强制占领区人民"献金""献铜""献铁""献木""献粮"。由于铜是重要的战略物资，每百万发子弹需要13至14吨铜，在日本授意下，伪政府成立"大东亚战争金品（包括铁、铜）献纳委员会"，要求"北京特别市官民共同奋起"，强迫各单位开单缴送"所废置之公共铜品"。

覆巢之下，安有完卵？对于故宫，日本人终究不会放过。他们企图劫走故宫内的铜缸去制造炮弹子弹。"代理院长"祝书元等人不断推诿，拖延时间，但在日军逼迫下，只能搜罗散落在各院落无号又残破的铜缸铜炮等近2095斤交出去，同时致函伪北京市政府秘书长、北京市金品献纳委员会委员刘宗彝，请他陈述这些铜缸铜炮是历史古物，应当妥善保存。但日本人还是不肯罢休，故宫又只好交出"既无款识又不能断定时代"[20]的铜缸54口。这些铜缸被运走后，至今杳无音讯[图7-14][图7-15][图7-16]。

1944年，日军从故宫劫走铜灯亭91座、铜炮一尊，原来安放这些铜器的地方，只剩下光秃秃的基座。只是这批铜器，还没来得及运往本土，日本就宣告投降了，这批文物也被从天津追回。[21]

古籍图书方面，早在1938年，日伪宪警就冲进故宫博物院

故宮博物院對於平市歷次收集銅鐵應付情形始末記

中華民國三十二年八月華北政務委員會通令各機關發交收集銅類實施要綱一分，規定凡屬官署團體或一般商店住戶銅品均得分別情形收集檢送。茲將本院歷次辦理情形撮述於左。

先是收集議定，聞日方多注意於宮內之銅缸及歷史博物館之銅礦等件。銅缸陳列於各路綫者為數甚尠。日方平日藉遊覽機會來院暗中調查者頗不乏人。本院為應付當時環境起見，爰蒐集散置於各院落之無號廢銅共得二千零九十五斤，由院致函北京市金品獻納委員會劉宗彝委員（彼時劉係市府秘書長為該會當然委員）詳詢辦理手續及收集處所，並陳述銅缸銅礦等品就歷史與古物之觀點立論均應保存，如會議席上有提及者請為設法維護。翌日即據函告送銅地點，並稱關係方面確有希望將銅缸等件獻納之意。至於歷史博物館所存銅礦似可擇留明清兩代各一尊，其餘悉數獻納較為周妥云云。以是知日方對於此項缸礦不欲逕自索取，授意

一

［图 7-14］《故宫博物院对于平市历次收集铜铁应付情形始末记》，1943 年

太庙图书馆，对于含有抗日爱国、宣传马克思主义内容的出版物，或抢走，或撕毁，共计图书216种，314册；杂志305种，655册。其中有：《共产主义大纲初草》《中国丧地史》《抗日救国须知》《日本在满洲权力及地位》《日本侵略中国年表》《中日问题之研究》等。

这一年秋天，张庭济致友人书，倾吐了他在日伪统治下维护故宫的艰难处境，远在安顺华严洞视察的马衡院长得知后，写下一诗，表达对张庭济的理解和宽慰，诗曰：

> 门户支持已一秋，
> 贤劳多为我分忧。
> 覆巢犹幸能完卵，
> 守阙于今赖运筹。
> 菱镜尘封余旧梦，
> 萱堂春在慰离愁。
> 知君家国无穷感，
> 华发星星早上头。[22]

在故宫之外，在更广大的国土上，中国的珍本古籍面临着更大的浩劫。"南京是一座历史悠久的文化名城。作为著名古

［图 7-15］ 北上门内运出铜缸堆积情况，1944 年

［图 7-16］ 铜缸起运情况，1944 年

都，经历代经营，名胜古迹遍布紫金山麓、秦淮河畔，文化遗存比比皆是，史籍图册藏量极富，日本侵略者早就对其垂涎三尺。日军侵占南京后，设有专门的抢劫图书文物的组织，在珠江路设总站，下设调查、发掘、抢劫组，与日军机关密切配合，有组织、有计划地进行抢劫。日本派遣特工230人、士兵367人、苦力830人，从1938年3月起，花费了一个月的时间，每天搬走十几卡车图书。据当时参与'整理'图书的当事人青木实战后撰文指出，共掠夺书刊、文献为88万册，超过当时日本最大的图书馆东京上野帝国图书馆85万册的藏书。日本侵略者还借口'弘扬东亚佛教'，将部分唐僧舍利盗往日本，藏在琦玉县慈恩寺中。"[23]

据《文明浩劫——抗战期间日寇损毁中国文物统计》一文介绍：

　　1938年8月6日，夏颂明的报告估计，"以藏书的数量而论，南京53所图书馆除去10所不详外，其余43所共藏书1712238册，平均每馆约藏4万册。上面所列我国一年来损失的图书馆计共2166所，即使每馆藏书仅及南京每馆藏书平均数的十分之4000册计算，2166所即达8664000册之巨"。

　　而据中国政府教育部1938年底的报告，中国抗战以来图书损失至少在1000万册以上。1940年3月,美国出版的《日本在中国的文化侵略》一书,指出抗战期间中国的图书损失在1500万册以上。1946年,时任中央图书馆馆长蒋复璁认为,从七七事变起,东南各省图书馆损失书刊在1000万册以上(当时的估算将滞留在沦陷区而未及搬迁后方的图书均归入损失)。

综合来看,中国在战时损失之书籍,据国内调查,不下300万册,其中不乏宋元善本古籍文物。而具体有多少珍贵古籍被掠夺、损失,我们已很难进行详细统计。但可以确认的是,仅商务印书馆东方图书馆一处,就损失了图书46万余册;而战后从日本几处图书馆追回被掠夺的香港冯平山图书馆藏的珍贵古籍,则达到了35000册。[24]

在不可移动文物方面,日本帝国主义同样给中国带来巨大伤害,日本侵华期间,日军的焚毁、轰炸、强征等暴行同样破坏了大量中国古建筑。据《抗战时期日军对北京文物的破坏与掠夺》一文:

据密云县文物管理所调查,1938年夏秋,日本关东军命令被抓来的中国劳工拆古北口长城,并将完整的城砖,有长方砖，还有三角形砖都装上了火车。拆城地段大都在蟠龙山上，东从第一座五眼楼起西到古北口关门，直到水门洞崔家地，长约有5华里。城砖装上火车，向长城外伪满洲国方向开去。共运走三车皮。据统计，抗战时期日军共损毁长城45公里，敌楼197座，瓮城2座。[25]

"日军甚至于1939年将雍和宫前3座牌楼的金丝楠木大柱更换成水泥柱，导致牌楼光辉顿减，而将换下的楠木柱运到日本，据说用其在名古屋建立了几座鸟居"。[26]

日军进攻南京时，飞机大炮对修建于明朝、堪称世界第一的古城墙进行狂轰滥炸，中华门城堡箭楼、光华门城墙、中华门城墙等处大部分被毁，只剩下约20公里的古城墙，也伤痕累累。南郊牛首山历代寺庙与满山古树被炸毁，位于南京南郊南朝陈武帝万安陵前的公元6世纪的石刻艺术瑰宝石麒麟也被完全摧毁，不复存在。[27]

日本军队占领南京后，有组织地纵火焚烧市内建筑古迹。在中国南京审判战犯军事法庭在谷寿夫等判决书中，我们可以读到这样的文字："焚烧之惨烈，亦无伦比。陷城之初，沿中华门迄下关江边，遍处大火，烈焰烛天，半城几成灰烬。我公私财产之损失殆不可以数字计。……至12月20日，复从事全城有计划之纵火暴行，市中心区之太平路，火焰遍布，至夜未熄。且所有消防设备，悉遭劫掠，市民有敢营救者，尽杀无赦。"[28]

《中国抗日战争史》写道："日军有组织有计划的纵火，使南京的工业、商业、市政建设及文化教育卫生等事业均遭到惨重破坏。……日军还纵火烧毁了整个夫子庙地带，大成殿荡然无存，周围的金粉楼台都化作焦土，六朝居、奇芳阁、得月楼等著名老店付之一炬，屋宇被毁的十之六七。……到了晚上，大半个城市漆黑一片，宛如一座'死城'。"[29]

1938年4月11日，日本飞机轰炸长沙，创建于北宋开宝九年（公元976年）的岳麓书院遭损毁。这一年10月8日，日军派重型轰炸机轰炸北平云居寺，使这座有一千二百多年历史的古寺被夷为平地，只剩下唐代的石浮屠和辽代的北压经塔，渡尽劫波，一直挺立到今天。[30]

对沦陷区的中国古代遗迹、王陵，日本侵略者大肆盗挖，导致大量文物被破坏、掠夺，比如盗掘辽太祖阿保机陵、北魏平城遗址、邯郸赵王城遗址、曲阜汉灵光殿遗址、商都殷墟遗址等，被盗取的文物不计其数。[31]

在中国五千年文明史上，日本侵华战争是给中国可移动和不可移动文物造成最惨重损失的一次洗劫与破坏，郑欣森先生曾撰文说："（日本——引者注）拥有1000余座大小博物馆，这些博物馆收藏着大量的中国历代文物，数量应该在数十万件以上，其中，珍品、孤品不计其数。东京国立博物馆是日本最大的国家博物馆，收藏着历代的文物珍品，藏品多达9万余件。其中，中国珍贵文物就约1万余件。这些文物，包括玉器、陶器、瓷器、书画、古籍等等，书画名品有李迪《红白芙蓉图》，马远《寒江独钓图》，梁楷《李白行吟图》、《雪景山水图》等。"[32]

1945年4月，抗战胜利前夕，国民政府教育部在重庆成立"战区文物保存委员会"，主任委员为时任教育部次长的杭立武，马衡、梁思成、李济等担任副主任，会址设于中央研究院（今重庆市渝中区人民路239号），主要任务是在战争尚在进行的情况下，"在军事情况许可之范围内，竭力减少战区内文物之损失"，因此，"一面与国军、盟军切取联系，编制战区内古迹文物之目录、地图及照片，以防止轰炸时不必要之损失，一面则委托训练机关训练战地工作人员，搜集欧洲战场保存文物之实际资料，以备在登陆反攻时可以随军工作"。委员会成立后，编制了中英文对照的十省市重要建筑目录，计399项，照片共176张，地图106幅。

日本投降后，1945年10月1日，"战区文物保存委员会"更名为"清理战时文物损失委员会"，简称"清损会"。"清损会"把工作重心转向调查被日军劫夺和破坏的文物损失，"以备向敌搜寻或追偿"。

在调查文物损失方面，自1945年10月起，在全国举办公私文物损失登记，并在京沪、平津、武汉、粤港、东北五区，及浙、闽、湘、皖、冀、豫等省，先后成立办事处，派驻人员实地查访，以弥补登记的缺漏。经过异常艰苦的努力，"清理战时文物损失委员会"终于编成《战时文物损失目录》，统计得出，书籍、字画、碑帖、古物、古迹、仪器、标本、地图等各项文物损失总共360万7074件，由于公私收藏者对于文物损失的申报并不踊跃，这一数字与这场战争带来的实际损失相比，只不过是九牛一毛。

如此巨量的文物，一部分在战火硝烟中化成了灰尘，永远消失了，一部分尚留在中国境内，还有一部分被日军劫掠到日本，成为日本博物馆、图书馆的"藏品"。孟国祥先生说："据1945年8月31日国立中央博物院筹备处主任李济致国民政府教育部呈文所附《我国历年被日本掠夺文物清册》记载，日本公开收藏掠夺来的中国文物的公私机关即有东京帝室博物馆、东方文化研究院京都研究所、御影嘉纳白鹤美术馆、东京细川侯爵府、东京帝国大学文学部陈列室、东京大仓集古馆、关东厅博物馆、伊势征古馆等63家，其中比较著名的文物即有骉氏编钟、战国式铜壶、殷墟出土的白陶、彩陶、居庸关石刻等各种文物501类，日本公私收藏者收藏的大量文物，实为'我国家博物馆……无上妙品'。"[33]

当然有一部分未及运往日本，"清损会"的另一急迫任务，就是接收、清点各地敌伪文物。在平津区，"清损会"查出、收缴了溥仪"收藏"的文物共220箱，以及大保险柜2只，德国人杨宁史"收藏"的青铜器258件，郭葆昌旧藏瓷器420件，朱启钤旧藏宋元明清四代缂丝73件、刺绣66件。

在东北区，"清损会"收缴了沈阳故宫《实录》《圣训》等档案9737册，玉牒385包，玉宝29颗，玉册310页又11枚。在长春伪"满洲国"皇宫，收缴珍本书1449册，在伪"满日文化协会"收缴书籍70717册。

在粤港区，查获中央图书馆、平山图书馆存书各两箱，广东省立、广州市立及仲元图书馆书籍100箱，广东文献资料320箱，中山大学古物、书籍、碑帖等173箱。

在京沪区，"清损会"查出、收缴了伪上海大学"藏书"9100册又955函，台湾银行"藏书"720册，日人商木"藏书"3635册，妙心寺"藏书"198册，德华银行清理处"藏书"1122册，中央信托局"藏书"1033册，亚洲文会"藏书"19515册，和平博物馆81692册。

对于已经被运往日本本土的中国文物，"清损会"深感自甲午以后，我国文物为日本巧取豪夺，因此请外交部向远东顾问委员会及盟军驻日总部提出《追偿我国文物意见书》，不以1937年日本全面侵华的时间为限，要求"自甲午以来凡为日本掠夺或未经我国政府许可，擅自发掘之一切文物，均须由日本交还，而在此期间，凡为日本破坏，或因日本军事行动损失之文物，则必须责令以同类或同等价值之实物赔偿"。

这份意见书，由外交部向远东顾问委员会和盟军驻日总部提出后，没有得到任何答复，唯有盟军总部对日本政府提出要求，"令其陈报自七七事变以后劫掠之财产"。由日本政府自行统计其劫掠之中国文物，这要求显然是滑稽的。至于赔偿要求，因"尚未经国际上之承认"，也只能不了了之。

1946年，徐森玉、顾廷龙、谢辰生等人在上海倾注巨大心力，历时九个月，引用日本历年出版的参考书目122种，编成《中国甲午以后流入日本之文物目录》，作为"未来交涉之依据"。

六十六年后，《中国甲午以后流入日本之文物目录》一书才终得出版。2012年9月15日，出版座谈会在故宫博物院举行，故宫博物院第六任院长单霁翔主持座谈会，该书唯一健在的编纂者、中国文物学会名誉会长、时年九十二岁高龄的谢辰生先生参加了座谈会，谢辰生先生说："抗战胜利后，当时的中国政府决定要向日本追讨甲午以后，他们巧取豪夺的所有的文物，编制此书的目的就是为向日本追索进行交涉提供依据。"[34]

除了甲午战争以后被日本窃取的中国文物，"清损会"还统计出近代以来被其他国家窃取的中国文物的下落，比如，1900年庚子事变时，意大利军队抢劫的《大清会典》、明钞本《本草品汇精要》等珍贵古籍，现藏意大利罗马国立图书馆，德国军队抢劫的大量青铜器等，"清损会"都开列清单，请外交部向这些国家交涉，最终皆杳无音讯。

"清损会"反复争取，终于在1946年5月赢得机会前往日本，将部分被日本劫掠的中华文物运回祖国，其中有"中央图书馆被劫之书籍107箱，待运返国者，有南开、中山两大学及亚洲文会被劫之图书共34634册"。[35]

郑欣淼先生说："在抗战以后，日本归还中国文物的情形令人失望，抗战期间日本劫去我国的文物，胜利后曾先后归还一些，后来从1950年到1956年，日本先后归还了六批，交还给了在台湾的国民党政权，保存在台北故宫。日本归还的这些东西，杂项物品多，真正的文物是相当少的，有价值的甚少。追索海外流失文物还是一个很艰巨的任务。"[36]

四　日本投降了，有人半信半疑

自作孽，不可活。源自《尚书》的这句名言[37]，在日本人的身上得到了证明。日本军机对中国城市进行的无差别战略轰炸，以及日本对美国珍珠港的突然袭击，"最终解除了美国针对日本城市进行无差别轰炸的道德顾忌"[38]。炸弹，终于落到了日本人的头上。随着战争的进行，日本本土开始"享受"无差别轰炸的"待遇"，日本本国文物，也在战争中也进行了迁移，以免被彻底摧毁。

据介绍："1944年11月至1945年8月，美国空军对日本98座城市实行战略轰炸，共出动 B-29 轰炸机3.3万架次，投弹16万吨，炸死23万人，炸伤35万人，全日本24%的房屋变成废墟，1600架飞机被摧毁，1650艘舰船被击沉或击伤。"[39]

"美军在1945年2月23日至24日首次对东京采取大规模燃烧弹轰炸，当晚174架 B-29 轰炸机在东京抛下大量凝固汽油弹（Napalm），把东京约2.56平方千米的建筑焚毁。"[40]

"1945年3月9日至10日，美军派出334架 B-29 轰炸机从马利亚纳群岛出发，再次使用凝固汽油弹对东京进行持续2小时的轰炸，每架飞机携带六至八吨燃烧弹，燃烧面积可达6500平方米。二十四时十五分，两架导航机到达东京上空，在预定目标区下町地区投下照明弹，接着投下燃烧弹，为后续飞机指示目标。随后大批轰炸机接着以单机间隔依次进入投掷燃烧弹，火势迅速蔓延开来。当晚东京出现火灾旋风（Firestorm，大火造成的灼热气浪与冷空气形成强劲对流风），334架 B-29 共投下了超过2000吨燃烧弹，产生的高温足以市区内所有可燃物（包括人体）烧着，近41平方公里的地方被焚毁，主要是皇居以东的地区，东京约有四分之一被夷为平地，其中18%是工业区，63%是商业区，其余是住宅区。"[41]据介绍：计划中的22个工业目标全部摧毁，26万7千多幢建筑付之一炬，上百万人无家可归，83793人被烧死，10万被烧伤或呛伤。

"1945年3月9日至10日的轰炸可能是人类历史上最具破坏性的非核武空袭，破坏力可以和后来的原子弹爆炸相比。大火之后日本政府花了25天才将烧焦的尸体清理完毕。"[42]

"火攻东京后不到30小时，317架B-29轰炸机又夜袭名古屋，使该市的飞机制造中心化成一团火焰。13日，日本第二大城市大阪也遭到了300架B-29的轰炸，使用了1700吨燃烧弹，约20.7平方千米的市区在3小时内焚毁。16日，美军又轰炸神户，使其造船中心被摧毁。美军于四、五、六月又大举空袭日本各大中小城市。""4月13日，日本皇宫宫殿的一部分被焚烧，明治神宫焚毁。"[43]

"1945年7月4日时美军宣布当时日本已遭受10万吨炸弹的轰炸。"[44]

"1945年5月9日夜间，300多架B-29轰炸机再次光临东京，每架携带6吨燃烧弹，低空沿东京东隅田河飞行，轮番轰击两个半小时,将炸弹全部投在居民密集区,56平方公里范围内一切皆化为灰烬。飞机在250公里外的太平洋上都可以看到冲天的火光。有几处大火持续燃烧了4天才慢慢熄灭。轰炸使几万人因空气中氧气被燃烧耗尽而窒息死亡,尤其是地势低的地方最为惨重。着火、缺氧者争相跳入河中求生,结果隅田河上漂满如木炭一样黑漆漆的尸体。轰炸时人们争相躲入坚固的明治座剧院,结果院内窒息而死的尸体相互堆叠有2米之高。""此时日本本土空军和防空力量已被摧毁,美国飞机如入无人之境。再加上留守东京的政府医务人员仅有9名医生和11名护士,完全丧失了救护能力。"[45]

"5月26日,500架B-29再来一次'扫尾',往北部、西部居民区投下4000吨燃烧弹。燃油引起的大火自天而降,高楼飘浮在火海之中。从此东京成了'死城',再也没有多少好房子和健康的人可炸了,已经失去了轰炸的价值。"[46]

李济先生在战后赴日考察后写下一份《抗战后在日所见中国古物报告书》,文中写道:"东京轰炸区甚广。除皇宫附近较完整外,被毁者在百分之五十以上,但文化机关虽亦遭有损失(如早稻田大学、内阁文库等),与工商业区相比,则幸免者较多。东京帝国大学、上野公园之帝室博物馆与图书馆,均完整无缺,惟轰炸期间,各机关之收藏品几已全部疏散。济等到东京后,第一次往帝室博物馆参观（四月七日），所陈列者全为宣传日本文化之品，如：能乐面具及衣饰、雏人形、帝王衣饰、屏风画、文房工具、浮世绘等。所陈佛像，皆仿制品。该馆所藏中国文物，一未陈列。廿日后（四月廿七日）与帝国大学教授原田淑人又约往参观一次，指定参观中国画，原田教授虽往招待，但中国画卷仍未看到，据云是项藏品疏散后仍未收回也。"[47]

据说，"美军 B-29 轰炸机从成都起飞，跨越重洋轰炸了日本本土八幡市钢铁厂"的那一天，"国民政府重庆防空司令处的少将处长丁荣灿，给大家带来了这一消息。当时正在上一道叫做'海参锅巴'的菜，这道菜是以锅巴底，在上桌前必须浇上滚烫的海参汁，因为浇汁时发出的'噼叭'声音，非常像轰炸时的声音"。丁荣灿觉得这道菜与传来的消息非常地应景，于是把这道菜的菜名改为"轰炸东京"。"这道菜也很快在重庆流行起来，人民都盼望着胜利的早日到来。这是受尽侵略战争苦难的人民心中的愿望，也是所有爱国军人的愿望。"[48]

到战争结束时，日本全国共有九十八个城市遭到不同程度的轰炸。8月15日上午，美国出动八百多架轰炸机对东京进行了最后一次大规模空袭。这一日的正午12点，天皇通过广播发布《终战诏书》[图7-17]；随后，美国总统杜鲁门宣布停止军事行动[49]。

新華日報

接受波茨坦宣言
日本無條件投降

外號

三十四年八月十日

下午十時出版

每份廿圓

美國新聞處八月十日舊金山電：：

日本已接受波茨坦宣言無條件投降

中央社據美新聞處訊：：舊金山十日電：：據合眾社本

晚消息，日本已接受促其無條件投降之波茨坦宣言。

[图 7-17] 《新华日报》刊登日本投降新闻，1945 年 8 月 10 日

日本帝国主义无论有着多么贪婪的野心，都终将归零——这是真正的"永远的零"。

两年前刚刚在重庆成为故宫一员的朱家溍先生这样回忆他得知消息时的景象：那天晚上，他正在故宫古物馆的同事牛德明先生家里吃饭，忽然听见外面由远而近人声鼎沸，鼓乐鞭炮齐鸣，德明的儿子牛晨从山下跑上来，说："日本鬼子投降了！"他有点不相信，听见隔壁收音机广播，才确定了这消息是真的。他和牛德明赶紧下山，只见人潮汹涌，呼喊着口号，高唱着"大刀向鬼子们的头上砍去"，他们也涌入人群，高呼"胜利万岁！"他后来描述当时的心境说："心里反而发空，有些发抖，从来没经受过这样使人激动的事，高兴，但又有点想哭，我不知所措了。"[50]

在峨眉，那志良先生从电报中知道了日本投降的消息，他回忆说："有一天，峨眉电报局局长派人送来一信，告诉我们日本无条件投降了，八年苦战，我们终于赢得最后胜利，是多么令人兴奋的好消息！我的孩子们，立刻写海报，到处去贴，有的人半信半疑，以为这几个孩子是发了疯！等到证实了这是确实消息时，莫不喜形于色。"[51]

飞仙岩深隐在大山中，有如世外桃源，除了山鸟的鸣叫和溪水的声音，这里一片静谧，有如王维的诗境。抗战胜利的消息传到这里时，已经是在几天之后了。根据庄尚严先生之子庄因的回忆，听到胜利的消息时，庄尚严先生夫妇，刘峩士、黄居祥两位先生，还有特务连的胡远帆连长，表情都十分平静，好像他们早就知道会有这样的结局，他们"只是脸上泛着微笑，不停地说：'胜利了！胜利了！'"然后，就在得到胜利消息的当天下午，庄尚严先生派故宫在当地雇用的工友何永贤去龙冈乡进行大采购，他们三兄弟也跟着去了。他们买回糖果、锅盔、猪肉、母鸡、青菜、花生、葵花子、小芝麻饼，当然，还有酒和两挂红色的爆竹。[52]

1946年，故宫离开峨眉。

抗战胜利的消息传到李庄的时候，李庄庆祝胜利的篝火燃烧了三天三夜。李济先生长期患有高血压和心脏病，却破例和同事们开怀畅饮，为了抚平激动的心情，他独自在长江边徘徊了很久。

这是1938年，史语所自长沙撤往昆明以后，李济一家为了办理经安南转昆明的护照，在桂林拍下的全家福［图7-18］，抗战胜利之日，照片上的七个人已经少了两个人——李济的二女儿鹤徵于1940年夏天在昆明突然患上了急性胰腺炎，因得不到药物及时的治疗而死去，年仅十四岁；两年后，他的大女儿凤徵又在李庄染上了伤寒，同样因为缺医少药，不治身亡。两个

［图 7-18］ 李济一家摄于桂林的全家福（为办理经安南转昆明的护照用），1937 年 12 月

可爱的女儿先后离去，让李济夫妇感到锥心之痛。1946年返回南京时，李济和夫人陈启华默默将两个女儿的遗骨放在行李里，带着她们一起回家。他永远不会忘记，大女儿凤徵在生命的最后时刻对他说的话："爸爸，我要活下去，我要考同济大学，在李庄读书[53]，永远不离开您……"

1945年，画家蒋兆和先生画了一幅画，叫《爸爸永不回来了》，画的是一个小姑娘，双膝跪在地上，手里拿着国旗，双眼却有些茫然、有些肃穆地望着天空。显然，这是画家为胜利之日所绘的一幅作品，但他没有去描述作战或者胜利的宏大场面，只选择了一个不起眼的人物——一个在战争中失去父亲的小女孩。对这个小女孩来说，无论庆祝胜利的典礼多么盛大，对她来说，战争带来的后果都是永远不可逆转的，那就是她的爸爸永远回不来了。其实蒋兆和先生画的，表面上是一个不起眼的小女孩，实际上涵盖了许多国人的命运，其中也包括像李济先生这样的学术大师。民族的胜利值得骄傲，心灵的伤痛却永远无法抹平。

但无论怎样，战争终于结束了，故宫人不用再奔波流离，担心日军飞机的炸弹从天而降了。八年苦难尽消，马衡先生作《欣闻日本缺陷》一首，寄庄尚严。诗中写：

千钧威力震扶桑，

惊破痴人梦一场。

惩暴岂容存顾忌，

乞降犹自逞顽强。

盱衡禹甸欣无恙，

洗尽佳兵祓不祥。

从此大同休戚共，

八年苦战愿毋忘。

　　1947年春天，故宫职员与家属带着轻松的心情前往重庆南温泉郊游，拍摄了这张"全家福"［图7-19］。照片上写："故宫博物院旅渝同人南泉修禊留影"。那时，日本已经投降，存放巴县飞仙岩的文物已经运至重庆向家坡，与另外两路文物集中。照片中的故宫人，笑容那么灿烂，迁运文物的无数艰辛、典守文物的万般寂寞，似乎都在春日的暖风中，消散无踪了。

　　生逢乱世，人若飘蓬，他们的内心那么笃实坚定，看不出丝毫的仓皇疲惫、怅惘伤感。他们运载的那些古物，沉沉地压在他们心底，给了他们信心，让他们的内心变得沉实安稳。他们衣履简陋，捉襟见肘，表情里却蕴藏着无限的骄傲。他们知道，这样一个创造出灿烂文化的民族，是不可能被打败的。

［图 7-19］ 故宫博物院旅渝同人南泉修禊留影，1947 年春初

庄尚严先生和夫人申若侠，坐在照片的最前方，怀里抱着的，是不到十岁的庄灵。2018年，年已八旬的庄灵先生从台北抵达北京故宫博物院，在宝蕴楼的院史展厅里，面对着这张七十年前拍下的照片，他依然能够清晰地唤出每个人的名字。让我们记住他们：庄申（庄尚严长子）、吴振鲲、王程、欧阳洪武（欧阳道达二子）、王国柱、王太太、蔡寄沧、冯汝霖、励仲华、吴效蕙、吴玉璋（吴爽秋）、吴效英、吴振鸿、庄尚严、庄灵（庄尚严四子）、邵裴然、庄喆（庄尚严三子）、庄因（庄尚严二子）、申若侠、那宗训（那志良长子）、吴凤培、那宗炎（那志良次子）、那宗懿（那志良之女）、黄居祥、那志良、那宗琦（那志良三子）、那志良妻子、刘崶士……

五　华北日军投降仪式在太和殿广场举行

1945年10月，中国军队回到了卢沟桥，距离打响全面抗战第一枪的"卢沟桥事变"，已经过去了整整八年。

10月10日，是中华民国成立三十四周年纪念日。这一天，华北日军投降仪式在太和殿广场举行［图7-20］。

据介绍，原定受降地点是在中南海怀仁堂，前往北平洽降的吕文贞将军决定，将受降仪式改在故宫太和殿广场，要让全体北平市民都能亲眼目睹日军投降的场面，共同见证胜利的光荣。当天，北平有20万人涌向故宫，目睹日军受降仪式，占当时北平人口的十分之一。[54]

受邀参加太和殿受降仪式的英军约翰·斯坦菲尔德（John Stanfield）上校这样写道："汽车载着我们英国小队人马开往紫禁城，行进在北京街道上，通过拥挤在凯旋门下欢呼的人群，凯旋门插满四大国——中英美苏的国旗。汗流浃背的士兵为我们从人山人海、激动的人群中开出一条道让我们的车通过。到达紫禁城的午门，再经过50码长的过道我们来到广场的另一边，在此下车继续步行。我们走过两段台阶来到太和门。经过太和门时，我们看见下面太和殿前巨大的广场上人山人海，至少有十万人，一直到大理石台基和通向殿前平台的台阶，所有地方都挤满了人群。"[55]

据介绍：9时20分，第11战区特务团入场担任警卫。看到军容整齐的中国士兵，在场群众立刻发出了热烈的欢呼。随后，参加受降仪式的中国政府军政要员和受邀观礼的外国贵宾步入会场。9时50分，第11战区司令长官孙连仲在军乐声中登上太和殿。10时10分，受降仪式正式开始，孙连仲将军走到受降台正中央，日军投降代表、华北日军最高指挥官根本博中将、参谋长高桥坦中将、副参谋长渡边度少将等20人由太和门旁门入场，走到受降台前，向孙连仲将军敬礼，退到左边站立。

三份日军投降书呈递到受降台上，一份正本，两份为副本，正本为中文书写。日军投降书先由日军最高指挥官根本博中将签字［图7-21］，再呈交孙连仲将军签字。签字完成后，全场爆发出了雷鸣般的掌声和欢呼。随后日军投降代表将自己的军刀放到受降台上，从侧门退场。此时，国歌奏响，孙连仲将军带头高呼："中国万岁！"民众的情绪被瞬间点燃，爆发出的口号声有如雷霆万钧。"尽管整个太和殿受降仪式只有短短的25分钟，但这代表着中华民族近代以来反侵略战争首次完全彻底的胜利，代表着中华民族被任意欺凌时代的结束。……太和殿受降这天，也正好是故宫博物院成立20周年的纪念日。"[56]

故宫文物南迁以后，有大量的文物留在北平没有运走，所幸，在故宫留平人员的奋力保护下，除损失了一些图书、铜缸等文物，故宫留平文物基本无虞。

前文说过，马衡先生就任院长后，对故宫存沪文物和留平文物都重新进行了点查，其中对留平文物的点查自1934年1月开始，无论是北平沦陷后张庭济主持院务期间，还是祝书元被"华北政务委员会"任命为北平故宫"代理院长"以后，点查一直没有中断，到1943年3月最终完成，编印了40册"油印清册"［图7-22］［图7-23］，登记文物达118.9万件。

关于抗战八年留平文物状况，我从中华民国政府1947年重

［图 7-20］　太和殿对日受降仪式现场盛况，1945 年 10 月 10 日

［图 7-21］ 日军华北方面军司令官根本博中将在"投降代表"下签字，1945 年 10 月 10 日

新接收北平故宫博物院以后的一份档案《国立北平故宫博物院复员情形》中看到这样的记述：

　　自七七抗战、北平沦陷、本院以殿宇及留平之文物，极关重要，以一部分人员在平留守，曾折呈行政院请示机宜，于同年十一月奉令，"折呈悉经提出本院第三三五次会议，决议该院留平工作人员处境艰危，自属实情，目前应于可能范围内，尽力维持，仰即遵照。"等因，遵即仰体中央意旨，以不屈不挠之精神，将开放陈列事宜及未竟之点收编目整理流传诸工作，赓续推进，勉力支撑，所保管之文物幸无损失，胜利以后，教育部平津区特派员到院接收，院务仍由留平人员负责推行，宫殿建筑，除年久失修者外，未遭意外摧残，故复员建设亦较简易。

这批文物，在抗战胜利后，全部被国民政府接收。

关于南京沦陷期间，没有来得及西迁，而留在故宫博物院南京分院的那部分文物，始终是人们关注的话题。对此，《国立北平故宫博物院复员情形》也有详细的记录：

　　存京文物，自二十六年（1937年——引者注）积极西运，一部未及西运者，即封存朝天宫保存库，迨沦陷后，敌伪将该项文物移存于北极阁、中央研究院、东方中学、地质调查所等处⋯⋯

现在收存于故宫博物院档案科的另一份档案《清点接收留京文物工作纪要》[图7-24]，对日伪政权处置这批文物的混乱状况记录得更加详细：

本院陷留南京保存库之文物悉被敌伪移运一空，散置于鸡鸣寺中央研究院、北极阁气象研究所、国府路东方中学及珠江路地质调查所等四处，除档案箱件少有拆散外，惟以中央研究院所存古物部分全数开箱分存，该院历史研究所四层楼各室中更有古物陈列所、颐和园所属文物并杂在内，其间既经敌伪长期窃持，混淆陈列者有之，选为精品另行储藏者有之，以致纷乱倒置，破散堆积，一时董理，实非易举，如即清点辨认，尤难事也。

"纷乱倒置，破散堆积"八个字，道出了南京汪伪政权对文物的无视与怠慢。抗战胜利了，国民政府还都南京，接收这批文物，对它们进行清点和整理就成了最急迫的任务。根据这份

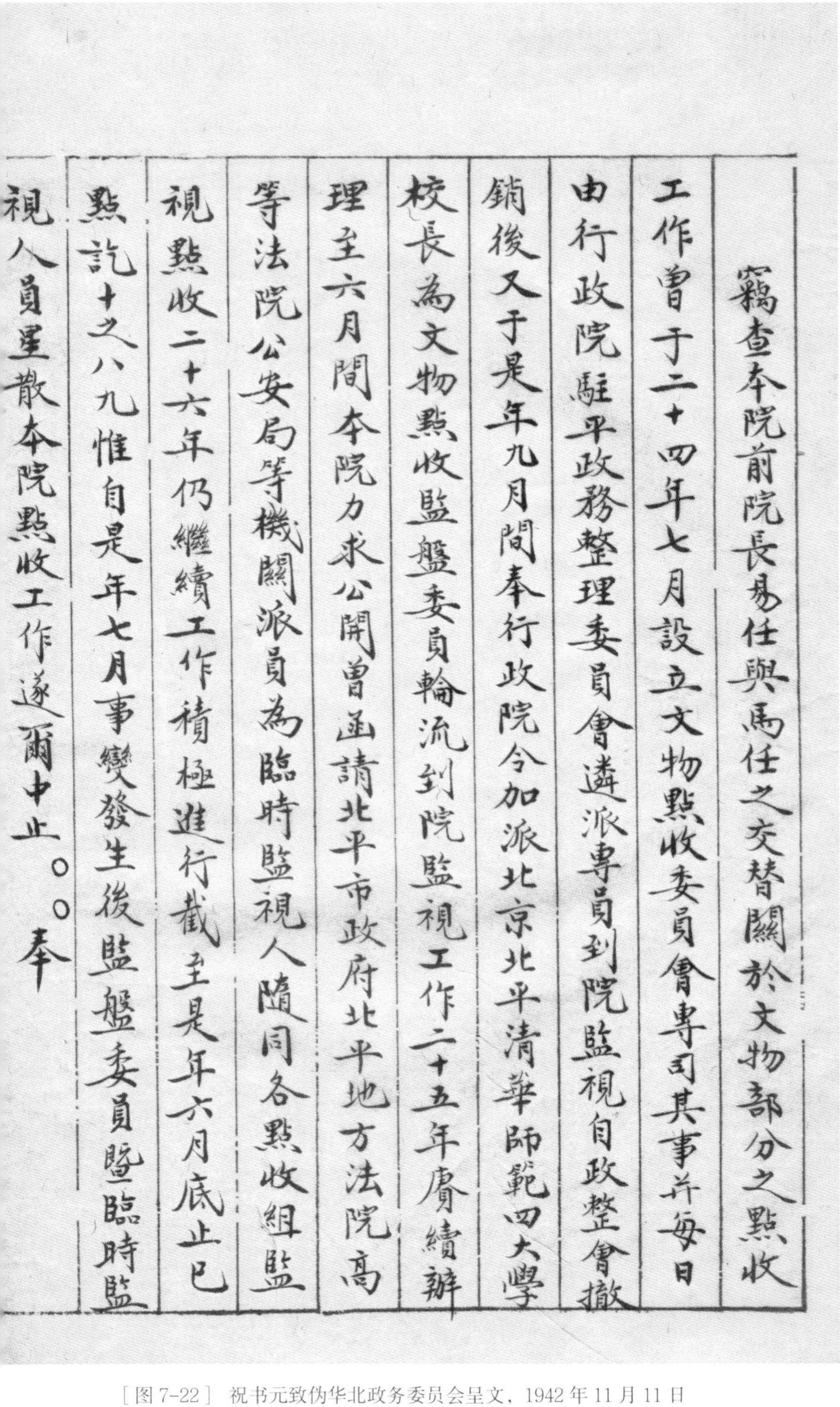

竊查本院前院長易任與禹任之交替關於文物部分之點收

工作曾于二十四年七月設立文物點收委員會專司其事并每日

由行政院駐平政務整理委員會遴派專員到院監視自政整會撤

銷後又于是年九月間奉行政院令加派北京北平清華師範四大學

校長為文物點收監盤委員輪流到院監視工作二十五年賡續辦

理至六月間本院力求公開曾函請北平市政府北平地方法院高

等法院公安局等機關派員為臨時監視人隨同各點收組監

視點收二十六年仍繼續工作積極進行截至是年六月底止已

點訖十之八九惟自是年七月事變發生後監盤委員暨臨時監

視人員星散本院點收工作遂爾中止。。奉

[图 7-22] 祝书元致伪华北政务委员会呈文，1942 年 11 月 11 日

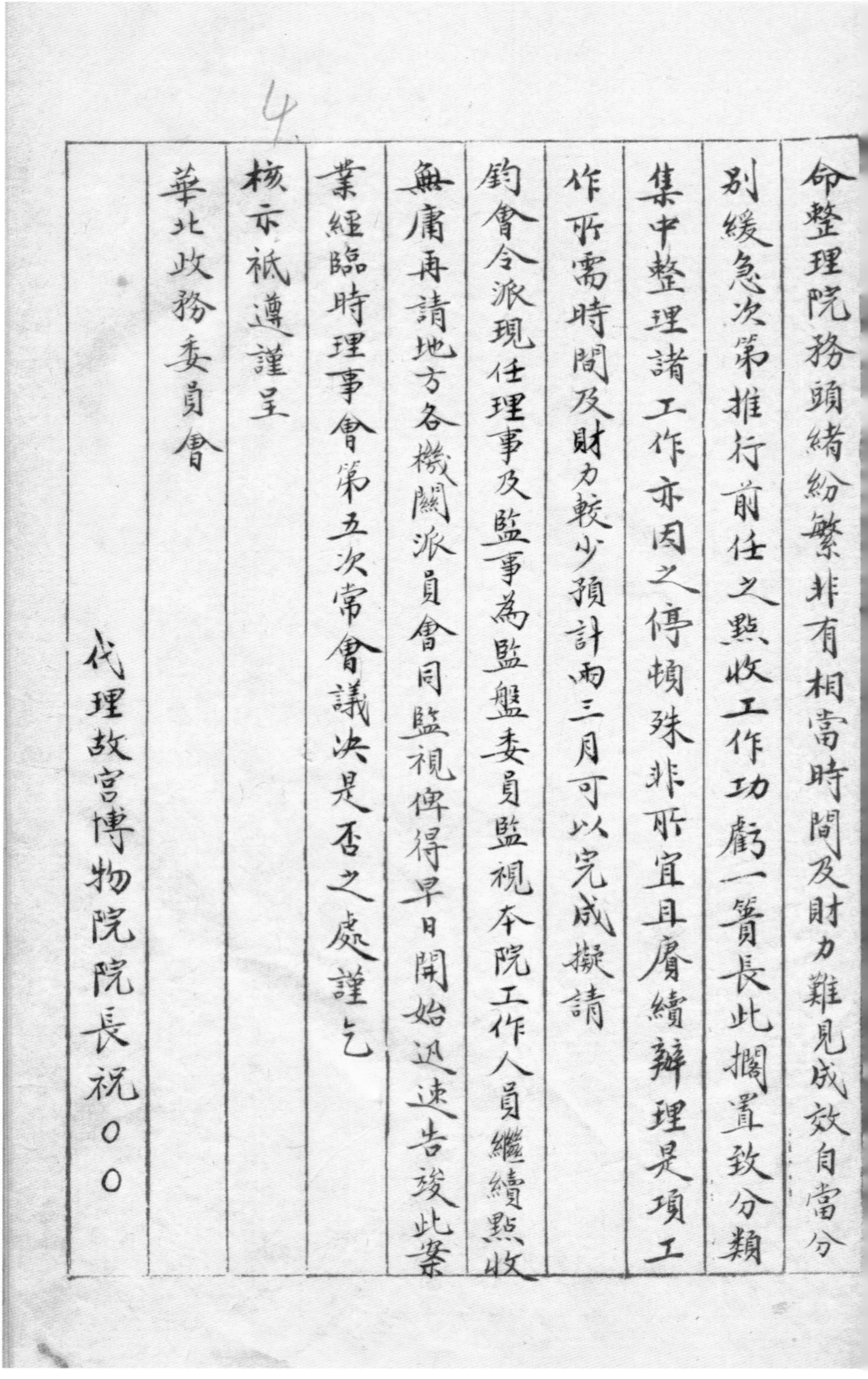

命整理院務頭緒紛繁非有相當時間及財力難見成效自當分

別緩急次第推行前任之點收工作功虧一簣長此擱置致分類

集中整理諸工作亦因之停頓殊非所宜且廥續辦理是項工

作所需時間及財力較少預計兩三月可以完成擬請

鈞會令派現任理事及監事為監盤委員監視本院工作人員繼續點收

無庸再請地方各機關派員會同監視俾得早日開始迅速告竣此案

業經臨時理事會第五次常會議決是否之處謹乞

核示祇遵謹呈

華北政務委員會

代理故宮博物院院長祝○○

[图7-23] 祝书元致伪华北政务委员会呈文，1942 年 11 月 11 日

《清点接收留京文物工作纪要》的记录，1946年1月21日，"教育部南京区清点接收封存文物委员会"召集有关机关召开了第一次代表会议，四天后，清点接收留京文物的工作就随即展开，清点工作一直持续到5月2日，历时四个多月。点查结果，在这份《工作纪要》中详细记录，对此，《国立北平故宫博物院复员情形》的记载如下：

> 三十四年（1945年——引者注）首都收复后，即派员前往，先在延龄巷成立临时办事处，当时朝天宫分院院址保存库，均有驻军，原存文物又被敌伪移存北极阁、中央研究院、东方中学、地质调查所等处，亟待展开接收清点工作，以图运回保存库集中保管，当即一方积极交涉收回保存库，一方由教育部会同各有关机关，组织文物清点委员会，于三十五年（1946年——引者注）一月开始清点，至同年四月始将保存库收回一部，五月间文物清点竣事，随即装箱运回保存库，共计图书、档案、玉牒、实录、红本圣训、史书1878箱236包15捆，瓷、铜、玉器、御笔书画、衣料、服饰、象牙、钟表、文具、兵器、乐器、陈设、仪仗、杂项等16种，计15174件。

除留（北）平文物和留（南）京文物，还有一批故宫文物，被溥仪带去了东北。

早在溥仪被逐出宫之前，就预感到清宫旧藏文物终有一天将成为"国有资产"，于是开始"未雨绸缪"，把清宫旧藏有计划地携往宫外。这才是真正的"故宫盗宝案"，溥仪的"盗宝"活动，从体积小、重量轻的书画手卷开始。

自1922年7月13日到9月25日，他派太监挟着黄绫包袱和溥杰、溥佳兄弟二人，每天进出紫禁城，等执勤人员习以为常，就开始了系统的盗宝活动。自10月21日开始，他以赏赐的名义，把一些珍贵的古代书画交给溥杰等人携带出宫，起初是十几件，后来逐步增加到二十、三十几件，看到无人注意，就"大干快上"，甚至达到一次三十五件的高峰。溥仪的堂弟溥佳后来回忆：

> 从1922年起，我们就秘密地把宫内所收藏的古版书籍（大部分是宋版）和历朝名人的字画（大部分是手卷），分批盗运出宫。这批书籍、字画为数很多，由宫内运出时，也费了相当的周折。因为宫内各宫所存的物品，都由各宫太监负责保管，如果溥仪要把某宫的物品"赏"人，不但在某宫的账簿上要记清楚，还需要拿到司房载明某种物品赏给某人，然后再开一条子，才能把物品携带出宫。当时，我

们想了一个自以为非常巧妙的办法，就是把这大批的古物以赏给溥杰为名，有时也用赏给我为名，利用我和溥杰每天下学出宫的机会，一批一批地带出宫去。我们满以为这样严密，一定无人能知。可是，日子一长，数量又多，于是引起人们的注意。不久，就有太监和官伴（宫内当差的，每天上学时给我拿书包）问我："这些东西都是赏您的吗？"我当时含混地对他们说："有的是赏我的；也有修理之后还送回宫里来的。"可是长期以来，只见出，不见入，他们心里已明白大半，只是不知道弄到什么地方去了。[57]

只用了两个多月的时间，就将1285件手卷、68件册页偷运出宫，清宫旧藏的手卷和册页基本上被席卷而去。在这批后来"不知道弄到什么地方去了"的历代书画精品中，"有草圣王羲之王献之父子的墨迹《曹娥诔辞》（即《曹娥碑》——引者注）《二谢帖》，有钟繇、僧怀素、欧阳询、宋高宗赵构、米芾、董其昌、赵孟頫等人的真迹，司马光《资治通鉴》的原稿，有唐王维的人物，宋马远和夏圭以及马麟等人画的《长江万里图》，张择端的《清明上河图》，还有阎立本、宋徽宗等人的作品。"古版书籍方面，则有"乾清宫西昭仁殿的全部宋版明版书的珍本"[58]，其中许多版本极为名贵，如宋本《抱朴子内篇》一书，乃海内孤本，

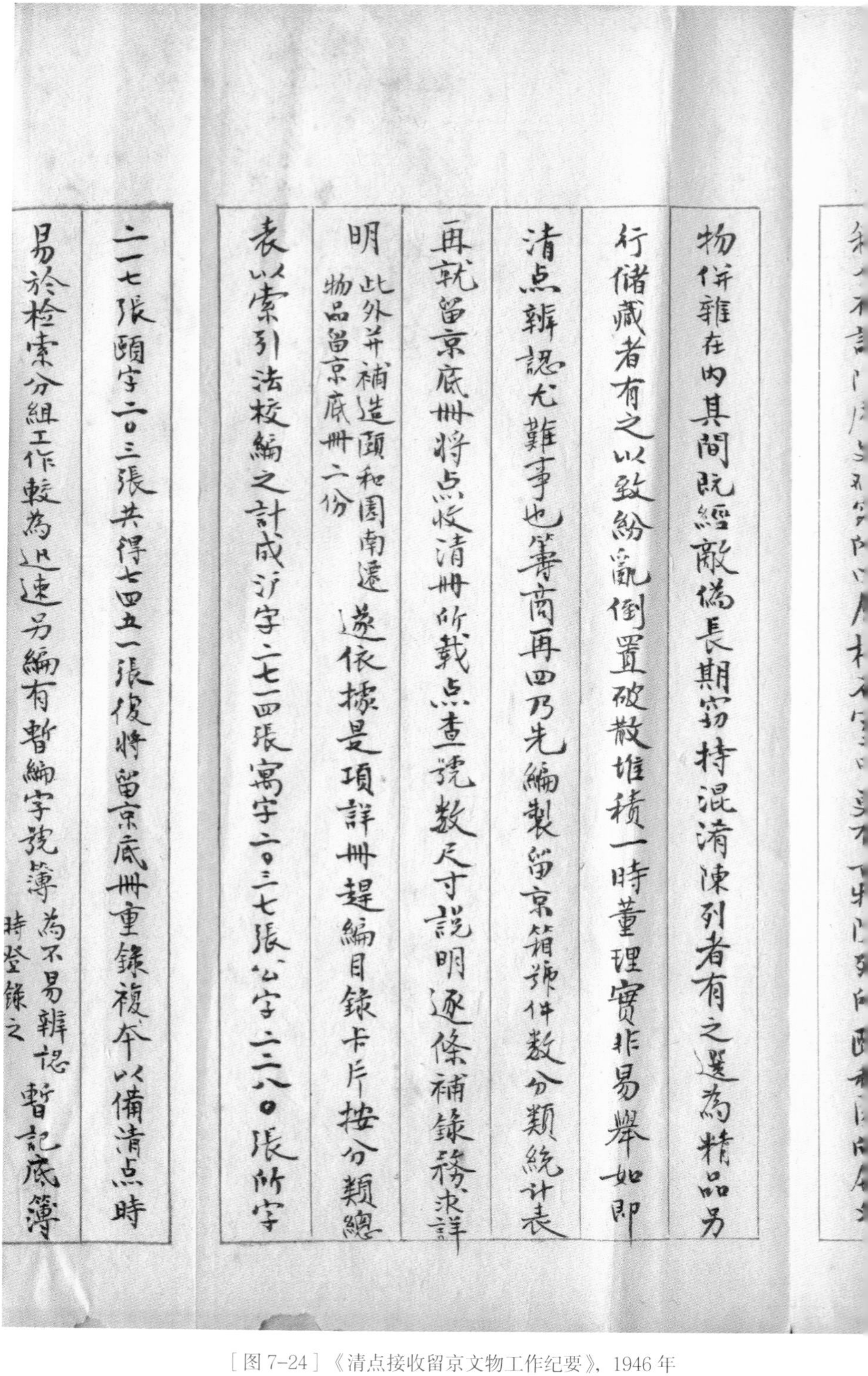

物併雜在內其間既經厰儲長期物持混淆陳列者有之選為精品另

行儲藏者有之以致紛亂倒置破散堆積一時董理實非易舉如即

清点辦認尤難事也籌商再四乃先編製留京箱罐件數分類統計表

再就留京底冊將点收清冊所載点查號數尺寸說明逐條補錄務求詳

明此外并補造頤和園南遷物品留京底冊二份

遂依據是項詳冊趕編目錄卡片按分類總

表以索列法校編之計成沪字二七四張寫字一〇三七張公字二二八〇張所字

二七張頤字二〇三張共得七四一張俊將留京底冊重錄複本以備清点時

易於檢索分組工作較為迅速另編有暫編字號簿為不易辦認暫記底簿持登錄之

[图7-24]《清点接收留京文物工作纪要》，1946 年

清点接收留京文物工作紀要

職李鴻慶謹擬

（一）籌備經過

本院陷留南京保存庫之文物悉被敵偽移運一空散置於鷄鳴寺中央研究院北極閣氣象研究所國府路東方中學及珠江路地質調查所

再如宋本李焘《续资治通鉴长编》等书，亦为传世稀有之品[59]。只剩下一些体量过大、不便携带的书画、函册被留在宫中。清室善后委员会称，这批文物"皆属琳琅秘籍，缥缃精品，天禄书目所载，宝籍三编所收，择其精华，大都移运宫外"。

这些运出的书画，装满了七八十个大箱子，在日本人的帮助下，运往事先在天津购置的私宅内。运送的过程，也步步惊心：

> 在出入火车站时，不但要上税，最害怕的是还要受检查。恰巧当时的全国税务督办孙宝琦是载抡（庆亲王载振胞弟）的岳父。我找了载抡，说是醇王府和我们家的东西要运往天津，请他转托孙宝琦办一张免验、免税的护照。果然很顺利地把护照办妥，就由我把这批古物护送到了天津，全部存在十三号路一六六号楼内。[60]

1924年底，溥仪被逐出紫禁城，在父亲的醇亲王府和日本兵营短暂居住后，最终落脚在天津静园。他为了维持庞大的生活开支，将部分法书名画卖给古董商和收藏家，致使原清宫收藏的许多隋唐、宋元法书名画风流云散，溥仪还"慷慨"地把一些书画精品"赏赐"给追随他的"近臣"，比如唐代阎立本《历代帝王图》、五代阮郜《阆苑女仙图》、宋拓《定武兰亭》等，他都

"赏赐"给了陈宝琛的外甥刘骏业。

阎立本《历代帝王图》后为梁鸿志所有，几经转卖，现存美国波士顿美术馆；阮郛《阆苑女仙图》和号称"《兰亭序》最珍贵刻本"的宋拓《定武兰亭》[61]在新中国成立后回到了北京故宫博物院。

1932年，伪"满洲国"在日本帝国主义扶植下成立，"领土"覆盖除今旅顺和大连以外的东三省全境，以及蒙东和河北省的承德市，从天津秘密潜逃至东北的"末代皇帝"溥仪出任"执政"，年号"大同"，一年后改称"皇帝"，年号"康德"。那些从紫禁城里盗出的七十余箱书画文物，也被统统放进了伪"皇宫"东院的一座二层小白楼。

据杨仁恺先生《严振文回忆溥仪盗出书画经过笔录》记载，溥仪由天津运来长春，存放伪满皇宫东院图书楼（小白楼）楼下东间的文物有：

手卷30箱，计1300卷，"有的箱最多装80卷以上，有的三五十卷不等"，"箱内所装手卷，除有木匣者外，余皆用黄布包裹"。

册页2箱，计40册。

挂轴1箱，计21轴。

此外在伪廷内辑熙楼楼上客厅还存有手提金库18个，内有

6匣，装汉玉一百余件，其他匣内装古玩金饰，每匣装10件、20件、30件不等。还有一个手提小金库，内装天津购买的金货币60余枚。[62]

1945年，侵华日军在各个战场上节节败退。8月15日，日本宣布无条件投降，当吉冈安直将这一消息通知溥仪时，溥仪立即双膝跪地，向苍天叩头。此时的伪"满洲国""皇帝"，日本天皇已经无法保佑，他只能求助于苍天了。之后，溥仪及伪满官员匆匆离开伪"皇宫"，于日本天皇裕仁宣布无条件投降的前两天，抵达通化市临江县大栗子车站。一生三任"皇帝"的溥仪（包括1908年登基、1917年张勋复辟将他重新推上龙椅、1934年出任伪"满洲国""皇帝"），终于走到了穷途末路。

8月17日，溥仪在大栗子沟签署并宣读了《退位诏书》，这是他第三次退位了。结束了第三次帝王生涯的溥仪决计逃亡日本，19日中午时分，溥仪抵达沈阳机场，几乎与此同时，到达的苏军外贝加尔方面军第六坦克军到达了沈阳机场，扣留了溥仪，把他押上大型苏联飞机，目的地：西伯利亚。

关于溥仪出逃时所带物品，文献记载不一。杨仁恺先生《国宝沉浮录》说，有目击者告诉他，当时溥仪到达大栗子沟时，是一支由四五百人组织的逃亡大军，带着数以百计的大箱子。[63]又据杨仁恺先生《严振文回忆溥仪盗出书画经过笔录》，溥仪携至大栗子沟的文物有：手卷4箱，计80卷，是溥仪从存放在小白楼的第一箱到第十五箱中挑选出来的，18个手提金库和1个手提小金库他全部带上。[64]

山穷水尽之际，溥仪把其中一部分书画分给了随行人员，此时伪币已沦为废纸，应付日常支出，随行的"皇亲国戚"就干脆用随身携带的珍宝书画换取生活用品，因此造成了清宫散佚书画的再一次散佚。还有一部分国宝被溥仪存在柴扉寮西面四间房内，后来也被偷盗一空。"在大栗子沟一周时间里，我们无法统计究竟有多少国宝流失出去。"[65]

东北民主联军进驻临江[66]后，收回了一些文物。而溥仪一直留在身边的书画文物，在他乘飞机经停在沈阳机场时，被人民解放军和苏联远东军缴回，交由东北人民银行保管，后经陈云同志批示，交拨给东北博物馆。

北宋张择端《清明上河图》，是杨仁恺先生在东北人民银行拨交给东北博物馆的第一批书画文物中发现的。当时，有三件名为《清明上河图》的作品拨给了东北博物馆。1950年的一天，东北人民政府文化部文物处研究室研究员杨仁恺到库房中检查清理这批书画，随手捡出一个手卷，他将长卷慢慢展开，5米多长的绢本上，展现出一幅波澜壮阔的宋代社会风俗画。杨仁恺先生精神一振，急欲寻找款识与题跋，却没有发现作者署名，但在画后看到金代张著的题跋，他仔细鉴定后确认，这就是数百年来始终被埋没在传闻中的张择端《清明上河图》！

经杨仁恺先生清点、整理、鉴定，发现这批交拨文物中，有大量的书画精品。其中的法书类精品有：东晋《曹娥碑》，唐代欧阳询《梦奠帖》和《草书千字文》、张旭《古诗四帖》、怀素《论书帖》，宋代宋徽宗《方丘敕》《蔡行敕》和《草书千字文》、宋高宗《白居易七律诗》、宋孝宗《后赤壁赋》，以及欧阳修、张即之、陆游、朱熹、文天祥、元代赵孟頫等人的赫赫名迹。

绘画类精品有：唐代周昉《簪花仕女图》，五代黄筌《珍禽图》、董源《夏景山口待渡图》、宋代宋徽宗《瑞鹤图》、李公麟唯一存世的完整真迹《临韦偃牧放图》、马和之《诗经图》、宋人摹顾恺之《洛神赋图》、宋人摹张萱《虢国夫人游春图》、宋人《萧翼赚兰亭图》，等等，皆是中国古代艺术史上的经典之作。

然而，还有更多的古代书画无法带走，被留在"小白楼"里，遭到守卫的伪"国兵"的哄抢，惨遭损毁，成为故宫文物的一场浩劫。

其中，一些手卷名画被撕成碎片后，经拼合修复后，基本恢复了原貌，比如米芾在澄心堂纸上书写的旷世名作《苕溪诗》卷被撕碎，所幸，有人将这堆碎纸片保存了下来，十余年后，被著名书画鉴定家杨仁恺先生发现并重新拼合，基本恢复了原貌。

　　还有一些被撕成几段，比如宋代李公麟《三马图》被撕成三截，在未来的岁月里各自飘零，现分藏于北京故宫博物院和香港私人藏家手中，无法聚首。

　　明代"松江派""云间派"先驱宋旭的山水画残卷《山水图》被撕成至少四段，卷前的引首、画尾的一段，以及题跋部分，永远地消失了，我们已不可能再知道此卷绘画在明清之际的流传过程（此画于清代中期进入宫中，著录于《石渠宝笈续编》"第十九、养心殿四"条目下，钤有规格最高的"乾隆八玺"，从而为我们研究此画提供了一些便利），仅存的两段（即画首的一小段和画中、画末的一大段）几经流离，现分别收藏于沈阳故宫博物院和私人藏家手中，如将这两段拼合起来，接缝处有一个巨大的三角形缺口［图7-25］，像一道永远无法复合的巨大伤疤。

　　唐代虞世南纸本《积时帖》、周昉《地宫出游图》，则在争抢中被撕得粉碎，如今已片纸不存。宋代书家米芾书于澄心堂纸上的传世名迹《苕溪诗》卷也被撕抢为碎片，它后来重现人间的过程犹如传奇，后面还会讲到。明代画家王问《万松图》，是一件7米多的长卷，根据《石渠宝笈》的著录，此卷"水墨写

[图 7-25]《山水图》残卷(《江上楼艇图》),明,宋旭,私人收藏

意作苍松怪石，笔墨淋漓"，自然受到伪满"国兵""青睐"，他们一拥而上，互不相让，王问的这卷心血之作被撕成无数碎片，最后用火烧成一片纸灰，来宣示他们"谁也别想得到"的公平原则。

文物遭到哄抢后的"小白楼"，空空的木匣和花绫包袱皮被丢了一地，破落零乱，惨不忍睹。在土改运动掀起以后，哄抢者出于恐惧，纷纷将他们抢走的书画投入火中，销赃灭证，还有一部分埋入地下，化作了烂泥。

杨仁恺先生痛惜地说："历史上除去南朝梁萧绎承圣三年（1554）火焚法书名画、隋大业十二年（610）和唐初武德二年（619）遭遇落水之厄外，此次浩劫，可算是书画历史上屈指可数的第四次大的灾祸！"[67]

六 文物工作者的胜利"纪念碑"

1946年7月，王世襄先生从北平前往天津，在美军的协助下，在溥仪居住过的张园，轻轻打开尘封的保险柜，从里面找出21匣珍贵文物。当夜，他就把这批文物运送到故宫绛雪轩开匣、清点、造册，中美双方人员在文物清单上各自签名。

王世襄先生是在1943年从沦陷的北平前往重庆的，在那里，他见到了梁思成先生，加入了营造学社。1945年8月，教育部任命沈兼士先生担任"清理战时文物损失委员会"平津区代表，任命曾任故宫博物院专门委员会委员的唐兰和傅振伦为副代表，王世襄担任了代表助理一职。

被"清损会"派往平津区的代表、副代表中，沈兼士五十八岁，唐兰四十五岁，傅振伦三十九岁，身为代表助理的王世襄只有三十一岁。

1945年10月，王世襄搭美国军机离开重庆，经成都、西安、上海到达北平。到北平第二天，他就前往东厂胡同教育部特派员办公处，找到他的"领导"沈兼士先生，随即开始了追寻国宝的工作。

据王世襄先生撰文回忆，从1945年11月，到1946年9月，不到一年的时间里，他从天津溥仪旧宅接收留存文物1085件；追回了美国德士嘉定少尉非法接受日本人的宋、元瓷器一批；收回海关移交的德孚洋行一批文物；从长春存素堂抢救出面临战火威胁的丝绣约200件。但最值得一书的，是他没收德国人杨宁史收购的重要青铜器200余件。

杨宁史（W. Janning）是德国银行家、收藏家，1886年出生于瑞士阿尔本州，1908年到德国禅臣洋行从事贸易工作，1911年奉派来华，在天津禅臣洋行任职，三年后升任经理，为总公司主要股东之一，天津沦陷前夕，他回到天津，任禅臣洋行总经理等职。他不但能讲流利的中文，还酷爱中国文化，尤爱收藏研究中国文物古董，他收藏的近代铜器在当年曾闻名全国。据说其在德璀琳大院3号的私宅，不但建筑装修得豪华奢侈，而且室内均以中国古物作为装饰。

全面抗战爆发后，杨宁史借机收购中国青铜器，战乱中，中原不同地方出土的青铜器有着一个相同的买家，就是杨宁史，抗战胜利后，杨宁史将这些青铜器包装好，准备运往国外。像这样的"国之重宝"，中国政府是一律禁止出境。

与沈兼士先生见面后，王世襄就开始在北平古玩行"暗访"，寻找抗战中流散文物的下落。1945年11月，王世襄走到东城干面胡同禅臣洋行，刚好看见一位女秘书在打印一份青铜器目录，王世襄拿过目录一看，倒吸一口凉气，因为上面全部是重要的出土青铜器。他立刻向女秘书打听这批青铜器的下落，女秘书告诉他，是一个名叫罗樾的德国人让她打印的。无巧不成书，这位罗樾，是辅仁大学教授，刚好是王世襄在芳嘉园的邻居。王世襄立刻去找罗樾，罗樾说，目录是他编的，但青铜器的拥有者不是他自己，而是杨宁史。

王世襄迅速在"清损会"办好了手续，带着罗樾前往天津寻找杨宁史。杨宁史承认，这批青铜器是他购买收藏的，但他"吓唬"王世襄，说这批文物现在存放在国民党第九十四军的一栋房子里，没有军方点头，政府就没有办法接收。

王世襄又去找沈兼士，通过教育部长朱家骅联系军方，但始终拿不到这批文物。1945年年底，王世襄把这件事情汇报给朱启钤先生，朱启钤直接转告了前来探望他的故宫博物院理事、时任代理行政院院长兼外交部部长的宋子文先生。几天后，朱启钤召王世襄到家中，对他说："你立即写一份材料，陈述查寻杨（宁史）铜（器）的困难和郭葆昌藏瓷之重要，我将面交宋子文。"

宋子文亲自出面干预，杨宁史终于"扛"不住了，被迫同意交出这批青铜器，但他提出了一个条件，就是要故宫博物院专设陈列室，陈列他收藏的青铜品。

1946年1月22日，行政院临时驻平办公处专门委员曾昭六、董洗凡，教育部"清理战时文物损失委员会"平津区副代表王世襄等，带领脚夫四人，乘坐行政院驻北平办事处的车辆，前往位于台基厂的瑞典百利洋行接收这批青铜器，那时王世襄才意识到，杨宁史所说的第九十四军的那栋房子根本不存在，完全是杨宁史在欺骗他，让他知难而退。

在洋行货栈，他们看到所有铜器放在软囊中，但并无木箱，只好临时调来行政院驻平办事处庶务员刘豫章带来两条地毯，铺在卡车车厢内用以防震。与此同时，教育部平津区特派员沈兼士，鉴定人于思泊、邓以蛰已到故宫御花园绛雪轩等候验收，总务处处长张庭济因病未能到场，由秘书赵儒珍代表出席。上午11时，运到故宫博物院清点交接［图7-26］。凌晨9时，装车完毕，共装大小软囊181盒。运到故宫神武门后，在警察监视下，古物馆工作人员和院内工友用抬筐运至绛雪轩，午饭后开始点验。

点验完成后，所有接收、验收人写下一份《奉命验收杨宁史捐献铜器报告》［图7-27］，详细记录接收、点验过程和文物清单。七十五年过去了，这份报告，仍存在故宫博物院档案科。

在杨宁史交出的这批青铜器中，就有著名的宴乐渔猎攻战纹图壶。这件制造于战国前期的青铜器，装饰着乐舞和射猎的场面，上面雕刻的宴乐、舞蹈、狩猎、攻战、采桑等纹饰再现了战国时期贵族的社会生活的一些场景。它不仅是中国青铜器中的艺术珍品，在艺术史上也占有重要的地位，因为在这件宴乐渔猎攻战纹图壶上，人取代了之前的动物和植物成为"主角"，我在《故宫的古物之美》中写到了这件青铜器："由商入周，动物的神秘性就一点点消失，春秋战国时代，青铜器上几乎再也找不出饕餮纹了"[68]，宴乐渔猎攻战纹图壶以写实的方式，记录人的活动，甚至直接描绘了一场真实发生的战争，是那个年代里的"现场直播"，是用来纪念胜利的

［图 7-26］ 接收杨宁史捐献文物时的合影（前排
左起：康斯顿、沈兼士、杨宁史、罗樾、王世襄；
后排左起：于省吾、赵儒珍、邓以蛰、曾昭六、
董洗凡），1946 年 1 月 22 日

"纪念碑"。

中国的文物工作者也迎来了自己的胜利"纪念碑",1946年11月,"胜利后第一届文物展览"在南京举行,王世襄和故宫人员一起押运着部分杨宁史铜器,参加了这次展览。

1946年,郭葆昌先生的后人遵从郭先生遗愿,将他毕生收藏的瓷器全部捐给故宫博物院。郭葆昌先生是北平著名收藏家,他的宅邸名叫觯斋,因他收藏一件价值巨昂的青铜觯而得名。但郭葆昌先生的瓷器收藏最引人关注,曾藏有瓷器300余件,编过《觯斋瓷器图谱》,件件是国宝,其中不乏罕见的宋瓷,也有连故宫博物院都没有的清官窑"移栖耳尊"。郭葆昌先生曾被袁世凯任命为"陶务总监督",为筹备袁世凯"登基",以140万大洋的烧制费用,主持烧制了4万余件"洪宪御瓷",这项花费,几乎可以购买一千套四合院(在当时的北京,一套四合院价格约为1500块大洋)。后来袁世凯复辟帝制破产,郭葆昌烧制的"御瓷"却成了稀世珍宝。郭葆昌先生与来自加拿大的古玩收藏家福开森共同主持校注出版了《校注项氏〈历代名瓷图谱〉》,并在自家的宅院中专设一印刷厂,定制纸张印刷。我们今天看到的《校注项氏〈历代名瓷图谱〉》,封图由金黄锦缎合缝云花制成,正文的天头地脚印有乳白色暗纹水印,每页的器物色彩高度还原,并印有中英文的文字说明,华美非常,在印刷史、美术文献史上都有重要的价值。2011年北京佳士得春拍，《校注项氏〈历代名瓷图谱〉》拍价达到了10多万元人民币一册。郭葆昌先生也因其在收藏、学术上的贡献，被故宫博物院聘为瓷器委员会的委员。郭葆昌先生捐出的"郭瓷"，与杨宁史被迫交出的"杨铜"，是抗战结束后故宫博物院接收的最重要文物。

营造学社社长朱启钤先生在北平度过了沦陷的八年，朱启钤喜好收藏，尤以缂丝收藏为最，有的年代可溯至宋朝，被称为"中国缂丝收藏第一人"。日本人闻讯后，曾出价百万想购买，朱启钤不为所动。1946年，朱启钤先生将自己的"存素堂"收藏的丝绣及各类文物3319件捐赠给故宫博物院[69]（其中80余件丝绣后来拨交辽宁省博物馆）。1950年，朱启钤又将他珍藏的明岐阳王世家名贵文物56件捐献给故宫博物院，1953年，他又将藏书捐献给北京图书馆。

此外，故宫博物院在抗战胜利后还接受陈仲恕先生捐赠汉印501方，接受杨闻斋先生捐献中国历代钱币2000余种。

除去收缴和接受捐赠，故宫博物院战后还收购了大量文物。1946年10月21日，故宫博物院第六届理事会第三次会议决议，"溥仪赏溥杰书籍书画，如有发现，即由马院长商请在平理事决定后，设法收购。"[70]

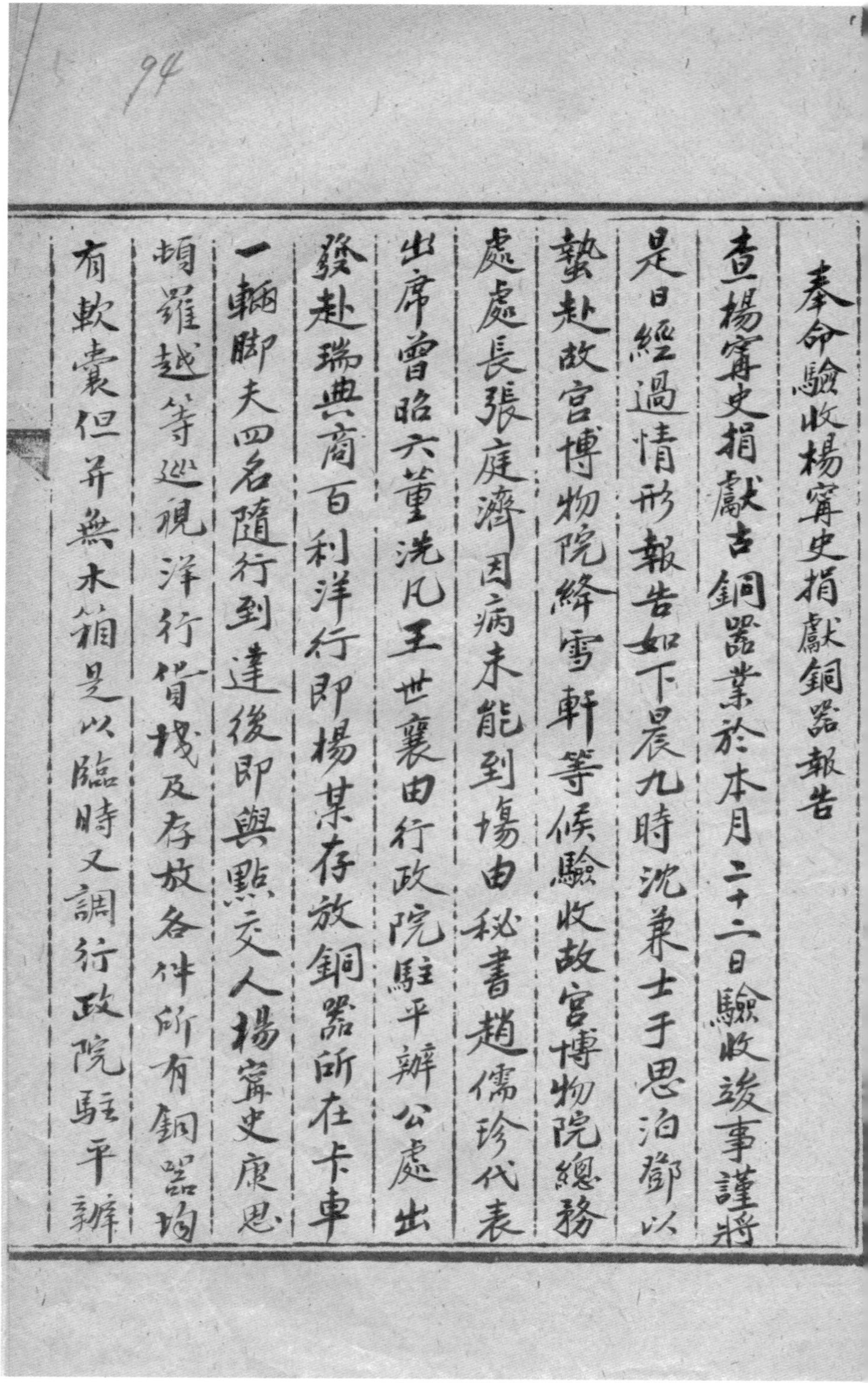

奉命驗收楊寧史捐獻銅器報告

查楊寧史捐獻古銅器業於本月二十二日驗收竣事謹將

是日經過情形報告如下晨九時沈兼士于思泊鄧以

蟄赴故宮博物院絳雪軒等候驗收故宮博物院總務

處處長張庭濟因病未能到場由秘書趙儒珍代表

出席曾昭六董洗凡王世襄由行政院駐平辦公處出

發赴瑞典商百利洋行即楊某存放銅器所在卡車

一輛腳夫四名隨行到達後即與點交人楊寧史康思

坦羅越等巡視洋行貨棧及存放各件所有銅器均

有軟囊但并無木箱是以臨時又調行政院駐平辦

［圖7-27］《奉命驗收楊寧史捐獻銅器報告》，1946年

1947年1月，故宫博物院向行政院呈文，呈请再拨国币两亿元以充续购溥仪赏溥杰书籍书画之用，呈文写道："查该项书籍书画散佚在外者为数不少，急起收购犹可珠还。现经在平理事决定，先购六件惟流传有绪之珍品，价值每件动以数千万计，迫不得已，拟请钧院再拨国币两亿元，以充续购该项珍品之用。事关保存文物，理合呈请。"[71]

2月，故宫博物院从玉池山房收购六件书画，其中有：宋高宗书、马和之绘《周颂·闵予小子之什》卷，宋人摹顾恺之《斫琴图》卷，元人《老子授经图》书画合璧卷，明初书画合璧卷，李东阳书各体诗卷，文徵明书《庐鸿草堂十志》册[72]。

此后，故宫博物院又收购故宫已佚书籍书画八件套，其中包括米芾尺牍一卷、宋版《资治通鉴》一部、宋版《四明志》一册、宋版《春秋经传集解》二册、雍正乾隆朱批奏折41本，等等。[73]

1946年12月3日，行政院决议，故宫博物院改隶行政院，古物陈列所归并故宫博物院［图7-28］，古物陈列所留存北平的88202件文物，以及所辖房屋馆舍，全部拨交故宫博物院［图7-29］［图7-30］。1948年3月1日，古物陈列所正式并入故宫博物院。至此，故宫博物院的院址，扩大到整个紫禁城［图7-31］。

1947年，故宫博物院修订了《故宫博物院组织法》，改为《国

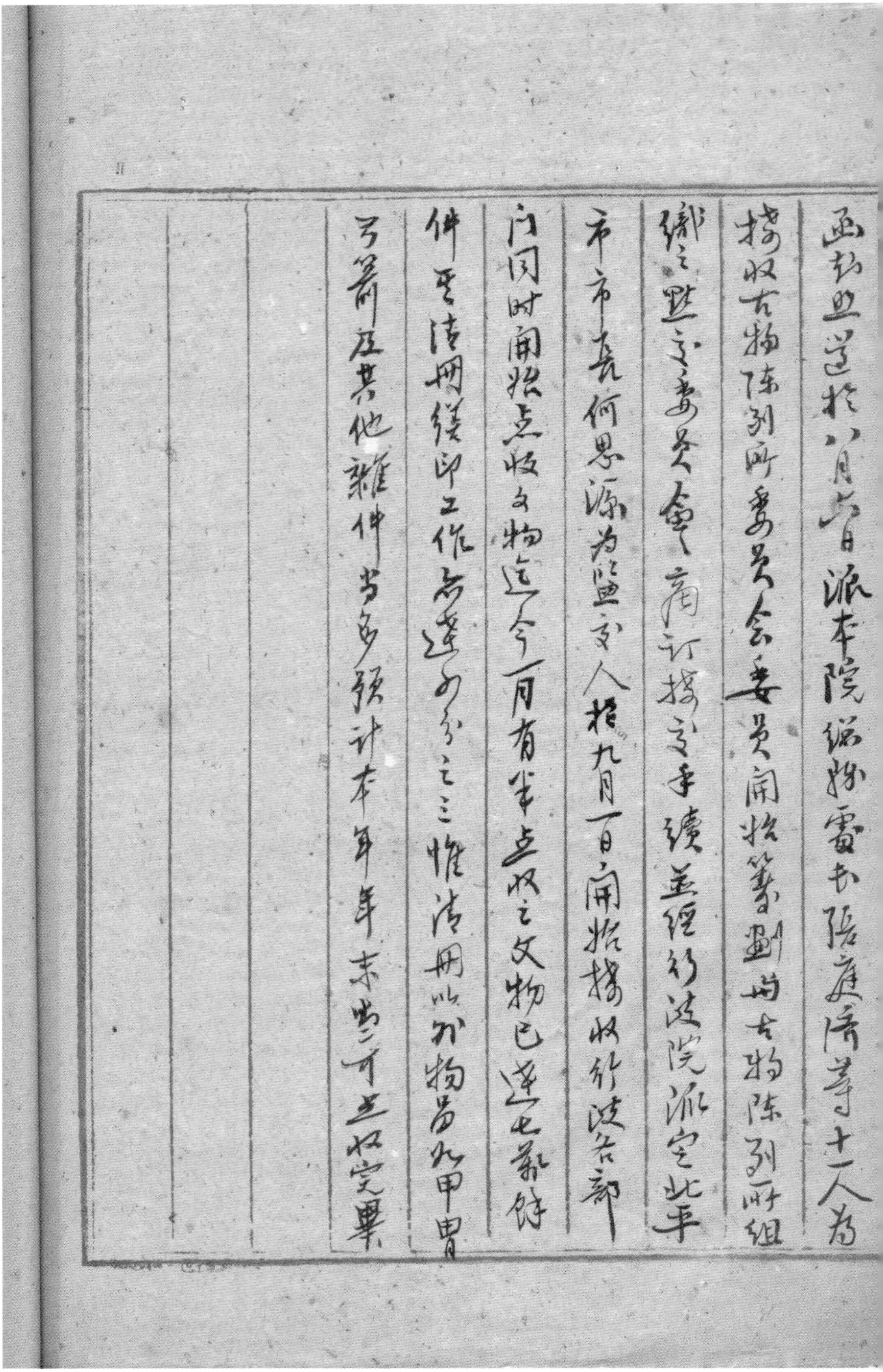

函称查遵於八月中旬派本院监物审查长陈庭清等十二人为

接收古物陈列所事务员会委员前将笔刘峙古物陈列所组

织之并定每员会商订接收手续兹经行政院派定此事

市市长何思源为监交人招九月一日开始接收竹波各部

门同时开始点收之物迄今一月有半点收之文物已达四联

伴尚清册缮印工作方达全分之三惟清册以分物为甲乙

弓箭及其他杂伴为多预计本年末出可点收完毕

［图 7-28］《本院改隶行政院案及古物陈列所归并本院案》，1946 年 12 月

本院改隶行政院案及古物陳列所歸併本院案

三五年十二月十日奉教育部令開案奉行政院十一月十曾

節開京字一九二四五号訓令内開「查故宮博物院舟北平古

物陳列所各俏及隸屬問題經提出本年十月廿九日第七六

五次會議決議(一)故宮博物院劃歸行政院直隸(二)古物陳

列所房屋及至當留北平之文物撥交故宮博物院(三)古物陳

列所文物之已經檢玉南京北仍運中央政治會議威案撥交中

央博物院等因絡飭到院玉本年十二月復准行政院秘

書廈函令合俏古物陳列所案奉論「行政内延部教育部

轉飭另議院辨分別勿理具報並先仍撥准由教育部東

案奉

鈞部禮字第一五三八號訓令內開准行政院秘書處三十六年六月十一日從荒字第二二二九〇號公玉開國立北平故宮博物院本年五月三十日京字第一〇八四號呈稱內政部屬北平古物陳列所早經鈞院第七六五次會議核定合併本院統一保管在案惟因至今尚未奉令交接遵循無自未便執行現該所三十六年度經費又已併入本院預算懸置日久非唯事涉紛歧艱於措理尤恐影響所及將來發生責任問題關係重大未敢擅專究應如何辦理之處理合具文呈請核示祗遵等情到院奉諭行知內政部教育部轉令各該院所分別辦理交接具報等因除分行外相應函請

內政部北平古物陳列所稿

來文 字第 號

文別 呈

送達機關 內政部

類別

附件

事由 為呈報本所奉令合併故宮博物院接交經過情形並造具各項接交清冊 敬祈 鑒核備查由

主任

副主任 張

第一科科長

第二科科長

會計員

科員

辦事員

中華民國三十七年

月 日 時	交辦
二月六日 時	擬稿
月 日 時	核發
月 日 時	判行
月 日 時	繕寫
月 日 時	校對
三月一日 時	蓋印
三月一日 時	封發

去文發字第十一號

檔案字第 號

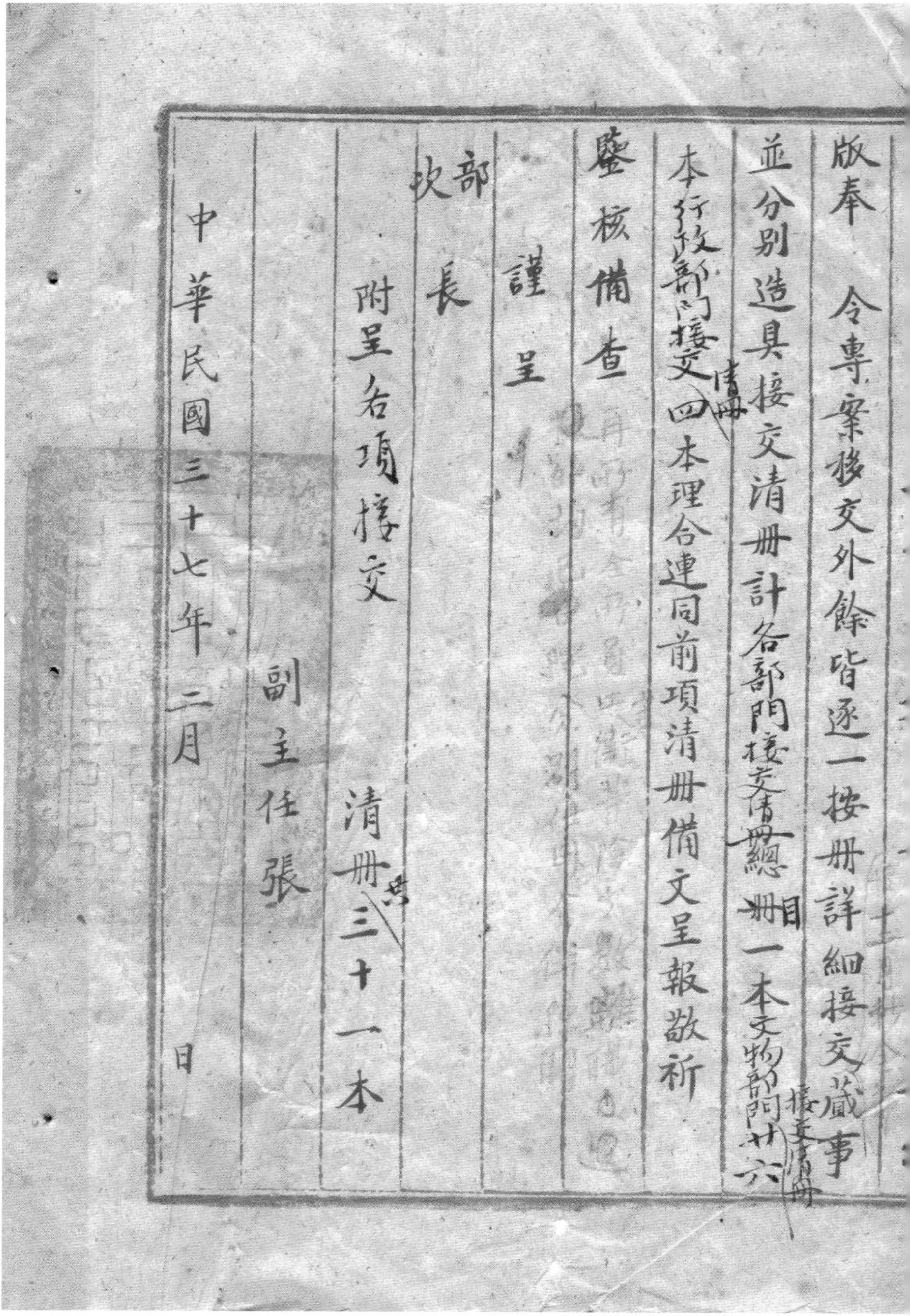

版奉令專案移交外餘皆逐一按冊詳細接交藏事
並分別造具接交清冊計各部門接交清冊總目冊一本文物部門接交清冊廿六
本行政部門接交清冊四本理合連同前項清冊備文呈報敬祈
鑒核備查
謹呈
部次長
附呈各項接交清冊共三十一本
副主任張
中華民國三十七年二月　日

［图 7-30］《为呈报本所奉令合并故宫博物院接交经过情形并造具各项接交清册》，1948 年

查照辦理為荷等由查該所歸併故宮博物院一節業經本部

於三十五年十二月十六日以禮字第一三三一號訓令飭遵在案關於

該所交代事項仰由該副主任負責辦理並將辦理情形暨移

交清冊報部備查除分函外合亟令仰遵照此令等因奉此遵

即與故宮博物院暨監交員何市長思源會商交接手續幾經

討論為慎重起見由院方組織接收委員會以該院總務處

張處長庭濟為主任委員所方組織點交委員會以九〇

為主任委員再由雙方人員配合共分六組每組五人於上年

九月一日開始逐日分組點交因所中物品曾經歷次清查整理

並分類編冊故工作尚屬順利所有行政各部門如文書會計

［图 7-31］ 午门及"故宫博物院"匾额，1948 年

立北平故宫博物院组织条例》，1947年7月1日由行政院第十次会议通过，10月15日公布，其中第一条改为："国立北平故宫博物院直隶于行政院，掌理旧紫禁城全部并所属天安门以内及大高殿、清太庙、景山、皇史宬、清堂子等处建筑物及古物、图书、文献之整理、保管、展览、流传事宜。"[74]1930年提出的"完整故宫保管"计划基本实现。

第八章

八千里路云和月：东归北返

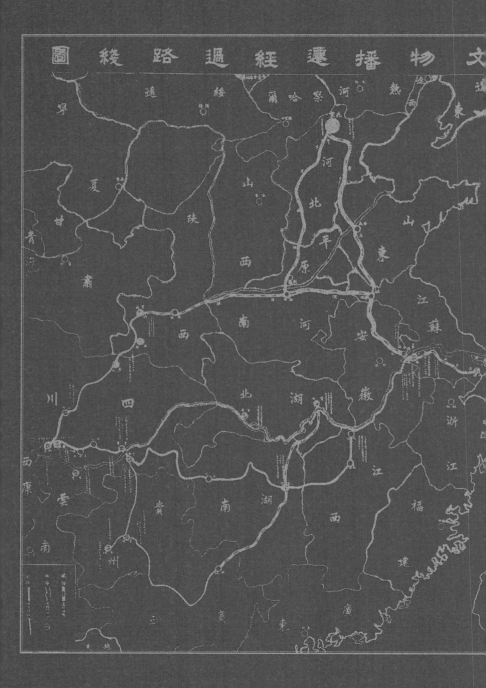

文物播遷經過路綫圖

一 故宫文物走了，文化的种子留下了

抗战胜利，所有内迁的机关、工厂、学校都将东归。马衡院长也把故宫文物即将东归的消息传达给各地办事处，并提出由于眼下交通运输工具吃紧，故宫博物院要等到其他各机关复员完毕，再开始进行。

背井离乡已久，哪个不渴望重归故园？围在一起喝红糟大曲，所有人都对未来的日子充满憧憬。庄尚严先生说："胜利了，这一回东西装运回北平，收进延禧宫和北五所库房，不用再装再运了吧。"[1]欧阳道达也感慨说："久客思乡情感，不能不有'曰归曰归，岁亦暮止'之咏叹。"

1945年12月，故宫博物院理事会第一次会议决定，将分别西迁到四川乐山、峨眉，以及巴县的文物，全部由陆路运到重庆。运输顺序：先运巴县文物（甲组），再运乐山文物（乙组），最后运峨眉文物（丙组），由于那志良先生当年曾经负责西迁北

路运输工作，熟悉路况，因此任命他为总队长。

故宫人将行离开驻留了将近八年的乐山、峨眉，与当地民众依依不舍。故宫博物院报请国民政府批准，以国民政府名义，向存放过故宫文物的安谷"一寺六祠"，以及峨眉的武庙、大佛寺、土主祠、许祠授予"功侔鲁壁"牌匾，以表彰乐山人民为故宫文物南迁做出的巨大贡献。

"鲁壁"二字，关联着中华文明史上的一个大事件。当年秦始皇焚书坑儒，把秦国历史以外的各种历史一律消灭，先秦数千年积累的文明面临着断流的危险。但中华文明还是绝处逢生了。这生机，暗藏在两道墙壁里。

一道墙壁在秦朝一名博士的家中，他的名字叫伏生，他冒着死亡和灭族的危险，把一部《尚书》偷偷藏在自家墙壁的夹层内，等汉朝建立，他把这部《尚书》取出时，能够辨认的，只有29篇，所幸的是，伏生能够把那些消失的内容全部背诵下来，于是汉文帝派晁错，去抢救伏生脑子里的这笔"文化遗产"。于是，伏生口述，晁错笔录，终于记下了《尚书》的全文。当时晁错是用汉朝流行的隶书，把它记在竹简上。《伏生授经图》，于是成为中国绘画史上反复被表达的主题，其中最著名的画卷，是唐代王维的《伏生授经图》（现藏日本大阪市立美术馆）。这些由儒生转录、用隶书（即汉朝文字）记录的《尚书》，被称为

"今文经书"。

还有一道墙壁，就是孔子家的墙壁。得到秦始皇即将焚书的消息，孔子第九代孙孔鲋便急匆匆将家中祖传的《论语》《孝经》《尚书》等儒家经典，封藏在孔子故宅的墙壁内，到死也没有把它们取出。这些"原版"的经典静静地躺在孔家的墙壁里，躲过了秦火，也躲过了楚汉相争的战火，到汉代，鲁恭王刘余扩建宫室，拆除了孔子的墙壁，才发现了这批秦代竹简。孔子第十一代孙孔安国，就将这些经书献给朝廷。这些经书一律是用秦朝的文字，也就是篆书（古籀文）书写的，这些更加原始的经典版本，被称为"古文经书"。从此，历代学术界就有了"古文经学"与"今文经学"之争。

但无论怎样，中华文脉经过焚书坑儒这个路口，还是延续了下来。"自此，在历史的翻云覆雨中艰难生存的中国文化，总是能逢凶化吉、遇难呈祥"[2]。孔子的后代把经书藏入墙壁，在河清海晏的年代，又献给朝廷的举动，史称"鲁壁出书"。

故宫文物南迁，与"鲁壁出书"有着同样的性质（"侔"的意思，就是等同于，"功侔鲁壁"，就是功德等同于"鲁壁出书"），就是在国家危亡、文明的传续受到威胁之际，知识分子挺身而出，承担起延续文化命脉的责任。而这一几乎不可能完成的使命，如果缺少了全体国民的支持，是不可能完成的。马衡院长亲自书写了"功侔鲁壁"牌匾，敬献给乐山、峨眉百姓，就是要向他们致以深深的谢意。

除了向乐山、峨眉授予了"功侔鲁壁"牌匾，1946年秋天，故宫博物院专门选出100件南迁文物（其中绘画87件、书法13件），在成都中正公园民众教育馆，举办了一个文物展，展出时间从11月12日到12月7日，共二十六天，既是答谢，又是告别。展出的书画类文物有：东晋王羲之《七月都下帖》，唐代颜真卿《祭侄文稿》、褚遂良《倪宽传赞》，宋代苏轼《前后赤壁赋》，元代赵孟頫《窠木竹石图》、黄公望《富春山居图》、吴镇《洞庭渔隐图》，明代仇英《云溪仙馆图》，清代郎世宁《八骏图》，等等。这批文物是还从西迁中路、存于乐山的文物中选取的，而贵阳展览的展品则来自西迁南路，因此并不重复，却件件都是国宝级的展品。

故宫的文物走了，文化的种子却留下了。安谷乡乡长刘钊，第二年从成都买回200多本《明史》线装书，供安谷子弟翻览阅读。

存峨眉的文物自1946年5月18日开始启运，至9月12日，丙组存放峨眉的文物全数运清，峨眉办事处的工作也于20日结束［图8-1］。所有故宫文物运往重庆，在海棠溪向家坡山腰，原国民政府经济部贸易委员会有许多空房，故宫向经济部借用这

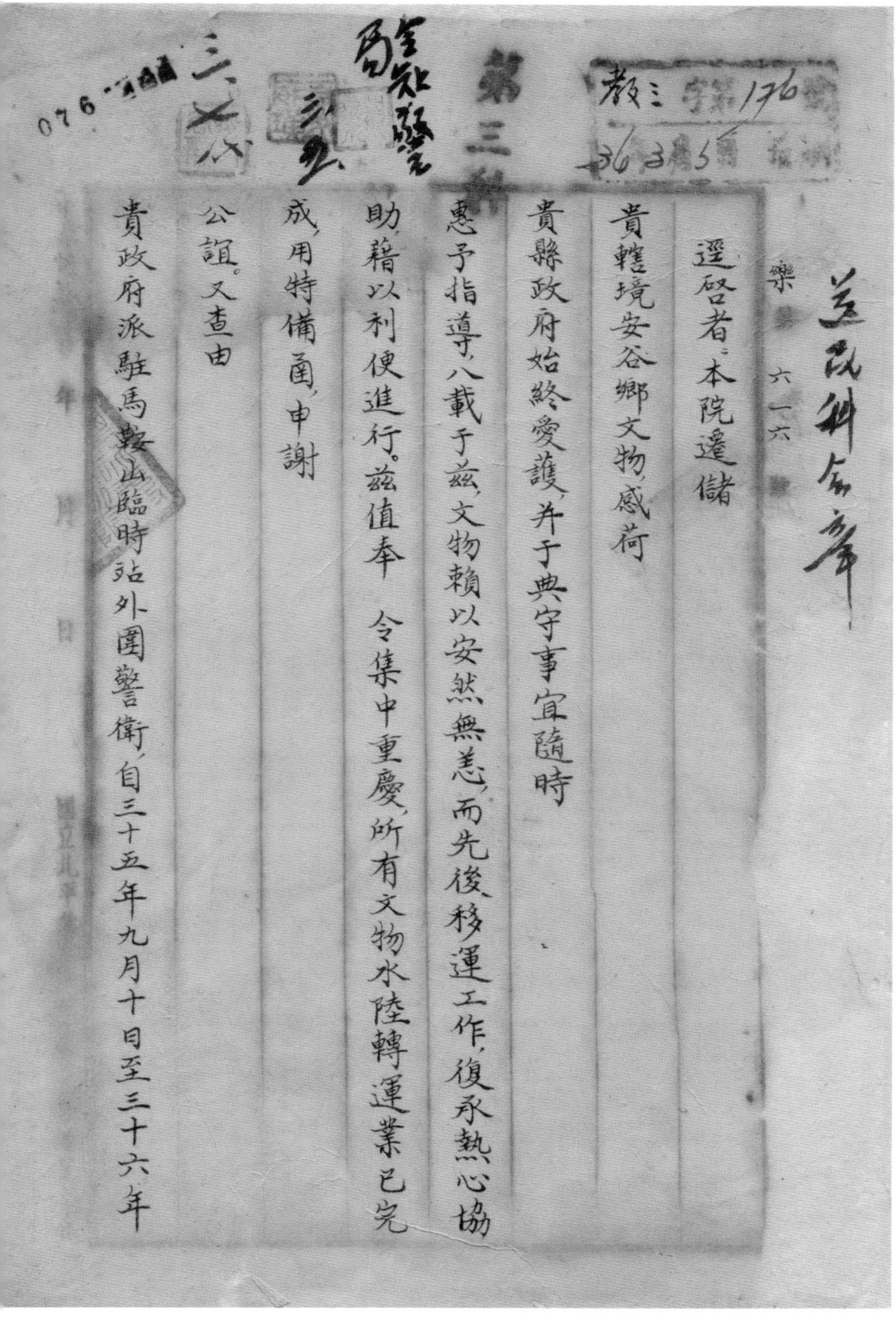

径启者：本院边储

贵辖境安谷乡文物感荷

贵县政府始终爱护并于典守事宜随时

惠予指导，八载于兹，文物赖以安然无恙，而先后移运工作，复承热心协

助，藉以利便进行。兹值奉令集中重庆，所有文物水陆转运业已完

成，用特备函申谢

公谊。又查由

贵政府派驻马鞍山临时站外围警卫，自三十五年九月十日至三十六年

［图 8-1］　故宫博物院乐山办事处致乐山县政府关于八载存藏文物
及撤销马鞍山外围临时警卫的函，1947 年 2 月 5 日，乐山市档案馆藏

些库房来存放文物，把西迁南路存放在巴县的80箱文物运过来，由巴县办事处主任庄尚严先生具体负责。

存在峨眉的文物运完以后，自1946年9月起，故宫人将存在乐山的文物也装上竹筏，临时运到乐山东郊一个叫马鞍山的粮仓里，之后又装上卡车，分33批，共运输300余辆次，从马鞍山运到重庆，至1947年3月6日全部运完，10日全部入存向家坡山腰原贸易委员会仓库 [图8-2] [图8-3]。

向家坡坟墓很多，孳生大量白蚁。白蚁非常厉害，一天之内，能把一箱的东西吃个精光。空房原来都有地板，故宫人员把地板拆开，发现地板的龙骨已经被白蚂蚁吃空了。为了防止白蚁由箱架穿孔直接进去箱中，据故宫学者那志良先生回忆，工作人员在箱架之下垫上一块鹅卵石，白蚁要想进入箱件之中，必须爬过鹅卵石，它们必须在鹅卵石上用土筑成隧道才能达到箱子，只要安排人员定时观察，就可以知道白蚁是否爬上木箱。

观察人员分作三组，每人发给一个棉垫、一个电筒。每天早上8点和下午3点，工作人员都要进入自己管理的库房，跪在垫子上，俯身用电筒照亮鹅卵石，要每一个角度全都照到，以看清是否有白蚁修的隧道。如果发现，须马上报告，大家一起把箱子卸下来检查白蚁是否进入了文物箱，同时在鹅卵石下挖一个坑，放入防蚁药水，然后再垫平，把文物箱重新摆好。

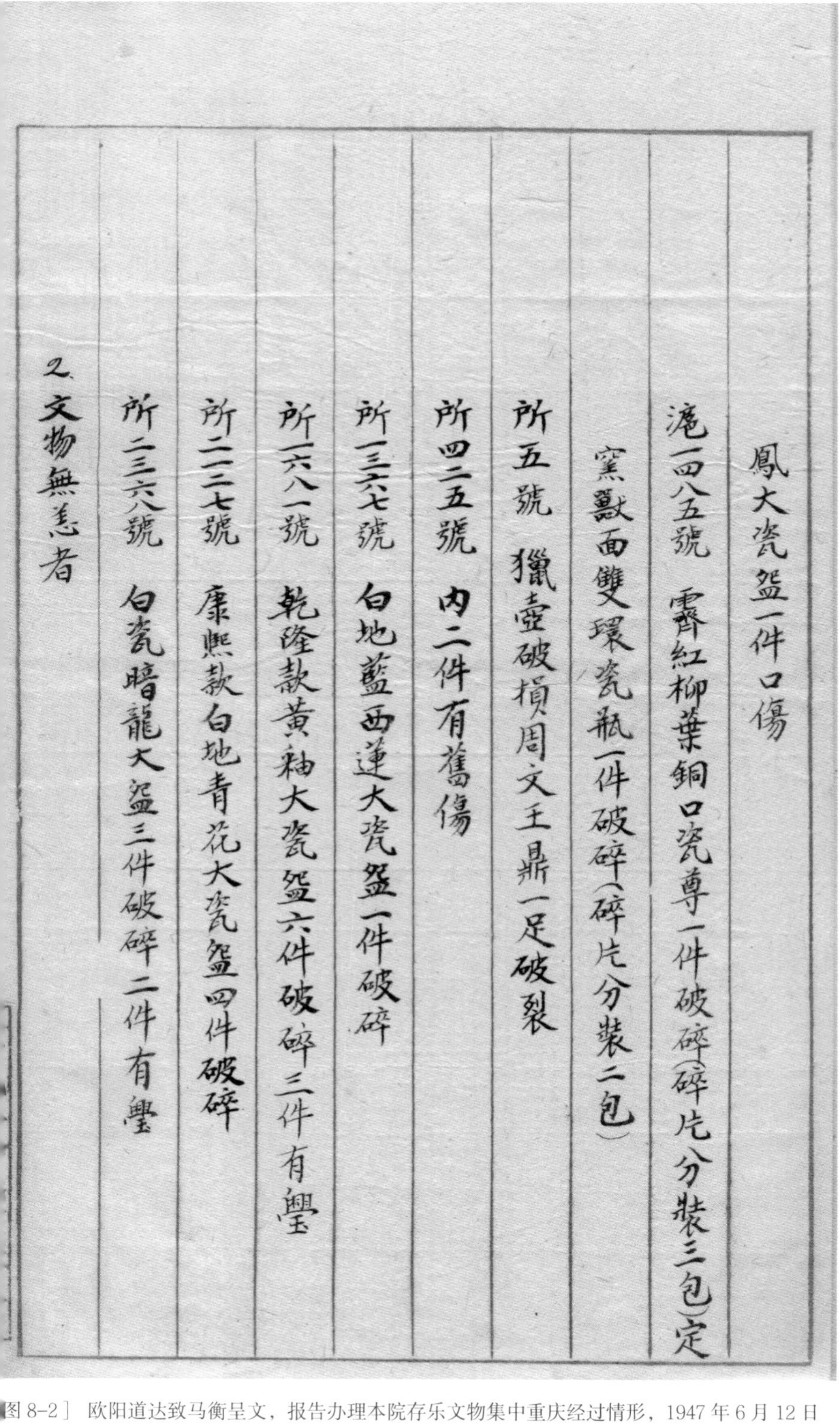

鳳大瓷盌一件口傷
滬一四八五號　霽紅柳葉銅口瓷尊一件破碎（碎片分裝三包）定
窯獸面雙環瓷瓶一件破碎（碎片分裝二包）
所五號　獵壺破損周文王鼎一足破裂
所四二五號　內二件有舊傷
所一三六七號　白地藍西蓮大瓷盌一件破碎
所一六八一號　乾隆款黃釉大瓷盌六件破碎三件有璺
所二三七號　康熙款白地青花大瓷盌四件破碎
所二三六八號　白瓷暗龍大盌三件破碎二件有璺
乙、文物無恙者

图 8-2〕 欧阳道达致马衡呈文，报告办理本院存乐文物集中重庆经过情形，1947 年 6 月 12 日

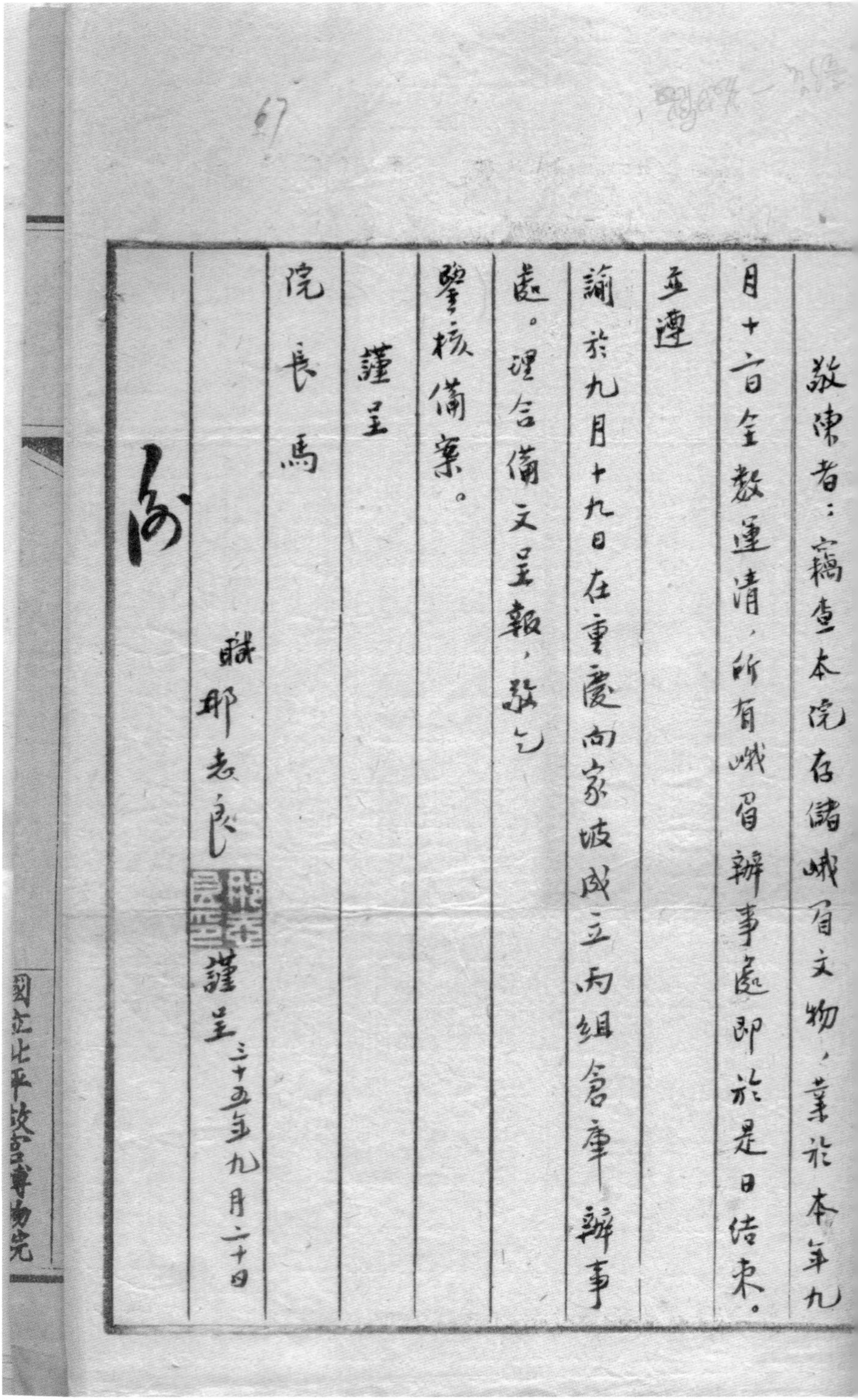

67

敬陳者：竊查本院存儲峨眉文物，業於本年九月十日全數運清，所有峨眉辦事處即於是日結束。

至遵諭於九月十九日在重慶向家坡成立丙組倉庫辦事處。理合備文呈報，敬乞

鑒核備案。

謹呈

院長馬

職　那志良　謹呈　三十五年九月二十日

［图 8-3］　那志良致马衡函，报告办理本院存峨文物集中重庆经过情形，1946 年 9 月 20 日

库房里除了白蚁，还有臭虫。经济部贸易委员会离开时，在职工宿舍里留下许多床铺。故宫人本以为占了贸委会的"便宜"，无须再添加床铺，没想到天下没有白吃的午餐，当他们揭开铺盖，发现那里早已成为臭虫的乐土。人们大惊失色，只好把床铺搬到户外，在太阳下晾晒。但时世艰难，没有人丢弃这些床铺，甚至文物东归时，这些床铺也被带回了南京，重庆的臭虫，也千里迢迢去了南京。后来人们给它们起了一个"雅号"："南京虫"。[3]

二　接二连三的翻车事故

1947年，南迁文物开始从重庆向南京起运，东运还都。对石鼓的安全，故宫人员尤为谨慎。4月3日，庄尚严、欧阳道达、励乃骥、那志良共同给马衡院长写去一份签呈，请求将包括石鼓在内的40余箱文物由陆路运往南京。这份签呈，现在仍存在故宫博物院档案科，全文如下：

> 查迁川文物箱件内有特重且大者如石鼓等，计有四十余箱，原由沪运京，以码头设备完善装船，上下均为便利，洎自由京西迁，系在南京装车，由首都轮渡载运列车过江，以迄陕西。嗣迁蓉、迁峨，以至重庆，均系车运，尚无不便，

现水运迁都，即将开始对于上项重大箱件，经考虑，如由驳船进舱，颇易发生危险，若由朝天门上船，则该处陡坡上下亦感困难。为审慎计，经复员委员会第五次会议提出商讨，拟将石鼓等四十余重大箱件租用载重汽车陆运，直达南京，以策安全。是否可行，理合签请

鉴核示遵。谨呈

院长马

职　庄尚严（名章）、欧阳道达（名章）、

励乃骥（名章）、那志良（名章）

谨签

他们的建议被采纳了，5月31日，首批文物从重庆启运，由于石鼓体大箱重，不便装船，交通部直辖第二运输处派10辆汽车，装载石鼓等笨重文物共62箱，由陆路直接运往南京，并由宪兵排长刘昭贤率领14名士兵护运，其余文物皆走水路[图8-4]。

走水路的文物，自重庆向家坡用卡车运到海棠溪，水运到朝天门，再换上民生公司的登陆艇，顺江而下，运至南京，一路顺畅，而且风光无限。他们在大河中做超长旅行，眼前的景象犹如山水画般展开。大江大河的辽远空阔，他们在五代赵干《江行初雪图》、南宋李嵩《钱塘观潮图》、元代赵孟頫《重江叠

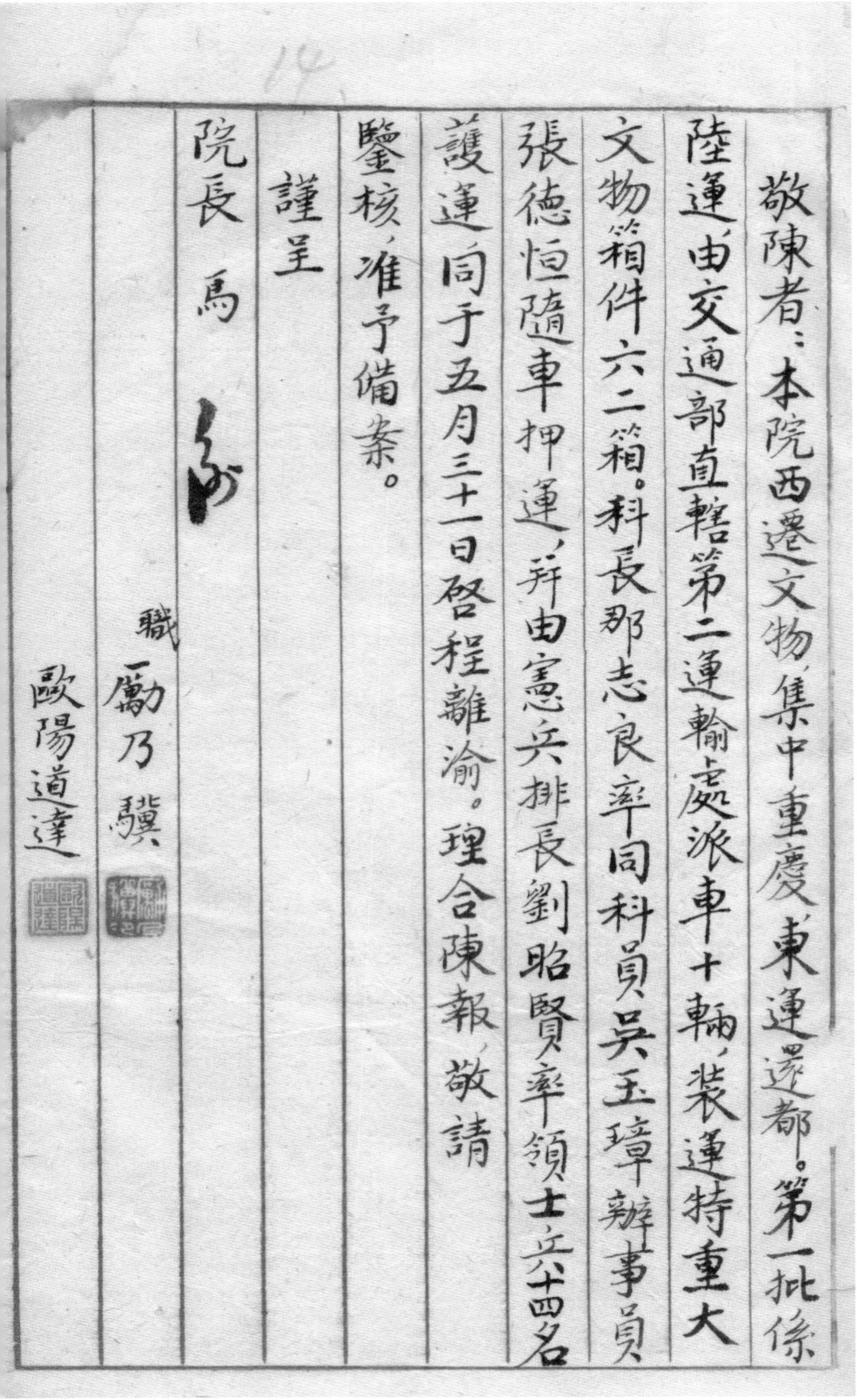

敬陳者：本院西遷文物，集中重慶，東運還都。第一批係

陸運，由交通部直轄第二運輸處派車十輛，裝運特重大

文物箱件六二箱。科長邢志良率同科員吳玉璋辦事員

張德恆隨車押運，並由憲兵排長劉昭賢率領士兵六十四名

護運，同于五月三十一日啟程離渝。理合陳報，敬請

鑒核，准予備案。

謹呈

院長 馬

職 勵乃驥

歐陽道達

[图 8-4] 第一批特重大文物箱件 62 箱自重庆起运呈文，1947 年 8 月 6 日

嶂图》里见过不知多少次了，只是在现实中，他们第一次看见。

走陆路的文物，因为那志良、吴玉璋先生曾经负责过西迁北路的押运工作，所以此趟行程，依然由他们负责押运。张德恒先生也表示愿意与他们同行，刘昭贤等15名宪兵护运。1947年5月31日清晨，这满载文物的十辆汽车，也由重庆出发了。

那志良先生坐第一辆车，张德恒先生坐倒数第二辆车，吴玉璋先生坐最后一辆车，没想到第一天的行程就出了意外。车队刚刚行至江津县广兴乡幸家湾，吴玉璋先生坐的卡车，控制前轮的"拉杆"就突然断掉，方向盘失控，当时刚刚下过雨，道路泥泞，司机魏和清为了让汽车停下，向右急打方向盘，车子冲向路边的水田，故意撞到一棵树上，树应声而断，车子翻倒在稻田里。

前车已然走远，没有人知道车队的最后一辆车出了事。直到前面的车辆走了很远的距离，停车休息时，才发现最后一辆车没有跟上来。未久，一辆军车开过，告诉他们后车出事了。

那志良心中焦急，想让他乘坐的第一辆车开回去，寻找出事车辆。但司机不肯，说汽油不够，假若开不到綦江怎么办。恰好此时，有一辆货车迎面而来，那志良就上了这辆车，心急火燎地往回赶。终于，他看到了最后一辆车，文物箱已从稻田里搬出来，幸运的是，稻田无水，所以文物箱都是干的，文物包扎严实，毫无损伤。

当他们把翻在稻田里的文物箱子搬回到公路上，已经是深夜12点。第二天早上9点，重庆派来的救援车辆才赶到现场，将文物接运至綦江集中。关于此次翻车对文物损伤状况，那志良先生在写给本院的报告［图8-5］中说：

> 车向水田冲去之时，幸有小树之阻，车身系徐徐倒下，且下系稻田，文物未受巨大震动。惟夜间大雨，起卸之时间有淋湿之箱，文物有无损失，似宜开箱检查，以明究竟。

第二天一早，他们从綦江出发，坡高路陡，急转甚多，先是10公里的连续上坡，继之以20公里的连续下坡，过白马后，先要在山上盘旋10公里，紧接着要向下坡迂回18公里。

道路险峻，司机的手紧紧握住方向盘，不敢有片刻走神。押车的那志良倒有闲情逸致，欣赏山中美景。

那志良回忆：

> 这天的行程，因为是个阴天，遍山皆云，汽车出入云海，风景格外好看。我觉得这里的山，比峨眉山还要好，峨眉山的好处在于秀，这里的山却有雄伟的气魄。有一座山，

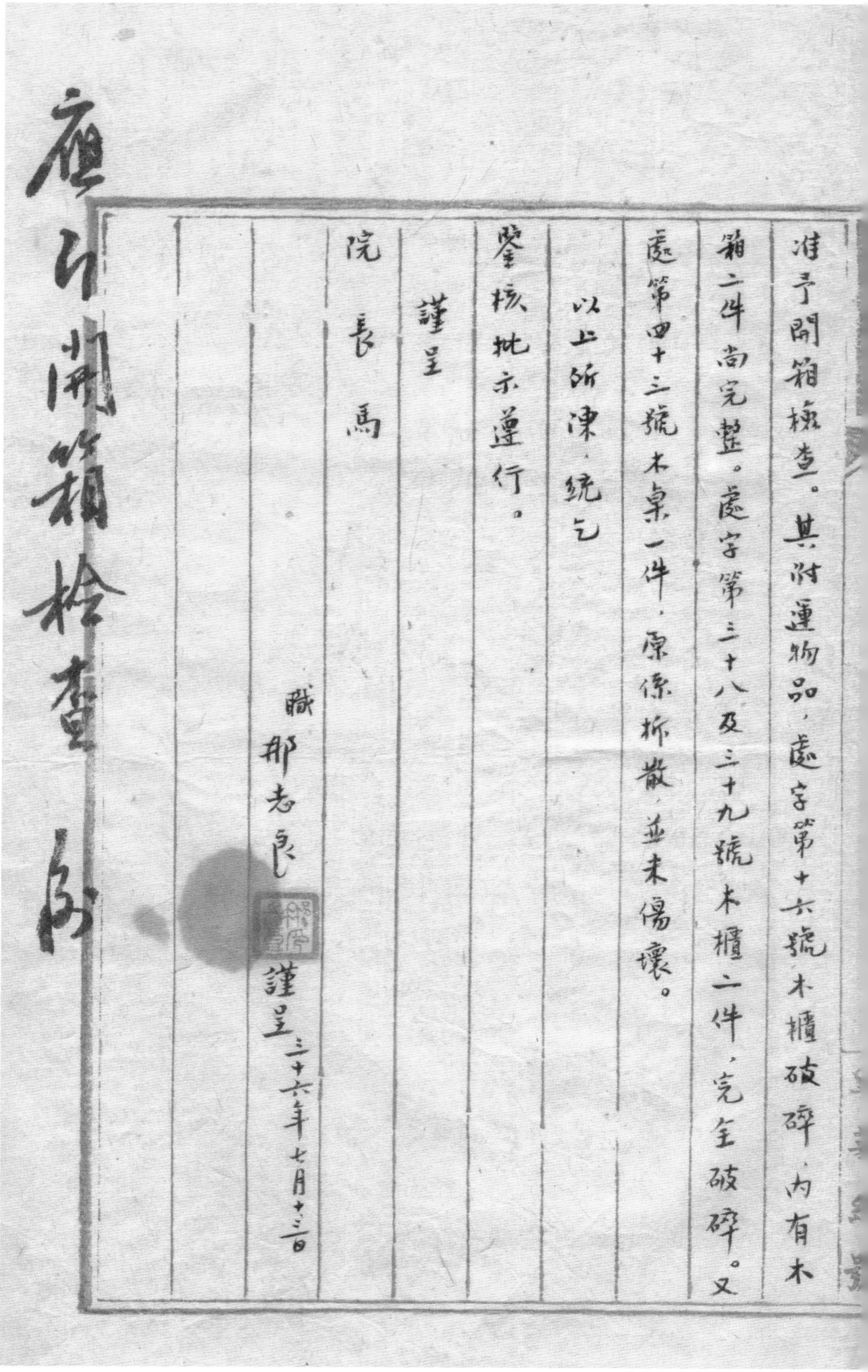
應准開箱檢查

准予開箱檢查。其附運物品，處字第十六號木櫃破碎，內有木
箱二件尚完整。處字第三十八及三十九號木櫃二件，完全破碎。又
處第四十三號木桌一件，原係拆散，並未傷壞。
以上所陳，統乞
鑒核批示遵行。
謹呈
院長馬
職 那志良 謹呈 三十六年七月十三日

［图 8-5］ 文物车辆在江津县城翻车的报告，1947 年 7 月 13 日

远远望去，好似峨眉山的舍身崖，我想如果在这里建一座庙宇，比金顶好得多了。过武隆后，沿着黔江走，两面高山，中间夹着黔江，公路便沿着黔江蜿蜒而行，好像川陕道上的明月峡。

从彭水开出，是一个晴朗的天气，晨光曦微，照得一切，有明朗的感觉，与前两天所见的林峦烟雨，各有其妙。[4]

五天后，车到黔江，车队休息一天。

从黔江出发，下一站是龙潭。但车队刚到距离酉阳24公里处，一个名叫高坎子的地方，又发生了翻车事件。当时一位驾驶员为了省油，在下坡时关掉了油门，让车子在下坡时滑行，恰巧在转弯时，对面驶来一车，速度极快，司机在惊慌中急打方向盘避让，车头撞在山壁上，立刻失去了控制，向左边山涧冲去，车上的人，包括司机、助手、宪兵等人纷纷从车上跳下，车子连续翻滚了三周才停下来，车子完全报废，车上装文物的木箱，全部散落到山下，跌落最深的，距离公路达十余丈。经过事后检查，发现其中安字第3号木箱被摔破，所幸里面装的文物——一鼎、一甑均丝毫未损，一罍肩部破裂，而安字第21号木箱也被摔破，其中一鼎的足部有损，似乎是原来就有的，一罍同样是肩部破裂。

车上的石鼓是否受损，让大家的心突然悬起来。石鼓的价值，在于上面的文字，是中国现存最早的石刻文字。石鼓从北平故宫运出以前，石皮已与鼓身分离，敲起来有嘭嘭声，如果石皮脱落，只剩下石心，石鼓就一点价值没有了。那志良先生在《典守故宫国宝七十年》一书里写：石鼓装车的时候，因为它本身很重，没有用绳缚扎的必要，是直接放在车上。车子一翻，在车底朝天时，石鼓已经落到地上，车再翻时，石鼓不会跟着它跑了，停在那里，车子继续往下翻，翻到山涧里去了，摔得破烂不堪了。结果，没有将石鼓捆扎在车上，倒机缘巧合地让它们逃过此劫。

开箱检查石鼓是否受损时，在场的所有人都屏住了呼吸。他们小心翼翼地把包装材料一层层地掀开，发现第一个石鼓安然无恙。大家长舒一口气，又去打开第二个包装箱，发现第二只石鼓也没有损坏。就这样，他们连续打开了十只石鼓箱，发现所有石鼓皆完好无损。这不啻为一场奇迹，也让他们心有余悸。

他们在当地雇用工匠，把箱子修好，重新装车，第二天继续启程。他们经过的"矮寨"，被那志良先生称作"我走过的公路中最危险的一段"，很多年后，他回忆这段行程，依然心有余悸："陡坡7公里，两边竖着许多大小牌子，写着'危险''急弯'等叫司机注意的话，所有急弯，急得不打倒车，便转不过来，一面是山，一面便是笔直的山涧，通车之后，屡次翻车。有一次，一辆客车，由山上跌了下去，乘客全部罹难。土匪也在这里劫过车，地方真是凶险极了。所有司机，都是经常行驶这条路线的，大家特别小心，幸未发生事故。"[5]

他们到沅陵、长沙、浏阳、株潭、南昌、九江，被迫用漏水的破船摆渡汽车过河（一边过河一边从船上淘水），经过了无数被冲毁的道路、被炸毁的桥梁，目睹了战争给这块土地带来的灾难性后果，终于抵达九江，在那里费了很大周折，才找到一艘"执信轮"，于1947年7月26日，运载全部陆路文物，抵达南京下关码头。

至此，他们已在路上，颠簸了将近两个月。

12月8日，水陆运送的16724箱文物也到达南京，故宫博物院文物东归，至此全部完成。

16日，《华北日报》在《马衡谈古物陈列》一文中，对文物东归南京做出这样的报道：

据马氏对记者谈称：故宫国宝战时内迁，历经万险，现均平安运（南）京。全部古物共一万六千余箱，至十二月六日，最后一只船已自渝驶抵南京。十余年来辗转播迁之国粹重宝，至此均平安无恙重回首都，足堪欣慰。周宣王石鼓因重量过大，前年自重庆朝天门码头装船时，因码头斜坡过陡，曾砸伤一脚夫，因此院方不敢由水路运输，遂将重十一吨之石鼓改用汽车装运。南经川湘公路，转道运江西，因公路被水冲毁，在赣停留多日。本年始改由江运陆续运京。现古物均在南京朝天宫保存。该地储藏库多在山内，且有通风设备，故保存古物极为适宜。目前故宫博物院在京职员正忙于拆箱检察，看是否有损坏，每日可拆六七十箱。马氏称，渠于明天将重去南京亲自检察古物，重新造册保存，并称，在京古物为古物中之精华，内周代散（氏）盘，为中国最古铜器。上镌有五百余字，此为吾人所保存之古代器物中镌字最多者。此外，宋瓷代表作，古代书画代表作均有，至于此批古物何时北运，重归故宫博物院收藏，则必待津浦交通恢复后始可着手。[6]

然而，故宫人重回南京，所见却是满目疮痍。朝天宫库房在日本占领南京期间，被用作伤兵医院，墙上还残留着日文书写的字迹，和累累的血痕。根据《国立北平故宫博物院复员情形》的记录，国民政府接收朝天宫库房后，仅对库房做了有限度的修复，情况如下：

本院南京保存库原系钢骨水泥建筑，计分四库，其中惟第三库有窗牖通风，其余三库皆恃调节空气设备以祛除潮湿，此项设备已为敌人劫去，致库水积水，不堪利用，此次仓库修复，仅将第二库添辟窗牖，故可利用者只第二第三两库，容积减去全体之半，西迁文物转瞬即可到齐，势将不能容纳。现虽有沪觅得调节空气机现货，而一部分货价须售外币，前曾编造概算书，呈请拨发处汇及国币，至今尚未核定。

故宫人回来了，却找不到可住的地方。政府临时拨给了4座铁皮活动房屋。庄因先生在回忆录中这样描述当时的铁皮屋："宿舍是以黑铁皮为顶，形呈半圆柱的活动房屋。所谓的活动房屋，没有坚固地基，整座房子就像一片平铺在地上的菇菌，房子压放在几大根木桩上，轻便得可以整幢移动。因为屋顶低矮，且房顶系半圆形向左右两方徐徐滑下，人在屋内，伸手可以碰到屋顶。在两侧屋顶下滑地带，有时更需要弯身以策安全。窗户小，透风不畅，夏热冬寒。说得刻薄一些，简直就像牢房。"[7] 在返回北平之前，这样的"牢房"，就是他们在南京的"家"。

故宫文物从西迁到东归，从南京出发又回到南京，其中经过了无数轰炸，走过了千山万水，面对着"潮、火、晒、虫、摔"，说文物没有损坏是不符合事实的。

在西迁过程中，在重庆合记堆栈，因楼板断塌，破损3件瓷器；

在宝鸡火车站，汽车过铁路卸库时与火车发生碰撞，黄瓷大盘、钟表玻璃罩因震动破碎；

在汉中库房装箱检查时，一名士兵手榴弹不慎坠地，发生爆炸，当场炸死士兵1人，重伤2人，弹片伤及文物4箱，1件乾隆款白地青花瓷盘被炸碎，大号彩花大瓷瓶瓶口炸缺2寸许，瓶身破裂。

东归运输中，乐山到重庆一段的文物损失，押运人员在车队抵达重庆后，立刻进行了开箱检查，发现文物损坏情况主要有：

一些古籍被雨水浸湿，留有水渍，其中包括：《四库全书》史部内一部书背有水渍，二部浸湿有水渍，元版《东坡奏议》一函、明版《资治通鉴纲目》二函均浸湿，等等，此外，还有若干奏折档案浸湿……

受损的古画主要有：《南巡图》，有水渍裱脱……

受震致伤的青铜器有：猎壶破损、周文王鼎一足破裂；瓷器有：万历款斗彩团花瓷盆一件、成化款白地青凤大瓷盆一件、雾红柳叶铜口瓷尊一件（碎片分装三包）、定窑兽面双环瓶一件破碎（碎片分装二包）、康熙款白地青花大瓷盌四件破碎、乾隆款黄釉大瓷盌六件破碎三件有璺……[8]

其他文物，皆完好无恙。

历尽千难万劫的故宫文物，终于东返南京了。1947年9月3日，也就是日本正式无条件投降两周年的日子，北平广播电台里传出了马衡先生的声音，这一天，他做了关于《抗战时期故宫文物之保管》广播演讲[图8-6][图8-7][图8-8]，就故宫文物南迁、西迁、东返的情况，"报告于国人"。他深知，"关心文化的同胞们，一定是渴想知道的"。他必须给全国人民一个交代。他说：

"总结起来，抗战期间故宫文物，承理事会的主持，各方面的协助，虽然大致无恙，但经过长途之运输，遭遇恶劣的环境，是不是可以免去损失，这要等复员以后，仔细的清理，才能有正确的报告。"[9]

战争时期的故宫院长，他做得战战兢兢、如履薄冰。

有学者指出："在战争环境中巨量文物长期迁存的艰苦卓绝，而文物受损不及万分之一，就算是在和平时期，要完成如此大规模的文物万里迁存与保护，且几乎没有损毁，也是极为不易的。'半壁河山，完璧国宝'，创造了世界文物史上极其罕见的

[图 8-6] 马衡演讲词，1947 年 9 月 3 日

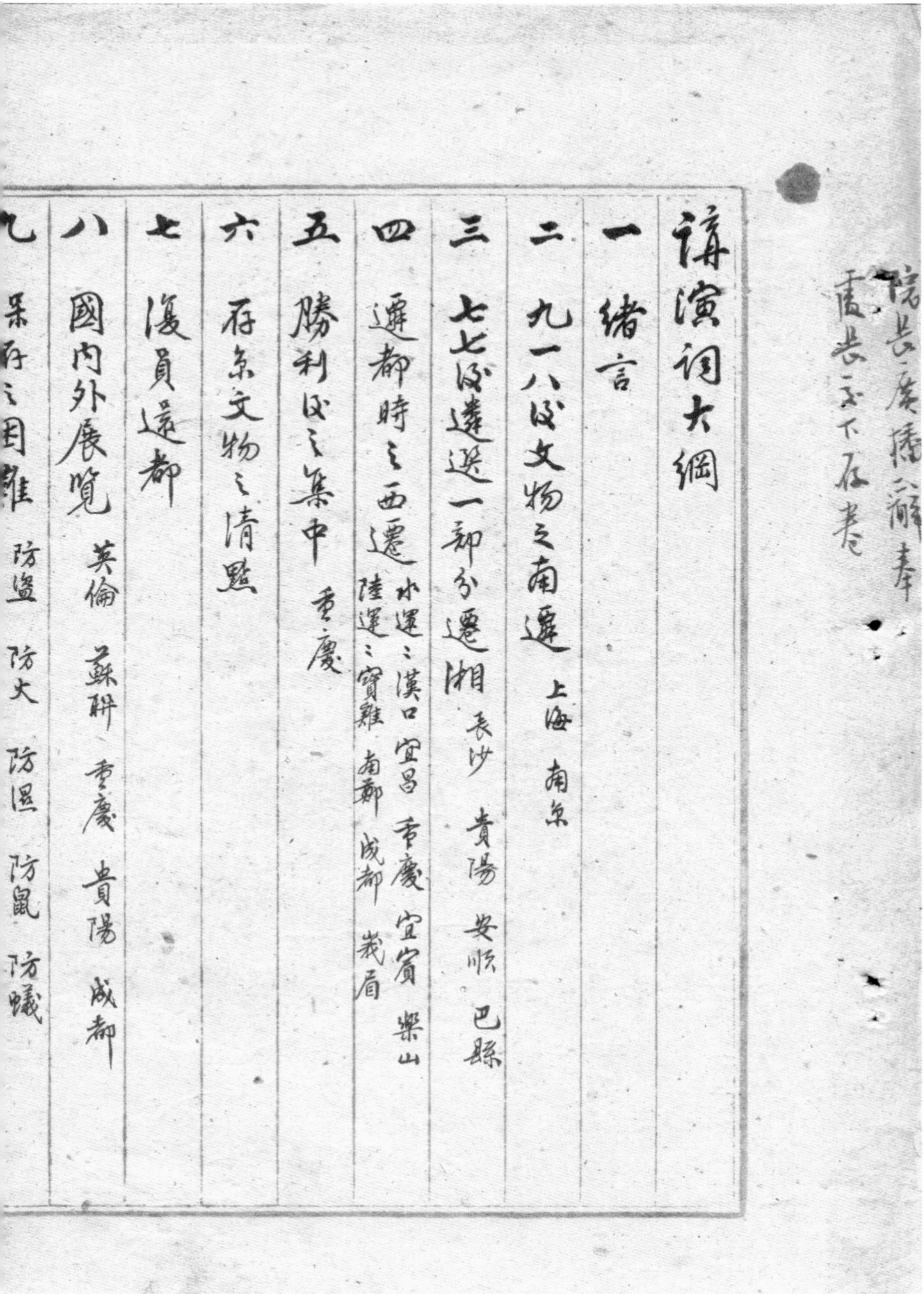

院長廣播演辭
復員以下存卷

讲演词大纲

一　绪言

二　九一八後文物之南遷　上海　南京

三　七七後遷遷一部分遷湘　長沙　貴陽　安順　巴縣

四　遷都時之西遷　水運之漢口　宜昌　重慶　宜賓　樂山　陸運之寶雞　南鄭　成都　峨眉

五　勝利後之集中　重慶

六　存京文物之清點

七　復員還都

八　國內外展覽　英倫　蘇聯　重慶　貴陽　成都

九　保存之困難　防盜　防火　防潮　防鼠　防蟻

[图 8-7]　马衡演讲词，1947 年 9 月 3 日

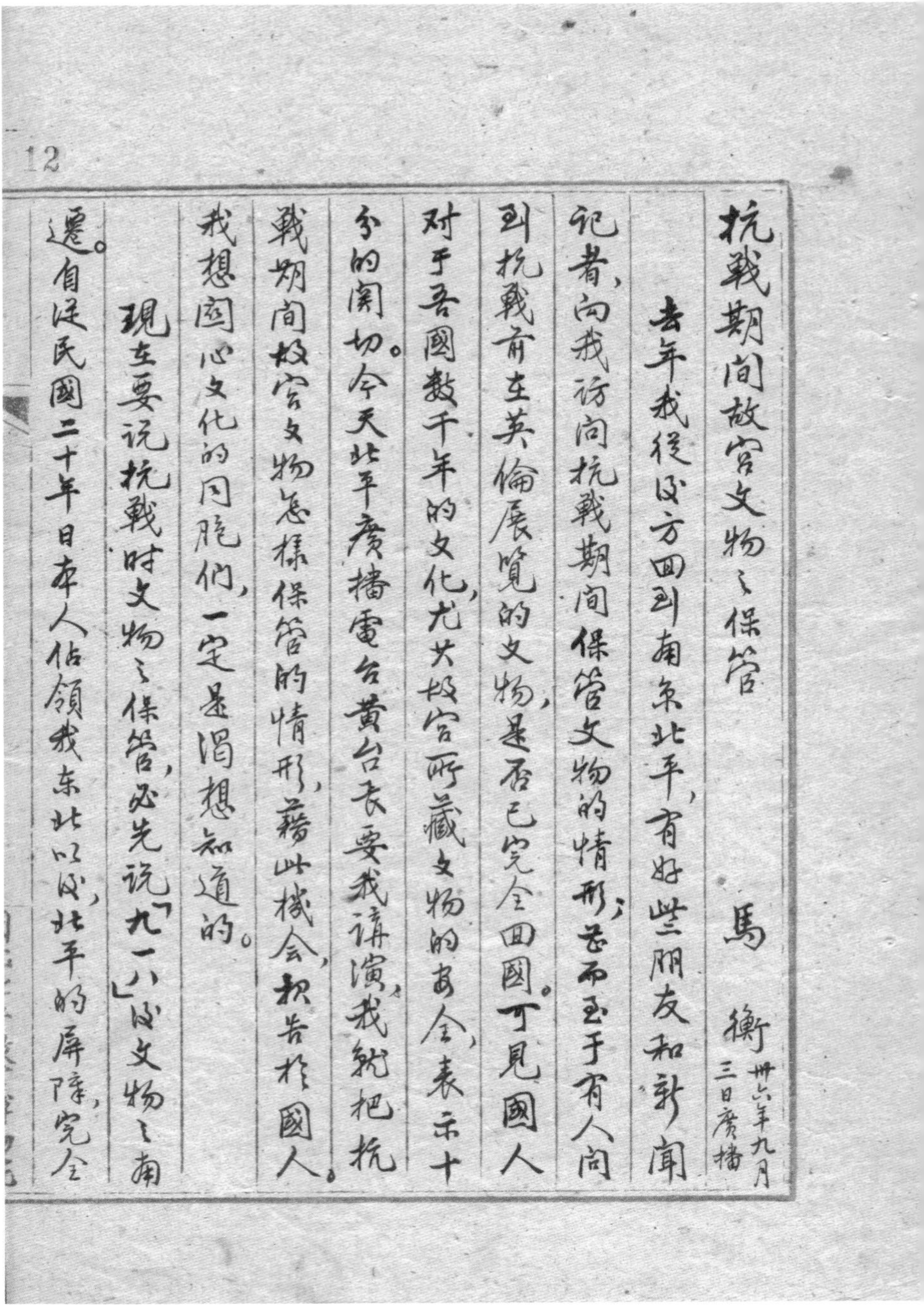

抗战期间故宫文物之保管

馬　衡　卅六年九月三日廣播

去年我從後方回到南京北平，有好些朋友和新聞

記者，向我訪問抗戰期間保管文物的情形，至於有人問

到抗戰前在英倫展覽的文物是否已完全回國，可見國人

對於吾國數千年的文化尤其故宮所藏文物的安全，表示十

分的關切。今天北平廣播電台要我講演，我就把抗

戰期間故宮文物怎樣保管的情形，藉此機會，報告我國人。

我想關心文化的同胞們，一定是迫想知道的。

現在要說抗戰時文物之保管，必先說"九一八"的文物之南

遷。自從民國二十年日本人佔領我東北以後，北平的屏障完全

[图8-8]　马衡演讲词，1947年9月3日

文物保护奇迹。"[10]

郑欣淼先生这样评价："历史已经证明，当时还不可能有比南迁更为有效的保护文物的方法。为了避开战争的灾难性破坏，为了保证在这一个非常时期文物不受损失，最为可能的方法就是将文物迁到安全的地方。迁徙疏散成了战时文物保护与保管的手段。"[11]

三　你不是学生，你是共产党的代表

1948年9月12日，辽沈战役打响，11月2日结束，历时五十二天。据介绍："东北野战军以伤亡6.9万人的代价，歼灭国军47.2万余人……俘虏国军少将以上高级军官186名。"[12]东北全境获得解放。

此战使国军总兵力下降到290万人，解放军总兵力上升至300万人，国共双方的军事实力发生了逆转，解放军由劣势转变为优势。毛泽东说："这样，就使我们原来预计的战争进程，大为缩短。""现在看来，只需从现在起，再有一年左右的时间，就可能将国民党反动政府从根本上打倒了。"[13]

11月6日，华东野战军按计划发起淮海战役，至1949年1月10日结束，历时六十六天。此役敌我损失比为4.06：1。解放军在兵力、装备都不占优势，战场情况复杂多变的条件下，取得

辉煌胜利。据说：20世纪80年代，"美国西点军校专门派出考察团来到淮海战场旧址进行实地考察"，以"不可思议"来评价这场战役的结局。[14]

马衡的工作一如往常，故宫博物院的各种事项依旧有条不紊地进行。"1948年11月9日，他主持召开了故宫复员后的第五次院务会，讨论决定了一系列重大事项，如清除院内历年存积秽土，修正出组与开放规则，把长春宫等处保留原状，辟为陈列室，增辟瓷器、玉器陈列室及敕谕专室，修复文渊阁，继续交涉收回大高殿、皇史宬等。"[15]

11月29日，在辽沈战役取得全胜的解放军东北野战军大军南下，向张家口外围国民党军发起攻击，打响了"三大战役"中的最后一个战役——平津战役。1949年1月14日，解放军上千门火炮同时向天津城开火，各部队迅速在东西南三面九个地段突破城防，只用一天多，就全歼天津守军，活捉天津警备总司令部中将总司令陈长捷，解放天津。

据介绍："平津战役打响后，国民政府多次来电催促马衡'应变南迁'"，马衡一概婉拒了。12月16日，孙科签署行政院电令，要求马衡执行故宫理事会将文物运往台湾的决议，17日，当年协助将故宫博物院南京保存库里的文物运出南京、时任"国民政府教育部政务次长、故宫博物院理事会秘书杭立武发来专电催促马衡南下"，"马衡委托即将南下的梅贻琦代转不能南下之意"。[16]

1949年1月14日，马衡先生在致杭立武信中写道：

立武先生大鉴：

弟于十一月间患心脏动脉紧缩症，卧床两周。得尊电促弟南飞，实难从命。因电复当遵照理事会决议办理，许邀鉴谅。嗣贱恙渐痊而北平战起。承中央派机来接，而医生诫勿乘机。只得谨遵医嘱，暂不离平。

……

运台文物已有三批菁华大致移运，闻第一批书画受雨者已达二十一箱，不急晒晾即将毁灭。现在正由基隆运新竹，又由新竹运台中。既未获定所，晒晾当然未即举行，时间已逾二星期，几能不有损失。若再有移运箱件则晾晒更将延期。窃恐爱护文物之初心转增损失之程度。前得分院来电谓三批即末批，闻之稍慰。今闻又将有四批不知是否确实。弟所希望者三批即末批，以后不再续运。[17]

……

为了阻止这批文物赴台，马衡采取了一个战术，那就是拖，一直拖到解放军入城，拖到新中国成立。

朱家溍先生在回忆那段往事时说："1949年前，故宫博物院分为三馆一处，即古物馆、文献馆、图书馆和总务处。各馆处下设科室。我初到故宫工作时，各馆处的领导人员是古物馆馆长徐森玉、文献馆馆长沈兼士、图书馆馆长袁同礼、总务处处长张廷济。北平解放前夕，有一次马先生召集院务会议。正值徐馆长在上海，由我代表古物馆出席。沈馆长逝世不久，南京新派的姚从吾尚未到任，由单士魁、张德泽代表文献馆出席。此外，就是应该出席的袁同礼、张廷济和秘书赵席慈。在那次会议上，马先生宣布：'行政院有指令，要故宫把珍品选择空运南京，当然空运重量、体积都有限得很，所以要精选。'……马先生说：'图书馆很简单，文献馆的档案怎么样？'单士魁说：'档案无所谓真品，应该说选择重要的，可是重要的太多了。如果在重要中再选更重要的，势必弄得成案谕折离群，有时附片比折本更重要。档案装箱很容易，可是选择太难了，实在无法下手。'马先生想了一想说：'好像行政院意在古物，所以文献馆我看不装了吧！'单、张二位都笑了，说：'好极了，那我们省事了！'马先生接着说：'看起来，古物馆是要费事的。先把精品选出来，造清册，交总务处报院，这个工作要求快，至于包装，一定要细致谨慎……'这个会散了以后，我和当时古物馆管理延禧宫库的杨宗荣、汤有恩，还有古物馆编纂李鸿庆共同商量了一下。我把会上马先生的原话告诉了他们。我分析马先生的原话，不像真心要空运古物，因为我想起了前几天，文献馆信赖的吴相湘，曾向马先生请求调南京分院工作，马先生没有答应，后来他就不辞而别乘飞机走了。马先生知道以后，曾说：'这种人，真没出息。'我想马先生如果真心想要空运古物，那就说明他自己也打着走的主意，那么就必然会同情吴相湘的走。既然骂他走是没出息，那么他自己一定是不打算走。所以他说选精品，造清册，报出去要快，可是包装古物不要快，又重复一句，记住！这不是很明白了么。他们三人也同意了这个看法。杨宗荣说：'过几天看他催不催，这也是检验他真装假装的尺度。'于是我们一面选，一面造册……这项造册工作很快就完成交出。日子一天一天过去了，马先生没有催，国内大形势一天一天地变化。有一天，院长室的尚增祺告诉我：'今天袁馆长（指袁同礼）来电话，问古物装箱的事，我听院长回他说星期五装不完，你要星期五走就先走吧，总之要派人押运的。'我听了尚增祺的话，立刻到延禧宫告诉杨宗荣、李鸿庆。我们是这样分析的：马先生自从把清册寄南京以后，对于古物装箱的事，不但没催，连问也没问过，他怎么能知道星期五装不完呢？从这句话就可以判断，他真心是不打算空运古物，才这样敷衍袁同礼的。过了星期五，我们知道袁同礼已经飞走了，马先生还是不问不催。又过了两天，王府井南口戒严，断绝交通，听说要使用东西长安街做机场跑道，准备在城内起飞和降落。这件事吵嚷了几天，没见实行，航线便停了。后来北平和平解放了，我问马先生，是不是一开始就不打算装运古物？马先生连吸几口雪茄烟，闭着嘴从鼻孔冒烟，不说话，这是他经常表现的神情。等烟冒完了，才慢慢说：'我们彼此算是"会心不远"吧！'"[18]

1949年1月1日，中国人民解放军北平市军事管制委员会在北平郊区良乡成立，主任叶剑英。这一天，北平军管会发布第一号布告，内容是：

案奉中国人民解放军总部电令："北平四郊国民党匪军业已就歼，北平城内国民党匪军亦就歼在即，北平将告解放。为着保障全体人民的生命财产，维护社会安宁，确立革命秩序，着令在北平城郊，东至通州，西至门头沟，南至黄村，西南至长辛店，北至沙河的辖区内，实行军事管制，成立在中国人民解放军平津前线司令部指挥下之下的北平军事管制委员会，为该区军事管制时期的权力机关，统一全区的军事和民政管理事宜。一俟北平解放，即加入北平全市为其管制区域，并任命叶剑英为北平市军事管制委员会主任。"本会遵即于一月一日成立，本主任亦于一月一日到职视事，遵照中国人民解放军平津前线司令部约法八章实施军事管制。

军事管制委员会之下，设有文化接管委员会，简称"文管会"。文管会设有文物部，部长为尹达，副部长为王冶秋，联络员为李枫、于坚、罗歌。

尹达（1906—1983），中国近现代考古学家、历史学家，曾是"中博""考古十兄弟"之一。1931年参加殷墟发掘，最初在安阳小屯北地见习，随即赴安阳后冈参加梁思永主持的发掘。1932年，尹达到中央研究院历史语言研究所考古组工作。1938年赴延安参加革命，在陕北公学任教，第二年写出《中国新石器时代》，此书"试图突破安特生的体系，建立起中国新石器时代的比较可信的体系"[19]。1945年，傅斯年一行六人在王若飞陪同下飞抵延安，毛泽东、朱德、周恩来到机场迎接。尹达与傅斯年面晤，以《中国原始社会》一书相赠。1949年1月，北平解放初，尹达兼北平军事管制委员会文化接管委员会文物部部长，负责接管古都众多的文物单位。

王冶秋（1909—1987），1932年参加左联，是鲁迅晚年的青年挚友。1941年加入中国共产党。后在冯玉祥处任教员兼秘书。

1947年后任北方大学、华北大学研究员。新中国成立后，历任文化部文物局副局长、局长，国家文物局局长、顾问。

1月22日，马衡院长应华北"剿总"之约至中南海春藕斋开会，聆听了傅作义宣布《关于和平解放北平问题的协议》公告。31日，马衡在日记里写："解放军一部分入城"[20]，平津战役以和平的方式而告结束。2月3日，马衡先生在日记里描述解放军入城的盛大场面："是日上午十时解放军自永定门入，军政首长在前门城阙检阅步骑炮兵，一军入前门经东交民巷、东单、东四而达西城，行列延长数里，整齐严肃，蔚为壮观。"[21]

2月2日晚上，马衡先生次子马彦祥就入城，他直抵故宫博物院，见到父亲，告诉他共产党接收人为尹达、王冶秋。2月3日晚饭后，尹达造访马衡，了解故宫情况。

7日，故宫院门悬挂宫灯，映照出一派过年般的吉祥气氛。8日，尹达、刘新权、舒赛来到故宫博物院，接洽解放军指战员参观故宫事宜。

"据接管故宫的罗歌同志回忆……平津前线司令部决定，东北解放军及华北解放军二十余万人将于日内分批参观故宫。时任院长的马衡先生表示热烈欢迎，全力搞好接待工作。罗歌回忆："平津前线司令部派来某师政委舒赛同志及李营长。舒赛是个女同志，她到故宫博物院，就召集接管故宫的罗歌同志和李营长开会，分了工。舒赛全权指挥部队，李营长负责联络，罗歌负责总导引及供水等事宜。全院600多人，除老弱病残者外，都在做导引、警卫工作，少部分人负责烧开水，用皇宫内原来用以烫猪的大铁锅烧水，用宫内堆积如山的废木料做燃料，从贞顺门到顺贞门一带，十几口大锅一字儿排开，烈火熊熊，烧开一锅锅开水。故宫的同志们将开水一碗碗送给解放军解渴。军民鱼水情谊浓，那热烈而动人的场景，是故宫博物院建院24年来所未见过的新气象。解放军一批又一批乘军用卡车来到午门前广场。他们下车后，排成二路纵队，进入午门，经内金水桥、太和门，参观太和殿、中和殿、保和殿，然后到乾清宫、坤宁宫入御花园，再参观东西各宫，最后从神武门出，乘车返回驻地。军管会命令故宫，每天必须书面报告参观情况，军管会叶剑英主任每天晚上听取有关部门的专题汇报。每天约万余人参观，从2月12日至3月4日，所有部队参观完毕。"[22]

马衡2月12日日记里写："解放军来参观。各界在天安门前开庆祝大会，并游行，与会者十万人以上。……晚晴，月色甚佳，盖今日为元宵也。"[23]

罗歌回忆："3月5日，舒赛同志带领李营长向马衡院长告别，对博物院全体职工的热情支持和接待表示感谢。军管会为了慰劳博物院负责同志，当天晚上请他们到长安大戏院看了梅兰芳演出的《贵妃醉酒》。"[24]

2月11日，罗歌以"文管会"联络员的身份到故宫进行联络。罗歌后来这样回忆当时的情形："我到故宫，先去拜见马衡院长，当我向他作了自我介绍后，他非常礼貌地站了起来，表示欢迎联络员到故宫开始工作。我很不安，再三说明，自己是北大的学生，而他曾经是北大的教授。但是，马老说：'这是故宫，不是北大。这是办公室，不是课堂。你不是学生，你是共产党的代表，应该这样。'此后，对于我传达军管会的指示，他都用毛笔亲自在信笺上简要地记下来。由于他的热情、认真、严肃的态度，使联络工作非常顺利，他亲自召集科长以上的办公会议，让大家要服从军管会的领导，要尊重、支持联络员的工作。"[25]

19日，军管会主任叶剑英签署《中国人民解放军北平市军事管制委员会令（第一二〇号）》，派钱俊端、陈征明、尹达、王冶秋同志代表军管会，到故宫博物院商议并办理接管事宜。

这一天，尹达、王冶秋奉命接管故宫博物院，与各部门主管人员进行了约一个小时的谈话。罗歌被任命为驻院联络员。

3月6日，接管大会在太和殿召开，除值班站岗的警卫队员外，全体参加。马衡在这一天的日记里写："九时尹达、王冶秋来，与员工警卫讲话，以风大，改在太和殿内举行，至十时三刻甫毕。"[26]当时在接收现场的罗歌回忆："马老也站在职工队伍中，这更增加了会场的严肃气氛。当我宣布请军代表尹达同志讲话后，整个太和殿寂静无声，掉一根针到地上也能听到响声。尹达同志快步登上皇帝宝座，他用力地大声讲话，我至今还能记得其中的一段：'几百年来，只有皇帝才能登上这个宝座。现在，我作为北平市军事管制委员会接管故宫博物院的军代表，也登上这个宝座。有人说，老百姓登上宝座，会头晕，会掉下来的。今天，我的头并不晕，也掉不下来。这是为什么呢？因为人民当家做主了，人民成为主人了。现在，我宣布：正式接管故宫，马衡院长还是院长，全体工作人员原职原薪。从今天起，故宫新生了……'尹达同志讲完后，离开皇帝宝座，走到听众中，用力地握着马老的手，此时，我看见马衡院长的嘴唇也微微颤动，泪花在他的双眼中闪烁。我也激动了，赶忙请他和尹达同志先离开会场。此时，全体职工警卫队伍中突然爆发出雷鸣般的掌声，欢送着他们两人走出太和殿。可惜，那天没有照相。那时，太和殿还没有装灯，故宫的老式照相机也无法把这个珍贵的镜头拍摄下来。然而，这场景却常常映现在我的眼前。我相信，那天参加大会的五百多位职员、工人、警卫也是永远不会忘记的，是不会忘记故宫的历史开始了新的一页的[图8-9]。"[27]

［图 8-9］ 中国人民解放军总司令朱德参观故宫，1949 年 4 月 19 日

四　台湾，是什么地方啊

早在"三大战役"爆发之前的1948年6月26日，蒋经国在写给父亲蒋介石的信中就说："我政府确已面临空前之危机，且有崩溃之可能，除设法挽回危局之外，似不可不做后退之准备……而今后万一遭受失败则非台湾似不得以立足。"[28]11月，蒋介石下令中央银行总裁俞鸿钧运送黄金200万两到台湾。将故宫文物运去台湾，也几乎成为国民党政府"必然"的选择。

国共战事正酣，召开故宫博物院理事会已无可能，11月10日，故宫博物院理事会的多名理事，包括朱家骅（教育部部长）、杭立武（教育部次长）、王世杰（外交部部长）、傅斯年（中央研究院院士、立法委员）、李济（中央研究院院士、前中央博物院筹备处主任）、故宫博物院古物馆馆长徐森玉等人，在故宫博物院理事长、行政院院长翁文灏的官邸开了一个小会，这次在南京市鼓楼区翁文灏官邸举行的"会议"，决定了部分南迁文物的命运，史称"翁宅会议"。

"会议"作出"决议"，将故宫文物运往台湾，尽量选择精品迁运，中央图书馆、中央研究院历史语言研究所的文物和图书也一并迁台，具体事宜由杭立武负责。

12月4日，故宫博物院第七届理事会理事长翁文灏向行政

部重要条约档案60箱）登上"中鼎号"登陆舰，从南京下关码头出发，驶向台湾基隆港。外交部的60箱档案中，包括清朝在鸦片战争失败后与英国签约的《南京条约》原件，这些中国近现代史上重要的外交档案现存台湾"中央研究院"。

一同登上这艘军舰的故宫人员，还有申若侠（庄尚严夫人）、刘峩士等人，参加了"翁宅会议"的著名考古学家、故宫博物院理事李济先生和他的夫人陈启华、儿子李光谟也同船赴台。

后来李光谟从台湾基隆乘船返回上海，在同济大学完成学业。转眼间，山河巨变，一湾海峡，成了楚河汉界，父子从此相隔两岸，再难见面。李济的二女儿鹤徽、大女儿凤徵已在抗战时期先后去世，当李济夫人陈启华收到儿子李光谟的信，知道他不能再去台湾，当场号啕大哭。

庄尚严一家都去了台湾，上船时，孩子们问："台湾，是什么地方啊？"

庄尚严先生说：台湾就是一个海岛，自古都是中国的土地，后来被日本占据了，现在又是我们的了。[29]

这是一次不知归程的远行，临行时，徐森玉先生拉住弟子庄尚严的手，说："文物要分开了，从今以后，我负责看管一半，你负责看管另一半。你要代我到台湾去，看管好这批家当。"

庄尚严点头："先生放心，人在文物在。"[30]

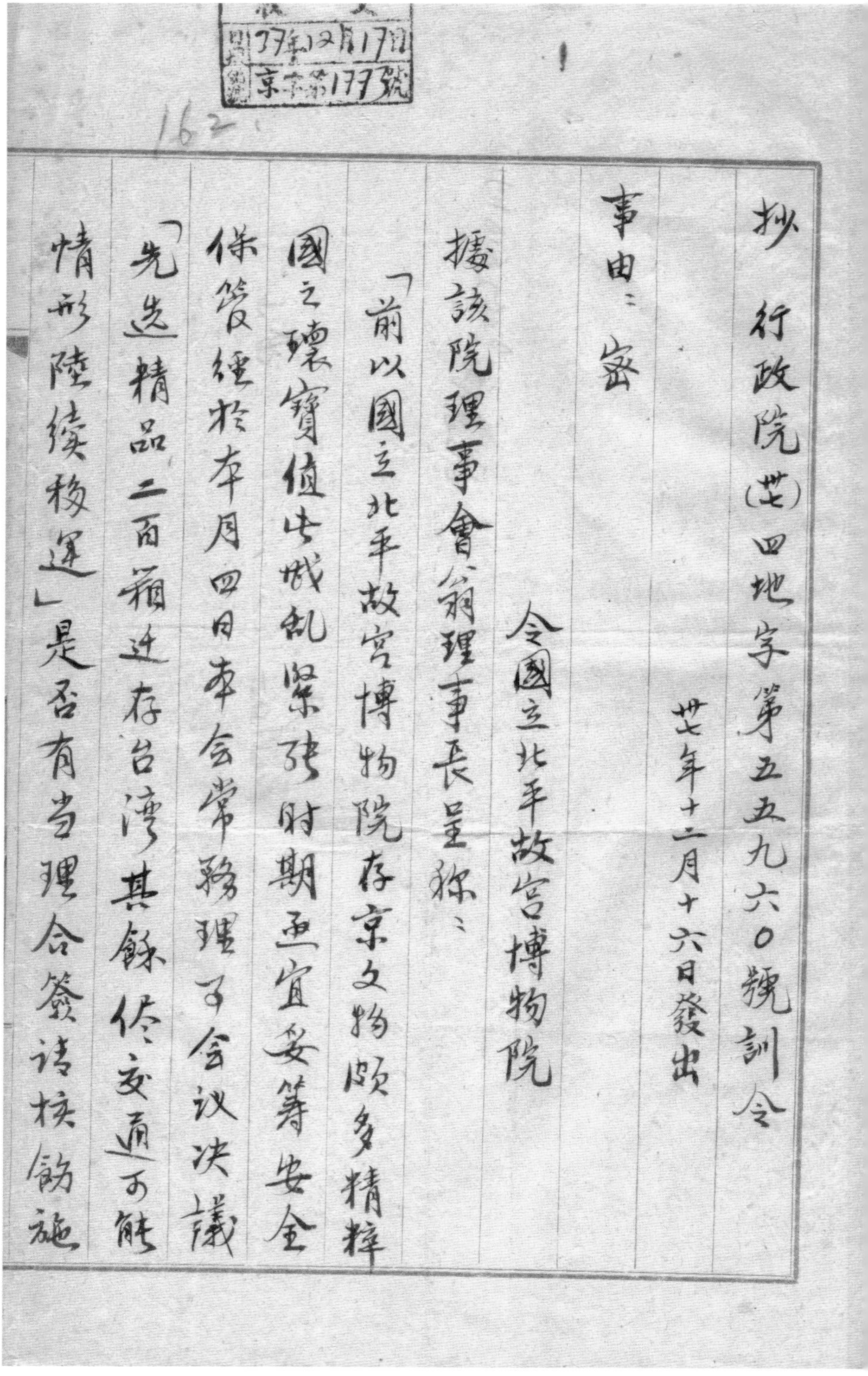

37年12月17日
京字第173號
162

抄行政院（卅七）四地字第五五九六〇號訓令

卅七年十二月十六日發出

事由：密

令國立北平故宮博物院

據該院理事會翁理事長呈稱：

「前以國立北平故宮博物院存京文物頗多精粹國之瓌寶值此戡亂緊張時期亟宜妥籌安全保管經於本月四日本会常務理事会议决議「先選精品二百箱运存台灣其餘俟交通可能情形陸续移運」是否有當理合簽请核飭施

［图 8-11］《行政院（卅七）四地字第五五九六〇号训令》（抄件），1948 年 12 月 16 日

当时，由于有太多的海军军官携带眷属涌上这艘"中鼎舰"，使军舰出现超载。出于对文物安全考虑，杭立武一一劝说这些军人及家属下船，人们逃难心切，他的劝说都被当成耳旁风。无奈之下，杭立武只好通过自己的同学、海军周参谋长，"搬"来了海军总司令桂永清上将，桂永清上将向大家保证，将另派军舰运送他们去台，舰上的军官眷属才心有不甘地离开。

"中鼎舰"经过数日颠簸，26日抵达基隆港，第二天，文物转运杨梅镇铁路仓库，一切安排妥当后，庄尚严给马衡致电，汇报运送经过，为我们展现了船上的不堪景象：

> 由海军总部派"中鼎"号大型登陆艇一艘，事前极端秘密，船名与启行日期坚不公布，且声言专载六机关文物，无其他货物与人员。及廿日装船时，发现舱中有其他中央社等机关预装之箱已及半，而箱上满搭乘客，男女老少，形形色色，不下四五百人。箱上虽有铁板隔绝，然铁板原有孔洞，烟灰火柴、大小粪便、呕吐饭食，均可漏入文物箱上，与事先所接洽者大相径庭。

庄灵先生后来在向日本《朝日新闻》记者野岛刚回忆当时的景象时说："文物都装在木箱里，用绳子固定，盖上油布以隔绝

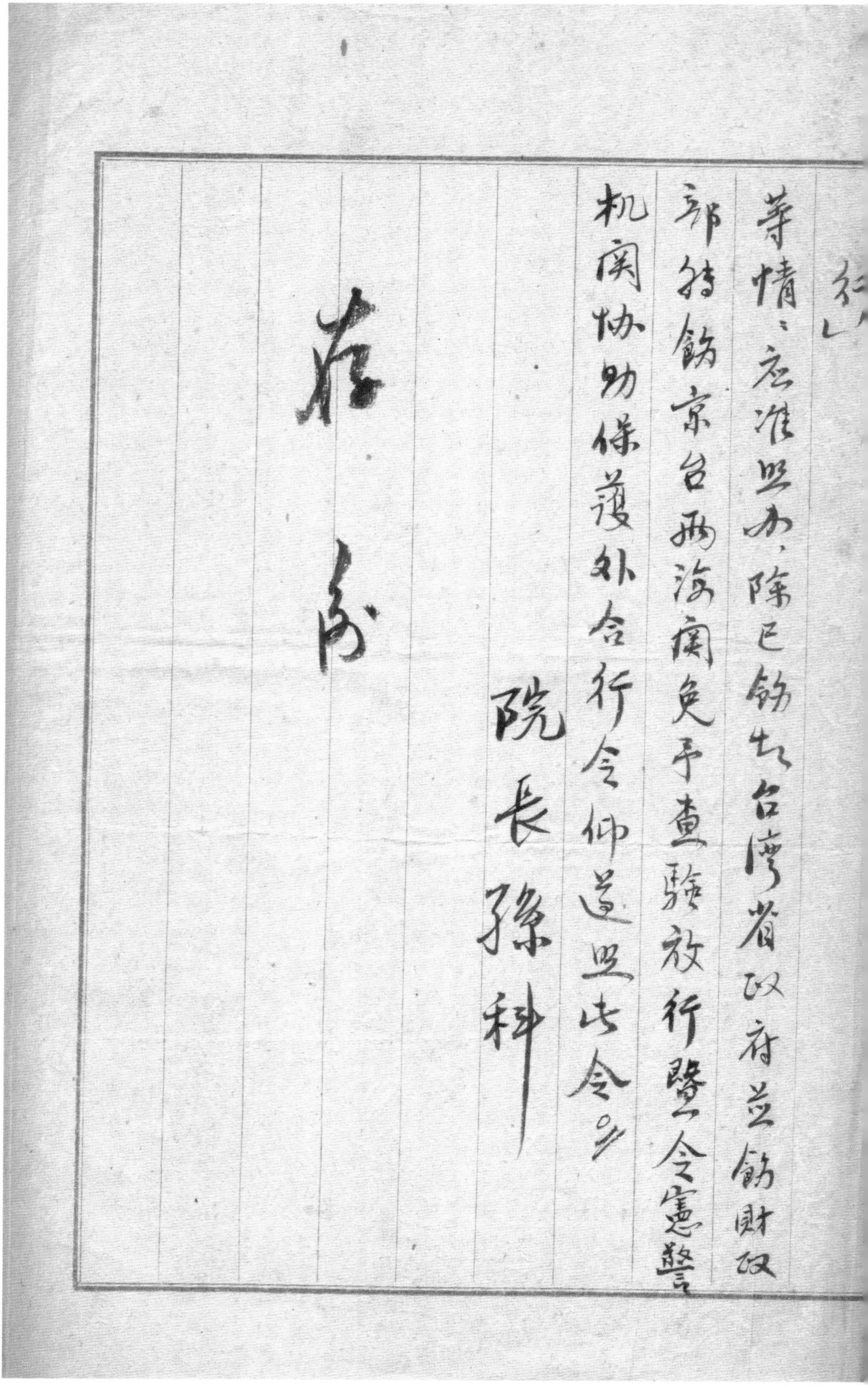

等情，應准照辦，除已飭知台灣省政府並飭財政部轉飭京台兩海關免予查驗放行暨令憲警機關協助保護外合行令仰遵照此令。

院長 孫科

存案

［图 8-12］《行政院（卅七）四地字第五五九六〇号训令》（抄件），1948 年 12 月 16 日

潮气。船舱内没有什么像样的房间可以居住，庄灵他们白天就在甲板上看海，夜里就在装着文物的木箱上睡觉。冬天的台湾海峡，比起春夏都来得波涛汹涌。中鼎舰航行期间天候恶劣，船摇晃得厉害。生长于内陆、不习惯船上生活的人很多，经常有人严重晕船，一瞬间就'吐到没东西可吐'。""不只是白天晕船，到了晚上周围漆黑一片，不安的气氛在船上蔓延。捆箱的绳索因为军舰左右摇晃而嘎嘎作响，吵到无法入眠。"[31]

关于文物的情况，庄尚严先生在给马衡的电报中说：

> ……中鼎原为运输舰，舱口及舱内通风管均皆漏水。一路风浪特大，巨浪打来，覆没甲板，致舱中多处入水。由基隆至杨梅途中又逢大雨，火车车皮亦每节渗漏，共计受水之箱廿六箱，兹另列表报告。因库房规程皆满，且无架安顿，天又连阴不晴，无法逐箱启晒，曾将最严重之箱启视，见内部尚未湿及书画本幅，差堪告慰。至于其他各机关，受水之箱亦多，与本院情形相同。惟本院瓷器箱是否受震动而损坏，此刻更无法知之。[32]

第一批文物到台后，后续文物将陆续运至台湾，李济先生认为，这个仓库太小，于是另寻仓库，几经辗转，最终选中了台中糖厂仓库暂存。庄尚严、那志良给北平马衡院长致电，汇报了文物存入台中糖厂的情况，并留下通讯地址：台中第六号信箱。

1949年1月6日，淮海战役即将结束之时，在南京下关码头，第二批文物共3502箱被装上"海沪轮"[图8-13]，准备运去台湾。这批文物包括：故宫博物院1680箱、中央博物院筹备处486箱、中央研究院历史语言研究所856箱、中央图书馆462箱、北平图书馆明清内府舆图18箱。

故宫博物院的文物中，包括3万多册的文渊阁《四库全书》和1万多册的孤本摛藻堂《四库全书荟要》。

据介绍："《四库全书》编纂之初，征书纷至沓来，卷帙浩繁，不便浏览，已经63岁高龄的乾隆皇帝希望在有生之年，能看到一部重要而必备的图书，所以在开馆之初，命于敏中、王际华等人从应钞诸书中，撷其精华，以较快速度，编纂一部《四库全书荟要》，乾隆四十三年，第一部《四库全书荟要》完成，藏于紫禁城坤宫宁御花园的'摛藻堂'。次年，又誊缮一部，藏于圆明园内的'味腴书屋'，以备乾隆随时阅鉴。《四库全书荟要》共463种，20828卷，11178册，下设若干子目。其中，经部173种，3576卷；史部70种，6535卷；子部81种，2866卷；集部139种，7851卷。"[33]

［图 8-13］ 海沪轮

　　《四库全书荟要》与《四库全书》的区别，不只在于篇幅上的压缩，在内容上也有不同。我们知道，清修《四库全书》，对原书中有关华夷之别的思想言论，都毫不留情地进行了删改，使相当一些图书文献失去了它的真实面目。戴逸先生说："由于《钦定四库全书荟要》仅供皇帝御览，因此，其所收图书在内容上也就务求完整，没有大量删改的必要。由于这一原因，《钦定四库全书荟要》收入图书种类虽然仅仅是《四库全书》的七分之一，而册数却近乎《四库全书》的三分之一，在原本保存、内容真实方面，《荟要》胜于《全书》。"[34]

　　《四库全书荟要》编成后，乾隆兴奋地写诗赞美：

道资鉴古，搜玉圃以罗珍。

理取研精，披金沙而聚粹。

文河藻润，兼收众派之流。

册府菁华，别挹群言之液。

六年详辑，将渐蒇夫全编。

两部先成，已统苞其要义。

撷词条而擢秀，摛藻如春。

咀义府以含英，味腴在道。

据戴逸先生介绍："咸丰十年1860年，英法联军攻陷北京，焚圆明园，味腴书屋所藏《荟要》被焚毁。藏于摛藻堂的《钦定四库全书荟要》则成为世间孤本。""1924年，北洋政府组织清室善后委员会，负责接收清点清廷文物图书，清点过程中，在故宫内发现了与其他字画杂物放置在一起的《钦定四库全书荟要》，所幸该书不仅完整无缺，而且触手如新。"[35]

故宫文物南迁，《四库全书》和《四库全书荟要》一册未落，都在南迁文物中。1949年1月，这两部重要的殿版书都随"海沪轮"运去了中国台湾。在中国大陆，尚存有两部半《四库全书》。一部为沈阳故宫文溯阁《四库全书》，"九一八事变"后落入敌手，1932年伪满洲国成立后，将文溯阁改为奉天图书馆分馆，文溯阁《四库全书》仍藏在馆内，直到日寇投降，幸未遭劫掠之灾，日本投降后，被国民政府接收，拨归沈阳博物院筹委会管理，辽沈战役中，这部《四库全书》丝毫未损，被人民政府完整接收，现存甘肃省博物馆；一部为热河避暑山庄文津阁《四库全书》，1914年1月初到京，暂存故宫文华殿内，1915年9月由京师图书馆正式接收，现存国家图书馆，是现存唯一一套原架原书原函保存的《四库全书》；还有一部杭州文澜阁《四库全书》，虽在太平军第二次攻占杭州时在战火中受损，但仍有部分书册散佚在民间，经当时的藏书家丁氏兄弟查找、整理和补抄，抢救了原书的四分之一，经民国时期第二次补抄，基本上恢复了原书的一半，这半部《四库全书》，现存浙江省图书馆。

唯有这《四库全书荟要》，世界上只有一部，远去台湾，让海峡此岸的观者难以一睹真容。2005年，吉林出版集团影印出版了《四库全书荟要》，使得这部重要的历史文献重回大陆学者、读者的视野之内。

这第二批的迁台文物，由故宫博物院那志良、吴玉璋、梁廷炜、黄居祥等负责押运。

故宫博物院发给那志良等人的往台"护照"上写：

> 本院科长那志良，率同科员工吴玉璋、梁廷炜、书记黄居祥自京押运文物壹仟陆佰捌拾贰箱前往台湾，除已呈经行政院通令，经过沿途关卡，军警免予查验放行，并协助保护外仰，即知照，并希沿途关卡军警予以保护协助。该员亦不得携带违禁物品，致干未便，段致护照者
>
> 　　　　　　　　院长　马衡（签名）
>
> 　　　　　　　　限到日作废 [36]

梁廷炜先生此行，带走了太太、二儿子梁匡启、三儿子梁匡权，还有五岁的长孙（梁匡忠之子）梁峨生，长子梁匡忠则被命

令留守南京。

梁匡忠先生后来说，原以为过上两三年，他们就能回来，或者自己能够过去。"根本没想到南京一别，就再无相见之日。"

一同押运文物的，还有中央博物院筹备处专家李霖灿、二十七岁的职员高仁峻等人。中央博物院筹备处专门委员曾昭燏跑到下关码头，劝说她的同事们不要将文物运台。

当时，有许多知识分子是反对文物迁台的，其中有著名考古学家、曾在李济领导下参加殷墟考古发掘、后两次参加城子崖发掘，并在与梁思永等人合编的考古报告中首次提出"龙山文化"命名的郭宝钧先生。关于文物迁台，郭宝钧先生后来写下这样的文字："反动派已密谋逃窜，将古物、记录、正稿、图版等，皆劫往台湾……我相信在不远时期，定能将这批宝贵遗物，重运归来。"[37]

李济的学生、同事、考古学家曾昭燏也反对将文物运台。曾昭燏是曾国藩的曾侄孙女，她的三哥曾昭抡先生是著名的化学家、中科院学部委员，曾任新中国教育部副部长。曾昭燏曾在伦敦大学考古学任助教，李济先生到英国讲学，见到曾昭燏，认为像她这样的有志青年，应当国报效祖国，而不是留在英国，一句话，让曾昭燏放弃了英国大学考古学院之聘，毅然回国，担任中央博物院筹备处总干事，抗战胜利后又参加了李济领导的"战时文物保存委员会"和"清理战时文物损失委员会"，为中国的考古事业以及文物保护事业做出了巨大贡献，同时在诗词、书法方面成就不俗，被称为"当代李清照"。

在文物迁台的问题上，她所持的立场与李济先生完全相反，坚决反对文物运台。她致信杭立武，说："运出文物，在途中或到台之后，万一有何损失，则主持此事者，永为民族罪人。"1949年3月6日，她在《大公报》上发表文章《搬回古物图书》，表达她反对将文物运台的立场："我们积极地反对，我们严厉地予以斥责。我们主张应该由政府尽速将它们运回。"她认为"这些古物与图书决不是属于任何个人，任何党派"，"它们是属于国家的，属于整个民族的，属于一切的人民的"。[38]4月14日，她在上海与徐森玉、王家楫等联名写信，呼吁将已经运台之文物全部运回。

曾昭燏1955年任南京博物院院长，1964年从灵谷塔上纵身跃下，自杀身死。她死后，陈寅恪为她写了首悼亡诗，其中两句为：

高才短命人谁惜，
白璧青蝇事可嗟。

2009年，南京博物院举办"曾昭燏生平事迹展"。来自南京博物院、北京故宫博物院、台北故宫博物院的专家、友人参加了曾昭燏追思研讨会。

对于考古界同行的谴责，李济先生后来回应说："我搬到台北，不都是在中国的领土上？你们要到台北来把这些东西运回去我也不反对。你们说我把国宝运到台湾就是卖国，我没有卖国，台湾是中国的领土啊！"

这些话，是李济之子李光谟先生2005年向《李济传》作者岱峻口述的，李光谟先生还说："父亲还有个道理 …… 只要打仗，只要是战火，文物都要受损失。牵涉不到爱护哪个政权。那时候很多知识分子还对国共和谈抱有希望，想躲避一阵战火，等安定后再继续从事自己的研究。"[39]

1949年1月28日，以油布遮挡、堆放在下关码头的第三批运台文物共1248箱（其中故宫博物院972箱、中央博物院筹备处154箱、中央图书馆122箱）终于被装上"昆仑号"运输舰，准备驶去台湾。

这一天是大年除夕，"昆仑号"上却是一片愁云惨雾。此时"三大战役"已经结束，北平已经和平解放，国民党兵败如山倒，尤其淮海战役（国民党称"徐蚌会战"）后，首都南京已无屏障可守，危在旦夕，许多国民党军官和家属纷纷拥上"昆仑号"，把这当作逃离中国大陆的最后机会,大年除夕日,几乎成了他们的世界末日。因此,这一天登上"昆仑号"的海军军官和家属比"中鼎号"还要多。当时的局面,几近失控。他们像难民一样涌上"昆仑号",不由分说地抢夺舰上的空间作容身之地,他们逃亡求生的意志没人能够阻挡,比他们在战场上更加所向披靡。"昆仑号"共有两个舱,前舱已装有一些货物,他们就全部挤入后舱,挤不进去的,就满满当当地站满甲板,而下关码头上,还像小山一样堆放着故宫文物,无法抬上军舰。杭立武无比焦急,故技重演,又请他的同学周参谋长请来桂永清总司令,桂总司令打量着眼前哭号一片的海军家小,也无以为计,只好下令,开放舰上所有的空间,包括卧舱、餐厅、医疗室,能放东西的地方,全部容纳文物。

"昆仑号"即将起锚时,又有汽车飞驰而来,送来4箱重要文物。据杭立武回忆,这4箱文物是从日本缴回的,其中包括翡翠屏风、白玉花瓶、青太花瓶等,当年汪精卫赴日访问,把这些文物赠送给了日本天皇及皇后,抗战胜利后回归祖国,是中国人民抗日战争胜利的标志,具有非同寻常的意义。杭立武立即与副舰长褚廉方协商,一定要把这4箱文物装上"昆仑号",褚廉方表示同意。这4箱文物被安放在一长官舱内,在最后的时刻,运去台湾。

　　我从杭立武先生后来所写《中华文物播迁记》一书中查到褚廉方先生所撰《国宝运台记略》影印本，讲述了"昆仑号"将文物运台的详细过程：

　　　　民国卅八年，余在海军昆仑运输舰舰长任内，为装运物资及撤送军眷，于元月底率舰抵达南京下关，突奉总司令桂永清将军指示，协助"中央"及"故宫"两博物院运送历史文物一批赴台。

　　　　昆仑军舰载重三千吨，舰龄已老，以□值非常，原定运输量即已超载，及目睹码头上山积之二千余箱文物，内心实感惶惑。然此皆我国历史文物之精粹，倘不及时运台，势必陷于匪手，又经杭立武先生洽示其重要性，余乃毅然下令全体官兵，挪□船上，所有空间，尽可能协助装载，于是官兵寝舱、饭厅，乃至医疗室，均大箱小笼，满坑满谷，并作各种安全措施。纵使如此，仍有部分文物无法容纳，如今忆及，犹感遗憾。

　　　　余下令封舱之后，负责押运联络之杭立武、索予明二先生恳切表示，尚有四箱翡翠屏风等玉器，系抗战胜利后自日本皇宫接收回国，不仅价值连城，且为我国八年血战后所获最富意义之纪念品，可惜尚未搬迁上船，余闻之热血沸腾，心情激动，乃再下令把官兵寝室之办公桌椅撤除，将该四箱国宝搬运上舰，惟因木箱体积颇大，致通道阻塞，使官兵在工作及生活上均极感不便。

伏忆在装载过程中，部分码头工人受匪支使，迭谋阻挠破坏，均经治安军警及我舰官兵晓以大义，并严密监视，使装舱工作得以顺利完成，次日虽逢农历除夕，仍按计划启赴上海，途中突破匪炮火拦截，于次日抵沪，经整修机件后，克服超载困难，途经定海、马尾及广州等地转备军品，前后历廿余日，经将此批历史文物完整运抵基隆。

今政府在台成立故宫历史博物馆，展出该批文物，供中外人士观览，深获景仰，贯怀运台前尘，前主持迁运之两院负责人士如王世杰、杭立武、傅斯年等诸位先生，及昆仑舰全体官兵，应深获感慰矣！[40]

2020年，我在北京见到了褚廉方先生之子褚重民先生，他对我说，台北故宫博物院展览，经常把这件翡翠屏风放在重要位置。有一次他去台北故宫，一进大厅就看见翡翠屏风，讲解员见他一直伫立在屏风前，就上前为他讲解翡翠屏风的来历，他对讲解员说，这是我父亲运过来的。

三批运台文物，共计2972箱（含故宫博物院、古物陈列所、中央研究院、颐和园、国子监等单位文物）[41]，在全部故宫南迁文物19816箱72包15件13扎（其中故宫博物院13427箱又64包南迁文物，其他为古物陈列所、中央研究院、颐和园、国子监等单位文物）中，占比不足15%。

这2972箱去台文物，共约60万件，其中清宫文献档案和善本书籍又占了约54万件册（其中清宫文献档案38万件册，善本书籍近16万册），器物书画只有5万余件。故宫博物院原有明清档案800万件（1980年划归中国第一历史档案馆），善本特藏50多万册（一部分后来拨交国家图书馆及一些省市和大学图书馆），器物书画100万件[42]，拨交之后，在已不含800万件明清宫廷档案和部分宋元古籍的情况下，现存文物总量依然超过186万件（套），远远超出运台文物总量。因此说，北京故宫博物院的文物大部分去了台湾，纯属不实之言。

五　南迁文物回到出发地

在南京，尚有11178箱文物藏在朝天宫文物库房。[43]自北平解放后，故宫博物院南京分院就和北平总院失去了联系，欧阳道达先生带领部分同事依然在库房里坚守。欧阳道达先生安排人员，把朝天宫库房所有库门一律用混凝土封死，故宫留守人员昼夜看守，在兵荒马乱之中，确保文物安然无恙。

4月21日，中国人民革命军事委员会主席毛泽东、中国人民解放军总司令朱德发布了《向全国进军的命令》，号召各野战军全体指挥员战斗员、南方各游击区人民解放军"奋勇前进，坚决、彻底、干净、全部地歼灭中国境内一切敢于抵抗的国民党反动派，解放全国人民"[44]。

23日，人民解放军解放南京，马衡在这一天的日记里写："解放军百万横渡长江，从九江到江阴，势如破竹，《解放军》出号外。"[45]

南京解放两天后（25日），马衡在日记里写："函文管会请电南京（共产党 —— 引者注）军事当局，保护朝天宫仓库，并电邦华（指欧阳道达 —— 引者注）接洽。"[46]

26日，马衡收到欧阳道达复电，曰："库藏文物无恙。罗歌介孟宪臣来谈，文管会添派之联络员也。"[47]

这一天，中共中央宣传部电告中共中央华东局暨第三野战军政治部：南京水西门朝天宫有故宫博物院仓库，内存故宫精选古物一万余箱，望特别关照保护，其负责人叫欧阳道达，即住朝天宫内，请与联络，命其继续负责看管，不得损失。

5月7日，解放军南京市军管会文化教育委员会派军事代表赵卓前往接收故宫博物院南京分院，还派出联络员包明驻院工作[图8-14]。6月20日，用钢筋水泥结结实实封起来的仓库大门

故宮博物院南京分院接管後概況

一、解放後接管經過

自去歲北京解放後，分院與總院即失去聯絡，南京解

放後，第二日（四二十五日）即成立員工聯誼会，其任務係維

持秩序，保護物資，協助接管，分予院行政方面，其團維持

院務。五月七日南京軍管会派軍事代表趙卓前來接收，

並派聯絡員包明駐院工作，並將本院劃歸文教会去教

育部直接管，省府委包聯絡員通知進行清点，召內聯

誼会召開為之大会，汇成績，之工作組，下分元組，共三十六人

參加工作。五十日全部完成，陸古若生庫內物資（庫巳開個当

［图8-14］ 中国人民解放军南京市军管会文化教育委员会
派军事代表赵卓到南京分院接收，并派联络员包明驻分院工作，1949 年 5 月 7 日

打开，朝天宫文物库房一万余箱故宫文物，终于回到了人民的手里。

不久，《新华日报》发表专题，表彰他保护国家文物的功绩。故宫博物院南京分院原负责人张庭济辞别故宫，回到故里，后加入民革，1958年因病去世。

故宫博物院南京分院原有人员57人，派赴台湾的有15人，其中有庄尚严、那志良、吴玉璋、梁廷炜、吴相湘、黄居祥、申若侠等；自行疏散的有13人，其中有张庭济、励乃骥等；其余29人自愿留守，其中愿意响应号召回籍生产的有11人，其中有欧阳道达、梁匡忠、丁洁平、唐剑云、冯汝霖、李怀瑶、欧阳南华、励钧先等。张庭济离开后，欧阳道达任故宫博物院南京分院办事处主任。1954年调回北京，任故宫博物院档案馆主任。1959年退休，担任故宫博物院顾问一职。1976年，欧阳道达先生在北京去世。

开国大典的前一天傍晚，马衡院长乘车驶出故宫，由北长街往南，打算经过天安门，一睹新广场的布置，但刚到南长街街口，就遇到军车组成的车阵驶过，他等了半小时不能通过，只好折回，经景山回家。后来才知道，在天安门广场上将建立人民英雄纪念碑，以纪念在人民解放战争和人民革命中牺牲的人民英雄，当时，毛泽东主席与出席中国人民政治协商会议的

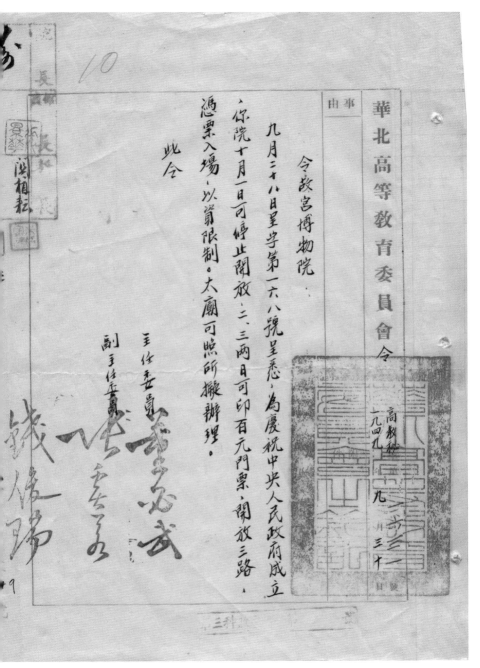

華北高等教育委員會令

事由

令故宮博物院

九月二十八日呈學第一六八號呈悉，為慶祝中央人民政府成立，你院十月一日可停止開放，二、三兩日可印百元門票，開放三路，憑票入場，以資限制。太廟可照所擬辦理。

此令

主任委員　〔簽名〕

副主任委員　〔簽名〕

高教秘
一九四九
九月三十日
號

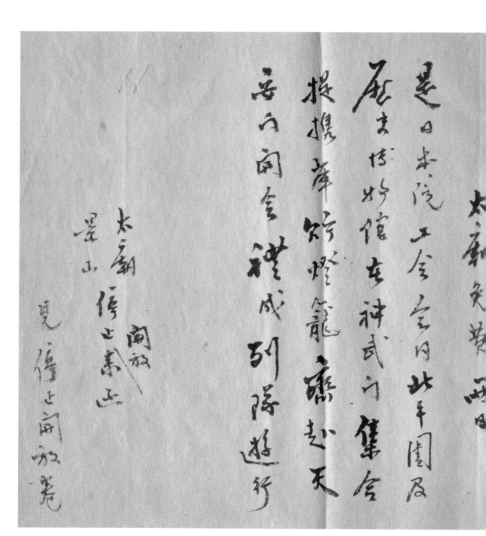

[图 8-16] 国庆日开放情形通告，1949 年 10 月 1 日

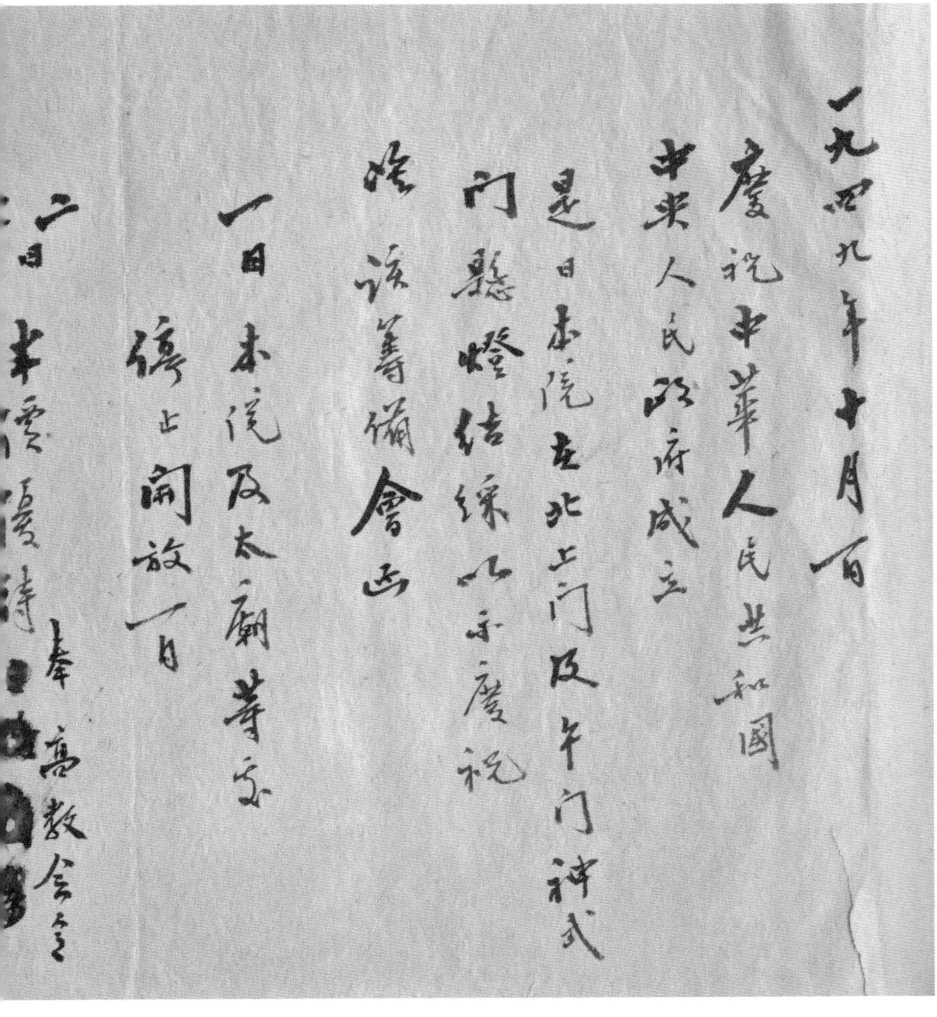

一九四九年十月一日

慶祝中華人民共和國

中央人民政府成立

是日本院在北上門及午門神武

門懸燈結綵以示慶祝

臨諜籌備會函

一日本院及太廟等處

停止開放一日

二日……半價優待奉

高教會令

全体代表正在举行奠基仪式。

10月1日，中华人民共和国中央人民政府成立，故宫博物院和太庙皆根据华北高等教育委员会的命令［图8-15］暂停开放一天，并在午门、神武门，以及神武门外的北上门（今已拆除）张灯结彩，以示庆祝。故宫博物院部分员工在工会组织下，从库房提出灯笼，前往天安门参加开国大典，并在大典后参加群众游行［图8-16］。

1950年1月23日，存于南京、未及运往台湾的南迁文物1500箱被装上火车，运回北京，欧阳道达等负责押运，其中包括那十具石鼓。这一天，马衡院长电约王冶秋，商量石鼓存放地点。

1月26日，是一个永远值得故宫人纪念的日子，这一天，首批文物运抵北京，"全院同人莫不兴奋"。上午11点，马衡院长就与王冶秋等到平汉铁路火车站迎接，到下午一点半，火车才驶入车站。下午开始卸车，"五时首批到达九龙壁，共装四十六排车，三百百箱，卸入院中，以备明晨入库"［图8-17］。[48]

2月7日，中央人民政府文化部文物局就给故宫博物院发出通知（物字第三六○号）［图8-18］：

　　兹以春节在即，为迎接解放后第一个春节，并扩大对

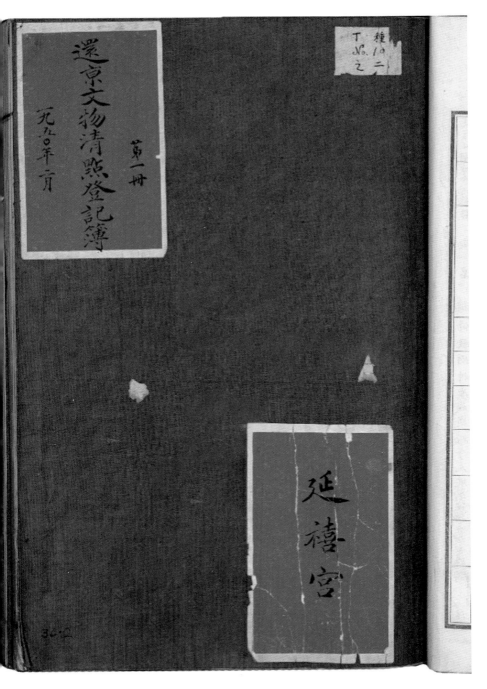

［图 8-17］《还京文物清点登记簿》，1950 年 2 月

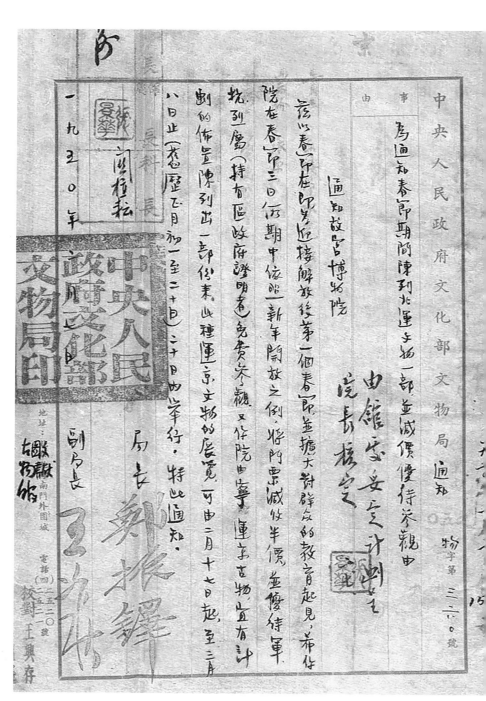

中央人民政府文化部文物局通知　物字第三二○號

事由　為通知春節期間陳列北運文物一部並減價優待參觀由

通知故宮博物院

茲以春節印為最近接解放後第一個春節並擴大對群眾的教育起見，希你院在春節三日假期中依照新年開放之例，將門票減收半價，並優待軍劇剔屬（持有區政府證明者）免費參觀。又你院由寧運京古物，宜有計劃的佈置陳列出一部份東此種運京文物的展覽，可由二月十七日起，至三月八日止（舊曆正月初一至二十日）二十日內舉行。特此通知。

局長　鄭振鐸
副局長　王冶秋

一九五○年

由館審查安委計劃呈
院長核定

中央人民政府文化部文物局印

古物館
地址：南門外圖城
電話：四二五二○號
校對　王興存

〔圖 8-18〕《為通知春節期間陳列北運文物一部並減價優待參觀由》，1950 年 2 月 7 日

群众的教育起见，希你院在春节三日假期中依照新年开放
之例，将门票减收半价，并优待军、抗烈属（持有区政府证
明者）免费参观。又你院由宁运京古物，宜有计划的布置陈
列出一部分来，此种运京文物的展览，可由二月十七日起，
至三月八日止（旧历正月初一至二十日）二十日内举行，特
此通知。

局长　郑振铎

副局长　王冶秋

一九五〇年二月七日[49]

　　2月17日，是共和国成立后的第一个春节，饱经忧患的中
国人再也不用在惊恐无望中度过春节了。迎来太平年景的故宫
也准备了一场文化盛宴——"还京文物春节特展"，从南迁返
京文物中精选180件，在乾清宫举办，以慰北京人民多年的深情
盼望。

　　第一批南迁文物胜利北返后，马衡院长指示欧阳道达，就
故宫文物南迁的全过程作一个总结性的报告，以交给历史检验。
1950年8月，欧阳道达先生撰写完毕，这份以《故宫文物避寇记》
为名的报告，通篇以工整的毛笔小楷书写，内附表格五十余张，
其数据之完整，语言之精简，条理之清晰，叙述之客观，令人

赞叹。报告交到马衡手中，马衡院长批示："此稿为文物播迁史料，似无印行必要，可存卷备查。"［图8-19］[50]从此在岁月中湮没无闻，直到2010年，《故宫文物避寇记》由故宫出版社出版，尘封六十年的文稿终得重见天日，成为研究故宫文物南迁历史的重要史料。

1951年，故宫博物院最值得一书的事件，是文化部文物局与故宫博物院举办的"伟大的祖国艺术展览"。8月4日，在文化部文物局会议室召开了展览的筹备会，会议主席为郑振铎，出席会议的专家学者，囊括了当时最优秀的考古、历史学家和文物工作者。

其中，总纲设计部分的专门委员，有郑振铎（文物局局长）、邓以蛰（清华大学）、王逊（清华大学）、阎文儒（北京大学）。

分类设计共分八组：

一、铜器：唐兰（召集人、北京大学）、马衡（故宫博物院）、郭宝钧（科学院考古所）、罗福颐（罗振玉之子、文物局）、于省吾。

二、绘画：徐邦达（召集人、文物局）、启功、张伯驹、惠孝同、王世襄（故宫博物院）、邓以蛰（清华大学）、赵万里（北京图书馆）、常书鸿、潘絜兹、李承仙、常沙娜（以上四人皆为历史博物馆转）。

故宮文物避寇記初稿　一九五〇年九月

此稿為文物播遷史料，似無印行必要，

可存卷備查。　俞

三、雕塑：阎文儒（召集人、北京大学）、傅振伦（历史博物馆）、王逊（清华大学）。

四、陶瓷：陈万里（召集人、历史博物馆）、苏秉琦（科学院考古所）、李鸿庆（故宫博物院）、傅振伦（历史博物馆）。

五、漆器：沈从文（召集人、历史博物馆）、王世襄（故宫博物院）、陈万里（历史博物馆）、王振铎（文物局）。

六、丝绣：沈从文（历史博物馆）、王世襄（故宫博物院）。

七、玉器：傅忠谟（文物局）、郭宝钧（科学院考古所）、沈从文（历史博物馆）。

八、其他工艺品：杨宗荣（故宫博物院）、李鸿庆（故宫博物院）。[51]

经过不到两个月的艰苦努力，10月2日，"伟大的祖国艺术展览"在太和殿开幕，共展出文物385件。10月14日，贺龙、刘伯承、邓小平、陈毅、饶漱石等各大行政区首长参观故宫。

一位名叫呼宗璋的参观者投书《光明日报》（发信地址为琉璃厂81号后门），信中说：

展览品是由有史以前至满清时代的各种艺术文物，在这悠久的过程中，多数的艺术文物，全是劳动阶级的遗作，都是在帝国主义统治阶级的压迫下而创作的，但是在那时也只有压迫者才能够欣赏，与群众是不容易见面的。

现在我们是新民主主义的国家了，一切都是人民的人，那么这些与历史进展有关的艺术文物，当然也需要与所有的人民见面了。每一个人也有认识他的必要，尤其是工、农、兵同志们，它可以对于生产上建设上，增加很多的资料，更可以鼓舞了热爱祖国与保卫祖国的热诚。[52]

信中也对展品的真赝问题提出一些疑问，文化部文物局将抄件转至故宫博物院，故宫博物院的专家一一予以解答。

1953年和1958年，存放南京的文物继续北运，分别为716箱和4027箱[53]，至此，除了去台文物和留在南京的一部分文物（2176箱，现存南京博物院），南迁文物全部回到了它们的出发地。

从1933年第一辆南迁卡车驶出午门，至1958年第三批文物归来，已经过去了整整二十五年。

六 追缴"小白楼"散佚书画

在东北黑土地上，自1952年开始，追缴由溥仪带至东北的清宫散佚书画的行动已悄然展开，工作组成员，有东北文化部文物处研究员杨仁恺、东北图书馆赵歧坦、李明等。

　　清宫散佚书画在伪"满洲国"败亡后再度散佚，主要有两大宗：一宗在大栗子沟，一宗在长春"小白楼"。在大栗子沟的土改运动中，发现的清宫散佚书画有唐代韩干《神骏图》、北宋宋徽宗（传）《王济观马图》、南宋赵伯驹（传）《莲舟新月图》、明代刘铎《罗汉图》等。直到20世纪60年代，仍有人从大栗子沟赴京，到琉璃厂出售古代名画，其中有一名老者，到琉璃厂宝古斋会，说有元代赵孟𫖯的名作《水村图》出售，但必须到吉林谈价。《水村图》是一幅长长的手卷，是赵孟𫖯创作成熟期的作品，描友人钱德钧（即钱仲鼎，号水村居士）隐居之地的山水风景，画面上天高水阔，空气澄明，有农舍三五处，竹林六七丛，寄托了置身宦海的画家对宁静生活的期盼。明代董其昌评价它："独此卷为子昂得意笔，在《鹊华图》之上"。宝古斋会同故宫博物院专业人员到达吉林，终以人民币8000元成交，此画现存北京故宫博物院。[54]

　　前文说过，溥仪从伪皇宫出逃以后，原藏在"小白楼"里的文物遭到了"国兵"的哄抢，寻找曾在"小白楼"里做过侍卫的"国兵"，就成了追踪这批流散文物的关键线索。当时政府制定了政策，直接从"小白楼"里抢出的文物一律收缴，对于花钱购买其中的文物并且能够提供购买证据的，政府以同价购回。

　　杨仁恺等人从伪"满洲国"档案中查找线索，那些经伪"满洲国”的“国兵”隐匿在民间的国宝一点点浮现出来：

当年“小白楼”的“国兵”朱国恩，交出了他私藏的“小白楼”散佚文物12件，有：北宋李公麟《女史箴图》卷、李成（传）《大禹泣辜图》卷、米芾（传）《白云翠岫图》卷、赵昌《写生蛱蝶图》卷，南宋扬无咎的《雪梅图》卷、宋人《百花图》卷、宋人（传）《花鸟》卷，元代赵孟頫《杂书三帖》，明代陈道复《写生花卉图》卷、吴元瑜《荔枝图》卷、钱选（传）《洪崖移居图》卷、孙雪居等诸明家《朱竹图》卷等；

长春人常伯祥，交出了他从“国兵”手里购得“小白楼”散佚文物14件，有：宋人《长江万里图》卷，元代王蒙（传）《仙居图》卷、莫维贤（传）《西湖草堂图》卷，明代董其昌《临苏轼杂帖》卷、沈周《游西山图》卷，清代弘旿《大禹治水图》卷、董邦达《溪山深静图》卷、张若澄《渔村乐事图》卷、乾隆《题文徵明画》轴、乾隆《敬胜斋法帖》、乾隆《御题山水》残册等；

曾任伪“满洲国”法官的刘国贤，在工作组讲明政策后，一次性交出书画27卷之多，其中有北宋画院画家绘《女孝经图》卷，南宋赵伯骕绘《万松金阙图》卷，元代赵孟頫《书四十二章经》卷、赵孟頫《园林胜集图》卷、姚廷美绘《雪江渔艇图》，明代文徵明《松邬草堂图》卷、文徵明《洛原草堂图》卷、文徵明《秋林飞瀑图》卷、唐寅《桐山图》卷、祝允明《自书诗》卷、戴进《浙江名胜图》卷、戴进《升平村乐图》卷、徐渭（传）《泼墨十二种》卷、王阳明《龙江留别诗》卷、韩道亨《书蜀道难》卷（张宏补图），清代张宗苍《云栖胜景图》卷、丁观鹏《摹丁云鹏罗汉图》卷等；

此后刘国贤又交出7件，有北宋"梅妻鹤子"的诗人林逋《自书诗》卷、北宋人摹唐人《百花图》卷、北宋人摹唐人《游骑图》卷、南宋赵黻《长江万里图》卷、宋人《田畯醉归图》卷等；

古玩经纪人焦增级，交出北宋崔白《寒雀图》卷、李公麟（传）《山庄图》卷，元人《临黄庭经》卷，明代居节《画杨继盛小像》卷、清代张宗苍《竹坞林亭图》卷、蒋廷锡《塞外花卉图》卷、洪亮吉《上成亲王书》卷、张若霭《摹明诸家朱竹图》卷、于敏中《书御制用白居易新乐府成五十章》册、程梁《饮中八仙图》卷等13件名作[55]……

以上名画，后皆被拨至北京故宫博物院［图8-20］［图8-21］［图8-22］。

而唐代孙位《高逸图》、宋徽宗《柳鸦芦雁图》等，已被焦增级卖出，经从北京转卖给了上海文管会，现藏上海博物馆。

也有灾难性的事件发生 —— 刘国贤的同乡金香蕙，是"小白楼"的"国兵"中抢到书画最多的一位，因为售出了一些书画获得了钱财，在家乡置房置地，在土改时被划为地主。"三反""五

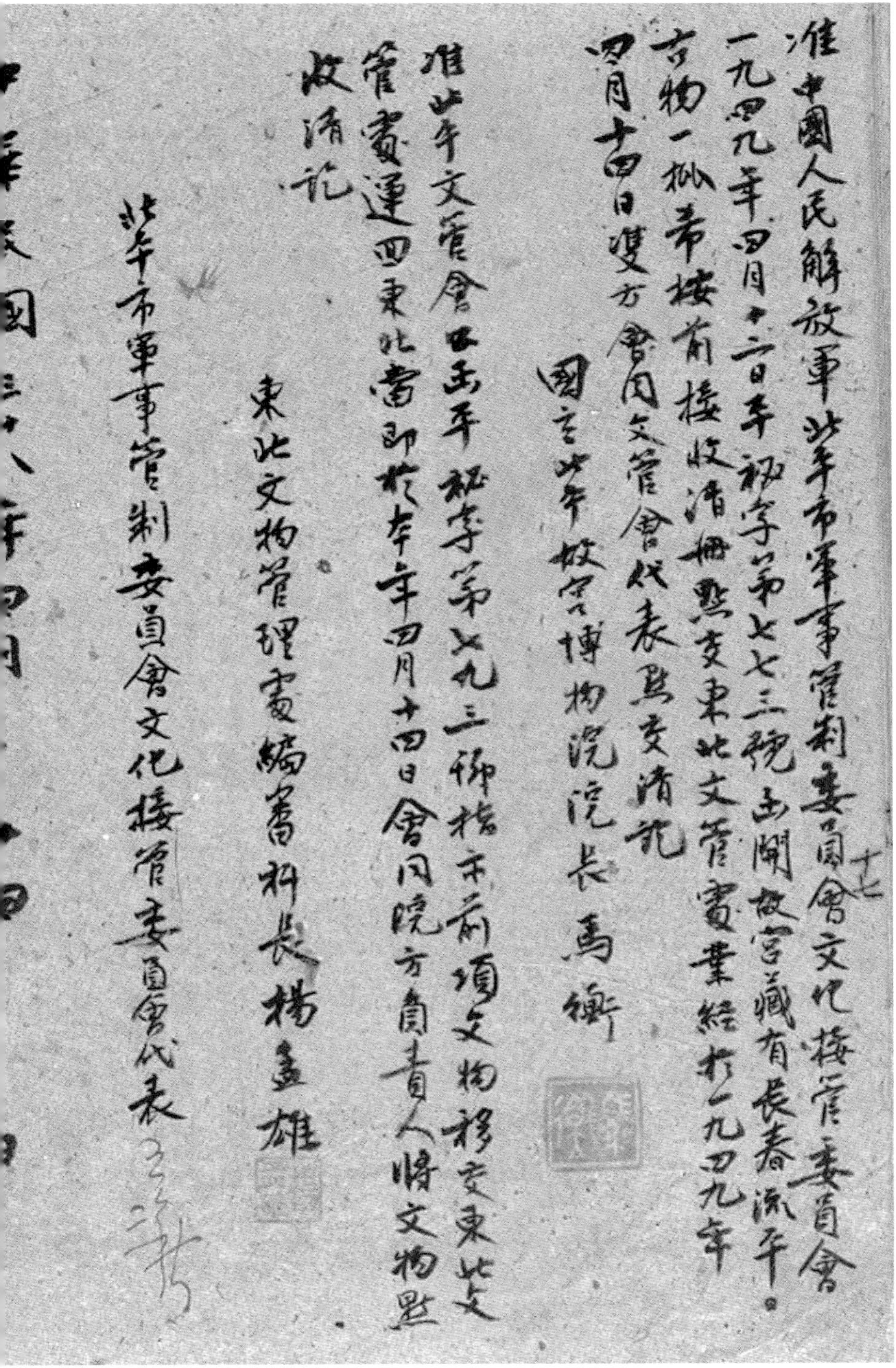

准中國人民解放軍瀋陽市軍事管制委員會文化接管委員會

一九四九年四月十二日午初字第七七三號虎字開故宮藏有長春流平

寸物一批希接前接收清冊點交東北文管會寶業經於一九四九年

四月十四日雙方會同文管會代表為交清訖

國立北平故宮博物院院長馬衡

收清訖

准此平文管會四五年秋字第七九三號指示前項文物移交東北文

管寶運四東北當即於本年四月十四日會同院方負責人將文物點

北平市軍事管制委員會文化接管委員會代表

東北文物管理處繪畫書料長楊孟雄

中華民國三十八年四月 日

［图 8-20］ 故宫博物院与东北文物管理处接交档案，1949 年 4 月 14 日

75

文別	報告
事由	為撥交東北博物館清代官窯瓷器報請鑒核備查由
件附	另文
註附	
院　長	149 5.26
副院長	
主　任	
副主任	陳（保桂章）
科（組）長	
副科（組）長	

前接奉文化事業管理局一九五三年十二月九日社博字第三四一號通知畧開「東北博物館的綜合藝術陳列中缺少之清代官窯瓷器，着由你院就院藏部份選出壹百件撥給該館陳列。」等由。查此次清代瓷業經選定計選提原瓷等九代官窯出品共弍拾五件。現該館已於明九日派員來院接洽，當即會同辦理撥交手續，並派瓷協助裝箱解運車站。茲檢同上項撥交清冊壹份隨文報請鑒核備查。

附撥交東北博物館清代瓷器清冊壹份

［图 8-21］《为拨交东北博物馆清代官窑瓷器清册报请鉴核备查由》，1954 年 5 月 27 日

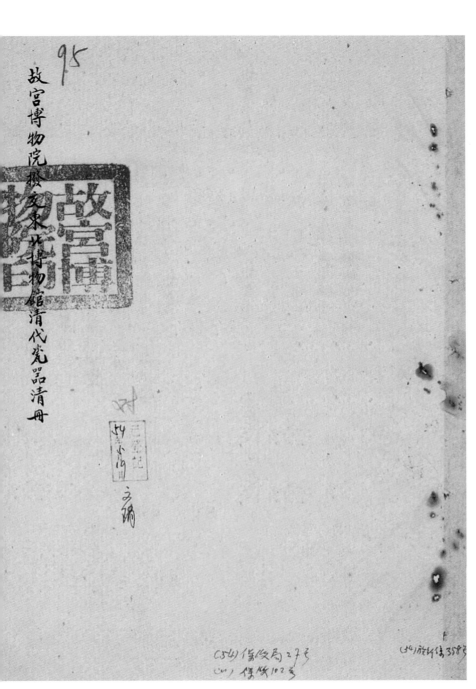

95

故宫博物院拨交东北博物馆清代瓷器清册

（54）徵收局27号
（54）徵收102号

（54）故拨徵358号

［图 8-22］《故宫博物院拨交东北博物馆清代瓷器清册》，1954 年

反"时，他的妻子因为担心私藏的书画被政府查出来，"罪加一等"，索性把留在家中的11卷书画珍宝投入了灶坑，全部焚毁，其中包括唐人廓填本王羲之《二谢帖》，南宋岳飞和文天祥的书法合卷、马和之《郑风五篇图》、陈容《六龙图》，明代沈周、文徵明作品等一批旷世名作，化作了一缕缕的轻烟，转瞬间就消逝无踪了。

金香蕙的妻子或许永远不会明白，她投入火中的岳飞和文天祥的书法合卷，是岳飞存世唯一的纸本书法墨迹。因为秦桧的打击清算，使岳飞死后，其墨稿大量被销毁，我们今天所熟悉的所谓岳飞书法，如《前后出师表》《还我河山》《满江红》等，都是明清以后书家伪托岳飞之名书写的。只有上海图书馆藏《凤墅帖》里，藏着岳飞的三通手札，也全都是拓本，是南宋时根据岳飞真迹摹刻、拓印的，不是岳飞的原稿。这些，我已经写在《待从头，收拾旧山河》一文（参见拙著《故宫的书法风流》）中。杨仁恺先生说："如果真是爱国英雄岳氏真本，其重大价值与《二谢帖》当等量齐观，绝非虚言。"[56]

南宋画家马和之共绘有《诗经图》21卷，其中清宫贮藏有15卷，全部被溥仪盗出，几经流离之后，现在收藏在国内外博物馆的《诗经图》有20卷，其中故宫博物院4卷，辽宁省博物馆5卷，上海博物馆3卷，美国纽约大都会博物馆2卷，波士顿美术博物馆1卷，纽约收藏家王季迁1卷，日本京都藤井有邻馆1卷，京都国立博物馆1卷，私人收藏家刘时范1卷，香港收藏家荣广亮1卷，被金香蕙的妻子烧掉的《郑风五篇图》，是全部《诗经图》中唯一消失的一卷。

还有伪满"国兵"王学安，毫无文物保护常识，把自己从"小白楼"抢来的法书名画全部埋入地下，其中有唐明皇李隆基《敕毛应佺知恤诏》，南宋刘松年《壶峤佺期图》、朱熹《自书城南唱和诗》等[57]。被他埋入地下的唐代诗人杜牧的传世孤本《张好好诗》，在挖出时已"满纸霉点，有的地方业已破碎不全，至于原来的宣和装潢已经面目全非。幸运的是此卷为唐白麻纸制，麻纤维抗腐蚀相对较强，使得作品没有全部霉坏。然而，纸质已变，墨迹灰暗，有的字甚至脱落，原作神采因土埋而大为减退"[58]。《张好好诗》后来被大收藏家张伯驹先生购买、收藏。

杨仁恺先生说："纸本书画尚可挽救，腐蚀处通过装裱技术尚能大体修复；绢本则大都脆断脱裱，画面上所施色彩更是无法复原，即是巧夺天工之高手也是无力回天。埋之于地下与焚之于火坑的罪恶等同，无可宽假！"[59]

通过这次追缴行动，杨仁恺先生发现，当年清室善后委员会编印的《故宫已佚书籍书画目录》遗漏的文物多达一百余件，并把对《佚目》的研究作为自己的重要事业，在"文革"前，完成了《故宫散佚书画见闻考略》(后改名为《国宝沉浮录》)一书。

一些书画在流散之后,被国民党军政大员买去。东北"剿总"副司令郑洞国,就购得了唐代阎立本《职贡图》、五代杨凝式《热夏帖》、辽代胡瓌《卓歇图》、元代赵孟頫《浴马图》等国宝。新中国成立后,根据郑洞国提供的线索,在成堆的作战地图里查到了它们的踪影,《职贡图》后被拨交给中国历史博物馆(今中国国家博物馆),《热夏帖》《卓歇图》等拨交故宫博物院,1964年,郑洞国先生将赵孟頫《浴马图》捐献给故宫博物院,而他当时购入的北宋李公麟《吴中三贤图》、马逵《久安长治图》、赵孟頫《勉学赋》等,后来不知所终。

还有一部分"小白楼"文物已被文物商人由沈阳转卖至北京,从此有了一个俗名:"东北货"。这些国宝集中在琉璃厂的古董店中,渐渐"整合"成专卖"东北货"的"八公司"联合体,即:玉池山房、墨宝斋、墨古斋、博闻簃、文珍斋、崇古斋、丽生书店和沈阳的文物商人刘耀西。

琉璃厂墨宝斋的穆磻忱先生邀玉池山房马霁川先生、文珍斋冯湛如先生(冯派徒弟赵志诚代为前往)同去长春收货,他们此行收获甚丰,共购得字画十余幅,其中包括著名的展子虔《游春图》(他们购得的另一国宝是范仲淹的手书《道服赞》)。他们看到许多国宝被外国人买走,无比痛心,决定他们手中的国宝

"只卖国人，不卖洋佬"。

故宫博物院专门委员会委员张伯驹先生得知消息后，于1946年专门拜访战后刚刚回到北平的马衡先生，建议故宫博物院收购这件文物，说："余主张宁收一件精品，不收若干普通之品。"但当时故宫财力有限，对于《游春图》这样的精品，只能徒唤奈何。马衡院长十分痛心，在日记里留下这样的描述文字：

> 展子虔《游春图》，宋徽宗题签，钤方双龙玺，右下角骑缝钤宣和联珠印，左上角骑缝钤政和长方印，左下角钤宣和长方印。有贾似道、悦生葫芦印、封字印。后隔水有洪武间人和冯子振韵诗而不署名，后有冯子振、赵岩、张珪三跋，最后有董其昌跋，梁清标、安岐通藏本幅及后隔水皆有乾隆御题。[60]

后查《詹东图玄览编》于页眉注曰：

> 据詹景凤《玄览编》不署名和韵者乃明太祖笔也。[61]

得不到故宫的支持，张伯驹只能自己想办法了。《游春图》开价200两黄金（20根金条），张伯驹先生凑出20根金条，但金条成色不足，最多只有六成，20根金条，也只相当于130两黄金，张伯驹只好咬牙把他在弓弦胡同的四合院，还有夫人潘素的金银首饰全都卖掉了，补至170两，把画拿走了，还欠30两，只能留待以后偿还。他也从豪门巨富，一夜之间变成债台高筑。王世襄先生在《与伯驹先生交往三五事》一文中写道："实在使人难以想象，曾用现大洋四万块购买《平复帖》、黄金一百七十两易得《游春图》……"[62]

1952年和1956年，张伯驹将其收藏文物捐给了故宫博物院，其中有西晋陆机《平复帖》卷，隋代展子虔《游春图》，唐代杜牧《张好好诗》卷，宋代范仲淹《道服赞》卷、蔡襄《自书诗》册、黄庭坚《诸上座帖》、宋徽宗《雪江归棹图》卷、米友仁《姚山秋霁图》卷，元赵孟𫖯《千字文》卷、方从义《云林钟秀图》卷，等等。[63]

张伯驹夫人潘素先生后来在《忆伯驹》一文中写道："《平复帖》卷，系晋朝陆机所写，比王羲之手迹还早七八十年，也是国宝，原由溥心畬收藏，经傅增湘先生介绍以四万元购得。解放后，他与我商定，将此卷捐献国家，以偿夙愿。"[64]

故宫博物院收藏的年代最久远的法书《平复帖》、绘画《游春图》，皆出自张伯驹先生的捐赠。

对于张伯驹、潘素夫妇的贡献，国家决定给予20万元奖励，但他们分文不取，只留下文化部颁给他们的一纸奖状，上写：

> 张伯驹、潘素先生，将所藏晋陆机《平复帖》卷，唐杜牧之《张好好诗》卷，宋范仲淹《道服赞》卷，蔡襄《自书诗》册，黄庭坚《草书》卷等珍贵书法等共八件，捐献国家，化私为公，足资楷式，特予褒扬。
>
> 部长　沈雁冰
>
> 1956年7月

毛泽东主席［图8-23］得知此事，派人送来他亲手积攒的人民币零票1万元，以表心意。[65]

将国宝献给国家的第二年，张伯驹先生就被打成了"右派"。1961年，在陈毅元帅关怀下，张伯驹先生被安排到吉林省博物馆做副馆长。临行前，陈毅元帅派车把他接到中南海一见，悉心询问他们在生活、写作、爱人作画等方面有什么困难，还详细地问他去吉林后的打算。[66]陈毅元帅问他："关于右派的事，有些想不通吧？"他说："我老老实实说：此事太出乎我意料，受些教育，未尝不可，但总不能那样超脱，做到无动于衷。在清醒的时候也能告诫自己：国家大，人多，个人受点委屈不仅难免，也算不了什么，自己看古画也有过差错，为什么不许别人错送

[图 8-23] 1954 年 5 月 17 日，毛泽东主席来到故宫，由神武门东马道登上神武门城楼，沿城墙东行至东北角楼转向南，经东华门、东南角楼，到达午门，由午门城楼下城墙，回中南海。故宫博物院保卫科科长韩炳文陪同。19 日、20 日，毛泽东又两次来到故宫。

我一顶帽子呢？……我只盼望祖国真正富强起来！"[67]冯其庸先生后来在文章里写："一个受了如此之大的冤枉打击的人，却还在为别人解释，念念不忘祖国的富强"，"我读到这段话，总禁不住潸然泪下"[68]。陈毅元帅闻之默然，良久，对张伯驹先生说："你这样说，我代表党谢谢你了。你把一生所藏的珍贵文物都捐给了国家，怎么会反党呢？……我通知你们单位，把结论改成拥护社会主义，拥护毛主席，拥护共产党。"[69]1962年，张伯驹被摘掉"右派"帽子，在吉林省博物馆担任副研究馆员、副馆长。

"文革"来了，张伯驹先生自然躲不过"暴风骤雨"。1966年，吉林省直文化系统造反派把他们"横扫"出来的"牛鬼蛇神"全部集中到长春市体育馆进行批斗，在震耳欲聋的口号声中，包括张伯驹在内的"牛鬼蛇神"被强迫绕场爬行三圈，目睹了这一场面的吉林省文化局戏曲研究室干部马明捷回忆说："眼见年已古稀的老人被人拖着、拉着匍匐前行，我说不清心里是什么滋味。"[70]

第二年，性情耿直的张伯驹先生出于对江青等人的极度愤慨，写下《金缕曲》两阕，被打成"现行反革命"。1970年，夫妻二人被遣送到吉林省舒兰县朝阳公社双安大队第三生产队插队，没想到当地不愿接收这位年近七旬、毫无劳动能力的老人，二人就此成了"盲流"，几经辗转，回到北京，没有户口，衣食无着，全凭亲友匀凑粮票，方能勉强生活。夫妻二人住在北海旧居，四壁皆空，悲从中来，相对而泣。

1972年，老友陈毅逝世，张伯驹悲痛之余，送一长联：

　　仗剑从云作干城，忠心不易，军声在淮海，遗爱在江南，万庶尽衔哀，回望大好河山，永离赤县；

　　挥戈挽日接尊俎，豪气犹存，无愧于平生，有功于天下，九泉应含笑，仁看重新世界，遍树红旗。

毛泽东参加陈毅追悼会，见此长联，低声吟诵，问何人书写。周恩来据实相告。毛泽东说："快办！快办！"不数日，中央文史馆聘书送到。杨仁恺先生曾经向张伯驹先生证实此事，并在他的书中感叹："一副挽联竟然对张先生起到了再生之效，宁非奇遇？！"[71]

1978年，张伯驹先生平反。1982年，张伯驹先生因感冒住进北大医院，转为肺炎，不久去世，享年八十四岁。

由于国民党政府没有禁止文物国境的法律，使得许多从溥仪"小白楼"流出来的"东北货"流失到港台和国外，其中包括五代董源《溪山雪霁图》，北宋宋徽宗《金英秋禽图》，南宋马和之《豳风图》、文天祥《谢昌元座右铭自警辞》卷、赵孟坚《自书梅竹三诗》卷等，都曾藏于港台藏家之手。后来有的被国家购回，比如《豳风图》，现藏故宫博物院，文天祥《谢昌元座右铭自警辞》卷，现藏中国国家博物馆；有的则流失到国外的博物馆，仅由王季迁先生购买，后转让给美国纽约博物馆的，就有南宋李唐《晋文公复国图》、马和之《鸿雁之什图》、佚名《胡笳十八拍图》、米友仁《云山图》等25件，翁万戈先生捐献给大都会博物馆的，有北宋高克明《溪山雪意图》、郭熙《树色平远图》、黄庭坚草书《廉颇蔺相如传》，南宋赵孟坚《自书梅竹三诗》等，无一不是精品。

据日本铃木敬先生统计，西方主要博物馆收藏的中国古代书画数量可观，其中美国六家博物馆的收藏情况如下：

纽约大都会博物馆：收藏中国古代书画约430件，其中《佚目》中有17件；

华盛顿弗利尔博物馆：收藏中国古代书画120余件，《佚目》中有8件，有几件为传世孤本；

普林斯顿大学博物馆：收藏中国古代书画100余件，其中《佚目》中有7件；

堪萨斯城纳尔逊博物馆：收藏《佚目》书画10余件；

克利夫兰博物馆：收藏《佚目》书画5件；

波士顿博物馆：收藏《佚目》中宋元书画精品6件……

其中包含如下名作：

唐代张萱《捣练图》，美国波士顿博物馆；

北宋乔仲常《后赤壁赋图》，美国纳尔逊艺术博物馆藏；

南宋李嵩《货郎图》，美国克利夫兰博物馆藏；

南宋夏圭《山水图》，美国弗利尔美术馆藏；

宋人《北齐校书图》，美国波士顿美术馆藏……

新中国成立后，文化部文物局局长郑振铎向时任文化教育委员会主任的郭沫若先生和文化部部长沈雁冰先生汇报，有大批中国书画、图籍流到香港，待价而沽。郭、沈、郑三人经反复研讨，并报周恩来总理批准，成立香港"收购小组"，由国家拨专款，秘密进行文物收购。经过小组成员、故宫博物院古物馆馆长徐森玉之子徐伯郊动员，张大千先生售出了他在抗战结束后从玉池山房以500两黄金购得五代名画《韩熙载夜宴图》。

《韩熙载夜宴图》是五代时期南唐画家顾闳中的绘画作品，绢本设色，张大千所购，虽是宋摹本，但仍不失为中国古代人物画的巅峰之作，在美术史上占有重要地位。张大千购得此画后，钤上一枚印章，上写："南北东西只有相随无别离"，从此将画带在身边。1949年，张大千被国民党政权用军用飞机接到台湾，1952年到香港，在徐伯郊先生的运筹下，仅以2万美元的价格，将自己最心爱的《韩熙载夜宴图》、董源《潇湘图》、宋人册页等一批国宝转让给祖国大陆，这些古代绘画名作，现皆藏于故宫博物院。

综上，在1922年至1924年期间被溥仪等人盗运，没有参加南迁，几经流散后，以收缴、征求、购买、拨交、接受捐赠等方式回到故宫的书画文物有：

绘画：顾恺之《洛神赋图》（宋摹本）、顾恺之《列女图》（宋摹本）、展子虔《游春图》、阎立本《步辇图》、李思训《御苑采莲图》、唐人《纨扇仕女图》、阮郜《阆苑女仙图》、卫贤《高士图》、黄筌《写生珍禽图》、董源《潇湘图》、顾闳中《韩熙载夜宴图》、周文矩《重屏会棋图》、郭熙《长江万里图》、燕肃《春山图》、张先《十咏图》、崔白《寒雀图》、赵昌《写生蛱蝶图》、苏汉臣《戏婴图》、李公麟《临韦偃牧放图》《摹女史箴图》《山庄图》、王诜《渔村小雪图》、梁师闵《芦汀密雪图》、宋徽宗《雪江归棹图》、张择端《清明上河图》、王希孟《千里江山图》、扬无咎《雪梅图》、马和之《后赤壁赋图》《豳风图》《鹿鸣之什图》《闵予小子之什图》《节南山之什图》、李唐《长夏江寺图》、刘松年《中兴四将图》《四景山水图》、赵伯驹《江山秋色图》、赵伯骕《万松金阙图》、马远《水图》、李嵩《钱塘观潮图》《货郎图》、赵黻《长江万里图》、胡瓌《卓歇图》《番骑图》、宋人

《春宴图》《会昌九老图》、梁楷《右军书扇图》、赵霖《昭陵六骏图》、倪瓒《竹枝图》、赵孟頫《水村图》《浴马图》《秋郊饮马图》、任仁发《出圉图》《张果见明皇图》、姚廷美《雪江游艇图》、曹知白《十八公图》、明宣宗朱瞻基《武侯高卧图》《莲浦松阴图》、沈周《芝田图》《邃庵图》《西山雨观图》、唐寅《事茗图》《毅庵图》《桐山图》、文徵明《三友图》《存菊图》《洛原草堂图》《仿米友仁云山图》、吕纪《芦雁图》、仇英《兰亭修禊图》《饯行图》、董其昌《山水图》《关山雪霁图》、丁观鹏《九歌图》《春夜宴桃李园图》、王翚《溪山晴远图》《仿元人山水图》、王原祁《草堂十志图》《秋山书屋图》《西岭春晴图》等。

　　法书：王羲之《雨后帖》、谢安《中郎帖》、孙过庭《景福殿赋》、杜牧《张好好诗》、唐人临《黄庭经》等、杨凝式《夏热帖》、范仲淹《道服赞》、蔡襄《茶录》、苏轼等《行书题李公麟三马图赞》、黄庭坚《诸上座帖》、米芾《苕溪诗》、林逋《自书诗》、王诜《自书诗词帖》、宋徽宗《行楷法书六种》、陆游《怀成都诗帖》、朱熹《自书城南唱和诗》、张即之《度人经》《古松诗》、赵孟頫《行书洛神赋》《行书千字文》、鲜于枢《杜工部行次昭陵诗》、张雨《自书诗帖》、解缙《自书杂诗》、李东阳《书春园杂诗》、祝允明《自书诗》、王阳明《自书龙江留别诗》、徐渭《书千字文》、王宠《前后出师表》、董其昌《临颜真卿争座位帖》《临柳公权兰亭诗》《临苏轼三帖》等。[72]

1952年9月，溥仪携至伪"满洲国"的清宫旧藏书画130余件，由东北博物馆全部拨交给故宫博物院。1957年，又将《清明上河图》等多件绘画珍品拨交故宫博物院。

故宫博物院也曾将战后接受的一部分长春文物交还给东北博物馆。这批文物是1946年11月25日，中央银行长春分行运至北平，并由中央银行北平分行移交故宫博物院的，其中包括玉器、缂丝、古画等共27箱、3319件文物。故宫博物院档案显示，1949年4月14日，故宫博物院会同中国人民解放军北平军管会代表，按照当年编订的《清点中央银行长春分行运平古物目录》，将这批"长春流平古物"点交东北文物管理处（代表为东北文管处编审科科长杨孟雄），这批文物包括：宋代米芾行书卷（缂丝）、崔白《三秋图》轴（缂丝）、宋徽宗《花卉图》（缂丝）、宋绣《金刚般若波罗蜜经》（附锦套及木匣）、宋人《扁舟傲睨图》轴、宋人《民物熙乐图》轴、元代吴镇《草堂烟雨图》轴、明代陈粲《福禄鸳鸯图》轴、清代《御制平定台湾告成碑文》（缂丝）、《御制平定台湾功臣赞序》（缂丝）、《御制生擒林爽文纪事语》（缂丝）、《李太白夜宴桃李园》轴（缂丝）等[73]。

1954年5月，鉴于"东北博物馆的综合艺术陈列中缺乏清代官窑瓷器"，故宫博物院又选提康熙等九代官窑出品的95件清瓷拨给东北博物馆，东北博物馆郭文宣等3人来故宫接收。[74]

被敬懿皇贵妃携带出宫、售给品古斋的《中秋帖》和王珣《伯远帖》，被郭葆昌先生买下。故宫文物南运前，郭葆昌先生专门请马衡、徐森玉、庄尚严等人到秦老胡同的家中吃火锅，那一天，他取出这两件晋人法书请他们一观。庄尚严先生说："三希帖为人间至宝，人世间众生芸芸，几人能有机缘亲临目睹一面，而他个人居然独拥其二，实在值得自负。"那一天，"郭先生曾当着来客及公子郭昭俊的面说，在他百年之后，他将把他拥有的此二希帖，无条件的归还故宫，让快雪、中秋、伯远三希帖再聚一堂，且戏称要我届时前往觯斋接收"。[75]

然而，郭葆昌先生于1942年去世了，马衡、徐森玉、庄尚严诸先生，则带着故宫文物辗转在南迁路上，等故宫博物院在战后"复员"，期盼着"二希"的回归，但辽沈战役随即打响，转眼间山河巨变，物是人非。1949年初，郭昭俊带着"二希"远去台湾，找到了庄尚严，声言要兑现父亲让"三希"团圆的许诺，把"二希""捐献"给台湾，但需要国民党政权支付一笔费用，只是当时国民党政权初到台湾，焦头烂额，根本筹措不到这笔资金。郭昭俊又带着"二希"前往香港，生活窘困的他，不得已将"二希"抵押给了香港汇丰银行，因无力赎回，又要将它卖掉。1950年，周恩来总理批示："同意购回王献之《中秋帖》及王珣

《伯远帖》，惟须派负责人员及识者前往鉴别真伪……保证两帖能够顺利购回"，国家文物局派马衡等人组成专家组前往香港，终以488376元港币购回二帖。这个价格，至少可以购买3架苏制"米格－15"战斗机。当时正值抗美援朝，国家财政艰困，全部外汇储备不足1亿美元，但中国政府回购故宫流失文物的决心不改，终于使《中秋》和《伯远》二帖，在"出宫"二十六年之后，回到了紫禁城。

而当年被李石曾先生锁入故宫保险柜的王羲之《快雪时晴帖》（唐代精摹本），反而随部分故宫文物离开大陆，被运去了台湾，现藏台北故宫博物院。曾经并藏在故宫养心殿西暖阁内尽间"三希堂"里的三件晋人法书，从此天涯相隔，再也没能聚首。

在长春"小白楼"被撕得粉碎的米芾代表作《苕溪诗》卷，在20世纪60年代居然"死而复生"，重回故宫博物院。那是在1963年4月，杨仁恺先生从沈阳到北京出差，偶逛琉璃厂，中午时分，有些困倦，到荣宝斋门市部经理侯恺的办公室小睡，这时，有一外地青年，带着一个布包袱来到荣宝斋，要把里面的碎纸片卖给荣宝斋，业务副科长把纸团展开，看到碎片上有清宫玺印，立刻到侯恺办公室叫醒了杨仁恺，杨仁恺小心翼翼地将纸片一一展开，意识到它们与《佚目》有关，让荣宝斋出两千元将它们全部买下。整整一个下午，他把那堆碎纸片耐心地拼合出来，竟然拼出了37件古代书画，除北宋米芾《苕溪诗》卷外，还有苏轼《龙眠三马图赞》卷、元代赵孟頫《无逸诗》卷、明代姚广孝行书卷、文徵明《书王履仁诗》卷等[76]，"其中很多是精品和孤本，杨仁恺先生感叹："伪满'国兵'在溥仪逃走后，经过一番劫夺，剩下没人要的'破烂'，然竟被有心人把它收拾起来，最后全部拿出来卖与文物部门，十八年的保管之功应当予以酬谢。"[77]

在这些被逐一拼合出来的古代书画中，在长春"小白楼"被撕成碎片的《苕溪诗》卷赫然重现。《苕溪诗》卷冲破了死亡之网，重新来到他的眼前，这让杨仁恺感到似梦似真，激动不已，立即拨电话给民国时曾任故宫博物院鉴定委员、时任国家文物局文物处副处长的张珩先生，张珩和故宫博物院第三任院长吴仲超先生赶到现场，目睹了这一"奇迹"。后来，荣宝斋把这批国宝捐赠给了故宫博物院。

送到故宫博物院的《苕溪诗》卷上，"念、养、心、功、不、厌"六字彻底失去，"载酒"二字半损，"岂、觉、冥"三字稍损[78]；李东阳篆首和项元汴题记拖尾去向不明。经北京故宫博物院杨文斌先生补纸重新装裱，再由郑竹友先生依未损前的照片钩摹补全损字，基本恢复了它往昔的风采，现作为国家一级文物，庋藏于故宫博物院。

七 "故宫盗宝案"尘埃落定

抗战时期身在重庆的吴瀛先生,在重庆谈判时,因身为《新民晚报》主编的儿子吴祖光率先发表毛泽东词《沁园春·雪》,一时轰动,使蒋介石大怒,下令追查,在周恩来安排下,吴瀛离开重庆,到上海做了寓公。上海解放后,陈毅市长聘他做上海市文物管理委员会委员,但当年所谓"故宫盗宝案",依然沉沉地压在他的心底,无法释怀,索性直接上书国家最高领导人。

1949年10月,他给毛泽东写信,要求为所谓"故宫盗宝案"平冤,并认为马衡是幕后主使。马衡先生在10月24日日记里写:"闻吴瀛以'易案'经十余年沉冤莫白,特上书华北人民政府,请予昭雪。董老搁置未复,顷又上书于毛主席,发交董老调查。"[79]对于吴瀛指马衡在背后策动张继、崔振华陷害易培基,马衡感到"殊可骇异"[80]。

易培基先生已死,李宗侗先生已于1948年从重庆去台湾,在台湾大学历史系做教授,培养了许多人才,其中包括著作在今天畅销大陆的历史学家许倬云先生。当年"故宫盗宝案"的三个被告,在大陆只剩下他一人。清室善后委员会委员长、故宫博物院首任理事长李石曾先生,也于1949年去了瑞士(1956年又到台湾定居），为"盗宝案"讨清白，吴瀛已责无旁贷。执着于"秋菊打官司"的吴瀛，在遗著《故宫尘梦录》中这样坦露自己当时的心态："本来，我早已料到，这一个冤狱之得伸张，非等待到另一个时代不可……我无论如何要出这口恶气，为寅村、为自己头上的白发，为昭示后人，为我们受尽了无数的磨难才得以终于建立了的'故宫博物院'，为了这世上的公道。"[81] 现在，他所期盼的"另一个时代"终于来了，他绝不放弃伸张正义的机会。

毛泽东看到吴瀛上书，向董必武陈述了他个人对吴瀛关于请求新生的人民政府对故宫盗宝冤案给予平冤之事的看法和意见。

12月8日，董必武在国家文物局局长郑振铎陪同下，率工作团赶赴南京，12日又赴上海，在陈毅市长陪同下会见吴瀛，表达了毛泽东及他自己关于此案的意见。

据介绍："毛泽东、董必武都倾向故宫盗宝冤案平冤不走法律程序，而是让有权威身份的知情者马衡写一篇有关故宫盗宝案真相的文字，说明系张继等构陷；作为当事人之一的吴瀛也写一篇案情原委的文章，人民政府默认文章见诸报端，收之于各大图书馆存档，以使易培基、吴瀛等洗清沉冤，让社会公众知道该案为国民党当局构陷迫害作为最终了结。"[82]

1950年2月4日，马衡先生将1936年张元济先生七十寿辰时所写《关于鉴别书画的问题》一文加上一段"附识"，通过王冶秋呈董必武，"附识"中写：

> 此文为易案而作，时在民国廿五年，南京地方法院传易寅村不到，因以重金雇用落魄画家黄宾虹，审查故宫书画及其他古物。凡涉疑似者，皆封存之。法院发言人且作武断之语曰：帝王家收藏不得有赝品，有则必为易培基盗换无疑。盖欲以"莫须有"三字，为缺席裁判之章本也。余于廿二年秋，被命继任院事。时"盗宝案"轰动全国，黑白混淆，一若故宫中人，无一非穿窬之流者。余生平爱惜羽毛，岂肯投入旋涡，但屡辞不获，乃提出条件，只理院事，不问易案。因请重点文物，别立清册，以划清前后责任。后闻黄宾虹鉴别颟顸，有绝无问题之精品，亦被封存者。乃草此小文，以应商务印书馆之征。翌年（廿六年），教育部召开全国美术展览会，邀故宫参加，故宫不便与法院作正面之冲突，乃将被封存者酌列数件，请教育部要求法院启封，公开陈列，至是法院大窘，始悟为黄所误……[83]

董必武先生将马衡这段新加的"附识"转给吴瀛，并在致吴瀛信中表明，没有证据证明马衡参与了国民党政府炮制易培基冤案，没想到吴瀛并不认可，5月25日、28日，通过邮局直接发出了给毛泽东、董必武的信。在给毛泽东信中说，易培基冤案，马衡"是一个煽动的主要分子"。

确如董必武先生所表明的那样，至今没有发现马衡先生参与构陷易培基、"卖友求官"的史料证据。马衡先生长孙马思猛先生在《金石梦·故宫情——我心中的爷爷马衡》一书中说：

> 爷爷深知当时故宫博物院内人事关系复杂，且前院长易培基又陷入所谓"侵占故宫古物案"，该案尚未了结；故宫博物院院长职务一向是为世人关注，并为一些人所觊觎的职务；而继任院长将面临艰巨的工作任务更不必说。因此爷爷再三婉辞，最后身为理事会理事的蒋介石发话了："既然大家一致推举，我看马先生就不必过谦了吧。"无奈之下……爷爷才正式出任故宫博物院院长。[84]

在故宫博物院档案科，我查到了马衡院长写给政务院董必武副总理的一份材料，名为《关于易培基案的一些问题》，这份材料此前未见披露。文中写：

自衡视事后，平沪指两地所存文物皆经法院派遣专家前来鉴定，凡涉及疑似之文物，皆提出另箱封存，以为帝王家收藏绝无赝品，如其有之，则主管者即有以伪易真之嫌。衡虽不便置喙，衷心实不谓然。其时商务印书馆适以张菊生（即张元济——引者注）先生七十寿辰征文于衡，因借此机会草一短篇论文，题为《关于鉴别书画的问题》，针对帝王家绝无赝品之说而阐明鉴别之难。后伪教育部召开第二次全国美术展览会，征求本院以古代作品参加展览，衡又以法院封存之物尽有精品□，乘机解放之，回函请教育部向法院交涉，要求启封，点名选提。至是，法院始自悟颟顸，又请所谓专家者重新鉴定，得以将第一次封存者解放多件，凡此皆以公正立场，对法院之处理易案有所暗示者也……[85]

按照毛泽东、董必武的安排，吴瀛也写了一篇陈述案情原委的文章，6月13日，在《大公报》刊出，原题《处理文物事业之检讨》改为《谈文物处理工作》。文章中，吴瀛简明扼要地说明"易培基盗宝案"是有人"凭空捏造""里应外合"制造的，又"由当时的反动政府与法院联合来做宣传"形成黑白颠倒的社会影响，而实际上易培基是中国文物事业的有功之人，为所谓"盗宝案"定了性。

　　然而，这件莫须有的"盗宝案"，原本就扑朔迷离，加之年深日久，许多细节都已模糊，连原始卷宗，也都在抗战时期被付之一炬了，以至于到了20世纪60年代，仍有人发表文章，认为当年检察官对易培基、李宗侗等人的起诉书"是可信的官方文件"[86]。参与运送部分南迁文物赴台的故宫博物院编纂吴相湘（后成为台湾大学历史系教授，作家李敖的老师）在《易培基与故宫盗宝案》一文说："（易培基 —— 引者注）官运亨通，应有作为，不幸竟利用职权侵占大量古物珍宝，被法院查出通缉，断送政治生命，永留污名。"[87]

　　直到2007年，时任文化部副部长、故宫博物院第五任院长的郑欣淼先生在《鲁迅研究月刊》上发表《由〈鲁迅全集〉的一条注释谈故宫"盗宝案"》一文，所谓"盗宝案"的历史脉络才真正厘清。郑欣淼先生说："易培基'盗宝案'是个冤案，它充分反映了国民党统治下官场的黑暗、司法的腐败，以及其他复杂的原因。"[88]

　　关于故宫博物院第一任院长易培基先生，郑欣淼先生有这样的评价："易培基从受聘担任清室善后委员会图书博物馆筹备会主任开始，即投入主持筹建故宫博物院的工作，并付出了大量心血，在担任院长期间，更是筚路蓝缕，多所创建。他按《故宫博物院组织法》的规定，调整了院的职能机构，成立各种专门委员会，延聘著名专家学者到院工作，进一步整理院藏文物；首次提出《完整故宫保护计划》，并筹措专款整修破损严重的宫殿建筑；增辟陈列展室，组织安排古物、图书、文献资料的陈列展览；创办《故宫周刊》，对外宣传介绍院藏古物、图书、文献以及宫殿建筑。在此期间，易还筹组建立了警卫队和守护队，为故宫博物院建立了专门的安全保护机构和专职的安全工作队伍。他不仅是故宫博物院的创建人之一，而且为故宫博物院各项事业的发展作出了贡献。"[89]

1955年3月26日，马衡因病辞世，遵照他的遗愿，家人把他毕生收藏的1.4万余件（册）文物捐献给故宫博物院，其中有：商代兽面纹斤、汉代鎏金铜扣黑漆奁、唐代邛窑灰褐色彩风字砚、唐代颜真卿《麻姑仙坛记》宋拓本等。2005年4月28日，"马衡先生捐献文物特展"在故宫博物院内东路景仁宫隆重举行。

就在马衡先生辞世这一年，经儿子吴祖光建议，吴瀛把自己多年精心收藏的文物捐给故宫博物院，其中有吴道子、吕纪、石涛、郑板桥、八大山人、文徵明、唐伯虎等人的书画，共计241件。1958年，吴瀛先生又捐献一次。1995年，故宫博物院紫禁城出版社出版《吴景洲捐献文物图集》。

1959年，吴瀛先生溘然长逝。

第九章

别时容易见时难：一宫两院

文物播運經過路線圖

一　文物迁出北平以来最大一次损失

1949年2月，几乎与20万解放大军参观北京故宫博物院的同时，赴台文物暂时存入了台中糖厂仓库[图9-1][图9-2][图9-3]。1949年8月，将故宫博物院、中央博物院筹备处、中央图书馆、中华教育电影制片厂暂时合并，成立"国立中央博物图书院馆联合管理处"[图9-4]，下面分成故宫组、中博组、中图组、电教组和总务组，"联管处"隶属于"教育部"，由"部长"杭立武兼任主任委员。10月，"教育部"令"联管处"接收各机关迁台文物图书。12月，"教育部"令"联管处"在台中县雾峰乡吉峰村北沟兴建文物库房。

1950年4月，北沟文物库房竣工[图9-5][图9-6]，为三座各容1600箱文物的楼房，呈"U"字形排列，正中一座放"中博"和"中图"文物，旁边两座放故宫博物院文物，另外还建了办公室和职工宿舍等。

庄灵先生保存着一张照片，是蒋介石与宋美龄前往北沟参观故宫文物后与工作人员的合影［图9-7］。杭立武先生的太太身上穿的旗袍是刚刚从洗衣店取回的，匆忙中，洗衣店的条子竟然忘记撕掉，她就带着洗衣条与蒋先生夫妇合了影，这是我一再放大照片后发现的，而照片中的人物，都没有注意到这一细节，在镜头前依旧满面春风。这一小小破绽，反而透露出历史的真切与亲切。

有一天，梁廷炜先生打开库房做例行检查，发现故宫633号箱和857号箱中《四库全书荟要》的10册被雨水浸泡，粘成一张"纸饼"，无法揭开。这10册是：633号箱《左传注疏》二册、《春秋权衡》二册、《春秋左传事类始末》五册，以及857号箱《栾城集》一册。此外，1021号箱中23册古籍也发生了霉变。

这是故宫文物自1933年迁出北平以来的最大一次损失，相关责任人都受到了严厉的处罚。后来，联管处组织对粘连、霉变的部分作了修复、重抄，共修补1300多页，重抄866页，以尽量挽回损失，只是那重抄的部分，永远无法取代原本。

除了前面提到的《四库全书》和《四库全书荟要》，运到台湾的故宫重要殿本书（由武英殿刊刻印造的书籍被称为"殿本"）还有：

《古今图书集成》，是清朝康熙时期由福建侯官人陈梦雷编

［图 9-1］　台中糖厂库房文物箱件贮置实景，庄灵提供

［图9-2］ 在台中库房清点文物（穿马甲者为梁廷炜）

［图 9-3］ 在台中库房清点文物

［图9-4］ 联管处全体同人合影，1950年1月1日，庄灵提供

[图 9-5] 北沟山洞库房验收时联管处同人合影，1953 年 12 月 26 日，庄灵提供

［图 9-6］ 庄尚严先生在北沟库房检视文物

［图 9-7］ 蒋介石与宋美龄前往北京参观故宫文物后与工作人员的合影，庄灵提供

辑的大型类书，编辑历时二十八年，内容上至天文、下至地理，中有人类、禽兽、昆虫，乃至文学、乐律等等，包罗万象，集清朝以前图书之大成，是现存规模最大、资料最丰富的类书。故宫博物院共藏有三部《古今图书集成》，全部运至台湾。

《天禄琳琅》，是清朝乾隆皇帝的藏书精华，原存故宫昭仁殿。乾隆九年（公元1744年），乾隆皇帝命内臣检阅宫廷秘藏，选择善本进呈御览，列于乾清宫昭仁殿，赐名"天禄琳琅"，并亲书匾额及对联。"天禄"一词取自汉朝天禄阁藏书，"琳琅"为美玉之称，意谓内府藏书琳琅满目。昭仁殿也成为善本专门书库，"内藏宋、辽、金、元、明版旧书，难得罕觏"[1]。

嘉庆二年（公元1797年），太监用火引发乾清宫火灾，乾清宫、昭仁殿，连同"天禄琳琅"藏书全部葬身火海。身为太上皇的乾隆决定重建乾清宫，并开始征集、采购善本图书，恢复往日的特藏。短短一年，乾清宫得以重建，古籍善本，又重新汇集在昭仁殿"天禄琳琅"的匾额下。七个月后，大学士彭元瑞重新编好《钦定天禄琳琅书目后编》，收藏从宋至明的善本共650部，比以往的任何时候都更加宏富。[2]

《宛委别藏》，是《四库全书》编纂完成以后，嘉庆朝官员阮元在巡抚浙江时，苦心搜访《四库全书》未收之书，先后求得175种，无法再补入《四库全书》，因此又编成《宛委别藏》，其中包括在中土早已失传的珍本秘笈，如《皇宋通鉴纪事本末》《难经集注》等。《宛委别藏》中，源于宋刻者三十余种，源于元刻者十余种，具有极高的版本价值。嘉庆十分看重这部丛编，用夏禹登宛委山，得金简玉字之书的典故，将其命名为《宛委别藏》，珍藏于养心殿正殿悬"中正仁和"匾后墙的书格上。

《观海堂藏书》，是清代藏书家杨守敬收藏的一批善本书，共15000余册，其中既有宋元古椠本的旧藏，也有日本室町时代及其以前的古钞古刻本，在量和质上都非同一般，即使说带走了日本汉籍的大半也不为过。1915年《观海堂藏书》被民国政府收购，后交拨给故宫博物院。文物南迁时，曾存于南京朝天宫库房，1937年文物西迁，又运往重庆、成都，分别藏于巴县、乐山、峨眉三地。1947年运回南京之后，被全部运往台湾。

据那志良先生在《我与故宫五十年》一书中披露，从南京运至台湾的故宫图书总数达157000多册。[3]北京故宫方面，1949年以后，中国政府回购了"天禄琳琅"旧藏宋版孤本《古文苑》等，交故宫博物院收藏[4]，但只是一些零册散页，藏书界视"天禄琳琅"善本如凤毛麟角。

2019年8月至2020年2月，台北故宫博物院推出"院藏古籍善本选粹"展，让《古今图书集成》《四库全书》《四库全书荟要》《宛委别藏》《天禄琳琅》《观海堂藏书》这些故宫藏书进入公众视野。展览的第一部分"清宫藏书"，就选自1948、1949年渡海而来的故宫南迁文物；第二部分"访旧搜遗"，为台北故宫博物院成立以后征集、收购、获赠的善本书籍。

为确保文物"万无一失"，1952年，台北故宫博物院理事、"外交部长"王世杰建议，库房附近开凿小型防空山洞，并得以通过。1953年4月，山洞开始动工，11月完成并通过验收[图9-8]。1954年五六月间，联管处选择文物，编入洞字箱，陆续存入山洞。1954年9月，1958年8月金门炮战，文物曾转入山洞。同时，为避免洞内潮湿，理事会议决安装冷气通风机，在安装之前，书画古籍等畏潮文物暂不放入洞内。

1956年7月，北沟陈列室开始建设，当年12月落成，位于库房左近空地上，占地180多平方米，为钢筋水泥砖造建筑，内含两间陈列室、衣帽寄存与出版品销售处各一间，故宫博物组、中博组办公室各两间，陈列室可陈列文物200余件，每周开馆六天，周一闭馆。[5]故宫文物庋藏北沟期间，张大千先生每次返台，必到北沟观赏故宫书画，还与故宫同人留下了一张珍贵的合影[图9-9]。

2020年10月9日至2021年3月7日，台北故宫博物院举行"北沟传奇——故宫文物迁台后早期岁月"展览，展览说明中写：

［图 9-8］ 落成后的北沟库房，庄灵摄

【图 9-9】故宫文物庋藏北沟期间，张大千先生每次返台，必到北沟观赏故宫书画。图为大千先生与故宫人员合影。右起：孔德成、那志良、庄尚严、吴玉璋、张大千。左一为谭旦冏。左四为大千先生义子张心庄

民国三十七年（1948）冬，国共战事益趋紧张，故宫博物院与中央博物院筹备处受命择存京重要文物迁台。三十八年（1949）二月下旬，两院藏品分三批运达，暂存台中糖厂仓库。翌年（1950）四月，雾峰北沟库房修筑完工，全部文物入库存贮。此后十五寒暑，故宫与中博合组联合管理处，逐件点查运台文物，并于简陋环境中保存整理，研究出版；复辟建小型陈列室，开放参观，又选送藏品菁华赴美展览，播扬文化。五十四年（1965），政府为发展观光事业，使中外人士得以亲炙华夏艺术之璀璨光辉，乃择定台北外双溪建馆奠基，将两院合并，恢复故宫建制，公开陈列展示。

台中北沟时期系"国立"故宫博物院发展进程中一重要阶段，具承先启后意义。故宫与中博虽囿于房舍、人员、经费，博物馆业务不易开展，工作多局限于编目守藏，然两院同人于藏品管理、保存维护、研究出版、展览传播方面之作为，可谓为故宫复院后昂首阔步，不断拓展新境界的基石。今（2020）年为院藏文物迁存北沟七十周年，本院特以"北沟传奇"为题，举办展览，呈现故宫发展进程中一段深刻历史记忆。展览计分"文物迁台"、"典守维护"、"清查点验"，以及"编辑出版"、"展览传播"、"台北复院"六单元，以院史数据室集藏之档案文献及历史影像为主要内容，辅以迁台前贤后人提供之旧照史料，藉资呈现故宫文物迁台初期的历史经纬，期以加深观众对本院之认识与了解。

二　无限江山，别时容易见时难

北沟陈列室依然无法满足文物展出的需要，我们今天熟悉的台北故宫已经呼之欲出了。台湾当局决定，专门建造一座现代化博物馆，地点选择在台北郊区外双溪，这里"位于阳明山公园计划区域，群山环抱，嘉木葱翠，为台北近郊主要游憩地点之一，与市区交通联系亦称便利。另一方面，外双溪亦'为离高区最近，可以构筑山洞的唯一地点'，战时可以保障文物安全。"[6]

关于新馆的名称，经历了几番"折腾"。新馆于1962年8月奠基，奠基石上写："国立故宫博物院新馆奠基"。1964年3月，新馆正式动工［图9-10］，1965年1月，故宫博物院和中央博物院共同理事会拟订《管理委员会设置办法草案》，议决将之更名为《国立故宫中央博物院管理委员会组织规程》，呈交"行政院"。当年8月，台"行政院"以中央博物院筹备处运台文物多源自承德、沈阳前清行宫，称为"故宫"亦名实相符，于是对两院共同理事会呈文再予修订，公布了《国立故宫博物院管理委员会临时组织规程》。[7] 根据《临时组织规程》，该"管理委员会"隶属

"行政院"，设"故宫博物院"，置院长一人，副院长一至二人。几天后，王云五先生被推选为"管理委员会"主任，蒋复璁先生为"故宫博物院"院长，何联奎、庄尚严先生［图9-11］为副院长。下设机构及负责人为：

古物组：组长谭旦冏；

书画组：组长那志良；

总务处：处长周凤森（代）；

出版室：主任黎子玉；

秘书室：主任王谠；

安全室：主任史松家；

登记室：主任李霖灿；

会计室：主任周才藻；

人事室：主任詹冠南；

展览委员会：执行委员汪继武。

10月，新馆即将落成，蒋介石前往"视察"，那一年11月12日是孙中山先生诞辰一百周年，开幕日期定在孙中山诞辰日，于是蒋介石将这座博物馆命名为"中山博物院"，并亲自题写了门额。

11月12日，"中山博物院"落成典礼暨"国立故宫博物院"新馆揭幕典礼举行，"行政院长"严家淦在剪彩讲话时说：

［图 9-10］ 台北故宫建筑施工情形，庄灵摄

［图 9-11］ 庄尚严先生在台北故宫博物院正门前留影，
身后的"'国立'故宫博物院"七字为庄尚严先生书写，1966 年，庄灵摄

此一博物院定名为中山，并在国父诞辰之日落成，尤具意义。国父乃继承尧、舜、禹、汤、文、武、周公、孔子相传的道统为己任；博物院代表一个民族的文化。现在博物院以中山为名，来纪念国父，就是要把国父的思想发扬光大，达到天下为公的地步。天下为公四字，实可作为博物馆之南针。[8]

用"中山博物院"来命名这座博物馆，是在强调台湾政权为中华"正统"，是中国历史的延续，用日本学者野岛刚的话说，是"蒋介石深知故宫文物的政治利用价值"[9]。

有人问那志良："你们搞的什么名堂？ 界石刻的是故宫、中央两博物院，第一楼大门前的奠基石写的是故宫博物院，二楼大门又写的是中山博物院，两路公共汽车，以博物院为终点站的，一个写故宫博物院，一个写中山博物院，这一点事，你们就弄得乱七八糟。"[10]

其实，从典礼主持人王云五先生的讲话，大体可以体会出中山博物院与台北故宫博物院的关系。王云五先生说：有朝一日，"故宫博物院连同所藏古物迁回大陆之后，此一宏伟建筑将永久保存，发展为台湾省专设之博物馆。"[11]因此，我们不妨这样理解：中山博物院是这栋建筑的永久名称，台北故宫博物院是驻扎在中山博物院里的一个机构，若两岸统一，台北故宫博物院及其文物还是要迁回大陆的，那时台北就没有"国立故宫博物院"了，"中山博物院"则留在台湾，作"为台湾省专设之博物馆"。

"中山博物院"（台北"故宫博物院"）的第一个设计者为王大闳先生。他是故宫博物院第一届理事会理事、中华民国北洋政府首任外交总长、司法院长、曾参与起草《联合国宪章》的王宠惠先生之独子，曾先后就读于剑桥大学和哈佛大学，1941年受教于德国现代建筑大师沃尔特·格罗佩斯（后担任包豪斯校长），与贝聿铭是同班同学。作为台湾现代建筑运动先驱，王大闳先生认为艺术与政治是分离的，反对建筑的国家主义倾向，因此他设计的台北"故宫博物院"，采取了玻璃幕墙的现代外观造型，这个方案没有得到蒋介石的认可，因为在蒋介石看来，庋藏着中华传统文物的台北"故宫博物院"，无疑是他政权正统性的来源，因此认为王大闳最初的设计"中华元素不足"。王大闳用沉默来抗拒，拒绝修改自己的设计，于是有了台北"故宫博物院"的第二个设计者——黄宝瑜。

黄宝瑜先生年轻时在南京电讯局工作，南京被日军占领后，随电讯局撤往重庆。在重庆，黄宝瑜考入中央大学建筑工程系，毕业后留校任教。1949年，随中央大学迁至台湾。1956年，黄宝瑜赴美深造，并获得博士学位。黄宝瑜设计的台北故宫，外形仿造中国传统宫殿式建筑［图9-12］，主体建筑共有四层，总面积7204平方米，白墙绿瓦，正院呈梅花形，院前广场耸立五间六柱冲天式牌坊，整座建筑庄重典雅。当黄宝瑜的设计方案以"一个修正案"的名议呈递到蒋介石面前，蒋介石当即说了三个字："这个好！"

在这座富有中华民族特色的博物院内，大陆迁台的文物成为它庋藏文物的主体。截至2014年末，台北故宫馆藏文物达69.6万余件。

其中，书法类主要有：晋代王羲之《快雪时晴帖》、唐代怀素《自叙帖》、颜真卿《祭侄文稿》、苏轼《前后赤壁赋》、黄庭坚《诸上座帖》、米芾《蜀素帖》等（详见拙著《故宫的书法风流》[12]）。

绘画类主要有：唐代李思训《江帆楼阁图》，宋代范宽《溪山行旅图》、郭熙《早春图》，金代武元直《赤壁图》，元代黄公望《富春山居图》、倪瓒《容膝斋图》，明代仇英《汉宫春晓图》，清院本《清明上河图》等。

青铜器类主要有：毛公鼎、散氏盘、水陆攻战纹鉴、宗周钟、陈侯午簋、陈侯午敦、新莽嘉量等。

台北故宫博物院无论是建筑的民族风格、庋藏文物的文化内涵，还是故宫文物南迁所代表的民族精神，都成为海峡两岸同属一个中国的铁证。

1965年12月9日，北沟库房文物除善本古籍外皆运至台北，入藏台北故宫。1966年3月，善本古籍也运至台北故宫，北沟库房完成了历史使命。台北故宫将北沟库房、陈列室等建筑移交给"台湾省政府"，原"联管处"办公室、宿舍，依约归还台中糖厂。

故宫南迁文物自1933年离开北平故宫，到1958年将重新汇集在南京的南迁文物迁回北京，前后经历了二十五年，但因有部分文物迁台，这批文物在台湾岛内继续着迁徙的过程，至1966年最后一批迁台文物入藏台北故宫，故宫文物南迁才最终画上句号，此时距离这批文物离开北平故宫博物院，已经过去了三十三年。

整个南迁过程，分为南迁（从北平到上海、南京）、西迁（从南京到安顺、乐山、峨眉、巴县等地）、东归（存于四川各地的文物集中到重庆并运回南京）、北返（从南京到北京）以及迁台（从南京经基隆、台中到台北）各个段落，犹如一首悠长雄浑的史诗，但这些过程，在整体上构成了"大南迁"的概念，因为这场以北平为起点的南迁，所到之处，皆在北平的"南方"，所以上述过程，都在一个更加广义的"南迁"的概念之下。原由国立北平故宫博物院收藏的文物，现今亦一分为三，主要分藏在北京故宫博物院、南京博物院（现存故宫南迁文物2000余箱[13]）和台北故宫博物院。

当这些故宫前辈们，带着一万余件文物箱子离开紫禁城的时候，他们一定会想到前路不会平坦，但他们不会想到如此不平坦。故宫博物院第一任院长易培基先生，在南迁途中含冤而死；故宫员工朱学侃先生，为转移文物而献出生命；而那志良、庄尚严等人，在把文物运出紫禁城的一刻，断然不会想到他们此行的终点，竟在遥远的台湾，从此如断鸿零雁，一去不回。

无限江山，别时容易见时难……

三　漂泊半世，守望一生

1973年，曾任清室善后委员会委员长、故宫博物院第一届理事会理事长的李石曾先生在台北逝世，终年九十二岁。

1980年，庄尚严先生在台北荣民总院谢世，享年八十二岁。

临终前，他有一个欣慰，一个遗憾。欣慰的是，自从1948年与石鼓分手后，他一直惦记着石鼓保存的情形，后来儿子庄申自香港转来一篇叶恭绰先生文章，说石鼓回到北京开箱时，"毡棉包裹多重，原石丝毫无损"[14]，终于一块石头落了地，那石头，就是石鼓；而他遗憾的，是没有让"三希"重新团圆。

［图 9-12］ 台北故宫正馆建筑完工之院区俯视，庄灵摄

参加过纪录片《台北故宫》拍摄的分集导演祝捷说："我们找到了一段庄严的影像资料，你会发现那个老头最后还是一嘴京片子，因为他是北京人。看到那个画面，听到那个声音，你就会突然觉得，这个人虽然回不去了，但是他有些东西是改不了的，这些东西往往特别打动人。"[15]

庄尚严先生弥留之际，嘴里反复念叨着两个字，声音微弱含混，身边的人都听不清楚。庄灵先生凑到他的口边，反复聆听，终于听清了那两个字：

北平。

1987年，一位曾在台北故宫博物院工作过的武先生来北京故宫参观，梁金生先生负责接待。梁先生向他打听，在台北故宫，有没有一位叫梁廷炜的老爷子，得到确切的答复后，他兴奋地写了一封信，托他带回到台湾，转交给父亲。

第二年，梁廷炜先生的长孙（梁匡忠之子）梁峨生从中国台湾回大陆，见到了自己的生父梁匡忠。梁匡忠这时才知道，父亲梁廷炜先生已于1972年去世。

记录了南迁岁月的两幅绘画——《安顺读书山华严洞图》的作者刘峨士先生和《安顺牛场》的作者黄居祥先生，在分别押运第一批和第二批文物赴台后，已经于1952年和1954年在台湾英年早逝。

在台湾，他们都是孤身一人，无亲无友，没有人知道他是否还有亲人后代。直到2009年，一个名叫黄煜（黄居祥之子黄云生之子）的大陆观众从纪录片《台北故宫》中看到黄居祥的名字，于是上网搜索，看到庄灵先生在《我的一九四九》一文中讲述了黄居祥的身世，他终于确认了那就是自己的祖父，于是与庄灵先生取得联系，飞去了台湾，在台北故宫博物院的热心帮助下，在书画部的地下库房里，找到了共同存放着祖父和刘峨士遗物的铁箱子。

自刘峨士和黄居祥先后去世，这个铁箱子已经在台北故宫的地下库房里封存了三十多年，连庄灵先生都对它一无所知。在接待黄煜的人中，只有一个人知道它的存在，就是书画部科长张碧凉，因为刘峨士和黄居祥去世后，是庄尚严和他在台北故宫的同事张德恒先生等人整理了他们的遗物，并收入一个专装文物的铁箱子，张碧凉，正是张德恒先生的女儿。黄煜到达台北故宫时，庄尚严和张德恒先生皆已仙逝，张碧凉女士也已过退休年龄，因工作需要才暂时留任，若黄煜晚去一些时日，与张碧凉女士失之交臂，或许就永远不可能找到祖父的遗物了。[16]

2014年10月，黄煜前往台湾，将祖父黄居祥的骨灰抱回大陆，与母亲周玉珍合葬在山东省临邑县德平镇。合葬时，灵堂里悬挂着由黄云生书写的挽联：

> 守望一生，夫妻在天堂团聚；
> 漂泊半世，英灵返故土安息。

此时，距黄居祥告别妻儿，远走他乡，已经过去了七十八年。

尾
声

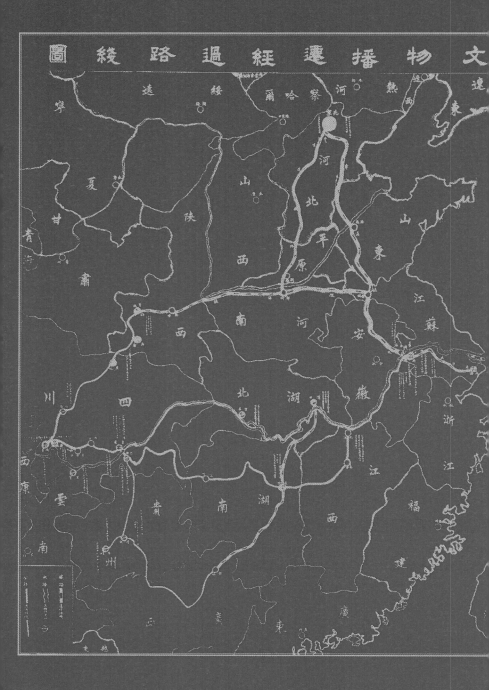

文物播遷經過路線圖

1994年，单士元、朱家溍等故宫前辈访问台北"故宫博物院"。那是大陆文博界代表团第一次踏上台湾这块土地。隔海故人来，那志良先生一早就赶到饭店，与故宫同人见面。单士元先生见到那志良，一句"老哥，你还好吧？"让那先生双眼湿润。单士元先生与那志良先生同龄，都是1907年出生，1925年同时进入清室善后委员会，单先生比出"七"的手势，表示他们在故宫，已经服务了整整七十个年头。他们自1948年分别，已有半个多世纪不曾见面了。这几位故宫老人，有说不完的话，于是没有参加团里的活动，而是躲在饭店房间里畅谈了一个上午，直到中午时分，才到餐厅，简单地吃了一碗面。

在台北故宫参观时，朱家溍先生看见了1943年自己在重庆布展时经手过的孙过庭《书谱》，时逾半个世纪再度相逢，不禁感慨万千。一张薄纸，承载着两岸故宫共同的历史。

在演讲时，他开场就说："亲爱的故宫同事们！"现场台北故宫同人立刻响起雷鸣般的掌声。[1]

1998年，那志良先生在台北去世，享年九十岁。这位地道的北京人，满族正黄旗，最终没能叶落归根。他的一生都献给了故宫，在故宫，由一个十七岁少年，成长为一位古器物研究大家，在石鼓和玉器研究方面尤其成就卓著，出版有《玉器通释》《古玉鉴裁》《石鼓通论》等重要的学术专著。

2005年6月21日，那志良先生的三儿媳王淑芳女士将那志良先生收藏的一百五十余件有关"南迁文物"的史料捐献给故宫。中新社报道说："故宫博物院21日在故宫内的兆祥所举行仪式，文化部副部长、故宫博物院院长郑欣淼接受了来自台湾的那志良先生家属捐赠故宫文物南迁史料，并向捐赠者颁发捐赠证书。"

那志良先生家属捐赠的这批南迁文物有：

一方刻着"北平故宫博物院理事会理事长印"印文的玉印，标志着1925至1927年间，故宫建院初期院方管理组织频密改组的历程；

一纸《文物运台船运合约书》的手抄副本，是1948年12月31日所立，由当时交通部招商局轮船公司与故宫代表人傅斯年具名签署，是一份关于故宫文物由南京经上海赴基隆、高雄运送过程的重要契约文件；

一份由故宫博物院院长马衡先生亲书的条幅墨宝一幅，以嘉勉那教授担任峨眉文物管理所主任届满五年的辛劳；

抗战胜利时，国民政府特别颁发了两枚"胜利勋章"，以表彰护持故宫文物有功人员，其中一枚颁给了故宫博物院驻乐山办事处主任欧阳道达先生，另一枚则颁给了驻峨眉文办事处主任那志良先生……[2]

那代人亲历的岁月，已经成了历史；他们使用过的物品，也在岁月中沉淀成了文物。

2002年年底，刚刚到任文化部副部长兼北京故宫博物院院长的郑欣淼先生就访问了台北故宫，实现了两岸故宫院方的破冰之旅。2009年2月，台北故宫博物院周功鑫院长率团访问北京故宫博物院，就两岸故宫的合作交流达成多项共识。3月，郑欣淼院长率北京故宫代表团访问台北故宫，离开那一天，台北多日的阴雨突然放晴，郑院长心有所动，写下一首七言诗：

> 草自青青花自妍，
> 别离喜见艳阳天。
> 人间毕竟晴方好，
> 放眼圆山云水宽。

2010年6月，文物南迁的故宫人的后代、来自北京的梁金生先生和来自台北的庄灵先生共同参加了"温故知新：两岸故宫重走南迁路"考察团，沿着故宫前辈们当年的南迁路线，考察了四省八市，探寻三十七个重要的故宫文物存放地点。

参加这次活动的北京故宫博物院工作人员有：李文儒、余辉、赵中男、周高亮、陈瑞、梁金生、王硕、李福敏、朱传荣、于彤、杨森、刘燕闽、陈秋速、刘明杰、王进辉、徐婉玲。

台北故宫博物院人员有：朱惠良、嵇若昕、郑邦彦、张志光、刘芳如、傅申、庄灵、井迎瑞、黄毅恒、余范英。

南京博物院人员有：王奇志、田名利、陆建芳、邓嘉嵋。

北京故宫博物院副院长李文儒为北京方面领队，朱惠良女士为台北方面领队。北京故宫博物院院长郑欣淼先生在启动仪式的讲话中说：

> 故宫文物南迁使故宫文物与中华民族的命运联系在一起，与民族独立、民族尊严联系在一起，也为这些珍贵的皇家收藏赋予了不同寻常的意义。保护国宝的精神，今天也正在成为中华民族的精神财富。[3]

郑欣淼院长参加了南京至贵阳段考察，常务副院长李季参

TREASURE

THE

TREASURES

THE PALACE MUSEUM
PRODUCES

海棠
依舊

TIME / 9.19 19:30　9/20 14:30　19:30　ADDRESS / 保利劇院

出品人 | 单霁翔　总监制 | 纪天斌　王亚民　监制 | 宋纪蓉　冯乃恩　娄玮　任万平　李小城　策划 | 朱鸿文　王戈
文学顾问 | 冯翔　院史顾问 | 朱传荣　编剧 | 王戈　导演 | 毛尔南　副导演 | 颜欣桐　舞美设计 | 杨君楠
出品单位 | 故宫博物院

［图 10-1］　故宫博物院原创话剧《海棠依旧》海报

加了西安至成都段的考察。所到之处，受到当地政府和文化界的热烈欢迎。2011年，郑欣淼院长赴台访问，又把"重走南迁路"的考察之旅延续到台湾岛，在基隆市柯副市长的陪同下考察当年迁台文物上岸的基隆港、存放过故宫文物的雾峰北沟等地，台北故宫同人还专门请来台中市文化局长，商议北沟旧址的保护问题。[4]

2010年9月，台北故宫博物院《故宫文物月刊》出版了"重走文物南迁路"专辑，北京故宫博物院则在神武门展厅举行了"故宫文物南迁史料展"。2019年，"天佑中华——故宫文物南迁档案史料展"在四川乐山大佛博物馆开展，同时，故宫博物院员工以"故宫文物南迁"为主题，自编、自导、自演的原创话剧《海棠依旧》[图10-1]也在乐山大佛剧院隆重演出。

2017年，故宫博物院第六任院长单霁翔先生向全国政协十二届五次会议提出《关于保护故宫文物南迁史迹的提案》，提案中说："这场距今八十余年……横贯半个中国的文物保护大迁徙，遗留下来的众多重要遗迹，尚未能列入相应级别的文物保护单位，致使多处重要遗址已经消失殆尽，或只剩下部分梁柱和残墙片瓦，更多遗址被与之历史文化毫无关联的单位不合理使用。伴随岁月的流逝，以及各地城市化进程的加速，这些故宫文物南迁史迹的保护将面临更大的挑战，更具艰巨性和紧迫

［图 10-2］ 重庆故宫文物南迁纪念馆（原安达森洋行），中共重庆南岸区委宣传部供图

性。"这一年6月，故宫研究院专门成立了故宫文物南迁研究所。7月，在南迁地乐山，成立了故宫文物南迁研究院。2018年，故宫博物院与重庆市文化委员会和南岸区人民政府合作建设故宫文物南迁纪念馆、故宫学院重庆分院和紫禁书院。2020年7月，故宫文物南迁纪念馆在完整保存的重庆安达森洋行的基础上建成并通过验收[图10-2]。

2019年，以郑欣淼先生为首席专家的"故宫文物南迁史料整理与史迹保护研究"学术项目列入国家社科基金重大项目。项目分设四个子课题："故宫文物南迁档案收集与编纂""故宫文物南迁文献收集与编纂""故宫文物南迁史迹保护与活化""故宫文物南迁记忆再现与重构"，中国第二历史档案馆副馆长曹必宏、故宫文物南迁研究所所长徐婉玲、上海大学党委副书记段勇（曾任故宫博物院副院长）、故宫文化传播研究所所长祝勇分别担任四个子课题的负责人。

2020年是紫禁城建成六百周年、故宫博物院成立九十五周年。这一年8月18日，国家社科基金重大项目"故宫文物南迁史料整理与史迹保护研究"开题报告会在当年文物南迁的出发地之一——故宫博物院宝蕴楼举行。故宫博物院第七任院长王旭东先生在致辞中说，抗战大背景下的故宫文物南迁凝聚着几代中国人的情怀，故宫人在文物南迁中做出重要贡献，我们不能忘记南京、上海、贵州、四川等沿途各地为故宫文物安全转移做出重要贡献的政府官员、军官士兵及当地百姓。他表示将会一如既往地支持课题研究，让故宫文物南迁精神永放光芒［图10-3］。

9月，随着故宫博物院王旭东院长、赵国英副院长等率领故宫考察团再度踏上文物南迁路［图10-4］，故宫博物院与某影视公司联合制作大型纪录片《故宫文物南迁》也开机拍摄。12月30日，故宫博物院官方微信公众号和官方微博同时推出纪录片《故宫文物南迁》的先导片，在气势磅礴的音乐里，先导片的字幕依次出现：

1925
故宫博物院成立
清宫旧藏117万件文物归国家所有

1931
"九一八"事变
沈阳故宫及所藏文物被日军控制

1933.1
山海关沦陷

［图 10-3］ 2020 年紫禁城迎来肇建六百周年，2025 年故宫博物院将迎来建院一百周年。张林摄

［图 10-4］ 故宫博物院考察团在飞仙岩故宫南迁文物库房旧址前：王旭东（右八）、
赵国英（左七）、徐婉玲（右七）、祝勇（左五）、王戈（左四）、顾欣桐（左三），2020 年 9 月

北平危在旦夕

山河已然破碎
故宫何谈完整?

1933.2
故宫人带着文物精华
13000多箱
紧急撤离
穿越大半个中国
辗转迁徙

没有人知道
这条路有多远

没有人知道
这一去是多少年

他们
以血肉之躯

筑起新的长城

他们
以书生意志
延续文化命脉

1948.12—1949.1
2900多箱南迁文物
分三批运去中国台湾
10000余箱文物留存中国大陆

1950—1958
8000余箱文物
重返北京

日本侵华战争
使中国文物损失惨重
唯故宫文物
损失甚微

故宫文物南迁

离不开全国人民的鼎力支持

是抗日战争中鼓舞人心的一幕

是人类文明史上前所未有的壮举

2019 年 9 月动笔

2021 年 12 月 18 日完稿

后

记

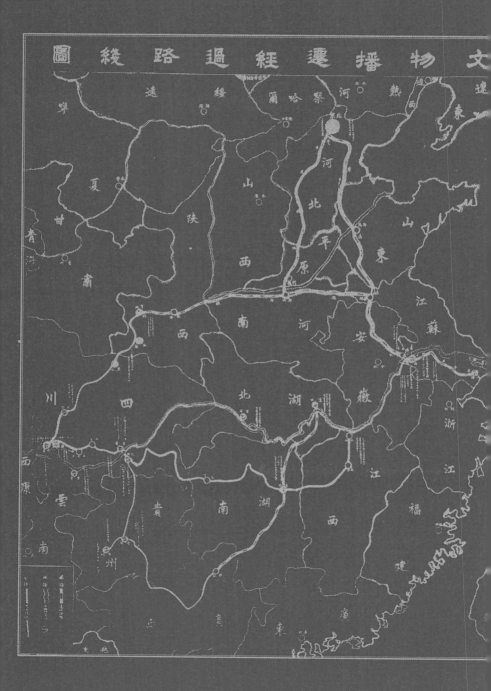

文物播遷經過路綫圖

　　写完《故宫六百年》，我就投入到本书的写作中，于今两年有余。有意思的是，《故宫六百年》最后一章写到故宫文物南迁，好像为本书特意埋下的一个伏笔，而本书的写作，仿佛对《故宫六百年》的接续，又像是将《故宫六百年》的结尾进行了展开和放大。

　　2023年是故宫文物南迁启程九十周年，九十年前的那段岁月算不上遥远，但毕竟时空环境都已变化，我辈如不努力，不去找回正在流失的记忆，那段岁月，就将隐没于历史的黑洞中。这正是我们在首席专家郑欣淼先生带领下进行"故宫文物南迁史料整理与史迹保护研究"这一课题研究，以及我写作本书的意义所在。面对那段业已模糊甚至已被遗忘的岁月，我们不能不感叹时间流逝之迅猛，感叹历史记忆之脆弱。两年中，我除了在故宫博物院查阅档案文献，还先后去了中国第二历史档案馆、辽宁省博物馆、重庆市档案馆、上海市图书馆等地查找档案资料；采访参与南迁的故宫人员的后辈，如马衡院长之孙马思猛先生、梁廷炜先生之孙梁金生先生、庄尚严先生之子庄灵先生等；随同故宫博物院领导多次前往重庆市南岸区、巴南区和四川省乐山市、成都市等地进行调研，又率纪录片剧组前往南京、上海、西安、宝鸡、贵阳、安顺等文物南迁途经的城市乡村进行田野调查，试图在文字中和影像中重构那段不平凡的岁月。在那个战乱的年代，前辈们的使命是在迁移中保护这些价值非凡而又无比脆弱的文物，他们不仅要面对天上的敌机、地上的枪炮，还要面对急流险滩、火灾水患，以及疾病和饥饿的侵袭，更不用说在污浊黑暗的政坛上，还有各种明枪暗箭引而待发。总之，几乎人世间的所有艰难，包括战乱、饥馑、疫病、大自然的灾患、官僚系统的肮脏腐烂等等，都一股脑儿地抛到他们的世界里，沉甸甸地压在他们身上，要他们肩扛起来，也反过来映衬了他们的伟岸。他们不仅要有气吞山河的勇气，更要拥有具体而微的操作能力，以确保南迁进程的滴水不漏、稳健无虞。这样的挑战，不是我们今天这些在空调房里坐而论道的书生们可以想象的，我们也不禁扪心自问，假若这样的责任落到我们身上，我们是否有勇气、有能力把它扛起来？正是这些艰辛，锤炼了故宫人不屈不挠的精神品质，铸就了故宫人一丝不苟的专业精神。尽管此前，我对故宫文物南迁史有一定的了解，也参加过一些学术研讨会，但随着采访、田野调查和档案搜集整理工作的深入，那场肇始于八十多年前的文物迁徙行动在宏观和微观两个维度上逐渐展开，一天比一天眉目清晰。

两年中，我除了调查和拍摄，其余时间几乎都投入到本书（与另一本书《故宫艺术史》）的写作中，仿佛把自己的全部身心，投入到一场艰难而孤寂的长旅。随着写作的深入，也随抗日战争的浩大图景在我眼前一层一层地展现，我愈发能够体会到故宫前辈们书生报国的孤绝意志，体会到他们以文弱之躯扛起传承民族文化的巨大责任，不惧"苦其心志、劳其筋骨"的顽强力量和圣徒般的牺牲精神。如是，这次写作的长旅，也就成了一次感动之旅、一次精神上的自我完成之旅。故宫文物南迁，也不再只是尘封在文字档案里的一段历史，而成了我们前行的动力之源。

最后，在本书即将付梓之际，我要感谢马思猛、梁金生、庄灵几位前辈；感谢故宫博物院郑欣淼原院长、王旭东院长、赵国英副院长、国家文物鉴定委员会委员余辉先生、研究室王子林主任、院办公室陈秋速副主任、故宫文物南迁研究所徐婉玲所长、数字和信息部苏怡主任及摄影师张林先生、宣教部副主任兼故宫文化传播研究所副所长王戈先生、博士后兼南迁题材话剧《海棠依旧》导演顾欣桐女士、故宫文化传播研究所秘书罗丞涵先生，以及故宫博物院的其他领导和同事们；感谢《故宫文物南迁》摄制组的同人们；感谢重庆市文化和旅游局领导及南岸区委宣传部包茹华部长，贵阳市副市长孙志明先生，以及四川乐山故宫文物南迁研究院的领导和专家们；感谢上海图书馆黄薇女士、四川省作家协会熊莺女士等；感谢人民文学出版社臧永清社长、李红强总编辑、孔令燕副总编辑、赵萍副总编辑、《当代》杂志社副主编及著名作家石一枫先生等，感谢他们对本书出版和纪录片拍摄的指导、支持与帮助。

2022 年 12 月 18 日

注　释

第一章　抬着棺材找坟地：烽烟南渡

[1] 中国人民政治协商会议吉林省长春市委员会文史资料研究委员会编：《长春文史资料》（第7辑），第62页，1984年版。

[2] 溥仪：《我的前半生》，第242—243页，北京：人民文学出版社，2019年版。

[3] 参见许凯：《北京大学对故宫博物院早期事业的贡献（1924—1933）——以研究所国学门为中心的探讨》，见《故宫学刊》（2012年第八辑），第310页，北京：故宫出版社，2012年版。

[4] 庄严：《山堂清话》，第310页，北京：故宫出版社，2012年版。

[5] 庄严：《山堂清话》，第73页，台北："国立"故宫博物院，1980年印行。

[6] 单士元：《"溥仪出宫，单士元进宫"——我与初创时期的故宫博物院》，原载《书摘》，2000年第7期。

[7] 同上。

[8]《胡适全集》，第三十二册，第157页，合肥：安徽教育出版社，2003年版。

[9] 朱家溍：《一个参观者对故宫博物院的印象》，见朱家溍：《故宫退食录》，下册，第573页，北京：故宫出版社，2009年版。

[10] 参见《中华民国国立博物馆概略（1925年）》，见中国第二历史档案馆编：《中华民国史档案资料汇编》，第三辑·文化，第276页，南京：江苏古籍出版社，1991年版。

[11] 郑欣淼：《"完整故宫"保护的理念与实践》，见郑欣淼：《故宫与故宫学三集》，第52页，北京：故宫出版社，2019年版。

[12] 傅振伦：《七十年所见所闻》，第15页，上海：华东师范大学出版社，1997年版。

[13] 参见郑欣淼：《俞同奎小传》，原载《故宫人》，2020年9月25日。

[14]《完整故宫保管计划》，原载故宫博物院官网，原文链接：https：//www.dpm.org.cn/lemmas/240798.html。

[15] 郑欣淼：《"完整故宫"保护的理念与实践》，见郑欣淼：《故宫与故宫学三集》，第60页，北京：故宫出版社，2019年版。

[16] 张学良在1930年中原大战的关键时刻出兵拥蒋，中原大战结束后任中华民国陆海空军副总司令、国民政府委员、中央政治会议（简称"中政会"）委员、国民党东北党务指导委员会主任委员、军事委员会北平军分会代理委员长等职。1933年山海关抗战爆发，张学良任北平政务委员会常务委员和第一集团军司令。2月，任华北集团总司令兼第

一方面军总指挥，率部进行长城抗战。

[17] 参见郑欣淼:《俞同奎小传》，原载《故宫人》，2020年9月25日。

[18] 溥仪:《我的前半生》，第264页，北京:人民文学出版社，2019年版。

[19] 宣武门，俗称顺直门。因为与元代大都西南城门顺承门位置略相当，转音顺直门。《李宗侗自传》中讹为顺治门，有误，其实这种错讹自清代至今一直存在。在清代尤其犯了顺治皇帝忌讳。因此康熙（一说乾隆）为某位官员在奏折中出现"顺治门"而大怒，予以严惩。

[20] 参见李宗侗:《李宗侗自传》，第246页，北京:中华书局，2010年版。

[21]《张学良对记者的谈话（1931年9月19日、20日）》，原载《国闻周报》，第8卷，第38期。

[22] 梁敬镎:《"九一八"事变的内幕 —— 并论日本篡改教科书之可悲》，见唐德刚等:《从甲午到抗战》，第192—193页，北京:台海出版社，2016年版。

[23] 智效民:《民国旧梦》，第40页，北京:新星出版社，2014年版。

[24]《胡适全集》，第三十二册，第144页，合肥:安徽教育出版社，2003年版。

[25] 今湖南省长沙市。

[26] 汤祚永:《毛泽东与吴瀛家族渊源考》，见吴瀛:《故宫盗宝案》，第318页，北京:华艺出版社，2008年版。

[27] 鲁迅:《在北京女子师范大学欢迎新校长会上的讲演》,见《鲁迅演讲集》,第238—239页,北京:生活·读书·新知三联书店、生活书店出版有限公司,2017年版。

[28] 李宗侗:《李宗侗自传》,第247页,北京:中华书局,2010年版。

[29] 据百度百科"商务印书馆"词条,原文链接: https : //baike.baidu.com/item/ 商务印书馆 /2109 ?fr=aladdin。

[30] 同上。

[31] 华振中:《十九路军抗日血战经过》,见《淞沪烽火 —— 十九路军"一·二八"淞沪抗战纪实》,第207页,广州:广东人民出版社,1991年版。

[32] 李宗侗:《李宗侗自传》,第249页,北京:中华书局,2010年版。

[33] 蒋介石1932年12月23日日记,见〔日〕古屋奎二等编:《蒋"总统"秘录 —— 中日关系八十年之证言》,转引自〔美〕黄仁宇:《从大历史角度读蒋介石日记》,第93页,北京:九州出版社,2011年版。

[34]《故宫博物院·文物保管类》,第46卷,第9—14页。

[35] 徐婉玲:《颠沛流离的国宝:抗战时期故宫文物之迁徙(一)》,原载《中国美术报》,2018年12月31日。

[36] 徐婉玲、赵凯飞:《宝蕴楼的前世今生》,原载《文史知识》,2017年第9期。

[37] 吴瀛:《故宫尘梦录》,第179页,北京:紫禁城出版社,2005年版。

[38]《故宫博物院·文物保管类》,第49卷,第40—41页。

[39]《俞同奎致易培基密电》，1932年，故宫博物院档案。

[40]《故宫博物院·文物保管类》，第49卷，第24—25页。

[41] 参见陈美英编注:《马彦祥文集（话剧论文·杂文卷）》，第615—616页，北京:文化艺术出版社，1997年版。

[42] 中共中央文献研究室编、金冲及主编:《毛泽东传》，第54页，北京:中央文献出版社，1996年版。

[43] 汤祚永:《毛泽东早年"驱张"过程中的一段经历》，来源:人民政协报，原文链接: http://cpc.people.com.cn/GB/85037/85038/7214938.html。

[44] 黎锦熙:《在峥嵘岁月中伟大革命的实践 —— 回忆毛主席在北京的部分革命活动》，原载《光明日报》，1977年9月4日。

[45] 汤祚永:《毛泽东早年"驱张"过程中的一段经历》，来源:人民政协报，原文链接: http://cpc.people.com.cn/GB/85037/85038/7214938.html。

[46] 参见朱鸿文主编:《故宫博物院九十年》，第31、35、38、42页，北京:故宫出版社，2018年版。

[47] 吴瀛:《故宫尘梦录》，第178—179页，北京:紫禁城出版社，2005年版。

[48]《平教育界定北平为文化城》，原载《世界日报》，1932年10月6日第4版;亦参见鲁迅:《理水》，见《鲁迅全集》，第二卷，第401—402页，注〔6〕，北京:人民文学出版社，2005年版;亦参见徐婉玲:《颠沛流离的国宝:抗战时期故宫文物之迁徙（一）》，原载《中国美术报》，2018年12月31日。

[49]《平教育界定北平为文化城》，原载《世界日报》，1932年10月6日第4版；及《北平教育界请定北平为文化城之建议》，原载《中国新书月报》，1932年10月第2卷，第9、10号，第77—78页。

[50]《中政会昨例会故宫文物迁洛》，原载《全民报》1932年11月24日第2版。

[51]《故宫博物院·文物保管类》，第46卷，第18—24页；另参见《各团体反对文物迁洛电请中央取消原议》，原载《京报》，1933年11月26日第6版。

[52] 郭述祖：《长城抗战第一枪》，见全国政协文史资料委员会编：《中华文史资料文库》，第三卷，第584—587页，北京：中国文史出版社，1996年版。

[53] 同上。

[54] 宋子文曾于1930年9月至同年11月代理行政院长。1932年1月，汪精卫任行政院长，后出国，宋子文1932年8月至1933年3月代理行政院长，1933年4月汪精卫回国，宋子文停止代行行政院院长一职，以行政院副院长及财政部长身份出访美欧各国。1944年12月至1945年5月宋子文第三次代理行政院长。1945年5月31日—1947年3月1日正式出任行政院长。

[55] 台北"国史馆"档案，转引自马思猛编著：《马衡年谱长编》，中册，第428页，北京：故宫出版社，2020年版。

[56] 转引自肖伊绯：《民国学者与故宫》，第136页，北京：故宫出版社，2016年版。

[57]《故宫博物院·文物保管类》，第62卷，第2—3页。

[58] 鲁迅：《学生和玉佛》，见《鲁迅全集》，第四卷，第491页，北京：人民文学出版社，2005年版。

[59] 鲁迅：《崇实》，见《鲁迅全集》，第五卷，第14页，北京：人民文学出版社，2005年版。

[60] 刘楠楠、蔡全周、庞璐：《故宫博物院古物南迁各方来往函电一组》，原载《民国档案》，2014年第3期。

[61]《故宫博物院·章制记录类》，转引自马思猛编著：《马衡年谱长编》，中册，第428页，北京：故宫出版社，2020年版。

[62]《故宫博物院·文物保管类》，第52卷，第7页。

[63] 台北"国史馆"档案，转引自马思猛编著：《马衡年谱长编》，中册，第428页，北京：故宫出版社，2020年版。

[64]《故宫博物院·文物保管类》，第52卷，第53页。

[65]《行政院密令（字第四六五号）》，《故宫博物院·文物保管类》，第62卷，第7—8页。

[66] 台北"国史馆"档案，转引自马思猛编著：《马衡年谱长编》，中册，第429页，北京：故宫出版社，2020年版。

[67] 参见那志良：《我与故宫五十年》，第50—51页，合肥：黄山书社，2008年版。

[68]《容庚北平日记》，第243页，北京：中华书局，2019年版。

[69] 庄尚严：《前生造定故宫缘》，第192—193页，北京：紫禁城出版社，2006年版。

[70] 吴瀛:《故宫尘梦录》，第182页，北京：紫禁城出版社，2005年版。

[71] 参见百度百科"四库全书"词条，原文链接：https：//baike.baidu.com/item/ 四库全书 /133444 ?fr=aladdin#reference-[3]-2903-wrap。

[72] 同上。

[73] 同上。

[74] 参见《北平晨报》，1933年2月4日。

[75] 参见《龙藏经 —— 台湾故宫原版印制》，原文链接：http：//www.qldzj.net/ad/lzj.htm。

[76] 刘楠楠、蔡全周、庞璐:《故宫博物院古物南迁各方来往函电一组》，原载《民国档案》，2014年第3期。

[77]《故宫博物院·文物保管类》，第52卷，第25页。

[78] 同上书，第43页。

[79] 同上书，第36页。

[80] 故宫博物院理事长李石曾先生"因参加第六次国际新教育大会，定于日内赴欧，所有本会理事长一席势难兼顾"于1932年6月8日提出辞职，并推荐冯玉祥北京政变后曾代理内阁总理一职、并摄行总统职权的黄郛先生代理。6月12日，故宫博物院在平理事会决议推举黄郛为理事长，由张群代理，不久为张群婉拒。8月20日，故宫博物院在平理事会第三次会议决议：由张继理事敦促黄郛理事长速行就职，"如黄理事长势难北上时，即推江理事瀚代理理事长。如黄理事长决辞时，即推江理事瀚继任。"故宫博物院档案·章制记录类，参见马思猛编著：

《马衡年谱长编》，中册，第411—417页，北京：故宫出版社，2020年版。

[81]《故宫博物院·文物保管类》，转引自马思猛编著：《马衡年谱长编》，中册，第429页，北京：故宫出版社，2020年版。

[82] 参见马思猛编著：《马衡年谱长编》，中册，第433页，北京：故宫出版社，2020年版。

[83] 参见上书，第437页。

[84] 吴瀛：《故宫尘梦录》，第183—184页，北京：紫禁城出版社，2005年版。

[85]《故宫博物院·文物保管类》，第60卷，第6—7页。

[86] 徐婉玲：《颠沛流离的国宝：抗战时期故宫文物之迁徙（一）》，原载《中国美术报》，2018年12月31日。

[87]《故宫博物院·文物保管类》，第52卷，第79页。

[88] 同上书，第85页；另参见刘楠楠、蔡全周、庞璐：《故宫博物院古物南迁各方来往函电一组》，原载《民国档案》，2014年第3期。

[89] 台北"国史馆"档案，转引自马思猛编著：《马衡年谱长编》，中册，第431页，北京：故宫出版社，2020年版。

[90] 日本参谋本部：《满洲事变作战经过概要》，第2卷，第71页。

[91]《国闻周报》，第10卷，第8期。

[92] 刘楠楠、蔡全周、庞璐：《故宫博物院古物南迁各方来往函电一组》，原载《民国档案》，2014年第3期。

[93]《故宫博物院·文物保管类》，第52卷，第28页。

[94] 吴瀛：《故宫尘梦录》，第187页，北京：紫禁城出版社，2005

年版。

[95]《故宫博物院·文物保管类》，第52卷，第37页。

[96] 台北"国史馆"档案，参见马思猛编著:《马衡年谱长编》，中册，第431页，北京:故宫出版社，2020年版。

[97] 同上。

[98]《故宫博物院·领导指导类》，第40卷，第14页。

[99] 刘楠楠、蔡全周、庞璐:《故宫博物院古物南迁各方来往函电一组》，原载《民国档案》，2014年第3期。

[100]《故宫博物院·文物保管类》，第52卷，第42页。

[101] 那志良:《我与故宫五十年》，第60页，合肥:黄山书社，2008年版。

[102] 罗文干致蒋介石电，1933年2月23日，总统府机要档案。

[103] 中国社会科学院近代史研究所中华民国研究室编:《长城抗战资料选辑》，第37页，北京:中华书局，1989年版。

[104] 同上。

[105]《看历史》杂志主编:《战争拾遗》，第74页，北京:九州出版社，2016年版。

第二章　一番风雨路三千: 徘徊京沪

[1] 据百度百科"长城抗战"词条，原文链接: https://baike.baidu.com/item/ 长城抗战 /77598?fr=aladdin#ref_[20]_10975100。

[2] 那志良:《我与故宫五十年》，第61页，合肥:黄山书社，2008

年版。

[3]《南运古物昨午抵沪》，原载《申报》，1933年3月6日。

[4]《宋子文昨日视察运沪古物》，原载《申报》，1933年3月7日。

[5] 马思猛编著：《马衡年谱长编》，中册，第429页，北京：故宫出版社，2020年版。

[6]《申报》，1933年4月28日。

[7] 参见欧阳道达：《故宫文物避寇记》，第22—25页，北京：紫禁城出版社，2010年版。

[8]《曝晒故宫故物》，原载《申报》，1933年7月24日。

[9] 吴瀛：《故宫尘梦录》，第193页，北京：紫禁城出版社，2005年版。

[10] 同上书，第193页。

[11] 1931年6月5日，易培基院长签发故宫博物院函，曰："查本院前拟处分无关文化一切皮货、药材、食品、绸缎等物，及宫门外破屋材料等物，曾由理事会临时决定监察委员会规则呈奉国府行政院照准备案。兹拟成立临时监察委员会遵照该规则第一、二条之规定，处分无关文化历史文物品，订于是月七日（星期日）上午十时，在本院开会讨论一切。"见《故宫博物院·章制记录类》，转引自马思猛编著：《马衡年谱长编》，上册，第384页，北京：故宫出版社，2020年版。

[12] 参见郑欣淼：《由〈鲁迅全集〉的一条注释谈故宫"盗宝案"》，原载《鲁迅研究月刊》，2007年第9期。

[13] 鲁迅：《隔膜》，见《鲁迅全集》，第六卷，第43页，北京：人

民文学出版社，2008年版。

[14]那志良:《我与故宫五十年》，第72页，合肥:黄山书社，2008年版。

[15]同上。

[16]同上书，第75页。

[17]故宫博物院档案，档案编号:jfqggjhzjbb100390。

[18]因《首都地方法院检察官起诉书》为竖排，所以三位被告姓名被排在右侧。

[19]《首都地方法院检察官起诉书》(二十六年诉字第三九五号)，见《易培基等侵占故宫古物案鉴定书》，上册，第2—3页，司法行政部印行。原文无标点，标点为引者加。

[20]杨仁恺:《国宝沉浮录》，第50页，沈阳:辽宁人民出版社，2020年版。

[21]同上书，第52页。

[22]徐邦达:《古书画伪讹考辨(第三卷)》，见《徐邦达集》，第十二册，第115页，北京:故宫出版社，2015年。

[23]参见朱家溍:《故宫退食录》，上册，第763页，北京:北京出版社，1999年版。

[24]吴瀛:《故宫尘梦录》，第259页，北京:紫禁城出版社，2005年版。

[25]参见郑欣淼:《由〈鲁迅全集〉的一条注释谈故宫"盗宝案"》，原载《鲁迅研究月刊》，2007年第9期。

[26] 参见朱家溍:《关于易培基冤案的一些情况》,见朱家溍:《故宫退食录》,下册,第581—582页,北京:故宫出版社,2009年版。

[27] 那志良:《我与故宫五十年》,第75页,合肥:黄山书社,2008年版。

[28] 马衡:《关于书画鉴别的问题》,见胡适等:《张菊生先生七十生日论文集》,北京:商务印书馆,2012年版。

[29] 吴瀛:《故宫尘梦录》,第275页,北京:紫禁城出版社,2005年版。

[30] 马思猛编著:《马衡年谱长编》,中册,第439—440页,北京:故宫出版社,2020年版。

[31] 据故宫博物院官网,原文链接:https://www.dpm.org.cn/donate/103362.html。

[32] 马衡:《关于窃查易培基盗宝案问题》,故宫博物院档案,档案编号:19490075Z。

[33] 周作人:《二马之余》,见《周作人自编文集·知堂回想录》,下册,第423页,石家庄:河北教育出版社,2002年版。

[34]《北洋画报》,1934年1月6日,参见马思猛编著:《马衡年谱长编》,中册,第467页,北京:故宫出版社,2020年版。

[35]《故宫博物院昨招待报界》,原载《申报》,1933年8月10日。

[36]《申报》,1933年7月22日,参见马思猛编著:《马衡年谱长编》,中册,第441页,北京:故宫出版社,2020年版。

[37]《申报》,1933年7月27日,参见马思猛编著:《马衡年谱长

编》，中册，第443页，北京：故宫出版社，2020年版。

[38]《申报》，1934年3月5日，参见马思猛编著：《马衡年谱长编》，中册，第480页，北京：故宫出版社，2020年版。

[39] 郑欣淼：《故宫博物院的历史与现在》，见郑欣淼：《故宫纪事》，第9页，北京：故宫出版社，2013年版。

[40] 参见宗绪盛：《十七本存沪文物点收清册》，原载《紫禁城》，2010年第9期。

[41]《北平晨报》，1934年3月2日，参见马思猛编著：《马衡年谱长编》，中册，第478页，北京：故宫出版社，2020年版。

[42] 天津《益世报》，1934年3月3日，参见马思猛编著：《马衡年谱长编》，中册，第479页，北京：故宫出版社，2020年版。

[43]《申报》，1934年3月3日，参见马思猛编著：《马衡年谱长编》，中册，第479页，北京：故宫出版社，2020年版。

[44] 马思猛编著：《马衡年谱长编》，中册，第489页，北京：故宫出版社，2020年版。

[45]《马衡返平后之一席谈》，原载《京报》，1934年4月17日。

[46] 原载天津《益世报》，1934年4月17日。

[47]《故宫博物院·章制记录类》，参见马思猛编著：《马衡年谱长编》，中册，第440页，北京：故宫出版社，2020年版。

[48]《故宫博物院·文物保管类》，参见马思猛编著：《马衡年谱长编》，中册，第468页，北京：故宫出版社，2020年版。

[49] 百度百科"商务印书馆"词条，原文链接：https：//baike.baidu.

com/item/ 商务印书馆 /2109?fr=aladdin。

[50] 转引自肖伊绯：《“四库全书珍本”影印出版始末》，原载《文史精华》，2018年第4期。

[51] 参见肖伊绯：《“四库全书珍本”影印出版始末》，原载《文史精华》，2018年第4期。

[52]《故宫博物院·陈列展览类》，第110卷，第34—37页。

[53] 参见那志良：《我与故宫五十年》，第81页，合肥：黄山书社，2008年版。

[54]《国立北平故宫博物院理事会公函理字第3号》，中国第二历史档案馆藏院史档案，摘录自《北平故宫博物院参加伦敦中国艺术国际展览会史料选辑》，原载《民国档案》，2010年第3期。

[55]《故宫博物院·陈列展览类》，第95卷，第7页。

[56]《故宫博物院·陈列展览类》，第94卷，第2—4页。

[57]《艺展预展昨晚闭幕，展览四星期观众五六万人，明日起装箱下月八日运英》，原载《申报》，1935年5月6日。

[58]《国立北平故宫博物院理事会公函理字第八四号》，见《故宫博物院·陈列展览类》，第93卷，第4页。

[59] 徐悲鸿：《对筹备中英艺展意见》，原载《申报》，1935年1月24日。

[60]《学术界联名反对古物运英展览发表意见三点请政府慎审》，原载《京报》，1935年1月20日。

[61] 那志良、庄严：《1935年伦敦艺展亲历》，原载《紫禁城》，

2007年第3期。

[62] 张姚俊:《1935年故宫国宝亮相上海》,原载《世纪》,2006年第2期。

[63] 参见《艺展预展明日招待中外人士,中央研究院古物送到,教育部长王世杰抵沪,准于后日举行开幕礼》,原载《申报》,1935年4月6日。

[64] 徐婉玲:《1935年伦敦中国艺术国际展览会始末及其影响》,原载《中华读书报》,2019年12月18日。

[65] 参见《艺展预展第八日记》,原载《申报》,1935年4月16日。

[66] 张姚俊:《1935年故宫国宝亮相上海》,原载《世纪》,2006年第2期。

[67]《薛铨曾参观记》,原载《申报》,1935年4月27日。

[68] 徐婉玲:《1935年伦敦中国艺术国际展览会始末及其影响》,原载《中华读书报》,2019年12月18日。

[69] 参见那志良:《我与故宫五十年》,第85页,合肥:黄山书社,2008年版。

[70]《艺展预展昨晚闭幕,展览四星期观众五六万人,明日起装箱下月八日运英》,原载《申报》,1935年5月6日。

[71] 那志良、庄严:《1935年伦敦艺展亲历记》,原载《紫禁城》,2017年第3期。

[72] 同上。

[73] 同上。

[74] 王秋生：《时间载体 memento 2010—2020》，见冷冰川主编：《唯美》，第55页，桂林：广西师范大学出版社，2021年版。

[75] 参见那志良：《我与故宫五十年》，第84页，合肥：黄山书社，2008年版。

[76] 故宫博物院官网，何林撰文，原文链接：https://www.dpm.org.cn/collection/bronze/228194.html。

[77] 那志良：《我与故宫五十年》，第85页，合肥：黄山书社，2008年版。

[78] 徐婉玲：《1935年伦敦中国艺术国际展览会始末及其影响》，原载《中华读书报》，2019年12月18日。

[79] 参见魏奕雄编著：《故宫国宝南迁纪事》，第26页，北京：故宫出版社，2016年版。

[80] 徐婉玲：《1935年伦敦中国艺术国际展览会始末及其影响》，原载《中华读书报》，2019年12月18日。

[81] 郑天锡：《参加伦敦中国艺术国际展览会报告》，第48页，上海图书馆藏，藏书号码：A521212001195678。

[82] 徐婉玲：《1935年伦敦中国艺术国际展览会始末及其影响》，原载《中华读书报》，2019年12月18日。

[83] 那志良：《我与故宫五十年》，第87页，合肥：黄山书社，2008年版。

[84] 同上书，第84页。

[85] 郑欣淼：《关于故宫学的再认识》，见郑欣淼：《故宫与故宫学

三集》，第452页，北京：故宫出版社，2019年版。

[86] 徐婉玲:《1935年伦敦中国艺术国际展览会始末及其影响》，原载《中华读书报》，2019年12月18日。

[87] 郑天锡:《参加伦敦中国艺术国际展览会报告》，第31页，上海图书馆藏，藏书号码：A521212001195678。

[88] 徐婉玲:《1935年伦敦中国艺术国际展览会始末及其影响》，原载《中华读书报》，2019年12月18日。

[89] 郑天锡:《参加伦敦中国艺术国际展览会报告》，第37页，上海图书馆藏，藏书号码：A521212001195678。

[90] 徐婉玲:《1935年伦敦中国艺术国际展览会始末及其影响》，原载《中华读书报》，2019年12月18日。

[91] 同上。

[92] 郑天锡:《参加伦敦中国艺术国际展览会报告》，第47页，上海图书馆藏，藏书号码：A521212001195678。

[93] 同上书，第1页。

[94] 同上书，第48页。

[95] 徐婉玲:《1935年伦敦中国艺术国际展览会始末及其影响》，原载《中华读书报》，2019年12月18日。

[96] 同上。

[97] 王秋生:《时间载体memento2010—2020》，见冷冰川主编：《唯美》，第56页，桂林：广西师范大学出版社，2021年版。

第三章　烟云渺渺水茫茫：钟山风雨

[1] 傅振伦：《七十年所见所闻》，第148页，上海：华东师范大学出版社，1997年版。

[2]《国立北平故宫博物院南京分院保存库落成纪念册》，第3页，上海图书馆藏，藏书号码：A54121200107027B。

[3]《国立北平故宫博物院建筑南京分院保存库工程委员会报告》，故宫博物院院办，《故宫博物院·章制纪录类》，第76卷，第34—35页。

[4] 徐婉玲：《国立北平故宫博物院南京分院保存库营建始末》，原载《文史知识》，2015年第10期。

[5] 同上。

[6]《国立北平故宫博物院驻沪办事处奉令迁运本院沪库所存文物箱件工作报告》（二十五年十二月四日编报），故宫博物院档案，档案编号 jfqggwwbgl00782。

[7] 同上。

[8] 那志良：《我与故宫五十年》，第103页，合肥：黄山书社，2008年版。

[9] 参见百度"张继"词条，原文链接：https：//baike.baidu.com/item/张继/2629976?fr=aladdin。

[10]《故宫接收有待》，原载《申报》，1933年8月1日。

[11] 吴瀛：《故宫尘梦录》，第174—175页，北京：紫禁城出版社，2005年版。

[12] 吴欢：《数典念祖话先贤》，见吴瀛：《故宫尘梦录》，第174—

175页，北京：紫禁城出版社，2005年版。

[13]《关于首都地方法院检察处鉴定本院存沪书画情形简略报告》，见上海档案馆：《上海档案史料研究》，第13辑，第257页，上海：上海三联书店，2012年版。

[14] 参见吴瀛：《故宫尘梦录》，第204—205页，北京：紫禁城出版社，2005年版。

[15] 吴瀛：《故宫尘梦录》，第263页，北京：紫禁城出版社，2005年版。

[16] 同上。

[17] 黄加佳：《"易案"宫斗：上世纪三十年代"故宫盗宝案"始末》，原载《北京日报》，2017年1月10日。

[18]《最高法院检察署公函（八字第五六号）》，故宫博物院档案，档案编号：jfqggwwbg100419，标点为引者加。

[19] 故宫博物院档案，档案编号：jfqggwwbg100319，标点为引者加。

[20] 黄加佳：《"易案"宫斗：上世纪三十年代"故宫盗宝案"始末》，原载《北京日报》，2017年1月10日。

[21] 吴瀛：《故宫尘梦录》，第259页，北京：紫禁城出版社，2005年版。

[22] 毛泽东在北京大学图书馆做助理员一说，来自埃德加·斯诺《红星照耀中国》的记载，见［美］埃德加·斯诺：《红星照耀中国》，第141页，北京：人民文学出版社，2016年版。但据1920年《国立北京大学职员录》记载，不仅在北京大学图书馆，就是在整个北京大学的机构

中，都没有"助理员"这一职位名称。除图书馆主任，工作人员共有四类：助教 —— 负责在图书馆收集书籍、指导学生借阅参考，人员从北京大学毕业生中聘任，1920年9月设立；事务员 —— 由资深的图书馆工作人员担任，各课的"领课"由一等事务员担任；书记 —— 一般由增聘的新手担任；杂务人员 —— 包括装订匠、打字员、缮写员等。可见，无论从毛泽东在北大图书馆的工作内容，还是从他属于新增聘人员身份来看，都与"书记"的职责、要求相近。参见刘岳：《毛泽东在北大并不是当"助理员"》，原载《文摘报》，2019年8月20日。

[23] 中共中央文献研究室编、金冲及主编：《毛泽东传》，第68页，北京：中央文献出版社，1996年版。

[24] 同上书，第77页。

[25] [美]埃德加·斯诺：《红星照耀中国》，第136页，北京：人民文学出版社，2016年版。

[26] 黄加佳：《"易案"宫斗：上世纪三十年代"故宫盗宝案"始末》，原载《北京日报》，2017年1月10日。

[27] 该遗言由吴瀛代拟，由吴珊在易培基最后时刻交与他本人看过，见吴瀛：《故宫尘梦录》，第267页，北京：紫禁城出版社，2005年版。

[28] 吴瀛：《故宫尘梦录》，第291页，北京：紫禁城出版社，2005年版。

[29] 同上书，第288页。

[30] 老舍：《四世同堂》，见《老舍全集》，第四卷，第30页，北京：人民文学出版社，2013年版。

[31] 常钺、饶胜文:《九一八 —— 事变背后的角力》，第238页，北京：中央党史出版社，2005年版。

[32] 中国人民解放军历史资料丛书编审委员会编:《八路军（文献）》，第1—3页，北京：解放军出版社，1994年版。

[33] 中华民国重要史料初编委员会:《中华民国重要史料初编（对日抗战时期）》，第二编（二），第55—58页，台北：中央文物供应社，1981年版。

[34]《神圣抗战的展开》，原载《中央日报》，1937年8月14日。

[35]《中国共产党大事记·1937年》，原文链接：http ://cpc.people.com.cn/GB/64162/64164/4415986.html。

[36] 参见百度百科"第二次国共合作"词条，原文链接：https ://baike.baidu.com/item/第二次国共合作/3584710?fr=aladdin。

[37] 参见胡大勇:《谢晋元：为国而死重于泰山》，见中国人民抗日战争纪念馆、中国人民大学博物馆编:《抗战家书：我们先辈的抗战记忆》，北京：中国人民大学出版社，2015年版。

[38] 吴基民:《四行仓库保卫战》，原载《解放日报》，2015年6月9日。

[39] 胡小康:《81年前的那场保卫战，有一个"八百壮士"的英勇故事》，来源：钧正平工作室，2018年10月26日，原文链接：http ://www.81.cn/xue-xi/2018 -10/26/content_9323971_3.htm。

[40] 王树增:《抗日战争》，第一卷，第143页，北京：人民文学出版社，2015年版。

[41] 同上。

[42]《"八一三"淞沪抗战亲历记》，来源：人民政协报，2015年8月13日，原文链接：http：//www.xinhuanet.com//politics/2015-08/13/c_128123739.htm。

[43] 参见宋希濂、黄维等著：《正面战场淞沪会战 —— 原国民党将领抗日战争亲历记》，第2页，北京：中国文史出版社，2013年版。

[44] 白崇禧：《回忆淞沪会战》，见宋希濂、黄维等著：《正面战场淞沪会战 —— 原国民党将领抗日战争亲历记》，第2—3页，北京：中国文史出版社，2013年版。

[45] 黎东方：《第二次中日战争的初步总结》，见唐德刚等著：《从甲午到抗战》，第33—34页，北京：台海出版社，2016年版。

[46]《惨烈的淞沪会战》，来源：凤凰网专稿，2013年6月13日，原文链接：http://phtv.ifeng.com/yuanchuang/detail_2013_06/13/26361987_1.shtml。

[47] 同上书，第34页。

[48] 曹刚川：《伟大的历史壮举，不朽的爱国篇章 —— 纪念中国人民抗日战争胜利60周年》，原载《求是》，2005年第15期。

[49] 转引自刘忠福主编：《烽烟南迁》，上册，第206页，成都：四川人民出版社，2020年版。

[50]《资深外交官厉声教追忆老上海的抗战岁月》，原载人民网，2015年9月8日。

[51] 转引自苏良智、毛剑峰等：《中国抗战内迁实录》，第8页，上

海：上海人民出版社，2015年版。

[52] 参见杜羽：《三万册古籍的乡愁》，原载《光明日报》，2014年1月28日。

[53] 参见金以林：《近代中国大学研究：1895—1949》，第234—240页，北京：中央文献出版社，2000年版。

[54] 同上书，第229页。

[55] 转引自刘忠福主编：《烽烟南迁》，上册，第210页，成都：四川人民出版社，2020年版。

[56] 徐婉玲：《颠沛流离的国宝：抗战时期故宫文物之迁徙（三）》，原载《中国美术报》，2019年2月18日。

[57] 当时中方宣传的战果是6比0，但后来的考证显示，第4大队在"八一四"空战中总共只击落了3架日机。据百度百科"八一四空战"词条，原文链接：https：//baike.baidu.com/item/八一四空战/5731343?fr=aladdin#reference-[6]-1843062-wrap。

[58] 参见马思猛编著：《马衡年谱长编》，中册，第754页，北京：故宫出版社，2021年版。

[59] 那志良：《我与故宫五十年》，第106页，合肥：黄山书社，2008年版。

[60] ［美］汉密尔顿·达尔比·佩里：《"帕内"号疑云——揭秘南京大屠杀前夕的"珍珠港事件"》，第106页，上海：上海书店，2022年版。

[61] 杭立武：《中华文物播迁记》。

[62] 那志良：《我与故宫五十年》，第125页，合肥：黄山书社，

2008年版。

[63] 同上书，第111页。

[64] 同上书，第124页。

[65] 同上书，第110页。

[66] 秦孝仪主编：《中华民国重要史料初编 —— 对日抗战时期》，第二编（二），第211—213页，台北：中国国民党中央委员会党史委员会编印，1981年版。

[67] 那志良：《我与故宫五十年》，第124—125页，合肥：黄山书社，2008年版。

[68] 同上书，第124页。

[69] 同上书，第125页。

[70] 周晓、刘长秀、王丽颖：《故宫文物西迁档案史料选辑》，原载《民国档案》，2017年第1期。

[71] 杭立武：《中华文物播迁记》，第22页，台北：商务印书馆，1980年版。

[72] 参见那志良：《我与故宫五十年》，第111页，合肥：黄山书社，2008年版。

[73] 马思猛：《金石梦 故宫情 —— 我心中的爷爷马衡》，第196—197页，北京：国家图书馆出版社，2009年版。

[74] 《历史见证人梁匡忠讲诉押运国宝南迁北返的20年》，来源：新京报，2005年8月10日，原文链接：https://news.sina.com.cn/c/p/2005-08-10/03457455260.shtml。

[75] 百度百科"南京大屠杀"词条，原文链接：https：//baike.baidu.com/item/ 南京大屠杀 /26188?fr=aladdin。

[76]［美］诺曼·阿莱：《我目击》，转引自［美］汉密尔顿·达尔比·佩里：《"帕内"号疑云 —— 揭秘南京大屠杀前夕的"珍珠港事件"》，第53页，上海：上海书店出版社，2022年版。

[77] 徐婉玲：《颠沛流离的国宝：抗战时期故宫文物之迁徙（三）》，原载《中国美术报》，2019年2月18日。

[78] 张宪文、吕晶编：《见证与记录 —— 南京大屠杀史料精选（日方史料）》，第49页，南京：江苏人民出版社，2014年版。

[79] 郭汝瑰、黄玉章主编：《中国抗日战争正面战场作战记》，上册，第626页，南京：江苏人民出版社，2005年版。

[80]［美］诺曼·阿莱：《我目击》，转引自［美］汉密尔顿·达尔比·佩里：《"帕内"号疑云 —— 揭秘南京大屠杀前夕的"珍珠港事件"》，第172页，上海：上海书店出版社，2022年版。

[81]［美］诺曼·阿莱：《我目击》，转引自［美］汉密尔顿·达尔比·佩里：《"帕内"号疑云 —— 揭秘南京大屠杀前夕的"珍珠港事件"》，第63—68页，上海：上海书店出版社，2022年版。

[82]据事后组成的特别调查庭提交的《事实认定报告》，参见［美］诺曼·阿莱：《我目击》，转引自［美］汉密尔顿·达尔比·佩里：《"帕内"号疑云 —— 揭秘南京大屠杀前夕的"珍珠港事件"》，第183页，上海：上海书店出版社，2022年版。

[83]《宪兵司令部战斗详报》，见张宪文主编：《南京大屠杀史料

集》，第二册，第215页，南京：江苏人民出版社，2005年版。

[84]《步兵第三十三联队南京附近战斗详报》，见张宪文主编：《南京大屠杀史料集》，第十一册，第85页，南京：江苏人民出版社，2006年版。

[85] 郭岐：《陷都血泪录》，见张宪文主编：《南京大屠杀史料集》，第三册，第152—153页，南京：江苏人民出版社，2005年版。

[86] 张宪文、吕晶编：《见证与记录 —— 南京大屠杀史料精选（日方史料）》，第101页，南京：江苏人民出版社，2014年版。

[87]《刘永兴口述》，见张宪文主编：《南京大屠杀史料集》，第二十五册，第10页，南京：江苏人民出版社，2006年版。

[88] 张宪文、吕晶编：《见证与记录 —— 南京大屠杀史料精选（日方史料）》，第341页，南京：江苏人民出版社，2014年版。

[89][美]张纯如：《南京暴行 —— 被遗忘的大屠杀》，第28页，北京：东方出版社，1998年版。

[90] 中央档案馆、中国第二历史档案馆、吉林省社会科学院编：《南京大屠杀》，第745页，北京：中华书局，1995年版。

[91] 同上。

[92][日]洞富雄：《南京大屠杀》，第203页，上海：上海译文出版社，1987年版。

[93] 参见《我的抗战》节目组：《我的抗战2》，第215—216页，北京：中国友谊出版公司，2012年版。

第四章　谁念客身轻似叶：西迁南路

[1]《国民政府发表为贯彻长期抗战移驻重庆文告》，见秦孝仪主编：《中华民国重要史料初编——对日抗战时期》，第二编（二），第211—212页，台北：中国国民党中央委员会党史委员会编印，1981年版。

[2] 参见那志良：《故宫五十年》，第124页，北京：民主与建设出版社，2020年版。

[3]《林徽因集》，小说戏剧翻译书信卷，第207—208页，北京：人民文学出版社，2014年版。

[4] 巴金：《广州在轰炸中》，见《巴金全集》，第123—124页，北京：人民文学出版社，1990年版。

[5] 刘忠福：《烽烟南迁》，下册，第3页，成都：四川人民出版社，2020年版。

[6] 马衡：《抗战期间故宫文物之保管》，见《马衡文存》，第463页，南京：江苏人民出版社，2020年版。

[7] 徐婉玲：《颠沛流离的国宝：抗战时期故宫文物之迁徙（三）》，原载《中国美术报》，2019年2月18日。

[8] 关于徐森玉是否曾担任故宫博物院副院长一职，众说纷纭。查故宫博物院理事会会议记录，可以得到答案。1933年7月15日，在南京励志社召开的故宫博物院第一届理事会上，推马衡为故宫博物院院长，徐鸿宝（森玉）为副院长。1933年7月任故宫博物院秘书长。7月26日，国民政府函告故宫博物院，聘任马衡为故宫博物院代理院长，聘徐森玉为故宫博物院秘书长。但根据1934年7月5日在国民政

府行政院会议厅举行的故宫博物院第二届理事会第二次常务理事会会议的记录，徐森玉并未同意担任副院长一职，只担任了秘书长一职，而副院长、秘书长一职，也在故宫博物院第二届理事会第二次常务理事会会议上废除，因此，徐森玉仍旧只保留了古物馆馆长一职。该会议记录如下："二十二年七月十五日理事会公推徐鸿宝为院副院长，案经通过。旋以未片得本人同意，暂行保留在案。嗣以秘书长一缺，职责重要，未便久悬，遂暂派徐鸿宝代理秘书长服务至今已十有一月。今修改之本院组织法经公布，所有副院长，秘书长各职悉已废除，徐君长于金石书画之鉴别及图书版本之学，以之充任古物馆长，最属相宜。"参见故宫博物院档案，组织人事类，参见马思猛编著：《马衡年谱长编》，中册，第439、443、515页，北京：故宫出版社，2020年版。

[9] 马思猛编著：《马衡年谱长编》，中册，第757页，北京：故宫出版社，2020年版。

[10] 同上。

[11] 参见《中国抗日战争史》编写组：《中国抗日战争史》，第224页，北京：人民出版社，2011年版。

[12] 同上。

[13] [日] 防卫厅防卫研究所战史室：《中国事变陆军作战》（2），第36页，东京：朝云新闻社，1976年版。

[14] 百度百科"武汉会战"词条，原文链接：https：//baike.baidu.com/item/武汉会战/13405?fr=aladdin。

［15］同上。

［16］百度百科"抗日战争"词条，原文链接：https：//baike.baidu.com/item/抗日战争/128498?fr=aladdin#ref_[58]_18593415。

［17］《贵州战时防空与"二四大轰炸"》，来源：多彩贵州网－贵州日报，原文链接：http：//news.gog.cn/system/2015/08/04/014471574.shtml。

［18］徐森玉：《徐森玉全集》，第173页，上海：上海人民出版社，2021年版。

［19］同上书，第173—174页。

［20］同上书，第195页。

［21］同上书，第202—203页。

［22］徐婉玲：《颠沛流离的国宝：抗战时期故宫文物之迁徙（三）》，原载《中国美术报》，2019年2月18日。

［23］同上。

［24］庄因：《漂流的岁月——故宫国宝南迁与我的成长·栖迟天涯》，第15—16页，天津：百花文艺出版社，2012年版。

［25］马衡：《抗战时期故宫文物之保管》，见《马衡文存》，第459页，南京：江苏人民出版社，2020年版。

［26］转引自徐婉玲：《重走故宫南迁路考察记（二）》，原载《紫禁城》，2010年第11期。

［27］徐森玉：《徐森玉全集》，第143页，上海：上海人民出版社，2021年版。

[28] 同上书，第238页。

[29] 郑振铎：《劫中得书记》，见《郑振铎全集》，第六卷，第779页，石家庄：花山文艺出版社，1998年版。

[30] 今山西省洪洞县赵城镇。

[31]《赵城军民协力卫护佛家珍藏，抢出广胜寺古代经卷》，原载《新华日报》（太岳版），1942年7月6日。

[32] 关于金刻《赵城金藏》的抢救过程，参见高扬文：《追忆史健同志》，原载《人民日报》，1986年2月16日；胡宁：《〈赵城金藏〉：辗转千年的虔敬》，原载《中国青年报》，2020年3月17日。

[33] 徐森玉：《徐森玉全集》，第239页，上海：上海人民出版社，2021年版。

[34] 庄因：《漂流的岁月——故宫国宝南迁与我的成长·栖迟天涯》，第16页，天津：百花文艺出版社，2012年版。

[35] 庄灵：《父亲庄尚严与南迁国宝的故事》，原载《中国科学探险》，2005年第9期。

[36] 即：子、丑、寅、卯、辰、巳、午、未、申、酉、戌、亥。

[37] 庄因：《漂流的岁月——故宫国宝南迁与我的成长·栖迟天涯》，第9页，天津：百花文艺出版社，2012年版。

[38] 转引自朱传荣：《战时的故宫人》，原载《中华读书报》，2019年2月13日。

[39] 高佳：《抗战时期苏联“中国艺术展览会”再考察》，原载《中国国家博物馆馆刊》，2019年第2期。

[40]《故宫理事会第三届第二次常务理事会议讨论事项》，中国第二历史档案馆藏。

[41] 百度百科"列宁格勒战役"词条，原文链接：https：//baike.baidu.com/item/ 列宁格勒战役 /1671348?fr=aladdin。

[42] 百度百科"苏德战争"词条，原文链接：https：//baike.baidu.com/item/ 苏德战争 /82678?fr=aladdin。

[43] 中国第二历史档案馆民国档案，转引自马思猛编著：《马衡年谱长编》，中册，第813页，北京：故宫出版社，2020年版。

[44] 同上。

[45] 中国第二历史档案馆民国档案，转引自马思猛编著：《马衡年谱长编》，中册，第815页，北京：故宫出版社，2020年版。

[46] 百度百科"列宁格勒战役"词条，原文链接：https：//baike.baidu.com/item/ 列宁格勒战役 /1671348?fr=aladdin。

[47] 同上。

[48] 参见《励乃骥呈马衡报告书》，中国第二历史档案馆藏。

[49]《王世杰日记》，上册，第549页，台北："中央研究院"近代史研究所，2012年版。

[50]《故宫理事会第三届第二次常务理事会议讨论事项》，中国第二历史档案馆藏，标点为引者加。

[51]《国立北平故宫博物院书画展览会展品目录》，1943年印行，上海：上海图书馆藏，藏书号码：A54121200107032B。

[52]《王世杰日记》，上册，第458页，台北："中央研究院"近代

史研究所，2012年版。

[53]《国立北平故宫博物院书画展览会展品目录》，第1—5页，1943年印行，上海：上海图书馆藏，藏书号码：A54121200107032B。

[54] 徐悲鸿：《故宫书画展巡礼》，原载《新民报·晚刊》，1944年1月8日。

[55] 朱传荣：《父亲的声音》，第350页，北京：中华书局，2018年版。

[56] 朱家溍：《我怎样干上文物工作的》，见《故宫退食录》，第1页，北京：紫禁城出版社，2009年版。

[57] 台北"国史馆"《蒋介石日记》手迹，转引自马思猛编著：《马衡年谱长编》，下册，第849页，北京：故宫出版社，2020年版。

[58] 百度百科"枣宜会战"词条，原文链接：https：//baike.baidu.com/item/ 枣宜会战 /1167569?fr=aladdin。

[59] 马思猛编著：《马衡年谱长编》，下册，第850页，北京：故宫出版社，2020年版。

[60] 史元杰：《抗战在三峡 —— 鄂西大捷 —— 石牌保卫战》，来源：政协宜昌市委员会，2011年8月24日，原文链接：http：//www.ycszx.gov.cn/content-37896-507896-1.html。

[61] 同上。

[62] 同上。

[63] 同上。

[64]《日军为何不直攻重庆？因为有石牌保卫战！》，来源：铁血网，2016年4月4日，原文链接：https：//www.krzzjn.com/show-607-

28778.html。

[65]《抗日老兵回忆贵州独山战役：亲自击毙十多名鬼子》，原载《重庆晨报》，2005年6月18日。

[66] 百度百科"独山战役"词条，原文链接：https：//baike.baidu.com/item/ 独山战役 /6420286?fr=aladdin。

[67]《抗日老兵回忆贵州独山战役：亲自击毙十多名鬼子》，原载《重庆晨报》，2005年6月18日。

[68] 百度百科"独山战役"词条，原文链接：https：//baike.baidu.com/item/ 独山战役 /6420286?fr=aladdin。

[69] 百度百科"黔南事变"词条，原文链接：https：//baike.baidu.com/item/ 黔南事变 /8545164?fr=aladdin。

[70] 同上。

[71] 同上。

[72]《抗日老兵回忆贵州独山战役：亲自击毙十多名鬼子》，原载《重庆晨报》，2005年6月18日。

[73] 百度百科"独山战役"词条，原文链接：https：//baike.baidu.com/item/ 独山战役 /6420286?fr=aladdin。

[74] 同上。

[75] 同上。

[76] 同上。

[77] 百度百科"中日战争"词条，原文链接：https：//baike.baidu.com/item/ 中日战争 /3881?fr=aladdin。

[78] 庄因:《漂流的岁月 —— 故宫国宝南迁与我的成长·栖迟天涯》,第31页,天津:百花文艺出版社,2012年版。

[79]《王世杰日记》,转引自马思猛编著:《马衡年谱长编》,下册,第860页,北京:故宫出版社,2020年版。

[80] 马思猛编著:《马衡年谱长编》,下册,第862页,北京:故宫出版社,2020年版。

[81] 那志良:《我与故宫五十年》,第139页,长沙:岳麓书社,2008年版。

[82] 庄因:《漂流的岁月 —— 故宫国宝南迁与我的成长·栖迟天涯》,第31页,天津:百花文艺出版社,2012年版。

[83] 同上书,第32页。

[84] 今重庆市巴南区。

[85] 参见四川省峨眉县志编纂委员会编纂:《峨眉县志》,第11页,成都:四川人民出版社,1991年版。

[86]《王世杰日记》,转引自马思猛编著:《马衡年谱长编》,下册,第880页,北京:故宫出版社,2020年版。

[87] 同上。

[88] 庄因:《漂流的岁月 —— 故宫国宝南迁与我的成长·栖迟天涯》,第37页,天津:百花文艺出版社,2012年版。

[89] 傅振伦:《七十年所见所闻》,第62页,上海:华东师范大学出版社,1997年版。

第五章　千军万马一条江：西迁中路

[1] 百度百科"宜昌大撤退"词条，原文链接：https：//baike.baidu. com/item/ 宜昌大撤退 /9540536?fr=aladdin。

[2] 凌耀伦等编：《卢作孚文集》，第557页，北京：北京大学出版社，1999年版；转引自刘重来：《卢作孚与宜昌大撤退》，原载《炎黄春秋》，2017年第6期。

[3] 百度百科"宜昌大撤退"词条，原文链接：https：//baike.baidu. com/item/ 宜昌大撤退 /9540536?fr=aladdin。

[4] 刘重来：《卢作孚与宜昌大撤退》，原载《炎黄春秋》，2017年第6期。

[5] 同上。

[6] 毛剑杰：《中国的"敦刻尔克大撤退"》，原载《中国国家地理》，2014年2月号。

[7] 李天元、杨金邦：《东方的敦克尔刻大撤退》，原载中国人民政治协商会议湖北省宜昌市委员会文史资料研究委员会编：《宜昌市文史资料》，第七辑，转引自孙明经摄影、著，孙建秋、孙建和编著：《孙明经手记——抗战初期西南诸省民生写实》，第172页，北京：世界图书出版公司，2013年版。

[8] 参见徐婉玲：《重走故宫文物南迁路考察记（四）》，原载《紫禁城》，2011年第3期。

[9]《故宫分院来了！ 抗战时期，重庆守护了大批故宫南迁珍宝》，来源：重庆发布，2018年1月19日，原文链接：https：//www.cqcb.com/

hot/2018－01－19/645082_pc.html。

[10] 徐婉玲:《颠沛流离的国宝:抗战时期故宫文物之迁徙(三)》,原载《中国美术报》,2019年2月18日。

[11] 李响:《抗战中的重庆八路军办事处》,原载《国家人文历史》,2015年第13期。

[12] 参见〔日〕前田哲男:《从重庆通往伦敦、东京、广岛 —— 二战时期的战略大轰炸》,第28页,重庆:重庆出版社,2015年版;〔日〕伊香俊哉:《战争的记忆 —— 日中两国的共鸣和争执》,第176—222页,北京:社会科学文献出版社,2016年版;李永晶:《变异:日本二千年》,第308页,桂林:广西师范大学出版社,2021年版。

[13] 百度百科"南京大屠杀"词条,原文链接:https : //baike.baidu.com/item/南京大屠杀/26188?fr=aladdin。

[14] 李永晶:《变异:日本二千年》,第309页,桂林:广西师范大学出版社,2021年版。

[15] 同上书,第309—310页。

[16] 到战争后期,零式战斗机的优势逐渐失去,于是成为神风特攻队自杀爆炸攻击的主要机种。

[17] 李永晶:《变异:日本二千年》,第310页,桂林:广西师范大学出版社,2021年版。

[18] 百度百科"重庆大轰炸"词条,原文链接:https : //baike.baidu.com/item/重庆大轰炸/1192502?fr=aladdin。

[19] 同上。

[20] 胡风:《回忆录》，见《胡风全集》，第七卷，第476页，武汉：湖北人民出版社，1999年版。

[21] 百度百科"重庆大轰炸"词条，原文链接：https：//baike.baidu.com/item/ 重庆大轰炸 /1192502?fr=aladdin。

[22] 马思猛编著:《马衡年谱长编》，中册，第784—785页，北京：故宫出版社，2020年版。

[23] 马衡:《抗战期间故宫文物之保管》，见清华大学国学研究院主编、方遥选编:《马衡文存》，第463页，南京：江苏人民出版社，2020年版。

[24] 参见那志良:《我与故宫五十年》，第131页，合肥：黄山书社，2008年版。

[25] 同上书，第130页。

[26] 百度百科"乐山'8·19大轰炸'"词条，原文链接：https：//baike.baidu.com/item/ 乐山"8·19"大轰炸 /1671108?fr=aladdin#reference-[1]-6414173-wrap。

[27] 同上。

[28] 同上。

[29] 同上。

[30] 原载《东京日日新闻》，1939年8月20日；译文见魏奕雄主编:《乐山抗日战争档案文献选编》，第202页，乐山：四川省乐山市档案馆，2017年编印。

[31] 参见那志良:《我与故宫五十年》，第131页，合肥：黄山书社，

2008年版。

[32] 魏奕雄主编:《乐山抗日战争档案文献选编》,第220页,乐山:四川省乐山市档案馆,2017年编印。

[33] 叶圣陶:《乐山被炸》,原载《中学生战时半月刊》,1940年第20期,第11页。

[34] 百度百科"乐山'8·19大轰炸'"词条,原文链接:https://baike.baidu.com/item/乐山"8·19"大轰炸/1671108?fr=aladdin#reference-[1]-6414173-wrap。

[35] 刘梦溪:《马一浮与国学》,第327—328页,北京:生活·读书·新知三联书店,2015年版。

[36] 同上书,第35—36页。

[37] 同上书,第335页。

[38] 同上书,第336页。

[39] 马一浮:《楷定国学名义》,见《马一浮集》,第一册,第10页,杭州:浙江古籍出版社,1996年版。

[40] 乌以凤辑录:《问学私记》,见《马一浮集》,第三册,第1169页,杭州:浙江古籍出版社,1996年版。

[41] 刘梦溪:《马一浮与国学》,第185页,北京:生活·读书·新知三联书店,2015年版。

[42] 马一浮:《致张立民》第九函(1938年),见《马一浮集》,第二册,第827页,杭州:浙江古籍出版社,1996年版。

[43] 参见百度百科"大足石刻"词条,原文链接:https://baike.

baidu.com/item/ 大足石刻 /209440 ?fr=aladdin。

[44] 李梅:《大足石刻与苏州的初相遇,与苏州人的"再相逢"》,原载"澎湃新闻",2021年1月30日。

[45] 参见优游哉客栈:《改变大足石刻命运的乙酉考察团》,原文链接：http : //www.360 doc.com/content/20 /0708/10/67748568 _922929273. shtml。

[46] 参见祝勇:《最后的皇朝》,第234—246页,北京：人民文学出版社,2019年版。

[47]《民国重修大足县志》,转引自马思猛编著:《马衡年谱长编》,下册,第875页,北京：故宫出版社,2020年版。

[48]《顾颉刚日记》,第五卷,第447页,北京：中华书局,1999年版。

[49] 肖国徽、张玮、吕俊池:《70年前的那个春天》,原载《大足日报》,2014年11月24日第4版。

[50]《民国重修大足县志》,转引自马思猛编著:《马衡年谱长编》,下册,第876页,北京：故宫出版社,2020年版。

[51]《中央日报》,1945年5月5日；转引自马思猛编著:《马衡年谱长编》,下册,第878页,北京：故宫出版社,2020年版。

[52] 参见优游哉客栈:《改变大足石刻命运的乙酉考察团》,原文链接：http : //www.360 doc.com/content/20 /0708/10/67748568 _922929273. shtml。

[53] 李梅:《大足石刻与苏州的初相遇,与苏州人的"再相逢"》,

原载"澎湃新闻",2021年1月30日。

[54] 优游哉客栈:《改变大足石刻命运的乙酉考察团》,原文链接:http://www.360doc.com/content/20/0708/10/67748568_922929273.shtml。

[55] 关于"大足石刻考察团"的考察情况,参见吴显齐:《大足石刻考察团日记》,见郭鸿厚修、陈习删等撰:《民国重修大足县志》,1946年印行;肖国徽、张玮、吕俊池:《73年前的那个春天 —— 回溯大足石刻首次科学考察》,原载《大足日报》,2014年11月24日。

第六章　到晚才知身是我:西迁北路

[1] 今陕西省宝鸡市石鼓山。

[2] 参见那志良:《我与故宫五十年》,第128页,合肥:黄山书社,2008年版。

[3] 参见上书,第112页。

[4] 百度百科"秦岭",原文链接:https://baike.baidu.com/item/秦岭/1396?fr=aladdin。

[5] 参见那志良:《我与故宫五十年》,第123页,合肥:黄山书社,2008年版。

[6]《国立北平故宫博物院公函蓉字一一五号》,转引自龚静染:《西迁东还:抗战后方人物的命运与沉浮》,第327页,成都:天地出版社,2019年版。

[7] 参见那志良:《我与故宫五十年》,第132页,合肥:黄山书社,

2008年版。

[8] 转引自赵敬忠:《典守峨眉 —— 故宫文物南迁入藏峨眉》,第75页,北京:团结出版社,2018年版。

[9] 欧阳道达:《故宫文物避寇记》,转引自龚静染:《西迁东还:抗战后方人物的命运与沉浮》,第330页,成都:天地出版社,2019年版。

[10] 那志良:《典守故宫国宝七十年》,第124页,北京:紫禁城出版社,2004年版。

[11] 参见四川省峨眉县志编纂委员会编纂:《峨眉县志》,第13页,成都:四川人民出版社,1991年版。

[12] 谭永富:《"国宝"目睹记》,原载《峨眉文史》,2004年第20辑。

[13] 那志良:《典守故宫国宝七十年》,第115—116页,北京:紫禁城出版社,2004年版。

第七章　覆巢犹幸能完卵:沦陷之城

[1] 陈晓卿、李继锋、朱乐贤:《一个时代的侧影 —— 中国1931—1945》,第171页,桂林:广西师范大学出版社,2005年版。

[2]《溥仪日记:全本》,上册,第328页,天津:天津人民出版社,2009年版。

[3] 逄增玉:《满映 —— 殖民主义电影政治与美学的魅影》,第131页,北京:人民出版社,2015年版。

[4] 马思猛编著:《马衡年谱长编》,中卷,第765—766页,北京:

故宫出版社，2020年版。

[5] 中国第二历史档案馆：《中华民国史档案资料汇编》，第五辑，第175页，南京：江苏古籍出版社，1994年版。

[6] 朱家溍：《故宫退食录》，下册，第577—578页，北京：紫禁城出版社，2009年版。

[7]《国立北平故宫博物院工作报告（民国二十六年）》，故宫博物院档案，档案编号：jfqggjhzjbb100390。

[8] 参见百度百科"汪伪国民政府"词条，原文链接：https://baike.baidu.com/item/汪伪国民政府/10223223?fr=aladdin。

[9] 参见《国立北平故宫博物院第五届理事会第二次会议记录》，上海图书馆藏，1943年。

[10] 转引自顾盼：《华沙——浴火中重生的城市》，来源：中华人民共和国外交部官网，2010年9月20日，原文链接：https://www.mfa.gov.cn/ce/cepl/chn/zbwx/t754256.htm；亦参见联合国教科文组织官网，原文链接：https://whc.unesco.org/en/list/30/。

[11] 刘梦雨：《绘紫禁城——战争阴影下，营造学社为北平古城抢救下一份空前绝后的珍贵记录》，原载《新华每日电讯》，2020年6月12日。

[12] 同上。

[13] 同上。

[14] 同上。

[15]《"华北政务委员会建设总署"测绘故宫建筑的公函》，北京

市档案馆档案，档案编号：J001-004-00087。

[16]《函达测绘故宫等处建筑物日期及办法希查照随时予以便利由》，故宫博物院档案，档案编号：jfqgwzzswl00242。

[17]《故宫研究院发布十一项科研与出版项目》，来源：故宫博物院官网，2014年2月25日，原文链接：https：//www.dpm.org.cn/learing_detail/225912.html。

[18]郑娜、黎诺瑶《〈北京城中轴线古建筑实测图集〉面世重现72年前古貌》，来源：人民网，2017年6月8日，原文链接：http：//travel.people.com.cn/n1/2017/0608/c41570-29325453.html。

[19]李济：《抗战后在日所见中国古物报告书》，见王元化主编：《学术集林》，卷四，第72—73页，上海：上海远东出版社，1995年版。

[20]童永纪：《日本侵略军强索故宫铜缸充军需》，原载《北京档案》，2006年第9期。

[21]庄灵：《父亲庄严与南迁国宝的故事》，原载《中国科学探险》，2005年第9期。

[22]马思猛编著：《马衡年谱长编》，中卷，第772页，北京：故宫出版社，2020年版。

[23]《中国抗日战争史》编写组：《中国抗日战争史》，第222页，北京：人民出版社，2011年版。

[24]雪泥鸿爪、洛水：《文明浩劫——抗战期间日寇损毁中国文物统计》，原载"浅绿的历史盒子"微信公众号，2019年4月3日。

[25]参见抗战时期北京地区文物损失调查课题组：《抗战时期日军

对北京文物的破坏与掠夺》，来源：宣讲家网，2015年6月3日，原文链接：http://www.71.cn/2015/0603/816320_3.shtml。

[26] 蓝建中、韩轩、陈思：《探访身在日本的中国国宝》，原载《国际先驱导报》，2006年5月15日。

[27]《中国抗日战争史》编写组：《中国抗日战争史》，第537—538页，北京：人民出版社，2011年版。

[28] 同上书，第220页。

[29] 同上书，第220—221页。

[30] 参见上书，第537页。

[31] 参见顾延龙等著、徐森玉编：《中国甲午以后流入日本之文物目录》，上海：中西书局，2012年版；孟国祥：《大劫难——日军侵华对中国文化的破坏》，北京：中国社会科学出版社，2005年版；戴维：《抗战时期中国文物损失概况》，原载《民国档案》，2002年第3期；韩文琦：《抗战时期日本侵占中国文物述论》，原载《南京政治学院学报》，2012年第5期。

[32] 郑欣淼：《有多少国宝流传宫外》，见郑欣淼：《紫禁内外》，第124页，北京：紫禁城出版社，2008年版。

[33] 孟国祥：《大劫难——日本侵华对中国文化的破坏》，第70页，北京：中国社会科学出版社，2005年版。

[34]《日本侵华战争劫掠文物目录问世》，原载参考消息网，2012年9月21日，原文链接：http://column.cankaoxiaoxi.com/2012/0921/95822.shtml。

[35] 参见《清理战时文物损失委员会结束报告》，1946年印行，故

宫博物院档案。

[36]《日本侵华战争劫掠文物目录问世》，原载参考消息网，2012年9月21日，原文链接：http://column.cankaoxiaoxi.com/2012/0921/95822.shtml。

[37] 原文为"天作孽，犹可违；自作孽，不可逭。"见《尚书》，第402页，北京：中华书局，2012年版。

[38] 李永晶：《变异——日本二千年》，第311页，桂林：广西师范大学出版社，2021年版。

[39] 百度百科"东京大轰炸"词条，原文链接：https://baike.baidu.com/item/ 东京大轰炸 /1192087 ?fr=aladdin。

[40] 同上。

[41] 百度百科"凝固汽油弹"词条，原文链接：https://baike.baidu.com/item/ 凝固汽油弹 /3266696 ?fr=aladdin。

[42] 百度百科"东京大轰炸"词条，原文链接：https://baike.baidu.com/item/ 东京大轰炸 /1192087 ?fr=aladdin。

[43] 同上。

[44] 同上。

[45] 同上。

[46] 同上。

[47] 李济：《抗战后在日所见中国古物报告书》，见王元化主编：《学术集林》，卷四，第71页，上海：上海远东出版社，1995年版。

[48] 参见《抗战时期，在"陪都"重庆曾经有一道名菜叫做"轰炸

东京"》，原文链接：https：//www.sohu.com/a/388388256_120408451。

[49] 李永晶：《变异 —— 日本二千年》，第312页，桂林：广西师范大学出版社，2021年版。

[50] 参见朱家溍：《我青年时代经历的院庆》，见朱家溍：《故宫退食录》，下册，第578页，北京：故宫出版社，2009年版。

[51] 参见那志良：《我与故宫五十年》，第140页，合肥：黄山书社，2008年版。

[52] 庄因：《漂流的岁月 —— 故宫国宝南迁与我的成长·栖迟天涯》，第41页，天津：百花文艺出版社，2012年版。

[53] 同济大学1940年从云南昆明迁至四川宜宾李庄。

[54]《抗战时规模最盛大的日军受降仪式彩照20万人涌向故宫欢庆》，来源：爱历史，2019年5月7日，原文链接：https：//baijiahao.baidu.com/s?id=1632847166746079272&wfr=spider&for=pc。

[55]《英国斯坦费尔德先生回忆亲历中国抗战纪实》，来源：国务院新闻办公室网站，2015年9月2日，原文链接：http：//www.scio.gov.cn/m/zhzc/2/32764/Document/1446736/1446736.htm。

[56]《抗战时规模最盛大的日军受降仪式彩照20万人涌向故宫欢庆》，来源：爱历史，2019年5月7日，原文链接：https：//baijiahao.baidu.com/s?id=1632847166746079272&wfr=spider&for=pc。

[57] 溥佳：《一九二四年溥仪出宫前后琐记》，原载《文史资料选辑》，第三十五辑，1980年版。

[58] 溥仪：《我的前半生》，第129—130页，北京：人民文学出版

社，2019年版。

[59] 参见杨仁恺:《国宝沉浮录》，第72页，沈阳:辽宁人民出版社，2020年版。

[60] 溥佳:《一九二四年溥仪出宫前后琐记》，原载《文史资料选辑》，第三十五辑，1980年版。

[61] 传为唐代欧阳询据王羲之真迹临摹上石，宋代以来《兰亭序》刻本众多，论者多以欧摹定武本为正宗。

[62] 参见杨仁恺:《严振文回忆溥仪盗出书画经过笔录》，见杨仁恺:《中国古代书画过眼录》，第138页，沈阳:辽宁人民出版社，2019年版。

[63] 参见杨仁恺:《国宝沉浮录》，第139页，沈阳:辽宁人民出版社，2020年版。

[64] 参见杨仁恺:《严振文回忆溥仪盗出书画经过笔录》，见杨仁恺:《中国古代书画过眼录》，第138页，沈阳:辽宁人民出版社，2019年版。

[65] 参见杨仁恺:《国宝沉浮录》，第139页，沈阳:辽宁人民出版社，2020年版。

[66] 今吉林省白山市靖宇县。

[67] 杨仁恺:《国宝沉浮录》，第164页，沈阳:辽宁人民出版社，2020年版。

[68] 祝勇:《故宫的古物之美》（增订本），第66页，北京:人民文学出版社，2022年版。

[69] 朱启钤1946年捐献文物数量见《"国立"故宫博物院大事纪

要》，见冯明珠主编：《故宫胜概新编》，第236页，台北："国立"故宫博物院，2010年版。

[70]《报告收购溥仪赏溥杰书画六件经过情形请备案由》，1947年2月10日，故宫博物院档案，档案号：jfqggwwbgl00979。

[71]《呈请再拨国币两亿元以充续购溥仪赏溥杰书籍书画之用由》，1947年1月13日交办，故宫博物院档案，档案号：jfqggwwbgl00979。

[72]《报告收购溥仪赏溥杰书画六件经过情形请备案由》，1947年2月10日，故宫博物院档案，档案号：jfqggwwbgl00979。

[73]《续报收购已佚书籍书画经过情形请备案由》（附《收购已佚书籍书画表一份》，1947年8月25日封发，故宫博物院档案，档案号：jfqggwwbgl00979。

[74] 故宫博物院1947年档案。

第八章　八千里路云和月：东归北返

[1] 毛昭晰：《我的抗战胜利回忆录》，第61页，上海：同济大学出版社，2017年版。

[2] 祝勇：《故宫的古物之美》（增订本），第109页，北京：人民文学出版社，2022年版。

[3] 参见那志良：《我与故宫五十年》，第145—146页，合肥：黄山书社，2008年版。

[4] 参见上书，第148页。

[5] 参见上书，第149页。

[6]《马衡谈古物陈列》，原载《华北日报》，1947年12月16日。

[7] 庄因：《漂流的岁月 —— 故宫国宝南迁与我的成长·栖迟天涯》，第47页，天津：百花文艺出版社，2012年版。

[8] 关于故宫文物在南迁过程中所受损失，欧阳道达先生《故宫文物避寇记》中亦列有细目，参见欧阳道达：《故宫文物避寇记》，第109—117页，北京：紫禁城出版社，2010年版。

[9] 马衡：《抗战时期故宫文物之保管》，见《马衡文存》，第458页，南京：江苏人民出版社，2020年版。

[10] 刘忠福主编：《烽烟南迁》，下册，第216页，成都：四川人民出版社，2020年版。

[11] 郑欣淼：《天府永藏 —— 两岸故宫博物院文物藏品概述》，第308页，北京：紫禁城出版社，2008年版。

[12] 百度百科"辽沈战役"词条，原文链接：https：//baike.baidu.com/item/辽沈战役/1295?fr=aladdin#ref_[8]_5064480。

[13] 毛泽东：《中国军事形势的重大变化》，见《毛泽东选集》，第四卷，第1364页，北京：人民出版社，1960年版。

[14] 百度百科"淮海战役"词条，原文链接：https：//baike.baidu.com/item/淮海战役/287777?fr=aladdin。

[15] 李自华、王蕾：《1949年，马衡和故宫国宝的命运》，原载《百年潮》，2010年第1期；亦参见故宫博物院编：《故宫博物院早期院史（1925—1949年）》，第167页，北京：故宫出版社，2018年版。

[16] 李自华、王蕾：《1949年，马衡和故宫国宝的命运》，原载《百

年潮》，2010年第1期。

[17] 马衡著、马思猛整理：《马衡日记（1948—1955）》，第29页注①，北京：生活·读书·新知三联书店，2018年版。

[18] 同上书，第75—76页注①。

[19] 尹达：《新石器时代》，第243页，北京：生活·读书·新知三联书店，1979年版。

[20] 马衡著、马思猛整理：《马衡日记（1948—1955）》，第41页，北京：生活·读书·新知三联书店，2018年版。

[21] 同上书，第44页。

[22] 同上书，第48页；亦参见罗歌：《接管北平故宫博物院琐记》，原载《燕都》，1986年第2期（总第5期）。

[23] 马衡著、马思猛整理：《马衡日记（1948—1955）》，第48页，北京：生活·读书·新知三联书店，2018年版。

[24] 同上书，第48页；亦参见罗歌：《接管北平故宫博物院琐记》，原载《燕都》，1986年第2期（总第5期）。

[25] 同上。

[26] 马衡著、马思猛整理：《马衡日记（1948—1955）》，第59页，北京：生活·读书·新知三联书店，2018年版。

[27] 罗歌：《接管北平故宫博物院琐记》，原载《燕都》，1986年第2期（总第5期）。

[28] 转引自林桶法：《1949大撤退》，第115页，北京：九州出版社，2011年版。

[29] 参见庄因:《漂流的岁月 —— 故宫国宝南迁与我的成长·栖迟天涯》，第53页，天津：百花文艺出版社，2012年版。

[30] 马思猛:《金石梦故宫情 —— 我心中的爷爷马衡》，第233页，北京：国家图书馆出版社，2009年版。

[31] 参见［日］野岛刚:《两个故宫的离合 —— 历史翻弄下两岸故宫的命运》，第115—116页，上海：上海译文出版社，2014年版。

[32] 马思猛:《金石梦故宫情 —— 我心中的爷爷马衡》，第233页，北京：国家图书馆出版社，2009年版。

[33] 百度百科"摛藻堂景印四库全书荟要"词条，原文链接：https ://baike.baidu.com/item/ 摛藻堂景印四库全书荟要 /12448349 ?fr=aladdin。

[34] 戴逸:《摛藻堂〈钦定四库全书荟要〉影印序》，见《钦定四库全书荟要》，长春：吉林出版集团，2005年版。

[35] 同上。

[36] 转引自杭立武:《中华文物播迁记》，第94—95页，台北：台湾商务印书馆，1980年版。

[37] 郭宝钧:《山彪镇与琉璃阁》，第1页，北京：科学出版社，1959年版。

[38] 曾昭燏:《搬回古物图书》，原载《大公报》，1949年3月6日。

[39] 参见岱峻:《李济传》，第233页，南京：江苏文艺出版社，2009年版。

[40] 影印本见杭立武:《中华文物播迁记》，第106—107页，台北：台湾商务印书馆，1980年版。

[41] 参见故宫博物院编：《故宫博物院早期院史（1925—1949年）》，第165页，北京：故宫出版社，2018年版。

[42] 参见郑欣淼：《两岸故宫是一家》，见郑欣淼：《守望经典——郑欣淼谈故宫》，第233页，北京：紫禁城出版社，2008年版。

[43] 此数字见故宫博物院官网，https：//www.dpm.org.cn/classify_detail/158204.html。

[44]《向全国进军的命令》，见《毛泽东选集》，第四卷，第1452—1453页，北京：人民出版社，1960年版。

[45] 马衡著、马思猛整理：《马衡日记（1948—1955）》，第78页，北京：生活·读书·新知三联书店，2018年版。

[46] 同上。

[47] 同上书，第79页。

[48] 马衡著、马思猛整理：《马衡日记（1948—1955）》，第192页，北京：生活·读书·新知三联书店，2018年版。

[49]《为通知春节期间陈列北运文物一部并减价优待参观由》，1950年2月7日，故宫博物院藏，档案号：19500357z。

[50] 参见故宫博物院官网，原文链接：https：//www.dpm.org.cn/periodical/166533.html。

[51]《伟大的祖国艺术展览筹备会议纪录》，1951年8月4日，故宫博物院藏，档案号：19510024z。

[52] 呼宗璋：《我看了伟大祖国的艺术展览》，文化部文物局抄件，1951年11月16日，故宫博物院藏，档案号：19510031z。

[53] 此数字见故宫博物院官网，https：//www.dpm.org.cn/classify_detail/158245.html。

[54] 关于故宫博物院购回《水村图》的详细过程，参见薛永年：《〈水村图〉及其"二进宫"》，原载《紫禁城》，2020年第6期。

[55] 参见杨仁恺：《长春公安局搜得伪宫文物记录》，见杨仁恺：《中国古代书画过眼录》，第58—67页，沈阳：辽宁人民出版社，2019年版。

[56] 杨仁恺：《国宝沉浮录》，第169页，沈阳：辽宁人民出版社，2020年版。

[57] 参见杨仁恺：《部分〈佚目〉书画归处盘点》，见杨仁恺：《中国古代书画过眼录》，第105页，沈阳：辽宁人民出版社，2019年版。

[58] 杨仁恺：《国宝沉浮录》，第173页，沈阳：辽宁人民出版社，2020年版。

[59] 同上书，第172页。

[60] 参见马思猛编著：《马衡年谱长编》，下册，第931页，北京：故宫出版社，见2020年版。

[61] 同上。

[62] 王世襄：《与伯驹先生交往三五事》，原载《传记文学》，2007年第8期。

[63] 参见杨仁恺：《部分〈佚目〉书画归处盘点》，见杨仁恺：《中国古代书画过眼录》，第93—94页，沈阳：辽宁人民出版社，2019年版。

[64] 潘素：《忆伯驹》，见张伯驹潘素文献整理编辑委员会编：《回

忆张伯驹》，第4页，北京：中华书局，2013年版。

[65] 同上书，第5页。

[66] 参见楼宇栋：《尘劫难移爱国志》，见张伯驹潘素文献整理编辑委员会编：《回忆张伯驹》，第26页，北京：中华书局，2013年版。

[67] 同上书，第26—27页。

[68] 冯其庸：《旷世奇人张伯驹》，见张伯驹潘素文献整理编辑委员会编：《回忆张伯驹》，第72—73页，北京：中华书局，2013年版。

[69] 楼宇栋：《尘劫难移爱国志》，见张伯驹潘素文献整理编辑委员会编：《回忆张伯驹》，第27页，北京：中华书局，2013年版。

[70] 马明捷：《张伯驹论剧》，见张伯驹潘素文献整理编辑委员会编：《回忆张伯驹》，第128页，北京：中华书局，2013年版。

[71] 杨仁恺：《国宝沉浮录》，第204页，沈阳：辽宁人民出版社，2020年版。

[72] 参见杨仁恺：《中国古代书画鉴定笔记》，第八册，第4011—4016页，沈阳：辽宁人民出版社，2015年版。

[73] 《故宫博物院与东北文物管理处接交清册》，故宫博物院档案，档案号：19490048z。

[74] 《为拨交东北博物馆清代官窑瓷器清册报请鉴核备查由》，1954年5月27日发，故宫博物院档案，档案号：19540238z。

[75] 庄严：《前生造定故宫缘》，第240页，北京：紫禁城出版社，2006年版。

[76] 《关于收购进于恩光"米芾诗苕溪诗"字卷等20余件文物的有

关文件》，故宫博物院档案，档案号：19650060z。

[77] 杨仁恺：《国宝沉浮录》，第153页，沈阳：辽宁人民出版社，2020年版。

[78] 杨仁恺《荣宝斋收购宋元书画及苏米法书目录》记载："米芾书《苕溪诗》卷纸本（中残八字）一件"，"中残八字"，应指彻底失去的"念、养、心、功、不、厌"六字与半损的"载酒"二字，见杨仁恺：《中国古代书画过眼录》，第131页，沈阳：辽宁人民出版社，2019年版。

[79] 马衡著、马思猛整理：《马衡日记（1948—1955）》，第153—154页，北京：生活·读书·新知三联书店，2018年版。

[80] 同上书，第154页。

[81] 吴瀛：《故宫尘梦录》，第299页，北京：紫禁城出版社，2005年版。

[82] 王凡：《毛泽东、董必武与故宫盗宝案平冤》，原载《羊城晚报》，2014年7月5日。

[83] 抽印本《关于鉴别书画的问题》封三《马衡附识》（标点为引者所加），见马衡著、马思猛整理：《马衡日记（1948—1955）》，第196页，北京：生活·读书·新知三联书店，2018年版。

[84] 马思猛：《金石梦·故宫情——我心中的爷爷马衡》，第192页，北京：国家图书馆出版社，2018年版。

[85] 马衡：《关于易培基盗宝案的一些问题》，故宫博物院档案，档案编号：19850199Z。

[86]《请监察院注意故宫"盗宝案"下文》，原载台湾《联合报》，

1961年12月23日。

[87] 吴相湘:《民国百人传》,转引自郑欣淼:《由〈鲁迅全集〉的一条注释谈故宫"盗宝案"》,原载《鲁迅研究月刊》,2007年第9期。

[88] 郑欣淼:《由〈鲁迅全集〉的一条注释谈故宫"盗宝案"》,原载《鲁迅研究月刊》,2007年第9期。

[89] 同上。

第九章　别时容易见时难:一宫两院

[1]《国朝宫史续编》,转引自章乃炜等编:《清宫述闻》,下册,第502页,北京:故宫出版社,2009年版。

[2] 这六百多部善本中,有三百多部仍藏在故宫博物院,其余三百部,被溥仪赏赐给弟弟溥杰,并由溥杰带出紫禁城,经过战争流离,一部分被各大博物馆和图书馆收藏,还有一些湮没无闻。

[3] 参见那志良:《我在故宫五十年》,第172页,长沙:岳麓书社,2008年版。

[4] 1959年,故宫博物院院长吴仲超将故宫博物院重新收藏的两百余部"天禄琳琅"古籍一并拨给北京图书馆(现中国国家图书馆)收藏。

[5] 参见宋兆霖主编:《北沟传奇 —— 故宫文物迁台后早期岁月》,第52页,台北:"国立"故宫博物院,2021年版。

[6] 参见那志良:《我在故宫五十年》,第172页,长沙:岳麓书社,2008年版。

[7] 参见昌彼得编:《故宫七十星霜》,第191页,台北:台湾商务

印书馆，1995年版。

[8]参见宋兆霖主编：《北沟传奇——故宫文物迁台后早期岁月》，第88页，台北："国立"故宫博物院，2021年版。

[9][日]野岛刚：《两个故宫的离合》，第8—9页，上海：上海译文出版社，2014年版。

[10]转引自那志良：《我在故宫五十年》，第223—224页，长沙：岳麓书社，2008年版。

[11]昌彼得编：《故宫七十星霜》，第199—200页，台北：台湾商务印书馆，1995年版。

[12]祝勇：《故宫的书法风流》，北京：人民文学出版社，2021年版。

[13]《故宫博物院院刊》1985年第3期刊登故宫博物院保管部报告书，公布有2176箱文物留在南京博物院。

[14]叶恭绰：《石鼓归京在故宫》，转引自庄尚严：《前生造定故宫缘》，第194页，北京：故宫出版社，2013年版。

[15]《〈台北故宫〉：绝世珍宝的记忆与乡愁》，原载《新民晚报》，2009年2月20日。

[16]参见杜应国：《一幅画引出的传奇故事——〈安顺牛场〉图作者黄异先生身世揭秘》，原文链接：http://blog.sina.com.cn/s/blog_4d691a720102xtg9.html。

尾　声

[1]朱传荣：《父亲的声音》，第232页，北京：中华书局，2018年版。

[2] 参见郑欣淼：《我所经历过的两岸故宫交流》，见郑欣淼：《故宫纪事》，第110页，北京：故宫出版社，2013年版。

[3] 郑欣淼：《重走故宫文物南迁路》，见郑欣淼：《故宫纪事》，第96—97页，北京：故宫出版社，2013年版。

[4] 参见郑欣淼：《我所经历过的两岸故宫交流》，见郑欣淼：《故宫纪事》，第118页，北京：故宫出版社，2013年版。

参考书目

文献汇编

故宫博物院藏文献档案。

辽宁省博物馆藏文献档案。

中国第二历史档案馆藏文献档案。

故宫博物院编：《故宫博物院》，北京：紫禁城出版社，2005年版。

故宫博物院编：《故宫博物院八十年》，北京：紫禁城出版社，2005年版。

朱鸿文主编：《故宫博物院九十年》，北京：故宫出版社，2018年版。

故宫博物院：《光影百年——故宫博物院九十华诞典藏老照片特集》，北京：故宫出版社，2015年版。

单霁翔主编：《故宫藏影——西洋镜里的皇家建筑》，北京：故宫出版社，2014年版。

单霁翔主编：《故宫藏影——西洋镜里的宫廷人物》，北京：故宫出版社，2018年版。

宋兆霖主编：《故宫院史留真》，（台北）故宫博物院，2014年版。

《易培基等侵占故宫古物案鉴定书》，司法行政部印行，上海：上海图书馆藏，藏书号码：A54121200239349B。

郑天锡：《参加伦敦中国艺术国际展览会报告》，上海：上海图书馆藏，藏书号码：A521212001195678。

《参加伦敦中国艺术国际展览会出品目录》，上海：上海图书馆藏，藏书号码：A541212001195288。

《国立北平故宫博物院书画展览会展品目录》，1943年印行，上海：上海图书馆藏，藏书号码：A54121200107032B。

顾延龙等著、徐森玉编：《中国甲午以后流入日本之文物目录》（全3卷），上海：中西书局，2012年版。

中国人民解放军历史资料丛书编审委员会编：《八路军（文献）》，北京：解放军出版社，1994年版。

上海档案馆：《上海档案史料研究》，第13辑，上海：上海三联书店，2012年版。

上海档案馆：《上海档案史料研究》，第14辑，上海：上海三联书店，2013年版。

中国第二历史档案馆编：《中华民国史档案资料汇编》，南京：凤凰出版社，2019年版。

中国人民抗日战争纪念馆、中国人民大学博物馆编：《抗战家书——我们先辈的抗战记忆》，北京：中国人民大学出版社，2015年版。

魏奕雄主编：《乐山抗日战争档案文献选编》，四川省乐山市档案馆编印，2017年版。

张致忠主编:《乐山百年照片档案》,四川省乐山市档案馆,2020年编印。

《记忆:一座城与一所大学 —— 武汉大学西迁乐山档案文献图集》,乐山市档案局(馆)、乐山师范学院、武汉大学档案馆、乐山市地方志办、乐山市文广新局编印。

郭鸿厚修、陈习删等撰:《民国重修大足县志》,1946年印行。

中华民国重要史料初编委员会:《中华民国重要史料初编(对日抗战时期)》,台北:中央文物供应社,1981年版。

中国社会科学院近代史研究所中华民国研究室编:《长城抗战资料选辑》,北京:中华书局,1989年版。

张宪文主编:《南京大屠杀史料集》(全78卷),南京:江苏人民出版社,2006年版。

张宪文、吕晶编:《见证与记录 —— 南京大屠史料精选(中方史料)》,南京:江苏人民出版社,2014年版。

张宪文、吕晶编:《见证与记录 —— 南京大屠史料精选(日方史料)》,南京:江苏人民出版社,2014年版。

张宪文、吕晶编:《见证与记录 —— 南京大屠史料精选(西方史料)》,南京:江苏人民出版社,2014年版。

《嘉定府志》,四川省乐山市地方志办公室,2013年印。

乐山市地方志编纂委员会编纂:《乐山市志》,成都:巴蜀书社,2001年版。

四川省峨眉县志编纂委员会编纂:《峨眉县志》,成都:四川人民出版社，1991年版。

《峨眉乐山故宫文物南迁遗址及周边区域考古调查报告》，政协峨眉山市委员会、峨眉山市人民政府，2017年编印。

独山县地方志编纂委员会：《独山县志》，贵阳：贵州人民出版社，1996年版。

中国人民政治协商会议贵州省委员会文史资料研究委员会：《贵州文史资料选辑》，第7辑，贵阳：贵州人民出版社，1981年版。

《溥仪日记：全本》（全2卷），天津：天津人民出版社，2009年版。

《蔡元培全集》（全18卷），杭州：浙江教育出版社，1998年。

《鲁迅全集》（全18卷），北京：人民文学出版社，2008年版。

《李济文集》（全5卷），上海：上海人民出版社，2000年版。

《巴金全集》（全26卷），北京：人民文学出版社，2000年版。

《胡风全集》（全10卷），武汉：湖北人民出版社，1999年版。

《林徽因集》（全4卷），北京：人民文学出版社，2014年版。

《顾颉刚日记》（全12卷），北京：中华书局，1999年版。

《徐森玉全集》，上海：上海人民出版社，2021年版。

《马衡文存》，南京：江苏人民出版社，2020年版。

《马衡日记（1948—1955）》，北京：生活·读书·新知三联书店，2018年版。

《马衡年谱长编》（全3卷），北京：故宫出版社，2020年版。

马衡：《凡将金石斋丛稿》，北京：中华书局，1977年版。

马思猛辑注：《王国维与马衡往来书信》，北京：生活·读书·新知三联书店，2017年。

荣宏君编：《翰墨留青——张伯驹致周笃文书函谈艺录》，沈阳：辽海出版社，2020年。

《单士元集》（全9卷），北京：紫禁城出版社，1997年版。

陈美英编注：《马彦祥文集（话剧论文·杂文卷）》，北京：文化艺术出版社，1997年版。

孙明经摄影、著，孙建秋、孙建和编著：《孙明经手记——抗战初期西南诸省民生写实》，北京：世界图书出版公司，2013年版。

原始著作

溥仪：《我的前半生》，北京：人民文学出版社，2019年版。

杭立武：《中华文物播迁记》，台北：台湾商务印书馆，1980年版。

欧阳道达：《故宫文物避寇记》，北京：紫禁城出版社，2010年版。

那志良：《我与故宫五十年》，合肥：黄山书社，2008年版。

庄严：《前生造定故宫缘》，北京：紫禁城出版社，2004年版。

吴瀛：《故宫尘梦录》，北京：紫禁城出版社，2005年版。

刘北汜：《故宫沧桑》，北京：紫禁城出版社，2005年版。

朱家溍：《故宫退食录》，北京：故宫出版社，2009年版。

杨仁恺：《中国古代书画鉴定笔记》（全9卷），沈阳：辽宁人民出版社，2015年版。

杨仁恺：《国宝沉浮录》，沈阳：辽宁人民出版社，2020年版。

杨仁恺：《中国古代书画过眼录》，沈阳：辽宁人民出版社，2019

年版。

陈重远：《古玩谈旧闻》，北京：北京出版社，1996年版。

谭旦冏：《"中央博物院"廿五年之经过》，台北：中华丛书编审委员会，1960年版。

宋兆霖主编：《北沟传奇 —— 故宫文物迁台后早期岁月》，台北："国立"故宫博物院，2021年版。

宋希濂、黄维等：《正面战场淞沪会战 —— 原国民党将领抗日战争亲历记》，北京：中国文史出版社，2013年版。

广东省政协文史资料研究委员会编：《淞沪烽火 —— 十九路军"一·二八"淞沪抗战纪实》，广州：广东人民出版社，1991年版。

郭汝瑰、黄玉章主编：《中国抗日战争正面战场作战记》，南京：江苏人民出版社，2005年版。

马思猛：《金石梦　故宫情 —— 我心中的爷爷马衡》，北京：国家图书馆出版社，2009年版。

朱传荣：《父亲的声音》，北京：中华书局，2019年版。

研究著作

中共中央文献研究室编、金冲及主编：《毛泽东传（1893—1949）》，北京：中央文献出版社，1996年版。

李锐：《三十岁以前的毛泽东》，广州：广东人民出版社，1994年版。

中共中央文献研究室编：《周恩来年谱》（全4卷），北京：中央文献出版社，1996年版。

李新主编:《中华民国史》(全36卷),北京:中华书局,2011年版。

张宪文、张玉法主编:《中华民国专题史》(全18卷),南京:南京大学出版社,2015年版。

《中国抗日战争史》编写组:《中国抗日战争史》,北京:人民出版社,2015年版。

张宪文等著:《中国抗日战争史》(全4卷),北京:化学工业出版社,2016年版。

步平、王建朗主编:《中国抗日战争史》(全8卷),北京:社会科学文献出版社,2019年版。

步平、荣维木:《中华民族抗日战争全史》,北京:中国青年出版社,2014年版。

王辅:《日本侵华战争》(全4卷),沈阳:辽宁人民出版社,2015年版。

《我的抗战》节目组:《我的抗战》,北京:中国友谊出版公司,2010年版。

《我的抗战》节目组:《我的抗战2》,北京:中国友谊出版公司,2012年版。

唐德刚等:《从甲午到抗战》,北京:台海出版社,2016年版。

胡博、王戡:《抗日战争时期国民党陆军通览》,北京:中国文史出版社,2019年版。

常钺、饶胜文:《九一八 —— 事变背后的角力》,北京:中共党史出版社,2005年版。

何立波：《七七事变 —— 全国抗战的爆发点》，北京：中共党史出版社，2005年版。

中国现代史资料编委会：《从"九一八"到"七七"国民党的投降政策与人民的抗战运动》，上海：上海人民出版社，1958年版。

王晓华、戚厚杰主编：《抗日战争正面战场档案全纪录》，北京：团结出版社，2015年版。

肖如平：《南京国民政府与"一·二八"淞沪抗战研究》，杭州：浙江大学出版社，2016年版。

詹谷丰：《喋血淞沪 —— 蒋光鼐将军传》，桂林：广西师范大学出版社，2008年版。

郑曦原：《浴火重生 ——〈纽约时报〉中国抗战观察记（1937—1945）》，北京：当代中国出版社，2018年版。

孟国祥：《烽火薪传 —— 抗日战争文化机构大迁移》，北京：商务印书馆，2015年版。

苏智良等：《中国抗战内迁实录》，上海：上海人民出版社，2015年版。

黄振亚：《长江大撤退全景实录》，广州：广东人民出版社，2013年版。

张宪文主编：《南京大屠杀全史》（全3卷），南京：南京大学出版社，2012年版。

敖以深等著：《黔山抗战起烽烟》，北京：知识产权出版社，2014年版。

毛昭晰：《我的抗战胜利回忆录》，上海：同济大学出版社，2017年版。

李永晶：《变异：日本二千年》，桂林：广西师范大学出版社，2021年版。

逄增玉：《满映——殖民主义电影政治与美学的魅影》，北京：人民出版社，2015年版。

陈存仁：《银元时代的生活史》，桂林：广西师范大学出版社，2007年版。

故宫博物院：《故宫博物院早期院史》，北京：故宫出版社，2016年版。

昌彼得编：《故宫七十星霜》，台北：台湾商务印书馆，1995年版。

郑欣淼：《天府永藏——两岸故宫博物院文物藏品概述》，北京：紫禁城出版社，2008年版。

郑欣淼：《守望经典——郑欣淼谈故宫》，北京：紫禁城出版社，2009年版。

郑欣淼：《故宫答问——郑欣淼访谈录》，北京：故宫出版社，2014年版。

郑欣淼：《紫禁内外》，北京：紫禁城出版社，2008年版。

郑欣淼：《故宫纪事》，北京：故宫出版社，2013年版。

郑欣淼：《故宫识珍》，北京：故宫出版社，2014年版。

郑欣淼：《故宫学概论》，北京：故宫出版社，2018年版。

郑欣淼：《故宫与故宫学》，北京：紫禁城出版社，2009年版。

郑欣淼：《故宫与故宫学二集》，北京：故宫出版社，2018年版。

郑欣淼：《故宫与故宫学三集》，北京：故宫出版社，2019年版。

冯明珠：《故宫胜概新编》，台北："国立故宫博物院"，2009年版。

林京、王庆祥：《末代皇帝 —— 溥仪影像全析》，北京：人民文学出版社，2017年版。

吴十洲：《紫禁涅槃 —— 从皇宫到故宫博物院》，北京：中国社会科学出版社，2018年版。

刘忠福主编：《烽烟南迁》，成都：四川人民出版社，2020年版。

魏奕雄编著：《故宫国宝南迁纪事》，北京：故宫出版社，2016年版。

赵敬忠：《典守峨眉 —— 故宫文物南迁入藏峨眉》，北京：团结出版社，2018年版。

王鹤：《流失的国宝 —— 世界著名博物馆的中国珍品》，天津：百花文艺出版社，2009年版。

汪涛、王立翔：《中国书画在日本 —— 关西百年鉴藏纪录》，上海：上海书画出版社，2017年版。

智效民：《民国旧梦》，北京：新星出版社，2014年版。

肖伊绯：《民国学者与故宫》，北京：故宫出版社，2016年版。

王庆祥：《末代皇妃额尔德特·文绣传》，北京：人民文学出版社，2015年版。

严如平、郑则民：《蒋介石传》（全2卷），北京：中华书局，2020年版。

张学继、刘红：《张学良全传》（全2卷），北京：经济日报出版社，

2006年版。

　　王松:《宋子文传》,武汉:湖北人民出版社,2020年版。

　　闻少华:《汪精卫传》,北京:团结出版社,2016年版。

　　刘梦溪:《马一浮与国学》,北京:生活·读书·新知三联书店,2015年版。

　　陈平原:《追忆蔡元培》,北京:生活·读书·新知三联书店,2009年版。

　　唐振常:《蔡元培传》,上海:上海人民出版社,1985年版。

　　岱峻:《李济传》,南京:江苏文艺出版社,2009年版。

　　郑尔康:《郑振铎》,石家庄:河北教育出版社,2001年版。

　　郑重:《徐森玉》,北京:文物出版社,2007年版。

　　张伯驹潘素文献整理编辑委员会编:《回忆张伯驹》,北京:中华书局,2013年版。

　　晨舟:《王世襄》,北京:文物出版社,2007年版。

　　海平:《杨仁恺》,北京:文物出版社,2007年版。

　　周君:《故宫活字典 —— 朱家溍传》,南京:江苏文艺出版社,2012年版。

汉译著作

　　[美]罗斯·特里尔:《毛泽东传》,北京:中国人民大学出版社,2006年版。

　　[美]埃德加·斯诺:《红星照耀中国》,北京:人民文学出版社,

参考书目751

2016年版。

〔英〕乔纳森・芬比：《蒋介石传》，北京：中国青年出版社，2000年版。

〔英〕布赖恩・克罗泽：《蒋介石传》，北京：国际文化出版公司，2020年版。

〔美〕黄仁宇：《从大历史角度读蒋介石日记》，北京：九州出版社，2011年版。

〔美〕汉密尔顿・达尔比・佩里：《"帕内号"事件——珍珠港事件的前奏》，上海：上海书店出版社，2022年版。

〔美〕张纯如：《南京大屠杀——第二次世界大战中被遗忘的大浩劫》，北京：中信出版集团，2015年版。

〔美〕司昆仑：《新政之后——警察、军阀与文明进程中的成都（1895—1937）》，成都：四川文艺出版社，2020年版。

〔日〕前田哲男：《从重庆通往伦敦、东京、广岛——二战时期的战略大轰炸》，北京：重庆：重庆出版社，2015年版。

〔日〕伊香俊哉：《战争的记忆——中日两国的共鸣和争执》，北京：社会科学文献出版社，2016年版。

〔日〕汤原公浩主编：《别册太阳——"国立"故宫博物院》，台北："国立"故宫博物院，2008年版。

〔美〕费正清编：《中华民国史》，北京：中国社会科学出版社，2007年版。

〔日〕野岛刚：《两个故宫的离合——历史翻弄下两岸故宫的命

运》，上海：上海译文出版社，2014年版。

［澳大利亚］林德尔·V.普罗特主编：《历史的见证 —— 有关文物返还问题的文献作品选编》，南京：译林出版社，2010年版。

［美］詹姆斯·库诺：《谁的缪斯 —— 美术馆与公信力》，北京：中国青年出版社，2013年版。

［英］拉纳·米特：《中国，被遗忘的盟友 —— 西方人眼中的抗日战争全史》，北京：新世界出版社，2015年版。

报章杂志

郑欣淼：《故宫文物南迁及其意义》，原载《华中师范大学学报（人文社会科学版）》，2010年第5期。

郑欣淼：《俞同奎小传》，原载《故宫人》，2020年9月25日。

段勇：《抗战时的"古物南迁"及其影响》，原载故宫博物院编：《故宫学术讲谈录》，第二辑，2014年。

史立言：《清室善后委员会始末》，原载《紫禁城》，2005年第5期。

溥佳：《一九二四年溥仪出宫前后琐记》，原载《文史资料选辑》，第三十五辑，1980年版。许凯：《北京大学对故宫博物院早期事业的贡献（1924—1933） —— 以研究所国学门为中心的探讨》，见《故宫学刊（2012年第八辑）》，第310页，北京：故宫出版社，2012年版。

徐婉玲：《博物馆与国家认同之建构 —— 以故宫博物院开院为中心》，原载《故宫学刊》，2013年。

徐婉玲：《民国故宫博物院史研究综述》，原载《故宫学刊》，2014

年第2期。

徐婉玲:《"迁地保管"与"就地保管"史料四则》,原载《紫禁城》,2014年第1期。

徐婉玲:《重走故宫文物南迁路考察记(一)》,原载《紫禁城》,2010年第10期。

徐婉玲:《重走故宫文物南迁路考察记(二)》,原载《紫禁城》,2010年第11期。

徐婉玲:《重走故宫文物南迁路考察记(三)》,原载《紫禁城》,2011年第1期。

徐婉玲:《重走故宫文物南迁路考察记(四)》,原载《紫禁城》,2011年第3期。

徐婉玲:《国立北平故宫博物院南京分院保存库营建始末》,原载《文史知识》,2015年。

徐婉玲:《徐森玉致那志良信函二通考释》,原载《文献》,2015年第9期。

徐婉玲:《故宫书画在蓉展览始末》,原载《四川档案》,2014年第2期。

徐婉玲:《故宫文物迁台史料选辑》,原载《民国档案》,2015年第4期。

黄薇:《国之重宝在上海 —— 故宫文物南迁存沪始末》,原载《都会遗踪》,2019年。

刘楠楠、蔡全周、庞璐:《故宫博物院古物西迁各方来往函电一组》，原载《民国档案》2014年第3期。

周晓、刘长秀、王丽颖：《故宫文物南迁档案史料选辑》，原载《民国档案》，2017年第1期。

《请监察院注意故宫"盗宝案"下文》，原载台湾《联合报》，1961年12月23日。

谭永富：《"国宝"目睹记》，原载《峨眉文史》，2004年第20辑。

方振宁：《故宫文物六十五年的波澜 —— 中国南京博物院所藏南迁文物展》，原载台湾《艺术家》，1998年第12期。

方振宁：《品位各异的清宫陶瓷收藏 —— 故宫南迁文物展中的陶瓷器》，原载台湾《艺术家》，1998年第12期。

雷强：《徐森玉书札六通所见抗战故宫文物西迁往事》，原载《文汇学人》，2018年11月23日。

高扬文：《追忆史健同志》，原载《人民日报》，1986年2月16日。

李响：《抗战中的重庆八路军办事处》，原载《国家人文历史》，2015年第13期。

胡宁：《〈赵城金藏〉：辗转千年的虔敬》，原载《中国青年报》，2020年3月17日。

肖国徽、张玮、吕俊池：《73年前的那个春天 —— 回溯大足石刻首次科学考察》，原载《重庆政协报》，2018年6月29日。

韩文琦：《抗战时期日本侵占中国文物述论》，原载《南京政治学院学报》，2012年第5期。

戴维：《抗战时期中国文物损失概况》，原载《民国档案》，2002年第3期。

黄金:《沦陷前后张庭济与"奉命维持"的北平故宫博物院事业》,原载《故宫博物院院刊》,2014年第5期。

马国庆:《长春救宝记》,原载《中华遗产》,2004年第2期。

王世襄:《与伯驹先生交往三五事》,原载《传记文学》,2007年第8期。

蒋复璁:《"国立故宫博物院"迁运文物来台的经过与设施》,原载《故宫季刊》,1968年冬季号。

黄宝瑜:《中山博物院之建筑》,原载《故宫季刊》,1966年7月号。

《〈台北故宫〉:绝世珍宝的记忆与乡愁》,原载《新民晚报》,2009年2月20日。

《故宫国宝迁台延续中华文化香火》,原载《亚洲周刊》,2009年3月1日。

张临生:《"国立故宫博物院"收藏源流史略》,原载《故宫学术季刊》,1996年春季号。

桂宏诚:《中华民族的凝成——国家认同与文化一体》,原载《"国政"研究报告》,2002年9月30日。

蒋伯欣:《"国宝"之旅——灾难记忆、帝国想象,与"故宫博物院"》,原载《中外文学》,2002年2月号。

图书在版编目（CIP）数据

故宫文物南迁／祝勇著 .—北京：人民文学出版社，2023（2023.8重印）
ISBN 978-7-02-017922-0

Ⅰ.①故… Ⅱ.①祝… Ⅲ.①故宫博物院—历史文物—文物保护—史料
Ⅳ.① K87

中国国家版本馆 CIP 数据核字（2023）第 052513 号

责任编辑　秦雪莹　薛子俊
责任印制　王重艺

出版发行　人民文学出版社
社　　址　北京市朝内大街 166 号
邮政编码　100705

印　　刷　北京盛通印刷股份有限公司
经　　销　全国新华书店等

字　　数　309 千字
开　　本　880 毫米 ×1230 毫米　1/32
印　　张　23.75　插页 1
印　　数　10001－13000
版　　次　2023 年 5 月北京第 1 版
印　　次　2023 年 8 月第 2 次印刷

书　　号　978-7-02-017922-0
定　　价　138.00 元

如有印装质量问题，请与本社图书销售中心调换。电话：010-65233595

Journey to the South: How Palace
Museum Saved China's Most
Precious Artifacts

国宝

祝勇——著

【长篇小说预告本】

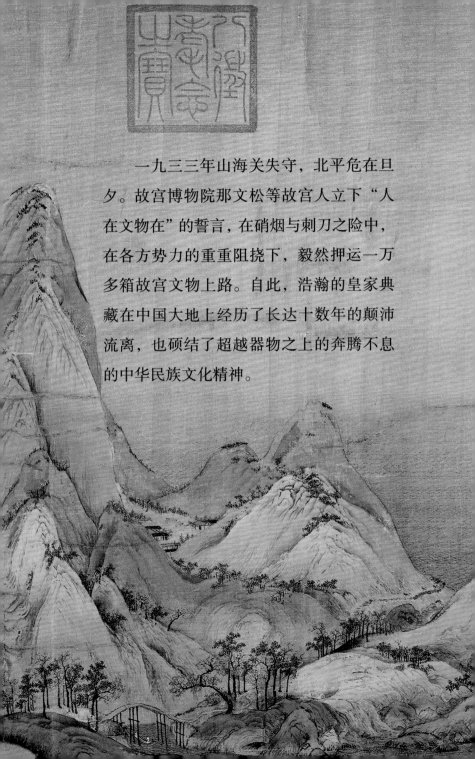

一九三三年山海关失守，北平危在旦夕。故宫博物院那文松等故宫人立下"人在文物在"的誓言，在硝烟与刺刀之险中，在各方势力的重重阻挠下，毅然押运一万多箱故宫文物上路。自此，浩瀚的皇家典藏在中国大地上经历了长达十数年的颠沛流离，也硕结了超越器物之上的奔腾不息的中华民族文化精神。

献给

中国人民抗日战争胜利八十周年（1945—2025）

故宫博物院成立一百周年（1925—2025）

第一卷

风声鹤唳

第一章

　　不管过去了多少年，梅遇影依然清楚地记得，丈夫那文松在薄暮中走出家门的那一天，是民国二十二年，公元一九三三年二月五日。丈夫一只脚踏出门槛时，扭过身对她说，我把这批古物护送到南京，马上就回来，前后最多半个月。说完他就走了，此生再也没能踏进这个门槛。

　　那文松清楚地记得，他走进胡同的那一刻，天空中飘起了雪，起初并不大，只是一些淅淅沥沥的冰霰，落在他的脸上，凉冰冰的，但很快就浓稠起来，变成漫天飞舞的雪花，遮蔽了他的视线。

　　假若他那时就知道自己再也无法回到这个家，他定会回头再看上一眼。他猜想妻子梅遇影此时一定站在门口，看着他的背影远去，迟迟没有走回那风雪中的院门，直到她变成一个圆滚滚的雪人儿。那时他脑子里唯一的想法就是尽快赶回故宫去，别错过了深夜里的那趟火车。反正过不了多久他就会回来，在这座巨大的城市里，继续他平淡、平常甚至平庸的日子。他并不知道，命运给他准备的是单程票，只管去，不管回。十六年以后，那文松站在溽热潮湿的台湾岛上，心心念念的，依旧是北平冬天里的漫天大雪，和那个迟疑不去的身影。

　　燕山雪花大如席，
　　片片吹落轩辕台。
　　幽州思妇十二月，
　　停歌罢笑双蛾摧……

　　北平冬天里的大雪，那么的恢宏、浩荡，合乎这座北方帝都的气质，不像南方的雪，那么的微小、轻盈、柔媚、婉约。李白说："燕山雪花大如席"，真是夸张得到位。哪有大如竹席的雪花啊，但北平的雪，只有这么形容才算过瘾。可见李白先生是到过北平 —— 那时叫幽州的。风从鞑靼高原直吹下来，裹挟着片片硕大的雪花，包围了整个城市，也湮没了轩辕之台。那文松离开了家门，顺着长长的胡同走，积雪在他的皮鞋下发出咔哧咔哧的声响，等他走到胡同口，走到大街上时，地上的雪已经没到了他的鞋面。他在街上站定，想寻找洋车夫，但天色已晚，而且天降大雪，街上空无一人，只有路灯，散发出昏黄的光晕。蓦地，一个人影从雪幕中钻了出来，他一眼认出，是车夫祥子。这样的时节，唯有祥子照常出车，因为这位二十多岁的小伙子，自十八岁进城拉车，就立志攒钱买一辆属于自己的洋车，这样就再也不用给车行交份儿钱了，自己的生活、自己的未来，就全都攥在了自己手里，不需要再看任何人的脸色了，所以他不避风雨，不怕苦寒，只要能挣钱，他就勇往直前。

那文松一家是祥子的老主顾，他身高腿长，拉起洋车奔跑如飞，脚步充满弹性，像少女的呼吸一样安详而均匀，他的力气能够均匀地抵达车子的各个部分，让车子又快又稳，跑起来一丁点儿响动都没有。坐在车上的人，瞬间就有了安全感，进而产生一种由速度带来的愉悦感，带着悠闲的心情，去看街边的风景。在北平，洋车不能被叫成"黄包车"，在北平话里，"黄包"听上去有点儿像"王八"，谁若开口叫"黄包车"，不仅会暴露自己南方人的身份，而且会遭车夫的白眼；当然也不能叫"人力车"，北平的车夫听不懂这是什么意思；假如叫"胶皮"，车夫是听得懂的，只有从天津卫来的人才这么叫，他们一定会多要几个钱。

祥子躬着身一路跑来，以减少风的阻力。祥子把车停在他的面前，他麻利地上了车，却没有悠闲的心情，只想用最快的速度赶回故宫。祥子似乎理解他的心情，立刻挺直了腰杆，撒开了腿，两只脚板交替着落在地上，朝着故宫东华门一路飞奔。

这事已经过去了六十多年，当时的场景，也在梅遇影的心底盘桓了六十多年。在那个大雪之夜，丈夫的背影在她眼里就像一张老照片一样慢慢地褪淡，最终消失在白茫茫的雪幕里，只留下一片白茫茫大地真干净，但在她心里，丈夫的身影不仅没有消失，反而随着时间加深，仿佛有一把木刻刀，深深刻印在她的心里。从大方家胡同到故宫东华门，这条路梅遇影后来走了一千次一万次，每一次她都觉得丈夫那文松就在这条路上走着，并没走出很远，她随时追得上，说不定拐过一个路口就会看见他。每到夜晚，她都会竖起耳朵，专注地倾听胡同里的声音，期盼着胡同里传出那文松的脚步声，院门上传来那文松的敲门声。她不敢睡得很深，生怕听不见丈夫发出的动静。

胡同里弥漫着风声、雨声、夜猫叫春声，唯独没有丈夫的脚步声。

第二章

一个流浪汉悄无声息地走进北平。他穿街越巷，一路打听，朝国立北平故宫博物院走去，刚走到神武门门口，感到头晕眼花、站立不稳，就眼睛翻白，轰然倒地。有门岗上前，用白茶缸子给他嘴里喂了点儿水，待他醒来，就叫他麻利儿①滚蛋，堂堂国立北平故宫博物院，

---

① 北平方言，赶紧的意思。

不是一个叫花子该去的地方。他说他不走，他是来找易培基的，只有见到了易培基，他才能离开。

　　出现在他们眼前的这个流浪汉，蓬头垢面、衣着肮脏破旧，有如战争留下的一片焦土。人们一看便知，他是一个无家可归的人，而且几乎是身无分文了。那时的北平城，不知寄生着多少流浪汉，因此不会有人对于一个流浪汉的默然到来太过关注。他们寄生在城市的缝隙里，活在生存与死亡的边界上，就像布袍里的虱子一样，多一个不多，少一个不少。倘若哪天人们在马路边上看到一个饿死鬼，一点儿也不用感到诧异，因为在这样的年月，这样的事情几乎是司空见惯。这些陌生的死者，像正常人一样有着各自的经历、各自的欲望，甚至有他们的光荣与梦想，但自他们倒下那一刻起，这些都不重要了，他们的尸体会被警察局雇人收走，送到遥远的乡下一把火烧了。城市里依旧熙来攘往，他们却变成了分子，变成了空气，连一粒微小的物质都不会留下。他们像灰尘一样被抹去了，甚至连名字都没有留下，人们在提起他们的时候，用一个通称就概括了——"路边倒"。然而，一个流浪汉走到北平故宫博物院的门口，声言要见院长易培基的时候，还是有些令人诧异——一个流浪汉，叫院长做什么？向院长要饭吗？况且，一个流浪汉，怎么会知道易培基的名字呢？

　　故宫博物院的门岗见到这个流浪汉醒来了，就想用最快的速度、最简练的语言把他轰走。但那名流浪汉却意志无比坚定，闷声不响地坚守在神武门外，寸步不离。

那个流浪汉在秋风中一连坚守了三天，然后就消失不见了。他知道，站在门外守株待兔是徒劳无益的，因为故宫的门岗是坚决不会放他进去的，而即使是易培基打他面前经过，他也不识真面，所以他决定离开这里，先解决生存问题，否则他将饿死在这五百年宫殿的门口，成为一个"路边倒"。但是偌大个北平城，他哪里也不认识，所以他也不知道该往哪里去。

这还是他生命中第一次走进北平，父亲曾经向他无数次地言说过北平，他在书里无数次地读到过北平，但是当他真正涉足这座城市，他的内心突然变得无比茫然。他被这座城的巨大、宫殿的宏伟、街巷的古朴斑斓震慑住了，在进入北平城的那一瞬间，他拥有了与今天的"北漂"们几乎相同的心情——有朝一日他将在这座城里站稳脚跟，从此永不离开。

他本能地往人多的地方走，不知不觉到了地安门，站在路边一个小食摊前，望着热气腾腾的包子屉，一面往喉咙里吞哈喇子①。那个年月，时常有叫花子从小食摊抢包子吃，只要他们瞅准了时机，就会以迅雷不及掩耳之势抓起几个包子就跑，最多两口就吞下一个包子，等你抓住他时，手里的包子全都进了肚，任凭你拳打脚踢，他也置之

---

① 东北方言，口水的意思。

"肚"外了。所以当流浪汉盯着小食摊看时，小食摊主早已提高了警惕，走过来猛推了流浪汉一把。他原来想把流浪汉推远点儿，别靠近包子屉，没想到流浪汉一个趔趄，四仰八叉地倒在了地上，屁股摔得生疼，半天才爬起来。摊主的举动激怒了流浪汉，但他没有打架，而是在板凳上坐下，从怀里摸出最后一块大洋，那是他最后的救命钱，是他生存的底线，但他此时顾不上了，砰的一声掷给了摊主，慷慨地买了两只"叉子火烧"、一碗虾皮馄饨 —— "虾皮馄饨"是名字，其实没有虾皮，就像夫妻肺片看不见夫妻，老婆饼不负责赠送老婆一样。好在虽无虾皮，馄饨还是有的，只是数量比较稀少，还放了少许川冬菜末儿、榨菜末儿、韭黄末儿，点了少许酱醋，又撕了两片紫菜丢到里面，对于一个流浪汉来说，已经知足了。他只用了一分钟就干掉了烧饼和馄饨，然后一抹嘴，变成了一个绝对不掺假的无产者。

他抬起头看看天空，北平秋天的天空蓝瓦瓦，干净得像他故乡的一汪湖水，天空中的云朵真白，白得像草原上游弋的羔羊。北平的地是金黄的，许多银杏树叶落下，铺满了地面，金灿灿的，"满城尽带黄金甲"。他乜起眼睛，把脸对着秋阳，心底涌起一丝豪气，想面对碧空，像京戏《文昭关》里的伍员 ① 那样喊一嗓子：马来 ——

再唱上一段西皮摇板：

---

① 伍员（公元前559年 —— 公元前484年），字子胥，春秋末期楚国人，曾为吴国大夫，军事家。以封于申，也称申胥。

伍员马上怒气冲，

逃出龙潭虎穴中！

还没来得及张口，就听见旁边的板凳上有两位食客正在聊天，嗓门很大，一点也不避旁人，其中一个一边啃着芝麻烧饼一边说，听说了没有，对面品梅轩，最近可做了一笔大买卖，您猜怎么着，好嘛，梅老板收了一幅名画，是元代一个大官画的，姓赵，叫赵什么什么来着，您瞧我这记性，反正不是赵匡胤，但好像是赵匡胤的后代，他的字儿，他的画儿，甭提多值钱了，他随便画匹马，就抵半个北平城！

另外一位捧着一碗卤煮火烧，一面吧唧吧唧地吃着，一面回应着他：您就可劲儿吹吧，一匹马就顶半个北平城，回头他一高兴画一对儿，整个北平城他老（人家）拿走，您这不是满嘴跑火车嘛！

第一个人说：您不懂了不是？又不是鸳鸯戏水，马不论对儿，画儿上的马啊，都是单匹的，您没看戏里的英雄好汉嘛，都是单枪匹马嘛，哪儿有一对儿一对儿？

孤苦无依、孤家寡人、孤军奋战，说的是伍子胥，也是他自己。那流浪汉一边听着，一边在心中暗想。想着想着，由衷地叹了一口气。

吃烧饼的听见他兀自叹气，往这边看了一眼，看见了一个流浪汉，没当回事，接着说，您还真别不信，人家梅老板过手的银子，淌自来水儿似的，人（家）做的买卖，咱打破了脑袋也想不出来。不信，不信你自己瞧瞧去。

我瞧？我瞧嘛？就那破纸一张，往我面前一搁，黑乎乎的一片，就是把我眼睛瞧瞎了也瞧不出个所以然来。有钱了去吃香喝辣，褡裢火烧驴打滚儿往死里吃，您说非买一张破纸干吗呢，吃不当吃喝不当喝，擦屁股还嫌硌呢。

没等他们说完，流浪汉呼地站起身，把说话人吓了一跳，以为自己说了什么不得体的话，得罪了这位爷，一个破要饭的，难道还听不得别人说屁股屁股的？还没等他们反应过来，那流浪汉已然过了马路，朝品梅轩走去。

第三章

易培基站在景山的万春亭内，眼看着那场大火自紫禁城的深处燃烧起来。大火仿佛青铜器上的饕餮，用大嘴贪食着宫殿，用紫禁城的雕梁画栋、精美造物养肥自己。恢宏壮丽的宫殿、美轮美奂的器物此刻都化作了燃料，毕毕剥剥地燃着，体积不断缩小，直至在大火中遁形，只有火焰的体积，像充氧的气球，飞速地膨胀着，黑色的烟雾直冲云霄，仿佛要熏黑天上的云朵。易培基听到有人在大声呼喊，有人在奔跑逃生，他们的身子也在燃烧，像奔跑的柴火，肉身骨骼很快就在那火焰中炼焦了、熔化了，变成一种流质，有如甘蔗熬成的糖膏，流泻到地面上，像蛇一样爬来爬去。紫禁城的地面上，但见众蛇狂舞，又被那烈火烘干，消遁于无形。

一座浩瀚如海的宫殿，连同它内部所有的精美器具，以及穿着精致耀眼、花团锦簇的人们，全部被一场大火吞噬，在人间蒸发了，仿佛一艘华丽轮船，沉入地平线以下。这般景象，对于爱文物如生命的易培基来说，不啻一场噩梦。但它不全是梦，因为这样的场景在以往的时光里真实地发生过。远到阿房宫，近到南京紫禁城，这固定的戏份，在中国历史中一次又一次地上演着，说不定哪一天，大火就会降临在故宫的头上。

易培基骤然醒来的时候，寒风正在窗外咻咻地刮着，像无形的怪兽，在紫禁城的夹道里横冲直撞，飞檐上的脊兽被风打磨出了包浆。易培基环顾四周，发现是在自己的办公室里。天色正阴沉下来，室内没有开灯，晦暗的天光自窗口倾泻下来，有气无力地垂落在桌案上一堆纸页上。劳碌了一整天，回到办公室，瘫在座椅里，竟然睡着了，做了前面这个噩梦。他强打精神，挺起僵直的腰身，随手理了理桌上的文件，一页电文映入他的眼帘：

今早政会召集讨论保存故宫古物办法……议决，各委员签字，呈请中央拍卖故宫古物购飞机。

大脑里的血液回流，思绪由混沌走向清晰。他想起来了，这页电文下午就送来了，只是他还没有想好，该如何回复这封电报。

一个多月前，在经历了一番苦战之后，日本人叫嚷着爬上了山海关斑驳的关墙，占领了这个卡在东北与华北之间的军事要塞。这件事沉甸甸地压在每一个北平人的心上。从烧饼铺子里的贩夫走卒，到大学校园里的学者教授，都在议论着山海关，议论山海关的时候，目光都会望向东北。只要是北平人就不可能不明白，山海关失守对北平意味着什么。山海关距离北平只有二百八十公里，沿途尽是平原大道，日军如果占领了山海关，北平就失去了最后一道屏障，日军的机械化部队可以高歌猛进，旦夕之间到达北平。

一旦日本人打来，这贮满宫殿的文物怎么办？把故宫的全部文物全都运走，让这座古物琳琅的宫殿变成一座座的空房子，让日本人即使占了北平也只能"独守空房"，这可能吗？故宫的家当，何止千万，仅民国十三年溥仪出宫后，清室善后委员会清点出的文物，就多达一百一十七万件。把这些坛坛罐罐全都搬走，除非你有撬动地球的神力；日军追来，抱着这么多的坛坛罐罐，又怎么个跑法？就算他能把故宫的古物搬走，北平还有颐和园、圆明园、景山、国子监、五坛八庙，更不用说北平城有数千座牌楼、几万座宅院，到处都是古物，怎么搬呢？要用多少人，多少车，多少钱，几辈子时间？

要说天底下最麻烦的事，必是瓷器铺搬家。故宫不是瓷器铺，而是一座被古物充满的城，它的名字叫紫禁城。这座城，是全世界规模最大的古代皇宫建筑群，在这建筑群里，贮藏着一百一十七万件（套）的古代文物，几乎全部来自皇家收藏，这些文物，从新石器时代一直贯穿到清代，经历了中华五千年的赫赫文明。这一百一十七万件（套）还只是一个保守数字，清王室使用过的一些家具、地毯、衣物、照片、包装盒等，离民国的时间太近，在当时还没人把它们当文物看。

走还是不走，这是个问题。这个问题对易培基而言，就像打还是不打对于蒋委员长一样严峻。

自"九·一八"事变以来，这样一个两难就一直纠缠着他，让他辗转难眠。每当躺在床上，他都觉得脑仁儿里有一根弦，一会儿向左拨，一会儿又向右拨，拨来拨去，几乎就要断了，让他夜不能寐，每天都进行着左右互搏的游戏，仿佛他身体里藏着两名武生，武打连环，昼夜不停。几个月折腾下来，他瘦了十来斤不说，眼睛上还整天围着黑眼圈儿，恍若一只乌眼鸡。

其实，易培基在得知沈阳沦陷、沈阳故宫文物全数落入敌手的消息后，就已经未雨绸缪，责令员工立刻将北平故宫中散放在各处宫殿的文物装箱，集中到延禧宫库房存放，一伺时局有变，马上就可安全转移出去，整个故宫博物院已经处于枕戈待旦的状态。

就在前一天，南京"中央政务会议"开会，讨论处理故宫古物办法。会议一直鏖战到深夜，最终通过这样一项决议：将故宫古物全部拍卖，用于购买五百架飞机！这倒简单了，故宫的文物，一卖了之，大家拍拍屁股走人，什么都不用管了。参加会议的赵庭苇曾经是清室善后委员会委员，当时担任故宫博物院总务处长，听到这样的决议，差点儿背过气去，心里暗骂一句："脑壳子被门挤了！"不等会议宣布结束就匆匆离席，给北平易培基发去电报，让他赶紧想办法。

易培基颓然地坐在椅子上，脑子里一片空白。用古物换飞机，政府这是疯了吗？我们的国家是穷，我们的战力比不上日本，但倘把文化的根脉都丢了，那才是真正的穷、万劫不复的穷、永难翻身的穷。但"中央政务会议"已经眼睁睁地通过了这个荒唐的议案，铁案难翻，他的脑海里进行的各种厮杀，还有什么意义呢？他必须马上想办法，但在这十万火急时刻，一介书生，面对着一群败家的官僚，又能有什么办法可想？

但一介书生，除了想"办法"，又没有别的"办法"。易培基神情黯然地坐了许久，各种意念不停地在他脑子里奔走，彼此撕扯，互相打架。经过一番博弈之后，终有一个念头占了上风。

易培基拿起桌上的毛笔，用他秀丽的行书，在电文纸上写下几行字：

> 闻政务会议有人主张拍卖文物，不胜骇异。故宫所藏关系全国文化，中外观瞻所系，乞公设法劝阻，始终保全，感盼无既。

电文是发给张学良的。易培基是国民党元老，早年就在日本加入了同盟会，一路跟随着孙中山闹革命，中华民国建立后，还担任过北洋政府（黄郛内阁）教育总长。即使如此，他仍深深地意识到，仅凭一己之力还远远不够。他不能单打独斗，必须把张学良这样的"重量级选手"搬出来，助力于他。

当年孙中山跟段祺瑞、张作霖联合反对"直系"，孙中山任命的全权代表就是易培基，那时的易培基就见过张作霖家的"小六子"张学良。那一年，张学良才二十出头，未出茅庐，风华正茂，唇上浮着一层稚嫩的绒毛，脸上充溢着胶原蛋白，见到易培基，毕恭毕敬地鞠一深躬，叫声：易先生好！

看他诚惶诚恐的样子，张作霖摸着自己光秃秃的脑壳，哈哈地笑着说：我是个粗人，只会带兵打仗，易先生是同盟会创党元老，跟随中山先生多年，又学识渊厚，还恳请易先生多多提携小六子呢！

如今的张学良早已今非昔比，"九·一八事变"之后，张学良把大部分东北军撤至关内，拥兵华北，担任着北平绥靖公署主任，这使他有实力在民国十九年"中原大战"中力挺蒋中正，终在蒋中正一统天下之后，当上了海陆空军副总司令，黄河以北地区尽归张学良节制，成了一人之下、万万人之上的"九千岁"。只有这时，人们才能明白张学良作"不抵抗将军"的真实用意——唯其如此，才能保存实力，在后面的中原大战中下注。但张学良还有一个身份易培基尤其不能忽略，那就是故宫博物院理事会的理事，在此千钧一发之际，大权在握的张学良不能不为故宫出力。

易培基操起电话叫来秘书，把电文交给他，神色庄重地说了四个字：即刻发出！

易培基决计带着文物走。他知道，带走故宫的文物，犹如拽着自己的头发离开地球，使多大劲儿也没有用，但他必须这么做，没有别的选择。

第二天黎明时分，易培基先跑到故宫御花园，在钦安殿内抽了一个签，占卜一下吉凶。钦安殿的签据说很灵，党国要员时不时就来钦安殿抽上一签，尤其是在决定政治命运的当口，易培基却只有在点查文物时来过，因为殿内摆放的桩桩件件都是文物，都必须经过清点，登记造册，一件也不能少。文物清册有如户口簿，宫殿里所有的物品，哪怕是一道门槛、一根卦签都必须上户口，上了户口，就有了合法的身份，就必须得到保护。

流浪汉说，您有没有发现，黄公望的这轴《雨岩仙观图》，与谢时臣的《溪山霁霭图》的用笔完全一样？如果您有谢时臣的画，您最好看看谢时臣的笔法，像他的《山水册》一类册页，黄公望的这件《雨岩仙观图》，树木、山石的苔点大部分是直点，寺庙的轮廓是断断续续的秃笔，简直跟谢时臣的一模一样，就像一个模子里刻出来的。所以说，这轴《雨岩仙观图》，是出自谢时臣的手笔，不是黄公望的。它不是元代，是明代。

听了流浪汉的话，梅老板心头一惊。他没有想到，一个流浪汉对于古画有着如此精准的判断力，他的分析，可谓鞭辟入里，梅老板虽然没有点头称是，但他心里早已赞同了他的意见，只是身为生意人，许多话他不能明说而已。

梅老板说，这真是一个坏消息。那好消息呢？

流浪汉说，管道升《秋深帖》，乃是赵孟𫖯的代笔，也就是说，它并非管道升的亲笔，却是她丈夫赵孟𫖯的亲笔。如果熟悉他们夫妇二人的字体，您就会发现，二人的字体并不相同，这显然是赵孟𫖯的手迹，而且你看这落款"道升跪覆"，"道升"二字是改过的，仔细看，可以看见他涂黑的墨迹下面遮覆着"子昂"二字，显然是赵孟𫖯写顺了手，把自己的字署了上去，后来发现了，才把"子昂"涂改为"道升"。一纸书札，历经六百多年流传到今天，完全可以用珍贵二字来形容了。

梅老板对流浪汉的敬佩又加深了一层，他意识到他根本就不是一个流浪汉，至少是一个有来历的流浪汉，于是他对眼前这个流浪汉发生了兴趣，仿佛他就是一幅古画，值得他去关注和研究。

流浪汉说，听说老板刚刚入手了一件赵孟𫖯的绘画，不知在下是否有幸看上一眼。

梅老板这时明白了，他是冲着这幅画来的，想看一眼赵孟𫖯的真迹，一饱眼福，他是懂画之人，让他看看，听听他的高见，倒也无妨，反正下雨天打孩子 —— 闲着也是闲着。于是起身，进了内院，没过多久，抱着一卷古画回来，解开绳袢，放在条案上展开。

流浪汉恭敬地站起身，走到那张檀香紫檀裹腿大画案前，目光紧紧地锁定了梅老板手中徐徐展开的画卷。长卷是自右向左展开的，但不知为什么，被卷成了从左向右看。这也不打紧，只要是真画就行。在微黄的纸卷上出现的，是一脉遥远的山景，这显然是脱胎于北宋郭熙的"平远山水"，只不过相比之下，赵孟𫖯的平远山水更加简约散淡，苍茫的远山下，是辽阔的江水，水面上有一渔舟，细如柳叶，渔舟有一人独坐垂钓，那舟、那人，用笔都极为简练，却极为传神，画出了垂钓者的专注。最简练的，还是水的画法，大面积的水面，竟然不着一墨，完全是余白，连一丝波纹都没有画。画卷继续展开，景象一点点拉近，于是他看到了近岸、岸上矮小的丛木，以及在乱石中拔地而起的两棵劲松，最后是画家的题款："子昂戏作，双松平远"。他拓"。古人摹写书画时，会在一间暗室里开一扇小窗，将原作紧贴在小窗上，再用薄纸覆在上面，阳光照过，就会把原作的影像叠印在薄纸上，摹写者再用勾线笔一丝不苟地描出字或者画的线条轮廓，最后将空心处填满墨，只要功夫深厚、落笔细腻，最后就能得到一件与原作极为相似的作品。如今有电灯了，摹画者不需要再费劲巴拉地把真迹贴在窗户上钩摹响拓了，只要把真迹铺展在玻璃桌面上，在上面再铺一层白纸就好了。把玻璃桌面下面的灯打开，灯光就会照亮那件真迹，像皮影戏似的，把图案映在上面的白纸上，再用游丝细笔在白纸上双钩下来，再填上墨。纸最好是宋纸或元纸，这样出来的效果才能乱真。许多造假者都收藏有古纸，甚至晋人使用的侧理纸①、五代的澄心堂纸②，也是找得到的。

古人对名家书画进行钩摹响拓，并非像今人那样为了欺诈牟利，而是为了尽可能保留真迹的原貌，传之用久。人们常说"纸寿千年绢八百"，纸的寿命不超过一千年，绢的寿命不超过八百年，由于纸、绢这些绘画材料皆有其寿限，并不能永久保存，所以杰出的摹本，也

---

① 侧理纸是古代一种纸的名称，因纹理纵横斜侧得名，又称苔纸。晋王嘉《拾遗记·晋时事》记载："侧理纸万番，此南越所献。后人言陟理，与侧理相乱。南人以海苔为纸，其理纵横斜侧，因以为名。"

② 澄心堂纸是宫廷御纸，始制于南唐，被称为"南唐文房三宝"之一。南唐皇宫有一处藏书之所，名曰"澄心堂"，由此处精制出来的特殊用纸，即名"澄心堂纸"，以肤卵如膜，坚洁如玉，细薄光润著称，被评为中国造纸史上最好的纸。

成了延续古书画生命的一种方式，成为"时间中的接力"，通过一代代临摹者的接力，让艺术战胜时间，获得永恒。今天我们能够看到的王羲之《兰亭序》、王献之《中秋帖》、顾恺之《洛神赋图》、梁元帝《职贡图》、杨子华《北齐校书图》、展子虔《游春图》、阎立本《步辇图》、顾闳中《韩熙载夜宴图》、张萱《虢国夫人游春图》这些书画名作都是摹本，它们的真迹，早已在时间中消失了。所以唐代张彦远在《历代名画记》里说："故有非常好本拓得之者，所宜宝之，既可希其真踪，又得留为证验。"

我们今天能够看到王羲之、顾恺之的书画作品，全靠摹本，不是唐摹，就是宋摹，因为东晋到今天过于久远，没有一件原作能够穿过这漫长的时间，流传下来。故宫博物院收藏的历代书画摹本中，许多出自高手的手笔，像冯承素、虞世南、褚遂良这些唐代书法大师都摹过晋代王羲之《兰亭序》，宋代米芾摹过王献之《中秋帖》，宋徽宗摹过张萱《虢国夫人游春图》，这些摹本，都是国宝中的国宝，不能简单地以"伪作"视之。这些国宝，后来都藏进了北平故宫博物院。

除了"希其真踪"和"留为验证"，摹拓也可以培养书画者技法和感受力，积累创作经验。尽管"师父"和"徒弟"相隔百年千年，相距千里万里，但每当后人在钩摹响拓前人的作品时，就好似前辈大师在"手把手"地教授笔法、传递精神，因此中国历史上第一个美术评论家、南朝时期南齐人谢赫的"六法论"，第六法就是"传模移写"。摹拓的传统，几乎贯穿了中国绘画史的全过程。北宋画家李公麟就是一位摹画高手，"凡古今名画，得之必摹临，蓄其副本，故其富多得名画，无所不有"，连皇帝都让他摹拓名画，藏在故宫博物院的《临唐韦偃牧放图》，手卷开头至今还留着他的一行小字，上书："臣李公麟奉敕摹唐韦偃牧放图"。

梅老板说，嗯，五代南唐的澄心堂纸，那是人世间最好的纸了。北宋画家李公麟的传世之作《五马图》、欧阳修起草的《新唐书》和《新五代史》，还有宋太宗下旨拓印的《淳化阁帖》，均取澄心堂纸。蔡襄存世名帖《澄心堂帖》，就是赞扬澄心堂纸之美。连明代大书画家董其昌得到澄心堂纸都要说："此纸不敢书。"可见澄心堂纸之珍贵了。

流浪汉说，赵孟頫的画嘛，只能用赵孟頫同时代或者以前时代的纸，就是宋纸或元纸，而不可能用以后时代的纸，像明纸、清纸什么的。当然，"摹书易得古人位置，而多失古人笔意"，这画是南宋姜夔说的，因此钩摹一定要由高手所为，笔法一定要纯熟，对被摹者的笔法心性了然于心，才能做到以假乱真。当年晋武帝得到周穆王时期的《八骏图》真本，就让当时有名的画家史道硕摹画了一幅，这就是绘画史上有文字记载的第一件绘画摹本。东晋顾恺之写《论画》，对摹画的方法讲得很详细。据说米芾就是临摹高手，他从收藏家那里借来书画临摹，藏家来取时，他让对方自己判断哪件真哪件假，结果连那藏家都分不出来了，如果拿错了，就只能自认倒霉了。但是真就是真，假就是假，真与假的界限是永远无法逾越的。

流浪汉把放大镜移向卷末的题跋，上有六行小字，他默默读道：

> 仆自幼小学书之余，时时戏弄小笔，然于山水独不能工。盖自唐以来，如王右丞、大小李将军、郑广文诸公奇绝之迹，不能一二见。至五代荆、关、董、范辈出，皆与近世笔意辽绝。仆所作者虽未敢与古人比，然视近世画手，则自谓少异耳。因野云求画，故书其末。孟頫。

流浪汉说，这段题跋，是以单笔临写的方法，而不是以双钩填墨的方法来摹写的，笔势当然比后者更加流畅自然，如果不是仔细审视细微之处，确实很难将真本和响拓本区分出来，但钩摹毕竟与创作不同，钩摹是复制别人的墨稿，所以要细致小心，动作会很慢，而创作则是由书画家率性而为，有即兴挥洒的成分，这就形成了一对矛盾——钩摹者越是小心谨慎，就越会露出破绽，即使大面儿上表现不出来，在细微之处一定会体现出来。这一点，他是逃脱不掉的。

流浪汉指着一处题跋，说，您看首句中的"书（書）"字，连续几横，起笔收笔间出现飞白（即笔画连接处出现的藕断丝连的枯笔），摹写者为了追求与真迹的飞白一致，把这些飞白一条一条地画出来，虽细若游丝，但它们不是在书写中自然产生的，所以没有一气呵成之感，同样的情况也出现在"来（来）"字上，凡是有连续的横笔的时候，这个破绽都会暴露出来，在这段题跋中，这几乎成了规律，这说明这段跋是钩摹出来的，绝非是赵孟頫的亲笔，只是乍看上去很像而已。《双松平远图》是赵孟頫自画自题，题跋是假的，画就是假的。

梅老板听罢，心里咯噔一下，急忙从流浪汉手里接过放大镜，反反复复地观瞧，发现确如流浪汉所说的那样，心倏然一凉，想：进手时他反复看过，没有发现问题，山石的皴擦、双松的画法，都是赵孟頫的笔法，分毫不差，题跋印章，他也仔细检查过，没有发现问题，只是那些飞白，题跋的字原本就小，那些笔画连接处的飞白，已略近于无，几乎看不出来，他真的没有去注意，没想到眼前这个蓬头垢面的流浪汉，却像一名优秀的侦探，在别人视而不见的地方，发现了蛛丝马迹。

流浪汉说，如此我们可以大胆推论，画上的钤印，也都是根据真迹上的钤印仿刻的，无论仿刻得多么逼真，细微处一定会有破绽，只不过这上面这么多印，要根据印谱，或者其他名画上相同的真印来一个一个地对比，不是一时半会儿可以完成的。

梅老板已经意识到眼前这个人是一个非凡之人，走到街上，他就是个破要饭的，可是在古书画面前，他就是一个行家，眼里一粒沙子也揉不下。只一两分钟的工夫，他就让这件被他视若珍宝的《双松平远图》转眼间变成了一张废纸，真的连擦屁股都嫌硌了，两千块大洋，连个响都没听见就化为乌有了。但他有得有失，舍不得孩子套不着狼，舍不得《双松平远图》，他就见不到这个行家里手。将来会有千幅万幅名家书画从手中过，有了这个人 —— 哪怕仅仅做一个朋友，也不失为一件幸事，比起这个"得"，一幅《双松平远图》又算得了什么？

梅老板叫店小二泡茶，示意流浪汉坐下，说：敢问先生何方人氏？

东北，沈阳人。

看样子，是流浪来平的吧。

前几天日本兵占了沈阳城，我就逃了出来。

誓死不当亡国奴，值得敬佩。

流浪汉默然无语。

梅老板接着问：来北平投奔亲戚？

我爹叫我来找一个人，姓易，叫易培基。

梅老板感到有些讶异，又问：找到了吗？

还没有。

哦。梅老板轻轻呷了口茶，思忖片刻，站起身，从腰里摸出几块大洋，朝流浪汉一伸手，说：就您这副扮相，唱《豆汁记》①富富有余，

① 《豆汁记》又名《金玉奴》，荀派代表作，讲述的是一位落魄到连乞丐都不如的穷书生饿倒在一个叫花子的门外，被叫花子的女儿金玉奴用豆汁儿救活一命，为报救命之恩，书生"以身相许"，考中功名后却谋害糟糠之妻的故事。据"百度百科"。

见故宫院长还差点儿事。前面不远，是华清池，你先去泡个澡，再去理个发，换身新衣服，我店里有电话，明天打好了电话，精精神神的，去见易培基。

梅从云在北平古玩行里多多少少有些名气，自然与故宫院长相识，虽说不上是好友，但替这个小伙子打个电话是没有问题的。

流浪汉站起身，连忙摆手。

梅老板说，这不是无功受禄，你帮我看了半天画，帮我鉴别了真假，总不能白劳动不是？

流浪汉把头摇成拨浪鼓，说，您肯让我看画，我谢还来不及呢。

梅老板说，要不这样，反正你眼下也没处去，我店里也正好缺帮手，你就留在店里，帮我打理生意，这是预付给你的工钱，可以不？

流浪汉终于从梅老板手里接过大洋，胸中涌起一股暖意，一段西皮流水自心头飘过：

山在西来水在东，
山水相逢处处通。
五湖四海皆朋友，
人生何处不相逢。

是《文昭关》中，走投无路的伍子胥被山中隐士东皋公收留时的唱词。但他没有唱，而是把唱词咽了回去，向梅老板鞠了个躬，转身出门去了。

傍晚时分，有一个陌生人悄然走进品梅轩，见到老板，一边点头，一边憨笑。

梅老板目光里暗暗透着惊诧，问道，您找谁？

陌生人说，下午有人帮您看过画，《双松平远图》，有没有？

梅老板一头雾水地回答，有啊，您找他？

陌生人说，我不找他，我就是他。

梅老板贴近了陌生人的脸仔细看了看，猛地一拍脑门儿：是你小子！我都认不出来了。

站在他面前的，竟然是一个年轻人。那一头蓬乱如草的长发不见了，变成了整齐的寸头，干净利落，穿着一身崭新的长袍，清俊儒雅，与他先前见到的那个衣着破烂的叫花子，已判若云泥。

《国宝》通过一个家庭的悲欢离合、聚散流徙，讲述其因南迁而波澜飘摇的家族史，以小见大，以家映国，从烟火日常的民间立场见证磅礴沧桑的近代中国。祝勇用丰赡的细节还原历史现场，以精彩的故事重建南迁之路，投笔一代故宫人的守藏之心于纸上，大义凛然，根魂毕现。

人民文学出版社即将出版，敬请期待。

你说岁月不惊，
是因为你没看到离乡背井；
你说红尘无忧，
是因为有人在为你负重前行。

人民文学出版社